管理沟通

Management Communication

主　编　金　环　孙　增
副主编　潘　成

北京理工大学出版社
BEIJING INSTITUTE OF TECHNOLOGY PRESS

内 容 简 介

本书主要面向高校学生、职场新人、企业管理者等，通过对管理沟通的基本理论、基本技巧和技能的系统讲解，使读者建立基本的管理沟通意识，并掌握基本的个人沟通技能，同时，了解和掌握企业中高层管理人员应当具备的管理沟通知识，进而使读者在学习、工作中能有意识地运用所学知识和技能，实现有效的人际交往和管理沟通。

本书的重要知识点引用了丰富的情景故事和沟通案例，并于每章后设计了讨论题和模拟训练，既有利于培养读者独立思考、分析现实问题的能力，也有利于读者对各章节内容的理解、消化和吸收，增强了本书的启迪性和实用性。

版权专有　侵权必究

图书在版编目（CIP）数据

管理沟通 / 金环，孙增主编. --北京：北京理工大学出版社，2022.11
ISBN 978-7-5763-1104-4

Ⅰ. ①管… Ⅱ. ①金… ②孙… Ⅲ. ①管理学 Ⅳ. ①C93

中国版本图书馆 CIP 数据核字（2022）第 220658 号

出版发行 / 北京理工大学出版社有限责任公司
社　　址 / 北京市海淀区中关村南大街 5 号
邮　　编 / 100081
电　　话 / (010) 68914775（总编室）
　　　　　 (010) 82562903（教材售后服务热线）
　　　　　 (010) 68944723（其他图书服务热线）
网　　址 / http://www.bitpress.com.cn
经　　销 / 全国各地新华书店
印　　刷 / 涿州市新华印刷有限公司
开　　本 / 787 毫米×1092 毫米　1/16
印　　张 / 18　　　　　　　　　　　　　　　责任编辑 / 李慧智
字　　数 / 423 千字　　　　　　　　　　　　文案编辑 / 李慧智
版　　次 / 2022 年 11 月第 1 版　2022 年 11 月第 1 次印刷　　责任校对 / 刘亚男
定　　价 / 89.00 元　　　　　　　　　　　　责任印制 / 李志强

图书出现印装质量问题，请拨打售后服务热线，本社负责调换

前言

本书是一本内容简明、结构完善、案例丰富的管理沟通实务教材。全书共分三编11章。第一编阐述了沟通及管理沟通的基本概念、策略及组织沟通的相关问题，详细介绍了沟通策略和组织沟通的设计与管理，有助于学员系统掌握理论，为掌握沟通技巧奠定坚实的基础。第二编介绍了管理沟通的各项实务操作技能，涵盖了会议、面谈、谈判、危机沟通等实用主题。内容突出了管理沟通具体实务操作的计划、实施及策略的设计，使学生提升管理方法与能力。第三编的管理沟通训练，既涵盖了传统的演讲、礼仪和书面沟通等技能的训练，又探讨了有关沟通技术、倾听与反馈、非言语沟通策略设计。结合任务设计，通过相应实训环节训练，可使读者的沟通意识与能力迅速提升。

《管理沟通》既适用于应用型本科教学、MBA管理沟通课程教学及企业内训，也适用于管理类各层次管理沟通、商务沟通、组织沟通等课程的教学与实践。本书有以下四大特点：

1. 知识点丰富且易于掌握。本书结合案例，深入浅出地介绍了如何树立沟通意识、设计管理沟通策略、运用沟通技巧等丰富实用的知识，文字表达通俗易懂，知识点连贯，适用于系统性学习与训练。

2. 体系务实高效。本书理论结构循序渐进，从理论到实务再到训练，既能使学生完整掌握管理沟通基本内容，又能使学员的沟通素养和技能得到提升。第三编的内容还可以结合沟通实训、培训练习等实践环节来进行。

3. 演练操作性强。书中设计了大量的沟通测试、情景模拟、游戏演练及案例分析练习，这些多样的互动形式能帮助学生在短时间内加深对沟通理论与策略的理解，有效提高沟通技巧。

4. 案例生动贴切。书中的案例简明易懂，大部分来源于日常生活中的常见问题，生动的情景再现有助于加深学生的理解与感悟，而且能有效激发学生讨论和应用管理沟通相关理论和原理的主动性。

本书由金环（沈阳工学院）、孙增（沈阳工学院）担任主编，潘成（南昌职业大学）担任副主编，最后由金环统稿。具体章节编写分工如下：第1、2、3、4、10、11章由金环编写；第5、6、7、8、9章由孙增编写。潘成主要负责相关材料的收集与整理。

受篇幅所限，很多优秀沟通故事和管理沟通案例没有融入本书，部分章节内容也凭编者个人理解和判断完成。由于编者水平有限，书中难免有不足之处，敬请读者提出宝贵意见。

编　者

2022.7

目录

第一编　沟通与管理沟通

第1章　沟通概述 (003)
1.1　沟通 (005)
1.2　沟通模型及要素 (013)
1.3　沟通的方法和技巧 (018)
1.4　有效沟通 (028)

第2章　管理沟通 (036)
2.1　管理沟通的含义 (036)
2.2　影响管理沟通的因素 (043)
2.3　管理者沟通 (049)

第3章　管理沟通策略 (058)
3.1　沟通主体策略 (060)
3.2　客体策略 (065)
3.3　信息策略 (072)
3.4　渠道策略 (076)
3.5　文化背景策略和反馈策略 (078)

第4章　组织沟通 (083)
4.1　组织沟通的含义及类型 (084)
4.2　组织内、外部沟通 (087)
4.3　群体团队沟通 (090)
4.4　跨文化沟通 (094)

第二编　管理沟通实务

第5章　会议沟通 (103)
5.1　会议的含义及类型 (104)

5.2 会议的组织 …… (111)
5.3 会议中的角色 …… (119)
5.4 高效的会议 …… (121)

第6章 面谈与谈判 …… (127)

6.1 面谈概述 …… (128)
6.2 面谈计划与实施 …… (130)
6.3 面谈的技巧 …… (134)
6.4 谈判 …… (139)

第7章 危机沟通 …… (156)

7.1 危机的含义、形成与特征 …… (157)
7.2 危机的主要类型及成因 …… (160)
7.3 危机沟通的含义与过程 …… (164)
7.4 危机沟通的对象 …… (167)
7.5 危机沟通的障碍 …… (168)
7.6 危机沟通的原则与步骤 …… (169)
7.7 危机沟通策略 …… (173)

第三编 管理沟通训练

第8章 演讲训练 …… (181)

8.1 演讲基础训练 …… (182)
8.2 演讲稿的撰写训练 …… (194)
8.3 演讲训练 …… (197)
8.4 面试口才训练 …… (201)

第9章 礼仪训练 …… (210)

9.1 形象礼仪训练 …… (211)
9.2 交往礼仪训练 …… (217)
9.3 职场礼仪训练 …… (224)
9.4 沟通礼仪训练 …… (226)

第10章 书面沟通 …… (234)

10.1 书面沟通的特点及原则 …… (235)
10.2 书面沟通的基本形式 …… (238)
10.3 几种公文的撰写 …… (240)
10.4 有效书面沟通的策略 …… (250)

第11章 倾听与非语言沟通 …… (254)

11.1 倾听与倾听障碍 …… (255)
11.2 有效倾听策略与技能 …… (258)
11.3 非语言沟通的设计 …… (265)

参考文献 …… (278)

第一编

沟通与管理沟通

第1章 沟通概述

学习目标

- 了解什么是沟通，对沟通有一个全面、清晰的认识；
- 了解沟通的含义与要素；
- 熟悉和掌握沟通模型及要素；
- 理解有效沟通，树立良好的沟通意识。

引导案例

几种常见情形

【请假】

你早上临时有事需离校，按学校规定必须请假。你向班主任老师与任课老师请假。可以采用电话、微信、请假条、他人带口信或综合方式，请你自己设计请假内容信息和方式，要求：

(1)按真实情境来模拟请假；

(2)从班主任与任课老师角度评价你自己这次请假的效果，分析其合理与不合理的地方。

【面试】

一家著名的公司在面试员工的过程中，经常会让10个应聘者在一个空荡的会议室里一起做游戏，很多应聘者在这个时候都感到不知所措。主考官在旁边观察，他不在乎你说的是什么，也不在乎你说的是否正确，他是看你说、听、问3种行为是否都出现。如果一个人要表现自己，他的话会非常多，始终在喋喋不休地说，可想而知，这个人将第一个被淘汰。如果你坐在那儿只是听，不说也不问，那么，也将很快被淘汰。在游戏的过程中你说、你听，同时你也会问，就意味着你具备良好的沟通技巧。

每一个人在沟通的时候，一定要养成良好的沟通习惯，说、听、问3种行为都要出现，并且这三者之间的比例要协调。

【裁员】

　　一家网络公司受全球经济危机的影响，经营受到严重打击，最后公司决定裁员。第一次裁员，地点选在公司的会议室，通知全部被裁人员到会议室开会。在会上公司宣布裁员计划，并且每一个人要立即拿走自己的东西离开办公室，公司所有被裁员工都感到非常沮丧，甚至包括很多留下的人也感到沮丧不已，这极大地影响了员工的士气。

　　第二次裁员的时候，公司接受了上次的教训，不是把大家叫到会议室里，而是选择了另外一种方式，在咖啡厅单独约见被裁人员。在这样的环境里，宣布公司的决策：由于公司的原因致使其暂时失去了这份工作，请他谅解，并给其一个月的时间寻找下一份工作。

　　这次裁员的效果和上一次相比有天壤之别，基本上所有的员工得知这个消息后，都会坦然接受，并且表示如果公司需要随时可以通知他们，他们会毫不犹豫地再回到公司。

　　两次裁员，由于选择了不同的沟通方式，效果是截然不同的。

【推销】

情形1：业务代表A

业务代表A：你好，我是大明公司的业务代表周黎明。在百忙中打扰你，想要向你请教有关贵商店目前使用收银机的事情。

商店老板：你认为我店里的收银机有什么毛病吗？

业务代表A：并不是有什么毛病，我是想是否已经到了需要换新的时候。

商店老板：对不起，我们暂时不想考虑换新的。

业务代表A：不会吧！对面李老板已更换了新的收银机。

商店老板：我们目前没有这方面的预算，将来再说吧！

情形1：业务代表B

业务代表B：刘老板在吗？我是大明公司业务代表周黎明，经常经过贵店，看到贵店一直生意都是那么好，实在不简单。

商店老板：你过奖了，生意并不是那么好。

业务代表B：贵店对客户的态度非常亲切，刘老板对贵店员工的培训一定非常用心，对街的张老板，对你的经营管理也相当钦佩。

商店老板：张老板是这样说的吗？张老板经营的店也非常好，事实上，他也是我一直的学习对象。

业务代表B：不瞒你说，张老板昨天换了一台新功能的收银机，才提及刘老板的事情，因此，今天我才来打扰你！

商店老板：哦？他换了一台新的收银机？

业务代表B：是的。刘老板是否也考虑更换新的收银机呢？目前你的收银机虽也不错，但是新的收银机有更多的功能，速度也较快，让你的客户将不用排队等太久，因而会更喜欢光临你的店。请刘老板一定要考虑这台新的收银机。

　　以上情景是我们在生活和工作中经常遇到的情况，那么，什么是沟通？沟通对于我们的重要性如何？在管理活动中什么时候需要沟通？如何实现有效沟通？这些就是本章将要重点探讨的问题。

（资料来源：根据网络资料收集整理）

1.1 沟　通

1.1.1 沟通的含义

古希腊哲学家亚里士多德曾说："一个生活在社会之外的人，同人不发生关系的人，不是动物就是神。"如果人完全脱离了人际交往、脱离了社会，人就不再是人，而成为动物。

美国心理学家沙赫特·斯坦利曾做过这样的实验：他以每小时15美元的酬金先后聘请了5位志愿者进入一个与外界完全隔绝的小屋，屋里除提供必要的物质生活条件外，没有任何社会信息侵入，以观察人在与世隔绝时的反应。结果，其中1位志愿者只待了2小时就出来了，3位志愿者待了2天，最长的待了8天。这位待了8天的志愿者出来后表示，如果让他再在里面待一分钟，他就要疯了。实验证明，没有一个人愿意与其他人隔绝，人们都害怕孤独。

国外有的学者估计，人们在日常生活中，每天除8小时的睡眠时间以外，其余16小时中约70%（11小时左右）都在进行着人际沟通；高层领导者80%左右的时间用于沟通，中层管理者70%左右的时间用于沟通，基层管理者50%左右的时间用于沟通。

美国普林斯顿大学对一万份人事档案进行分析，结果发现：智慧、专业技术和经验只占成功因素的25%，其余75%取决于良好的人际沟通。

哈佛大学职业辅导局2014年调查报告调查结果显示，在500名被解雇的男女中，因人际沟通不良而被解雇者占82%。

麦肯锡公司研究表明，管理人员平均每天花89%的时间在沟通上，在沟通中听占45%，说占30%，读占16%，写占9%。

沟通是一个双向互动的过程，是将个人整体的内在想法表现于外，让双方能充分了解彼此，进而达成具有建设性的共识。99%的矛盾是由误会造成的，而99%的误会是由沟通不畅造成的。

"沟通"在英文中叫作"communication"。据考证，这个单词源于拉丁语的"communication"和"communis"，在英汉词典中的解释是"交流、交际、通信、传播、沟通"，也就是纯粹的信息交流。据美国威斯康星大学的教授F. 丹斯统计，人们关于"沟通"的定义，已达126种之多。美国学者贝克认为，沟通是一个涉及思想、信息、情感、态度或印象的互动过程，沟通是组织的生命线，传递组织的发展方向、期望、过程、产物和态度。

我国学者苏勇、罗殿军认为，沟通是信息通过一定符号载体，在个人和群体间从发送者到接收者进行传递，并获取理解的过程。孙建敏、徐世勇认为，所谓有效沟通就是指在恰当的时候及适宜的场合，用得体的方式表达思想和感情，并能被别人正确理解和执行的过程。

简而言之，沟通就是个人或组织信息、知识、思想和情感等的交流与反馈过程。

情景案例

扁鹊见蔡桓公

扁鹊(前407—前310年),姓秦,名越人,春秋战国时期医学家。由于其医术高明,人们便把传说中的上古神医"扁鹊"的称号送给他。扁鹊是中国传统医学的鼻祖,对中医药学的发展有着特殊的贡献。扁鹊在总结前人医疗经验的基础上总结出望(看气色)、闻(听声音)、问(问病情)、切(按脉搏)的诊断疾病的方法。

扁鹊有一次谒见蔡桓公,他看了蔡桓公的脸色后说:"国君,您的皮肤有病,不治怕要加重了。"蔡桓公笑着说:"我没有病。"扁鹊告辞后,蔡桓公对其臣下说:"医生就喜欢给没病的人治病,以便夸耀自己有本事。"十天后,扁鹊再次谒见蔡桓公,他仔细看了看蔡桓公的脸色说:"国君,你的病已经到了皮肉之间,不治会加重的。"蔡桓公没有理会。扁鹊走后,蔡桓公感到不悦。又过了十天,扁鹊再次谒见蔡桓公,他再次看了看蔡桓公的脸色说:"国君,你的病已经到了肠胃之间,不治会加重的。"蔡桓公仍未理会。十几天后,蔡桓公出巡,扁鹊远远地望见蔡桓公,转身就走。蔡桓公派人去问扁鹊为什么不肯再来谒见,扁鹊说:"皮肤上的病,用药物敷贴可以治好;皮肉之间的病,用针灸可以治好;肠胃之间的病,服用汤药可以治好;如果病入骨髓,那生命就掌握在司命之神的手里了,医生是无法治愈的。如今国君的病已深入骨髓,所以我不能再去谒见了。"五天之后,蔡桓公遍身疼痛,连忙派人去找扁鹊,此时,扁鹊已逃往秦国躲起来了。不久,蔡桓公便病死了。(《扁鹊见蔡桓公》选自《韩非子·喻老》)

扁鹊为什么未能说服蔡桓公?扁鹊劝治失败的原因是什么?

沟通有以下几种基本含义:

(1)有效沟通的前提是必须拥有相关的信息及知识。没有信息就无法沟通,拥有信息才有可能进行沟通,没有足够的、充足的信息也必然会影响沟通;拥有知识的质量会影响沟通的质量。

(2)沟通的过程是对信息、知识、思想、情感等意义的传递。无论是古代的结绳记事、烽火狼烟,还是近代的电话、电报、广播、电视,以及现代的光纤通信、互联网,无一不是在传播信息,进行信息、知识、思想、情感等的交流。这一过程实际上是对信息等进行"阐释"的过程。

(3)有效的沟通不仅仅需要传递其意义,还需要意义被对方所理解。扁鹊劝治之所以失败,是因为他所传递的"信息"没有被对方所接受和理解。

(4)沟通者通过信息符号传达意义。任何信息交流都要运用符号,信息交流总是通过一种能被人们感知、有特定明确含义、能代表某种意念的事物来进行,如语言、文字、图像、手势、眼神、表情等。因此,人们便把这些能够代表且能够传递某种意念的事物,统称为信息符号。信息符号通常可归纳为两大类:言语类沟通符号和非言语类沟通符号。言语类沟通符号包括面对面聊天、谈话、讨论、演说、座谈、讲课、打电话、写信、起草文件等所使用的语言、文字、图像、信号、标识等信息符号。非言语类沟通符号包括人或动物的眼神、手势、表情、姿势、服饰、色彩等所代表或传递的意义符号。所有的信息符号都有其特定意义,但随着社会的发展,信息符号的意义也在发生变化。信息符号繁多,加之所传达的意义各不相同，就使得人们要不断地去认知、理解，并去粗取精，寻求共识。由于有了"共识"，一些信息符号所代表的意义就成了公共知识，但这并不意味着人们都能识别信息符号的意义。由于一个信息符号在不同的情境下可能代表不同的意义，这就需要人们去辨别。而正是由于人们的辨别能力或知识的局限，必然会出现对信息符号意义的不同理解，从而造成沟通困难。尤其是在对外交往中，非言语类沟通符号的意义非常丰富且复杂，因此，只有了解其真实意义才能顺利进行沟通。

（5）沟通需要以信息载体为中介。沟通过程中信息符号要想真正发挥作用，还必须借助一定的信息载体。所谓信息载体就是指承载信息符号的物体。比如，写信、起草公文必须使用纸张；语言只有转化为电子信号，通过电波的传送，才能传播到更广泛的空间区域；一个著名的服装商标，只有缝在衣物上才能真正起作用。报刊、广播、电视、网络、企业生产的产品等都可以成为信息载体。人也是一个信息载体。诸多信息载体作为沟通的中介、桥梁，把信息符号传递给接收方，否则，信息符号便会失去其意义。

（6）沟通的形式多种多样。不同的沟通主体针对不同的沟通客体，在不同的情境下通常采取不同的沟通形式。比较常见的沟通形式有面对面沟通、会议沟通、电话沟通、电子邮件沟通、视频沟通等。每一种沟通形式又可细分为多种具体的沟通方法，如面对面沟通又可分为会见、会谈、谈判等。

（7）沟通成功与否受到众多因素的制约和影响。沟通说易则易，说难则难。说"易"，是因为在沟通中如果考虑到了相关的因素，沟通起来自然就"易"；说"难"，则是因为哪怕影响沟通的因素只有两个，而由于未考虑到其中的任何一个因素，沟通就难以达到预期效果。事实上，影响沟通的因素何止一两个，主体因素、客体因素、时间因素、地点因素、心理因素、情感因素、经济因素、政治因素、宗教因素等诸多影响因素交织在一起，构成了一个十分复杂的系统，制约和影响着沟通的进程及效果。

1.1.2 沟通的本质

本质是指事物本身所固有的属性、面貌和发展的根本性质。事物的本质是隐蔽的，是通过现象来表现的。那么，沟通的本质是什么呢？显然，探寻沟通的本质必须从沟通活动的现象入手。

从沟通的定义来看，沟通是信息的传递过程，由此可以引申为沟通的本质是交流信息。但这并没有真正揭示沟通的本质，只是从表面上认识沟通。可以说，对沟通本质的认知与理解是树立沟通意识、运用沟通技巧进行有效沟通的关键。

随着管理沟通理论与实务研究的不断深入，长期从事沟通教学研究和从事管理实践的专家、学者和实际工作者开始探究沟通的本质问题。归纳起来主要有以下几种观点：

第一种观点认为，沟通的本质就是达成共识。有专业人士认为，管理就是沟通，并达成共识，因此，无论是对内做协调，还是对外公共关系的维护，最本质的东西是达成共识。

第二种观点认为，管理沟通的本质是换位思考。持这一观点的是学者魏江。他在其编写的MBA教材《管理沟通——理念与技能》中从"换位思考"这一沟通本质的角度探究了如何开展建设性沟通、沟通对象分析和自我分析。

第三种观点认为，坦诚是沟通的本质。有专业人士认为，坦诚是沟通的本质和企业成功的核心要素，并列举了"全世界最贵的清洁工"的故事来论证自己的观点。

第四种观点认为，沟通的本质是信任。持这种观点的是英国的莱克斯曼（Laskhman）。他举了两个发生在生活中的小故事：一个是两个好朋友每年一起登山旅行的故事；另一个是关于在餐馆就餐的故事。

通过以上分析，我们认为沟通的本质是基于共同目标，建立在信任基础上的坦诚交流。在关于员工和管理人员的需求调查中，信任感通常被排在需求的第一位。没有信任，自然无法做到坦诚，没有坦诚也就不可能有效沟通。反之，有了信任，才能以诚相见；有了信任，才会换位思考；有了信任，才愿意倾心交谈、无所顾忌、畅所欲言。

1.1.3 沟通的核心

人际沟通在日常生活中再普通不过了，我们往往把它当作理所当然的事情。在某种程度上，我们认为自己每天都和别人相处得很好，还有什么必要去学习怎样与别人进行人际沟通呢？事实上，大多数人对理解沟通本质的认知还是比较浅薄，还需要增强沟通的能力。

沟通是自然科学和社会科学的混合物，是企业管理的有效工具。沟通还是一种技能，是一个人对本身知识能力、表达能力、行为能力的发挥。沟通要用对方听得懂的语言，包括文字、语调及肢体语言，而你要学的就是通过对这些沟通语言的观察来有效地进行沟通。

首先，最好的沟通是心与心的沟通。只要用心沟通，没有解决不了的事情。从心出发，才能将心比心，才能更加了解彼此的想法，得到更好的沟通效果。

情景案例：儿子考上了清华大学，竟然源于妈妈的3次谎言

其次，建立沟通自觉。沟通自觉就是有明确的沟通目的，能够在沟通的过程中确定自己的沟通目标，并在沟通之前有针对性地做好内容和方式的准备，然后在交流的过程中，有条不紊地进行协商，最终达到自己的目的。例如，在销售行业，每个销售员在销售产品之前，都会进行充分的准备。并且在与客户交流前，他们会有针对性地了解目标客户的需求，在沟通方式与内容的设计上站在客户的立场去提出问题、设定问题答案，然后在销售中针对不同的客户提出切实可行的解决方案。所以只有清楚地知道沟通对象想要什么以及我能给予什么，并建立起联系与共同点，才能更好地实现有效沟通。建立沟通自觉意识对于有沟通目的的人来说是极其重要的，只有对每次沟通都设定明确的目标，采取有针对性的设计与准备，才能准确、快速地达到沟通目的。

再次，沟通能力是在人与人之间的交往中不断提升的。频繁有效的沟通在拉近人们之间距离的同时，也能让你的沟通能力突飞猛进。首先，沟通作为一种必备的人际交往工具，既能拉近人与人之间的关系、缓和人与人之间的矛盾，又能提升自己的沟通技巧和人际关系处理能力。其次，沟通能力需要在实践中进行有效锻炼和培养，沟通能力包括表达能力、倾听能力、共情能力和设计能力。我们在日常交往中遇到一些让人不开心的谈话，这就是彼此沟通能力不足的表现。沟通是为了更好地解决问题，它应该是一个让双方都感到舒适的过程。沟通需要技巧，沟通高手也需要不断地从失败中总结教训，在实践中不断纠正自己的错误，提升各种情形的沟通技巧与应对能力。例如，很多知名汽车的广告语都

来自金牌销售员的销售话术。

最后，可以通过沟通消除分歧。马歇尔·卢森堡在他的书中这样写道："我们认识到语言及表达方式的巨大影响。也许我们并不认为自己的谈话方式是'暴力'的，但我们的语言却常常引发自己和他人的痛苦。后来，我发现了一种沟通方式，依照它来谈话和聆听，能使我们情意相通，乐于互助。我将其称之为'非暴力沟通'。"事实就是如此，有时候我们用简单的语言，就会给他人造成伤害。例如，家庭成员经常会因为一些鸡毛蒜皮的琐事而争吵。对于读大学的朋友们来说，寒暑假意味着要在父母的唠叨中度过。母亲辛苦准备了丰盛的早餐，一次又一次叫你起床吃饭，可是你想睡懒觉，于是你用烦躁的语气表达着自己的不满，狠狠伤了母亲的心。类似的事例数不胜数，我们经常用冷暴力去处理生活中的问题，忘记了只有面对面进行沟通，才能消除分歧，化解矛盾。在这里给大家提出4种方法：第一，正视已经出现的问题，才会使沟通成为可能；第二，确定沟通目的，即通过沟通想要解决什么问题；第三，采取适当的沟通技巧，沟通不是聊天，而是要求我们"会说话"，在合适的场合说合适的话；第四，有情感地表达自我，态度冷漠会影响双方的沟通质量，故要尽可能地调动面部表情、语气语调、身体语言等手段，充分表达自己的诚意、善意。

知识链接

古人十句智慧箴言，好好说话，生活和美

1. 口乃心之门，守口不密，泄尽真机；意乃心之足，防意不严，走尽邪蹊。

此句摘自《菜根谭》。口是心灵的大门，假如大门防守不严，内心中的机密就会全部泄露；意志是心的双脚，意志不坚定，就可能会像跛脚一般走入邪路。人的意见、秘密、想法都是从嘴里说出去的，但并不是所有的事情都要脱口而出，有些事情留在自己心里就可以了。

2. 静坐常思己过，闲谈莫论人非。

此句摘自《格言联璧》。一个人静坐时应该经常想想自己的过错，与人闲谈时不要谈论别人的是非。每个人都有自己的秘密，不要把别人的是非、隐私当作聊天内容，人与人之间要学会相互尊重。交浅言深是大忌，不谈论别人的私事，也不要把自己的事情到处乱说，不要给别人留下随便、不靠谱的印象。

3. 言宜慢，心宜善。

此句摘自《琅琊王氏家规》。中国古代门阀士族"琅琊王氏"在1 700多年间出了36个皇后、36个驸马、35个宰相，这与其家规家风有莫大的联系。"言宜慢，心宜善"，寥寥数字家规，足见有话慢慢说的智慧。尤其在遇到急事时，话更要慢慢说。因为越急，越可能说得前言不搭后语和不得体，容易误事，也容易让人觉得你冲动不稳重。急事慢慢说，才能把事处理得更好，才能给人留下遇事不乱、成熟稳重、可堪信任的印象。

4. 白圭之玷，尚可磨也；斯言之玷，不可为也。

此句摘自《诗经·大雅·抑》。白圭的斑点可以磨掉，而说出口的错误无法挽回，这是强调慎言以避免失言。对于一件事，如果没有十足的把握，千万不要乱说。一旦被揪住错误，将无可挽回，甚至这种失误会被无限放大，让自己遭受祸患。

> 5. 言未及之而言，谓之躁；言及之而不言，谓之隐；未见颜色而言，谓之瞽。
>
> 此句摘自《论语·季氏》。没有轮到自己讲话就越位抢话，是浮躁；该自己说话时却不说，是隐瞒；不察言观色、观察环境氛围而贸然讲话，是盲目。在恰当的时候说话，才不会招致别人的讨厌。说话有道，要注意说话的对象、场合、身份。
>
> 6. 大知闲闲，小知间间；大言炎炎，小言詹詹。
>
> 此句摘自《庄子·齐物论》。最有智慧的人，总会表现出豁达大度之态；小有才气的人，总爱为微小的是非而斤斤计较。合乎大道的言论，其势如燎原烈火，既美好又盛大，让人听了心悦诚服；那些耍小聪明的言论，琐琐碎碎，废话连篇。
>
> 7. 君子约言，小人先言。
>
> 此句摘自《礼记·坊记》。有德行的人谨慎说话，注重干实事，说到做到；品德低下的人妄言妄语，抢先说大话，说到做不到。
>
> 8. 言寡尤，行寡悔，禄在其中矣。
>
> 此句摘自《论语·为政》。言语上减少过失，行为上减少悔恨，多闻多见，谨言慎行，成功将不远矣。对一件事知道得最多的，往往是那个不露声色的人。智者往往深藏不露，寡言少语。智者，先思而后言；愚者，先言而后思。
>
> 9. 牙尖嘴利，终非福厚之人。
>
> 此句摘自《菜根谭》。现实生活中很多人把牙尖嘴利的"损人"当作"幽默"，把嘲弄别人看作"真性情"，你若是因此不高兴，就说你"开不起玩笑"。其实损人跟幽默一点关系也没有。良言一句三冬暖，恶语伤人六月寒。一个嘴上不饶人，喜欢在嘴上占便宜的人，一定是个自私自利的人。损人的话要少说，对人要和善一点。
>
> 10. 长者不及，毋儳(chán)言。
>
> 此句摘自《礼记·曲礼上》。长者没有谈及的事，不要主动提及；与尊长谈话时，应该由尊长主导话题，这样才能体现出自己的谦虚以及对尊长的尊重，更容易得到尊长的认可、喜爱和器重。
>
> （资料来源：根据网络资料收集整理）

1.1.4 沟通的类型

根据不同的划分标准，可以把沟通划分为不同的类型，如浅层沟通和深层沟通，双向沟通和单向沟通，正式沟通和非正式沟通，言语沟通和非言语沟通，人际沟通、群体沟通、团队沟通、组织沟通和跨文化沟通。

1. 浅层沟通和深层沟通

根据沟通时信息涉及人的情感、态度、价值观领域的程度深浅，可以把沟通分为浅层沟通和深层沟通。

1）浅层沟通

浅层沟通是指在管理工作中必要的行为信息的传递和交换，如管理者将工作安排传达给下属，下属将工作建议告诉主管等。企业的上情下达和下情上达都属于浅层沟通。

浅层沟通的特点是：第一，浅层沟通是企业内部传递工作的重要内容。如果缺乏浅层沟通，管理工作势必会遇到很大的障碍。第二，浅层沟通的内容一般仅限于管理工作表面上的必要部分和基本部分。如果仅靠浅层沟通，则管理者无法知晓下属真正的情感态度等。第三，浅层沟通一般较容易进行，因为它本身已成为员工工作的一部分。

2）深层沟通

深层沟通是指管理者和下属为了有更深的相互了解，在个人情感、态度、价值观等方面较深入地交流。有价值的聊天或者谈心都属于深层沟通。深层沟通的作用主要是使管理者对下属有更多的认识和了解，便于依据适应性原则满足他们的需要，激发员工的积极性。

深层沟通的特点是：第一，深层沟通不属于企业管理工作的必要内容，但它有助于管理者更加有效地管理好本部门或本企业的员工。第二，深层沟通一般不在企业员工的工作时间进行，通常在两人之间进行。第三，深层沟通与浅层沟通相比，更难以进行。这是因为深层沟通必然要占用沟通者和接收者双方大量的时间，也要求相互投入大量的情感。

2. 双向沟通和单向沟通

根据沟通时是否出现信息反馈，可以把沟通分为双向沟通和单向沟通。

1）双向沟通

双向沟通是指有反馈的信息沟通，如讨论、面谈等。在双向沟通中，沟通者可以检验信息接收者是如何理解信息的，也可以使接收者明白其所理解的信息是否正确，并可要求沟通者进一步传递信息。

2）单向沟通

单向沟通是指没有反馈的信息沟通，如电话通知、书面指示等。

对于当面沟通，有人认为其属于双向沟通，也有人认为其属于单向沟通，如下达指示、做报告等。严格来说，当面沟通信息，总是双向沟通。因为，虽然沟通者有时没有听到接收者的语言反馈，但从接收者的面部表情、聆听态度等就可以获得部分反馈信息。

在企业管理中，双向沟通和单向沟通各有不同的作用。在一般情况下，在要求接收者接收的信息准确无误，或处理重大问题，或进行重要决策时，宜用双向沟通；而在强调工作速度和工作秩序，或者执行例行公事时，宜用单向沟通。

双向沟通与单向沟通相比，前者在处理人际关系和加强双方紧密合作方面有更为重要的作用。现代企业的沟通也越来越多地从单向沟通转变为双向沟通，因为双向沟通更能激发员工参与管理的热情，有利于企业的发展。

管理者在促进双向沟通时，要注意以下两点：首先，平衡心理差异。上下级之间由于权力的差异而导致的心理上的差异有可能严重影响双向沟通的效果。下属不敢在主管面前畅所欲言，战战兢兢地说出自己的想法，担心自己的言语可能会损害自己在领导心目中的形象。因此，管理者应努力消除下属的不适心理，营造民主、和谐、轻松、包容的沟通氛围，这样才能知晓下属的真实看法和意见。其次，增加容忍度。双向沟通时，不同意见、观点、建议的出现是正常的，管理者不应该因反面意见而大发雷霆、恼羞成怒，而应心平气和地与员工交换自己的思想和看法，以求达成共识、共同做好工作。

3. 正式沟通和非正式沟通

在正式组织中，成员间所进行的沟通，可因其途径的不同，分为正式沟通和非正式沟通。

1）正式沟通

正式沟通是指组织中依据规章制度明文规定的原则进行的沟通，如国家之间的公函来往、组织内部的文件传达、召开会议等。按照信息流向的不同，正式沟通又可分为下向沟通、上向沟通、横向沟通、斜向沟通、外向沟通等形式。

2）非正式沟通

非正式沟通和正式沟通不同，它的沟通对象、沟通时间及沟通内容等各方面，都是未经计划和难以辨认的，这种社会关系超越了单位、部门以及级别层次等。

4. 言语沟通和非言语沟通

根据信息载体的不同，沟通可分为言语沟通和非言语沟通。

1）言语沟通

言语沟通是指人们为了达到一定的目的，运用口头语言和书面语言传递信息与接收信息、交流思想感情的一种言语活动。言语沟通建立在语言文字的基础上，又可细分为口头沟通和书面沟通两种形式。最常见的交流方式是交谈，也就是口头沟通。常见的口头沟通包括演说、正式的一对一讨论或小组讨论、非正式的讨论以及传闻或小道消息传播。书面沟通包括备忘录、信件、组织内发行的期刊、布告栏及其他任何传递书面文字或符号的手段。

2）非言语沟通

非言语沟通是指通过身体语言来传递信息。美国心理学家艾伯特·梅拉比安（Albert Mehrabian）认为，人们在沟通所发送的全部信息中，仅有7%是由言语本身来表达的，而93%的信息是由非言语来表达的。非言语沟通内涵十分丰富，主要包括语音语调、体态语和符号语等。例如，语气、语调和语速会使同一个意思在沟通结果上产生很大的不同，如你打趣地说"不要烦我嘛"和严肃地说"安静一下"，表达的意思差不多，却会带给人不一样的感受。人们可以借助面部表情、手部动作等身体姿态来传达诸如攻击、恐惧、腼腆、傲慢、愉快、愤怒、悲伤等情绪或意图。人们还可以利用空间位置关系来影响沟通过程。国外有关研究证实，学生对于课堂讨论的参与直接受到学生座位的影响。以教师讲台为中心，座位离中心越近，学生对于课堂讨论的参与比例越大。人们还可以运用服饰来传递信息。在企业环境中，组织成员所穿的服装往往能传送出关于他们的能力、严谨程度和进取性的信号。因为接收者无意识地给各种服装归结了某些特定的含义，并依据这种认识对待穿戴者。

5. 人际沟通、群体沟通、团队沟通、组织沟通和跨文化沟通

沟通按照主体的不同，可以分为人际沟通、群体沟通、组织沟通和跨文化沟通等不同类型。

1）人际沟通

人际沟通是指人和人之间的信息和情感相互传递的过程。它是群体沟通、组织沟通乃至管理沟通的基础。

2）群体沟通

当沟通发生在具有特定关系的人群中时，就是群体沟通。

3）团队沟通

团队沟通是指在特定的环境中，两个或两个以上的人利用言语、非言语的手段进行协

商谈判达成一致意见的过程。

4）组织沟通

组织沟通是指涉及组织特质的各种类型的沟通。它不同于人际沟通，但包括组织内的人际沟通，是以人际沟通为基础的。一般来说，组织沟通又分为组织内部沟通和组织外部沟通。其中，组织内部沟通又可以细分为正式沟通和非正式沟通；组织外部沟通可以细分为组织与顾客、股东、上下游企业、社区、新闻媒体等之间的沟通。

5）跨文化沟通

跨文化沟通是指发生在不同文化背景下的人们进行信息和情感传递的过程。它是同文化沟通的变体。相对于同文化沟通而言，跨文化沟通要逾越更多的障碍。

1.2 沟通模型及要素

1.2.1 沟通的模型

沟通过程就是发送者将信息通过选定的渠道传递给接收者的过程。在国外，沟通过程的研究经历了一个逐步完善的过程，比较典型的包括香农（Shannon）的信息理论模型（主动模型）、反馈的控制论模型（交互模型、互动模型）和生态模型。

1. 香农的信息理论模型

通常，人们把香农的信息理论模型看作现代沟通过程研究的开端。1948年他首次提供了沟通过程的一般模型，如图1-1所示。这一模型被应用于新闻学、修辞学、语言学等多个学科领域。

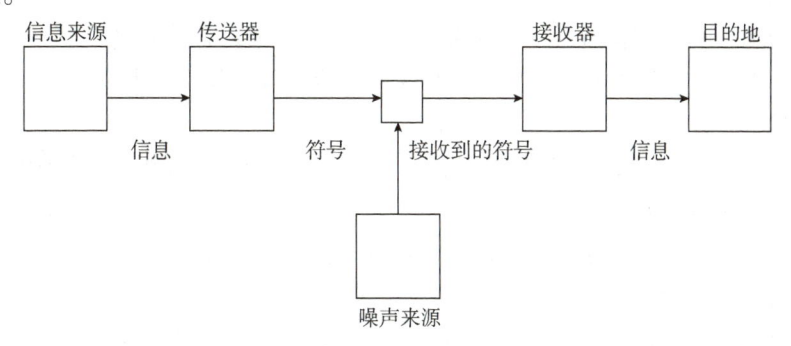

图1-1 香农的信息理论模型

香农将沟通过程分为8个具体的组成部分。

1）信息来源

信息来源是那个编制信息的人。

2）信息

信息包括信息来源发送地和目的地接收到的消息。

3）传送器

关于传送器，香农的直接用意是电话设备能够捕获音频符号，将其转变为电子符号，通过电话网络将其扩大并传递出去。传输已经被界定在香农的信息理论中，包含着大量的信息传送。最简单的传输系统(如面对面沟通)至少包含两个传输层面：第一，嘴(声音)和身体(手势)产生并调节符号。第二，渠道。通过空气(声音)和光(手势)将这些信息符号从一个人那里传送到另一个人那里。电视广播很明显包括了好几个层面，如照相机和麦克风、编辑和过滤系统、国家信息发布网络(通常是卫星)和当地无线电波广播天线。

4) 符号

符号通过渠道传递。它们既可能是多种平行的符号，就像面对面互动过程中的声音和手势涉及的符号系统，也可能有多个串行符号，即由声音或手势符号转换而成的电子符号、无线电波，或书本中的字和图片。

5) 媒介物或渠道

媒介物或渠道在香农的信息理论模型中间，其用一个很小的没有标签的方框来表示。通常所用的渠道包括空气、光、电子、无线电波、纸和邮政系统。需要指出的是，可能有多种渠道与上面所说的多种传递层次相联系。

6) 噪声

噪声以混淆符号传递的次符号形式出现。鉴于香农把焦点放在电话传输、媒介物和接收方面，所以他把噪声认为是混淆或消除沟通渠道中的信号。根据当前的标准，这是对噪声的一个非常限制性的定义。在某种程度上，这是一个误导。当前，至少有一些媒体是如此无噪声，以至于需要压缩构建一个绝对最低数量的信息和很少的信号损失来组建压缩符号。在这个过程中，香农有关噪声、冗余的解决方法，很大程度上已经被最低限度的冗余方法——误差检测和校对法所代替。当前，我们把噪声看作是与有效倾听有关的问题的一个隐喻。

7) 接收器

在香农的理念中，接收器是一个接收电话工具。在面对面沟通中，接收器是耳朵(声音)和眼睛(手势)。在电视中，有几个层面的接收器，包括天线和电视机。

8) 目的地

目的地为接收信息和加工信息的人。大多数信息来源(目的地)既是来源地又是目的地。传输器、接收器、渠道、信号甚至信息经常是串联且平行的，以至于有多重信号传递和接收，即使当它们被转化为普通的信息流和普通的渠道时，其他详细的说明也已经被描述出来。然而，香农的模式仍然是对大多数重要沟通因素和它们之间一般关系的有用概括。这种价值在类似于真实世界新的沟通系统的描述中是显而易见的。

香农的信息理论模型并不是完整的沟通模型，而是一个通过媒介的信息流动的模型，是一个不完整的、有偏见的模型。这一模型更适用于电话或电报的系统，而不适用于其他大多数媒介。香农的信息理论模型是一种线性传播，即单向传播。香农的信息理论模型把从传输者到接收者的传输看作是主要的媒介活动，在媒体的现实世界中信息可以经常且较长时期地储存或在某种程度上可以进行修改后才会到达"目的地"，这一模型暗含了采用媒介的沟通经常是直接的和单向的。但是在现实的媒介世界中，沟通几乎从来都不是单向的，并且通常是间接的。它缺乏信息反馈、忽视客观环境因素的制约以及发送者和接收者的主观能动因素。

与香农的信息理论模型相近的另一个沟通过程模式是由另一位美国学者哈罗德·拉斯韦尔(Harold Dwight Lasswell)提出的。1948年，拉斯韦尔提出构成传播过程的五种基本要素：谁、说了什么、通过什么渠道、对谁、取得了什么效果，并按照一定的结构顺序将它们排列，形成人们称之为"五W模式"或"拉斯韦尔公式"的过程模式，如图1-2所示。

图1-2 拉斯韦尔公式

该模式的不足：第一，将传播视作劝服性过程，认为传播是传播者影响接收者，并且总能取得一定的效果；第二，忽略了反馈；第三，忽略了传播过程中外部环境的影响；第四，忽略了传播行为的复杂性；第五，忽略了各要素相互之间的关联性等。

2. 反馈的控制论模型(双向沟通模型)

针对香农的信息理论模型缺乏反馈的缺陷，一些学者对此进行了补充和完善，提出了双向沟通的理论。1952年，著名的沟通专家斯科特·卡特李普、阿伦·森特和格伦·布鲁姆合著的《有效的公共关系》一书第一次明确地提出了双向沟通的公共关系原则，从而创造了双向对称模式。卡特李普等人认为，公共关系就是一个组织为与公众建立良好关系而运用的传播原理和方法。他们认为，一方面要把组织的想法和信息向公众进行传播和解释，另一方面又要把公众的想法和信息向组织进行传播和解释，其目的是使组织与公众形成一种和谐的关系。他们还认为，利益和信息都是双向均等的，唯有双向均等才是公平的，这既是规律，也是公共关系的本质；只有注重公众利益，才能同时得到组织利益，这是公共关系人员必须遵循的职业道德。卡特李普等提出的利益双向均等、信息双向沟通的双向对称模式，纠正了以往理论的偏差和倾斜，揭示了沟通的本质规律。

维纳(Weiner)等也提出了反馈的控制论模型或双向沟通模型：交互模型(The Interactive Model)和交易模型(The Transactive Model)。在交互模型中，一个变量用反馈的控制理念详细解释了香农的信息理论模型。如图1-3所示，交互模型没有改变香农的信息理论模型的任何其他因素。关键理念就是目的地能够反馈它们收到的信息，以便于信息源能及时调整其信息。

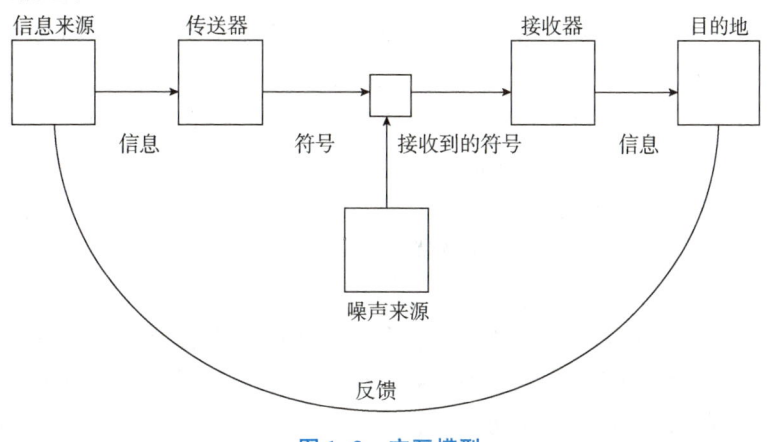

图1-3 交互模型

交易模型更倾向于把与模型相关的人看作既能创造信息又能接收信息的沟通者，即这一模型在显示每一个参与者发出信息的同时，另一些参与者接收信息。从某种程度上来说，这是一个非常好的面对面的互动沟通过程。这一模型延伸了能够为使用者对称性沟通创造和接收信息的互动媒介，包括便条、信件、电子邮件等。

3. 沟通过程的新模型：生态模型

一些传统的观点认为，信息的接收者其实就是"消费"信息；大多数噪声是在听者那里产生的；我们通过"选择性注意"来选取信息；在改善沟通方面，我们最需要做且最重要的事情是学习如何去听；大众媒介的听众有选择权，我们要善于选择媒介；强调感知、归因和关系对解释信息的重要性；在沟通过程中，强调对自己、对他人认知以及创造和维持关系的重要性。此外，重视有关语言、信息、媒介应用方面的社会构建；介绍各种人际沟通媒介和大众沟通媒介等。除了香农的信息理论模型之外，人们有选择地用一些模型去描述媒介，但没有任何一种可以比较明显地揭示这些媒介应该从哪里开始或是在哪里结束，也没有任何有关如何将媒介与语言、信息或是与那些编制和接收信息的人联系在一起的知识等。

沟通的生态模型为解决这些问题提供了一个平台。它认为，人们之间的沟通由语言和媒介产生的信息来调节，通过媒介来接收并通过语言来诠释。从某种程度上说，生态模型更加具体且详细地描述了拉斯韦尔传统的沟通研究框架，即"谁通过什么渠道对谁说了什么，产生了怎样的效果"。在生态模型中，"谁"是指信息的创造者；"说了什么"是指信息，"什么渠道"被具体、详细地描述为语言（渠道的内容）和媒介（渠道的组成）；"对谁说"是指信息的接收对象；"效果"就是在各种要素关系中产生的，包括关系、观点、归因、解释以及语言和媒介的不断改进等。

生态模型描述了诸多关系：信息是通过语言来编制和接收的；语言是在一定的媒介背景下产生的；信息是在一定的媒介背景下构建和接收的；接收信息和编制信息的角色是具有回应性的。当你回复或是向别人提供反馈时，那么你就变成信息发送者；当他人应用反馈改编其信息然后将其发送给信息接收者时，原来的信息发送者就变成信息接收者。

信息接收者和发送者的角色是内省的。信息发送者以他们的观点以及与信息接收者的预期关系来编制信息；信息发送者要编制最优信息给其听众。信息接收者以他们自己的视角以及与信息发送者的关系来领悟信息、理解信息；人们在沟通过程中形成观点、建立关系。此外，信息构建中的信息发送者并不是他们想要表达意思的完美代表，受众理解信息也并不是那么完整，人们通过应用媒介了解媒介，人们发明并不断地发展语言，人们所应用的沟通媒介不充分时，就发明并不断发展媒介。简而言之，传播媒体是组成因素间的一系列复杂互动的产物。这些因素主要包括信息、人（信息创造者、信息接收者以及其他角色）、语言和媒介。其中的3个因素本身就是很复杂的系统，也是整个研究的主体。信息被看作是一个复杂的实体，但是其复杂性完全可以由语言、媒介和应用它的人描述出来。从某种意义上来说，沟通生态模型就是信息论和系统论的结合。信息是这一模型的关键特征，也是人、语言、媒介互动的最基本产物。这一模型是基于信息、观察、学习、解释、社会化、归因、视角、关系逐步建立起来的。

1.2.2 沟通的要素

国内外学者对管理沟通的要素各执己见，有"四要素"说、"五要素"说、"六要素"说、"七要素"说。这里主要介绍应用比较普遍的"六要素"说和"七要素"说。

1. "六要素"说

"六要素"说认为，沟通要素包括信息源、信息、沟通目的、沟通对象、环境、反馈。

1）信息源

信息源就是沟通的源头，也可理解为信息的发送者。任何一次沟通活动都必然能找到信息源。信息的来源是否可靠？为什么要发送该信息？发送的对象是否明确、合理？发送者的可信度有多高？这些都会对沟通的过程、效果产生一定的影响。

2）信息

信息就是人类的一切生存活动和自然存在所传达出来的消息。人类社会赖以生存、发展的三大基础是物质、能量和信息。世界是由物质组成的，能量是一切物质运动的动力，信息是人类了解自然及人类社会的凭据，是一切事物属性标识的集合。因此，信息的内容相当广泛。它通过语言、文字、绘画、动作、表情等符号表现出来，并通过各种载体进行传递。信息是沟通不可或缺的，没有信息就无法沟通；信息符号没有载体就无法传递意义，同时信息载体的选择等对沟通活动也会产生一定的影响。

3）沟通目的

没有明确的目的，信息的发送必然是盲目的。所谓沟通目的就是指沟通活动所要解决的问题。沟通目的源于动机，动机引起行为。由于信息传递的目的是基于生活或工作目标及相应的行动战略，因此，一旦明确了生活或工作目标与行动战略，就应该确定沟通的目的。

4）沟通对象

沟通对象可称为信息的接收者，简称为"受众"。没有接收者，沟通就毫无意义。而接收者的态度、兴趣、需求等又决定了沟通的质量。接收者可能是个体，也可能是群体。接收者的构成对沟通的影响也很大。

5）环境

任何沟通都发生在一个特定的环境中。环境可分为内部环境和外部环境。如果沟通时不注意环境因素及其变化，必然会受到环境的影响和制约。沟通环境主要包括沟通的心理背景（情绪、态度等）、物理背景（沟通的场所等）、社会背景（政治、经济、安全、宗教、社会角色等）、文化背景（价值取向、思维模式等）。

6）反馈

反馈是指信息接收者将接收信息的情况返回到信息源的过程。沟通不是一种行为，而是一个过程，而反馈是接收者对信息的反应，它使沟通成为一个动态的、双向的过程。

2. "七要素"说

"七要素"说源于美国项目管理协会提出的七要素沟通模型，其中的七要素包括信息、信息发送者、信息接收者、干扰、个性化滤网、媒介、反馈。所谓干扰是指影响沟通的各种环境因素；个性化滤网是指编码和译码时对信息的理解不同而产生的"信息过滤"，包括个性化滤网和理解力滤网。

1.3　沟通的方法和技巧

1.3.1　表达

西方有句谚语："鸟不会被自己的双脚绊住，但人可能被自己的舌头拖累。"也就是中国人常说的"祸从口出"。

一般来说，交谈分为3种：社交交谈、感性交谈和知性交谈。社交交谈是闲聊，感性交谈是完全发泄，知性交谈是信息的传递。在交谈中要把感性和知性区分开，这是成功表达的基本功。

1. 成功表达的基本功

在表达方面，语法、词汇、修辞和语气、语调的作用是不同的。语法的作用是要把话说对，修辞的作用是能够把话说好，词汇的作用是能够把话说准；但要把话说得既准确又精彩，就要运用语音、语气和语调的力量，把情绪表达出来。

2. KISS 原则

KISS 原则即 Keep It Short and Simple。"Short"的意思是简短，"Simple"的意思是简单，就是要既简短又简单，也就是言简意赅。

1）选择"说"的环境

选择"说"的环境时要注意以下几点：

第一，环境嘈杂时不要说；

第二，环境不利于自己时不要说；

第三，环境不恰当的时候不要说，要善于营造最佳环境，包括照明、温度、湿度和气味等。

2）选择"说"的时机

说时还要注意选择一个适当的时机，该说的时候说，不该说的时候不要乱说，并不是说得越多越好，也不是说得越少越好。

第一，对方心情不好时不要说。

第二，对方专注于其他事情时不要说。

第三，对方有抗拒、心里不痛快时不要说。

第四，要善于捕捉一个良好的时机。

3）选择"说"的技巧

在说话时，表达的技巧是要先从大家认可的方面开始。

3. 回答的技巧

回答问题时，要有一定的技巧性。

第一，要选择好回答时机，并非有问必答，对于有些问题，沉默也是一种回答。

第二，记录对方的问题，这体现的是认真的态度，经过思考后再给出书面回答。

第三，先思考成熟再开口回答，三思而后言。因为讲话没经过大脑，可能会伤害到别人，可能讲得不妥帖。

第四，当对方真正需要时，再回答对方。

第五，对方提出的任何问题，并不都需要回答，有时可以把对方的话重复一遍。

第六，帮对方理出头绪，分清楚是要解决问题还是发泄情绪。

第七，归纳出最关键的问题，必要时用笔作答。

4. 发问的方法

在整个沟通过程中，沟通的高手也是发问的高手。通过巧妙地提问，才能有效地听、恰当地说、认真地记。

苏格拉底提出，先要跟别人讨论相同一致的问题，然后慢慢过渡到不一致的地方，也就是先求同再存异。他也认为，永远没有答案，有的只是问题。所以，作为优秀的老师，不直接回答学生的问题，而是通过启发式、引导式的问题来引导学生思考，从而由学生得出结论，这叫作苏格拉底式教学法。

通过提问摸清对方的需求和真实想法，掌握对方的心理，并能够适当地表达自己的情感。问什么问题、何时发问、怎样发问、问题是否正确等存在很多技巧。

1）发问的类型

一般来说，发问主要包括开放式问题和封闭式问题两种类型。

（1）开放式问题。开放式问题可以创造宽松的环境，形成融洽的气氛，打开、拓展主题。例如，英国人见面喜欢讨论天气，中国人见面喜欢讨论吃饭问题，这样一句寒暄、一句共同的话题能够让气氛变得很融洽。开放式话题包括5W1H：Who（谁）、What（关于什么）、When（何时）、Where（何地）、Why（什么原因）、How（如何做）。

（2）封闭式问题。在考试中，判断题或者单选题就是封闭式问题。通过封闭式问题，可以了解对方的基本背景、大概的环境状况、真实想法，进而挖掘对方的不满，从而得到想要的结果，最后通过重复性的问题进行强调。

2）发问的作用

发问可以表示对对方的关心、关注，引导对方思考、解决问题，有时甚至可以用反问来回答问题（称为"将军"）。

3）发问的时机

一般来说，发问要选择以下四个时机：

第一，对方发言完毕之后发问。

第二，在对方发言停顿、间歇时发问。

第三，在议程规定的辩论时间发问。

第四，在自己发言前后发问。

4）发问的顺序

发问有一定的顺序，一般是从易到难、从大到小、从开放到封闭，从肯定角度发问、讲究逻辑顺序。可通过聊天的方式挖掘对方的信息，但不要连续发问。

5. 表达技巧

在表达实践中，要注意下列技巧：

1）换位思考

不要强调你为对方做了什么，而要强调对方能获得或做到什么。以正面或中立的立场强调对方想要知道的内容，参考对方的具体要求和指令。除非你有把握能够使对方感兴趣，否则尽量少谈自己的感受，也不要告诉对方他们将有何感受。

2）表达积极期望

涉及褒奖的内容时，多用"你"而少用"我"。褒奖的内容与双方都有关系时，尽量用"我们"。涉及贬抑的内容时，避免使用"你"为主语，以保护对方的自我意识。要用被动语态或无人称表达法，避免有归咎于人之嫌。

3）使用礼貌友善的语言

避免使用否定字眼或带有否定口吻的语气。强调对方可以做的而不是你不愿意或不让他们做的事情。

4）妥善处理推论与事实的关系

把负面信息与对方某个受益方面结合起来叙述。如果消极方面根本不重要的话，干脆省略。

5）用好闲聊语言

低调处置消极面，压缩相关篇幅。

6）让批评和抱怨更易被人接受

选择恰当的情境，对事不对人，明确指出如何改进，让对方看到改进的好处，把消极的批评放在一个积极的语境中。

1.3.2 倾听

人都有倾诉的愿望，但位差的存在使得具有不同"身份"的人的表现形式各异，有的主动，有的消极，这就要求管理者善于倾听。

1. 积极倾听的原则

真正认识到倾听的重要性，从肯定对方的立场去倾听，有良好的心态，克服先入为主的意识。

倾听的基本规则主要包括以下几点：

第一，清楚自己的倾听习惯。

第二，全身心地注意说话者，要面向说话者，与其保持目光接触，要以自己的姿势和手势证明自己在倾听。

第三，把注意力集中在对方所说的话上，不仅要真正理解对方的含义，而且要努力理解对方的感情。

第四，努力表达出对对方的理解和包容。

第五，恰到好处地提问。

2. 倾听的三大要领

全神贯注地认真听对方说话并不是最好的倾听，设身处地、移情换位、有同理心地听才是真正的倾听。倾听时，要掌握倾听的三大要领。

1）移情换位

倾听时，要主动去听，听懂对方的信息和真实含义。

2）听的技巧

在不同的场景，需要不同的聆听法则，真正听懂对方的含义。

一般来说，倾听主要有五种技巧：第一，反射对方的感受和感觉；第二，反馈自己的看法和意见；第三，综合处理对方的意见；第四，大胆设想对方真正想表达的意思；第五，针对具体情形加以解释。

反射对方的感觉在家庭生活的沟通中非常重要。在通常情况下，男人和女人沟通时，男人停留在沟通的本身含义上，女人则更多地关注情绪心理和感觉，男人注重解决问题，女人更注重沟通的感觉。所以，要积极沟通就要有效积极地倾听，要用头脑，要重视对方的情感和感受，并用体态表现出来。

3）适当地回应

倾听者要及时、迅速并适当地回应对方。

3. 倾听的主要障碍

倾听有很多障碍，主要包括以下几种：

第一，判断性的障碍。

第二，精力分散，思路或观点不一致，因而造成漏听、少听。

第三，选择性地听，甚至带有偏见地听。

第四，受到收听人地位、语言和学识水平等的限制。

第五，因环境干扰而造成的听力障碍。

1.3.3 沟通式赞美

《人性的弱点》里说，我们每个人都是渴求认同的平凡人，普天之下的每一颗心，都会因他人的赞许而欢愉。赞美是一种有效的社交技巧，学会赞美能有效地缩短人与人之间的距离，在肯定别人的同时也提升了自己。美国心理学家威廉·詹姆斯(William James)说过，人性最深刻的原则就是希望别人对自己加以赏识。喜欢听到赞美是人的天性，一个人得到赞美时，就会更有勇气和信心生活下去，也会对赞美自己的人心存好感。

作为职场人士，学会真诚地赞美别人，能更加轻松地搞定人际关系。但刻意去赞美别人，往往事与愿违。直白式赞美他人，出发点可能是好的，但是可能因为时间和场合不对，用词不当，很可能因为突兀让人尴尬，或给人留下谄媚的印象，结果可能适得其反，对自身发展不利。如何才能不着痕迹地赞美别人，让别人感受到你发自内心的真诚和友善呢？就需要沟通式赞美的技巧。

所谓沟通式赞美，就是在沟通场合，恰到好处赞美别人，让他人在获得赞美时如沐春风。沟通式赞美能够不着痕迹地传递你的真诚，对他人的肯定和认可，并满足对方的期许。沟通式赞美，有别于阿谀奉承和带目的性的赞美，通过有意识地表扬对方的优点，更能拉近彼此之间的关系。另外使用沟通式赞美，能够提升你的综合表达能力。因此沟通式赞美，在人际交往中最实在、最接地气，也最容易让人接纳。

1. 不要提前下定论

很多人习惯一见面就夸对方，恨不得把所有的赞美之词都堆砌出来，以增加对方的好感，拉近彼此的距离。其实不然，你感觉把对方夸到位了，很有可能因为过度夸张的赞美，让谈话陷于僵局，或者后面的话可能越来越平淡，可能无话可谈了。

要避开这样的情形，具体的做法很简单，就是运用沟通式赞美第一招，不要提前下定论。不提前下定论，就是要采用提问式的沟通方式，一步步地引出话题来赞美对方。比如，你有一个朋友，她最近热衷于养生，你见到她时，她无论是体态、气色还有精神状态方面都有大的改观。这个时候你很想赞美她，那要怎么做才更合适呢？普遍的说法是：你的气色真好。这种赞美并不妥。话一出口，让对方情绪饱满，对方基本也没什么可聊的了，基本上是礼貌性地回复一声"谢谢"。这就是过早下定论的结果。而更合适的做法是，通过提问的技巧一步一步引导对方表达的欲望，然后在沟通中表达你的赞美。

沟通式赞美要换个说法，如说"你最近用了什么好的养生方法呀？"这个时候对方会认为，你很有眼光，能够知道自己运用了一些好的养生方法，才有现在好的身体状态，听了也感觉很舒服。你通过"你最近用了什么好的养生方法"这种提问式的方法，引导沟通，让彼此更愿意继续这个话题。

最后你很羡慕地说："这么棒的效果，你是怎么做到的？能给我说说吗？"你看，运用沟通式赞美的方法，效果是不是特别好？你不仅看到了对方身体各方面的整体改善，而且点到了她感兴趣的养生话题。对方很容易敞开心扉和你沟通，会觉得和你特别投缘，有话可聊，彼此之间就拉近了距离，就会产生亲切感。

用提问式的技巧一步一步引导沟通，在沟通中适时给予对方赞美，效果是显而易见的。所以夸人不能太直白，要掌握技巧夸到点子上，让彼此产生共鸣、产生思想碰撞，也让自己的夸奖有继续发酵的空间。

2. 由赞美外在到赞美内在

1）赞美要具体化

赞美对方的时候，可以应时应景，具体到对方的发型、服饰、体型、气色等，如果这些方面没有切入点，可以从美食或者故乡入手，从兴趣、回忆、地方特色等方面来沟通并赞美。

很多人对美食都很感兴趣，也有一套自创特色。你可以询问对方："你喜欢美食吗？你会制作什么样的特色美食呢？"然后以请教的方式，引导对方把制作美食的过程分享出来，你实时地给予赞美。通过对制作美食的不同地域特色和对食物的回味，就能够打开对方对家乡的记忆，彼此之间就会有源源不断的话题，还能让人感受到赞扬的真诚。你赞美得越具体，越能证明你真的在关注对方。

2）赞美对方的能力

和对方沟通时，要留意对方感兴趣的内容，留意有哪些可以赞美对方的话题，并进一步引申话题。"为什么钻研这些？怎么懂得这么多？"当你真诚地请教对方、赞美对方优势和能力的时候，你就会在一种良性沟通的氛围中，听他把故事娓娓道来，不光推进了彼此之间的关系，也不会过多涉及对方的隐私，在一个舒适安全区域加深了印象，增添了好感。

此外，要记住对方的特别之处，让对方感受到你把他放在了心上。比如，对方的语言表达能力很强，给他一个主题，他就能写出一篇优质好文并成功发表，那你就可以经常去浏览学习他的文章，并把感兴趣的地方拿出来和他讨论，这样无形中就让你和对方的沟通次数、话题等都增加了，彼此的关系也能在每次的交流中更加深入。

3）赞美对方的职场收获和成就

每一个人在职场都有其特殊的经历，很多人愿意和人分享自己在职场上的成就和过往经历。比如，可以根据职业和职场经历，进行沟通询问。军人职业，你可以问问对方，军人职业的自豪和军功章后面的故事；教师职业，你可以问问对方，教书育人的成就感和自豪感以及背后的故事；医生职业，可以问问对方，白衣天使的无私奉献和救死扶伤背后的故事；科研人员，可以问问对方，投身科研、为国奉献背后的故事；职场新人，你可以问问对方，成功签下职场第一次大订单背后的故事等。大多数的人，非常愿意聊一聊自己过往成功的经历，而你从沟通中捕获亮点并给予赞美，赞美对方在职场经过努力所得的收获或成就。整个过程，也就是通过对于对方获得感、存在感和自豪感给予适时的赞扬，传递友善的信息，从而让对方从自身职业特色的角度袒露心扉，和你聊聊自己的职场经历和独到见解。

3. 发掘对方的优点，就是最好的赞美

善于发掘对方潜在的优点，赞扬对方潜在的优点，会有意想不到的结果。

为什么要去发掘对方的潜在优点呢？因为很多时候，对方在做一件事或者工作的过程中，并没有看到结果。你贸然去夸奖，对方会有压力，甚至会认为你在挖苦他。应发掘对方在处理工作和问题时的潜在优点，并给予赞扬。

发掘对方的潜在优点也是有一定原则的，需要仔细观察对方做事的动机和目的，努力和用心程度，在过程中发掘对方的亮点并给予肯定，肯定就是赞美。比如，表扬对方的努力和用心，认可对方的动机和目的，都是发觉对方优点的沟通式赞美。

个人的价值得到肯定和认可，更能激发工作热情，激发强烈的动机和执行力，而无须依靠物质奖励来刺激和保持良好动机。

不管你是一位领导者，一位教育工作者，一位营销人员，还是一位医务工作者等，你都需要善于发掘对方优点，激发良好动机。比如，对方擅长沟通，你就让他去做接待或者销售工作；对方擅长写文案，你就让他做文秘工作；学生成绩不好，你就要循循善诱，发掘他的优点，进而激发他学习的动机；病人不配合治疗，你就要耐心细致地做心理疏导，让对方感觉你是在对他的生命负责。

如果你想通过这个方法来赞美同事，该怎么做呢？比如，小陈最近在负责一项大型活动的组织和策划工作，一直在不停地修改和参照以前的文案，并多次和领导沟通修改方案，还会向年长的同事请教取经，忙得不亦乐乎。整个过程有难度，也有亮点。你可以肯定小陈在处理大型活动时，不怕烦琐甘挑重担的工作姿态，还可以特别表扬他在操办过程中新的创意和亮点。

在赞美中对他人认可、肯定和善意表达，就会和他人之间产生良性互动，那么在职场中，你就会成为受欢迎的人。学会赞美别人、成就别人，也就成就了自己。

1.3.4 非言语沟通的设计

1. 非言语沟通的含义

非语言沟通（Nonverbal Communication）指的是使用除语言符号以外的各种符号系统，包括形体语言、面部表情、副语言、仪表服饰、空间以及环境等进行沟通，这些形式都具有符号意义，都可以通过人的视觉、听觉、触觉、嗅觉等感知渠道来表情达意。它不但可以加强、扩大语言手段的作用，还可以弱化、抵消语言手段的效果，如眼神闪烁会表现得言不由衷。

国际肢体语言专家艾伯特·梅拉比安（Albert Mehrabian）曾得出一个令人震惊的研究结

果：在人们传递信息的过程中，文字语言所占比例只有 7%，声音语言占 38%，而肢体语言则占 55%。心理学家弗洛伊德曾说："任何人都无法将秘密隐藏，倘若他不会用嘴巴说话，也会用指尖说话。"只要细心观察，我们就会在沟通中对对方的真实想法有一定了解。提高自己的观察能力，见微知著，能让我们游刃有余地应对复杂的人际关系。

2. 非言语沟通的功能

使用非言语沟通符号可重复言语所表达的意思或用来加深印象，具体如人们使用言语沟通时，附带相应的表情和其他非言语符号。非言语符号作为言语沟通的辅助工具，又作为"伴随语言"，使语言表达得更准确、有力、生动、具体。调整和控制语言，借助非言语符号来表示交流沟通中不同阶段的意向。表达超语言意义，在许多场合非语言要比语言更具有雄辩力。

比如，轻蔑的眼神可以表现出你对对方不够尊重，撑伞时把伞偏向对方一边则能表现出你对对方的关心。还有声音，一个人的声音是徐徐缓缓还是火急火燎，是愉悦欢快还是悲痛抑郁，从这些特点中，我们能感受到对方的情绪及想表达的内容。触碰相对来说是一种复杂的非语言行为，因为触碰能够代表很多种意思。适度的触碰可能是表示友好，过度的触碰则可能是骚扰。此外，服装打扮也具有非语言沟通的意义，初次见面时会依据一个人穿着来判断他是个怎样的人。服饰表现出自己的审美情趣，表现出对他人的态度。如穿衣追求质地，不跟时尚跑，这样的人一定有品位、有档次。还有就是时间，我们处理时间的方式会在无意中透露出很多信息。比如，微信是秒回、隔天再回，还是根本就不回，表达出的就是完全不同的意思。时间是衡量关系的标志，我们重视一个人时就会秒回他的微信；我们讨厌一个人时，就会对他的微信置之不理。

3. 几种常见的非言语沟通方式

1）手势

手势是体态语言的主要形式，使用频率最高，形式变化最多，因而表现力、吸引力和感染力也最强，最能表达个人丰富多彩的思想感情。从手势表达思想内容来看，手势动作可分为情意手势、指示手势、象形手势与象征手势。情意手势用以表达感情，如挥拳表义愤、推拳表拒绝等。指示手势用以指明人或事物及其所在位置，如当别人在街上向你问路时，你一边告诉他怎么走，一边用手给指点方向，帮助对方领会道路方向，达到辅助的作用。象形手势用以模拟人或物的形状、体积、高度等。象征手势用以表现某些抽象概念，代替自然语言进行信息沟通，如将食指垂直放在唇前表示"安静"，摇头表示"不"，招手表示"来这儿"。

2）面部表情与眼神

人类具有异常丰富的面部表情，人们许多细微复杂的情感，都能通过面部表情来传达。皱眉表示不愉快或迷惑，眉毛扬起表示惊讶，眉毛下垂表示沮丧和悲愁；板着面孔表示不满意或不高兴；脸变红表示难为情或心理紧张；脸色苍白表示悲哀或极端惊恐，脸发青表示万分愤慨。

眼睛是心灵的窗户，它能表达许多言语所不易表达的复杂而微妙的信息和情感。如眼神坚定明澈，使人感到坦荡、善良、天真；眼神阴暗狡黠，给人以虚伪、狭隘、刁钻之感；左顾右盼，显得心慌意乱；抬头仰视显得高傲；低头俯视显得胆怯、害羞。眼神会透露人的内心真意和隐秘。目光接触是非语言交流的一种特别形式。如，老师在上课时，下面的同学在吵闹，他会停下来，并开始用目光扫视教室，向同学们传达一种信息，"安静，别吵闹"。目光接触同样也能表明其他情感，但也要注意尺度。如，两人深情凝视，以表示爱情、热情和极大的关心；若在公共汽车上死死盯住异性，则可能引起误会。

交谈时，目光专注表现出对对方的尊重，对对方所说内容的重视，特别是睁大眼睛看人表示对对方有极大兴趣，但直视与长时间的凝视可理解为不礼貌。相反，避免或中断目光接触，通常是对一个人不感兴趣的标志。当然，也有例外的，目光不怎么接触，有时可以说明某人害羞或害怕。那在交谈时，如何掌握与对方的对视时间？与人交谈时，视线接触对方脸部的时间应占全部谈话时间的30%~60%，超过这个值，可认为你感兴趣的是对方本人，而不是他谈话的内容；低于此值，则表示对谈话内容和谈话者本人都不怎么感兴趣。

3）人际距离

人际距离不仅是人际关系密切程度的一个标志，而且也是用来传达信息的载体。所谓人际距离是指人与人之间的空间距离。当人与人交往时，处于不同的空间距离，就会有不同的感觉，从而产生不同的反应。彼此关系融洽的朋友总是肩并肩或面对面地交谈，而彼此有敌意的人只能是背对背以示不相往来。

美国学者E. T. 霍尔（E. T. Hall）提出了距离学的理论来阐述人际距离影响沟通的问题。他把人际距离划分为四个区域：亲密区距离为0~0.46 m，在这个区域内的人，彼此关系是亲密的，一般是在亲属之间、亲爱者之间；熟人区距离为0.46~1.2 m，在这个区域内的人，一般是老同事、老同学、关系融洽的邻居、师生等；社交区的距离在1.2~3.6 m，进入这一区域的人彼此不十分熟悉；演讲区一般在3.6 m以上。

在交往距离上有三种情况值得注意：作为领导与下属交往时，或作为师傅与徒弟交往时，要有意识地缩短交往的距离，以减少陌生感；在与人初次交往，或来到一个新单位时，如与他人交谈要保持一定距离，使交往的双方有一个适应的过程；在与异性同事交往时，要保持一定的距离，如果双方太近，会使对方感到不安，并且被人视为轻浮、不庄重，破坏形象。

4）类语言和辅助语言

类语言是指无固定语义的发声，包括哭声、笑声、叹息、呻吟以及各类叫声。例如，唉声叹气意味着身心疲惫或处境不妙；哈哈大笑则表示心情舒畅；有意咳嗽是一种提示信号，或唤起对方注意，或向对方表示警告。

辅助语言是指言语的非词语的方面。即声音的音质、音量、声调、语速、节奏等，它们是言语的一部分，却不是言语本身。

声音是一种感情密码。发声系统表现的特点不同，反映人们的情绪情感也就不同。一般来说，表示气愤的声音特征为声大、音高、音质粗哑、音调上下不规则、变化快、节奏不规则、发音清晰而短促；表示爱慕的声音特征为音质柔和、低音、共鸣音色、慢速、均衡而微向上升的音调，有规律的节奏以及含糊的声音。

1.3.5 基于人际关系的沟通

人际交往也称人际沟通，是指个体通过一定的语言、文字或肢体动作、表情等表达手段将某种信息传递给其他个体的过程。

社会学将人际关系定义为人们在生产或生活活动过程中所建立的一种社会关系。心理学将人际关系定义为人与人在交往过程中建立的直接的心理上的联系，常指人与人交往关系的总称，也被称为"人际交往"，包括亲属关系、朋友关系、学友（同学）关系、师生关系、雇佣关系、战友关系、同事及领导关系等。人是社会动物，每个个体均有其独特的思想、背景、态度、个性、行为模式及价值观，然而人际关系对每个人的情绪、生活、工作有很大的影响，甚至对组织气氛、组织沟通、组织运作、组织效率及个人与组织之关系均有极大的影响。

通常人际交往有赖于以下条件：传送者和接收者双方对交往信息的一致理解；交往过程中有及时的信息反馈；适当的传播通道或传播网络；一定的交往技能和交往愿望；对对方时刻保持尊重。由以上条件可见，无论是基本的人际相处还是建立良好的人际关系，都离不开沟通。

1. 印象管理

身体是最重要的自我表现方式，身体的外表被认为是内在的反应。高尚的理想、活泼健康的生活和工作本身与个人卫生的不整洁都是矛盾的。莎士比亚说："衣装是人的门面。"这一说法得到了全世界的认同。许多人经常因为他们不得体的穿着而备受指责。仅凭衣着去判断一个人似乎轻率了些，但经验一再证明，衣着是衡量穿衣人的品位和自尊感的重要标准。

印象管理，是指人们试图管理和控制他人对自己所形成印象的过程。恰当的印象管理是人际交往的润滑剂，可以使交往顺畅地继续下去，是人类文明的标志、个人修养的量尺。印象管理是每一位职场人士的必修科目。

知识链接

服饰实验

美国著名的服饰工程师约翰·摩洛埃曾做过一项多元性研究。他派一位中下层社会出身的大学毕业生去拜访100家公司，去其中50家时他穿着普通服装，去另外50家时则穿着高档服装。每家公司的经理，摩洛埃都事先打过招呼，让他们通知自己的秘书，这个年轻人是他刚刚聘任的助理，并要求秘书听从他的吩咐。结果当这位年轻人穿着高档服装去拜访时，秘书几乎是有求必应；而穿着普通服装时，至少有三分之一的秘书对他表示冷淡，或颇有微词。当他要求调三份职员档案时，当身着高档服装时有42次在10分钟内收到，而当身着普通服装时只有12次。这个实验的统计显示，身着高档服装时，在50次会面中得到的积极反应和合作是30次，而身着普通服装时却只有4次。可见，服装在沟通中也会产生很大的影响。借助服饰既可以美化形象，增强人际吸引力，又可以达到良好的沟通效果。

（资料来源：任焕琴. 商务公共关系学[M]. 北京：清华大学出版社，2006.）

外在印象固然重要，但是在印象管理中，还需要重视人格魅力。外在印象是在短时间内所产生的认知，但是在人际交往中，要维持长久关系就需要人格魅力。首先要保持善良。对生活中的一切保持善意，成为一个有温度的人，不仅温暖自己，也温暖别人。其次要保持乐观。生性乐观的人更具有吸引力，乐观需要强大的心理素质，能够从容地面对生活中的一切挑战。最后要保持自信。自信是一种力量，一种底蕴，一种气质，一种美。在与他人沟通中要保持自信，有底气展示自己的实力，只有给他人留下有能力、有担当的好印象，话语才有分量。

2. 注重社交礼仪

社交在当今社会人际交往中发挥的作用愈显重要。通过社交，人们可以沟通心灵，建立深厚友谊，取得支持与帮助；通过社交，人们可以互通信息，共享资源，对取得事业成功大有裨益。社交礼仪是指在人际交往、社会交往和国际交往活动中，用于表示尊重、亲善和友好的首选行为规范和惯用形式。社交礼仪的直接目的是表示对他人的尊重。人都有被尊重的需求，在社会交往活动过程中，按照社交礼仪的要求去做，就会获得尊重，从而获得愉悦感，由此达到人与人之间关系的和谐。

1）让对方感到受重视

首先，要真心对别人感兴趣。当你拿起一张有你在内的集体合照，你最先看到的是谁呢？显然是你自己。要对别人先感兴趣，别人才会对你感兴趣。其次，一见面就能喊出对方的名字。让人喜欢的最简单、最容易操作的方法就是记住对方的名字，让对方有被重视的感觉。最后，成为一名高明的谈话者。想使自己成为一个令人愉悦的人，就必须想方设法地了解与你对话者的生活，并且用他们最感兴趣的内容来打动他们。要想成为一个优秀的谈话者，必须自然而不造作，活泼而不轻浮，富于同情心而不惺惺作态。

2）掌握分寸

为人处世中最难把握的就是"分寸"二字，把握好分寸，就要坚持适度原则，才能够让沟通双方都觉得舒服。首先，说话要注意场合和身份。在正确的时间、正确的地点说正确的话，可以体现一个人的睿智和教养。其次，要"难得糊涂"。在人际交往中，处处计较不但不利于问题的解决，反而会带来无尽的烦恼。在现实生活中，很多人就是太喜欢装聪明，不喜欢装糊涂，才让自己陷入困境。难得糊涂并非真糊涂，而是一种大智若愚的处世之道。最后，做好情绪管理。有时候，生活或者工作中一些冲击力较大的事件，会让我们无法控制自己的情绪，以致做出错误的表达而伤害身边的亲人和朋友，所以在沟通中要学会控制自己的情绪，避免不理智的行为。

3）保全对方的面子

一句或两句体谅的话，对他人的不当之处表示宽容，可以减少对别人的伤害，保全他的面子。首先，用赞誉做开场白。通常人们在听到别人对自己的某些长处进行赞扬之后，再去听一些比较令人不痛快的批评，会好受很多。其次，表达肯定与期望，让他人有继续努力的勇气与动力。最后，可以"投其所好"。人们更喜欢被取悦，而不是被激怒；乐于听到褒奖，而不是被恶言相向；愿意被喜爱，而不是被憎恨。在沟通中仔细观察，就能投其所好，避其所恶。

3. 让交谈更愉快

1）避免争论

争论的结果不仅伤了和气，往往使对方更加坚持其主张。不论对方才智如何，都不可能靠辩论来改变他的想法。因此，自己要衡量一下，是宁愿要一种字面的、表面的胜利，还是要别人对你有好感？争强急辩不可能消除误会和解决问题，而只能靠技巧、协调、宽容，以及用平等的眼光去看别人的观点才可能达到影响他人的目的。

2）建设性沟通

在与别人交谈的时候，不要以讨论不同意见作为开始，要以不断强调双方所同意的事情开始。不断强调你们都是为相同的目标而努力，只是方法不同而已。不论对方持有什么样的先入之见或偏见，也不论他的主观认识与你的观点有多大差异，大多数情况下两者之间总会有一些相同之处。在建立良好关系过程中，实现双方兴趣上的一致很重要。只要双方喜欢同样的事情，彼此的感情就容易融洽。

奥夫斯基教授在他的《影响人类的行为》一书中说："一个否定的反应，是最不容易突破的障碍。当一个人说'不'时，他所有人格尊严，都要求他坚持到底。"从生理反应上说，当一个人说"不"，而本意也确实否定的时候，他的整个组织——内分泌、神经、肌肉——全部凝聚成一种抗拒的状态。反过来，当一个人说"是"时，身体组织就呈现出前进、接受和开放的状态。因此，沟通开始时我们越多地造成"是"的环境，就越容易使对方接受我们的想法。

遇到观点差异或人际困扰时，要强调人性化互动，而不是对权威的屈服或强悍的抗拒。在沟通中可以通过表达诚意、保持礼貌、维护尊严、平等尊重、营造气氛来实现人性化互动。

3）满足对方的交流需求

每个人都有着自己的发表欲。例如，小学生见到老师提出一个问题，不管能不能回答正确，都争先恐后地举手。成人们听着人家讲述某一事件，通常也希望自己发表一下观点。须知世界上多半是欢迎专门听人说话的人，很少欢迎爱说话的人。在交谈中问别人喜欢回答的问题，鼓励谈论他继续将话题深入。卡耐基曾说："不要忘记在与你谈话的人，对他自己，对他的需要、他的问题，比对你及你的问题要感兴趣 100 倍。"

知识链接：人际交往的智慧

1.4　有效沟通

有效的人际沟通可以实现信息的准确传递，达到与他人建立良好的人际关系，借助外界的力量和信息解决问题的目的。但是由于沟通主客体和外部环境等因素，沟通过程中会出现各种各样的沟通障碍，为了达到沟通的目的，我们必须首先认识到沟通中可能存在的障碍，然后采取适当的措施，实现有效的沟通。

1.4.1　有效沟通的含义

所谓有效沟通，是指在恰当的时候，在适宜的场合，用适当的方法，用能够被别人正确理解和执行的表达方式将信息传递给适当的人的一种互动过程。要实现有效的沟通，需要借助适当的沟通渠道，认清并排除沟通过程中可能存在的障碍，以更好地完成沟通。

达成有效沟通需具备两个必要条件：首先，信息发送者清晰地表达信息的内涵，以便信息接收者能确切理解；其次，信息发送者重视信息接收者的反应，并根据其反应及时修正信息的传递，免除不必要的误解。两者缺一不可。有效沟通主要指组织内人员的沟通，尤其是管理者与被管理者之间的沟通。

有效沟通能否成立，关键在于信息的有效性，信息的有效程度决定了沟通的有效程度。

1.4.2 有效沟通的四法则

1. 沟通是一种感知

禅宗曾提出过一个问题，"若林中树倒时无人听见，会有声响吗？"答曰："没有。"树倒了，确实会产生声波，但除非有人感知到了，否则，就是没有声响。沟通只在有接收者时才会发生。

与他人说话时必须依据对方的经验。如果一个经理人和一个学历不高的员工交谈，他必须用对方熟悉的语言，否则结果可想而知。谈话时试图向对方解释自己常用的专门用语并无益处，因为这些用语已超出了他们的感知能力。接收者的认知取决于他的教育背景、过去的经历及他的情绪。如果沟通者没有意识到这些问题，他的沟通将会是无效的。另外，晦涩的语句就意味着杂乱的思路，所以，需要修正的不是语句，而是语句背后想要表达的看法。

有效的沟通取决于接收者如何去理解。例如，经理告诉他的助手："请尽快处理这件事，好吗？"助手会根据老板的语气、表达方式和身体语言来判断，这究竟是命令还是请求。德鲁克说："人无法只靠一句话来沟通，总是得靠整个人来沟通。"

所以，无论使用什么样的渠道，沟通的第一个问题必须是："这一讯息是否在接收者的接收范围之内？他能否接收到？他如何理解？"

2. 沟通是一种期望

对管理者来说，在进行沟通之前，了解接收者的期待是什么显得尤为重要。只有这样，我们才可以知道是否能利用他的期望来进行沟通，或者是否需要用"孤独感的震撼"与"唤醒"来突破接收者的期望，并迫使他领悟到意料之外的事已经发生。因为我们所察觉到的，都是我们期望察觉到的东西；我们的心智模式会使我们强烈抗拒任何不符合期望的企图，出乎意料的事通常是不会被接收的。

一位经理安排一名主管去管理一个生产车间，但是这位主管认为，管理该车间是件费力不讨好的事。经理于是开始了解主管的期望，如果这位主管是一位积极进取的年轻人，经理就应该告诉他，管理生产车间更能锻炼他的能力，今后可能会得到进一步的提升；相反，如果这位主管只是得过且过，经理就应该告诉他，由于公司精简人员，他必须去车间，否则只有离开公司。

> **知识链接**
>
> **你想让老板注意你的成绩吗？**
>
> 前程无忧做过一次调查，调查结果显示，被动等老板提要求的占了绝大多数，有46.87%的受访者比较清楚老板的要求，因为老板对自己有过要求。其次，直接和老板沟通了解想法的占了34.58%。主动和老板沟通了解想法，才能事半功倍，避免做无用功。然而仍有18.55%的人选择了忽略老板要求，因为老板没说过。

> 虽然大部分的受访者都看到了沟通的重要性，但是怎样的沟通方式是比较能令人接受的呢？调查显示，"正式和老板面谈"以及"定期发 E-mail 向老板汇报自己的工作进程及成果"这两种方法的得票率比较高，分别为 21.51% 和 20.33%；"在会议中适当发言表述自己的工作成绩"列位第三，得票率为 18.33%；有 16.13% 的受访者选择了"由信任的第三方来向老板表述"，有时候选择迂回战术也是一种比较有效和受认可的方法。
>
> （资料来源：根据网络资料整理）

3. 沟通产生要求

一个人一般不会做不必要的沟通。沟通永远是一种"宣传"，都是为了达到某种目的，如发号施令、指导、斥责或款待。沟通总是会产生要求，它总是要求接收者要成为某种人、完成某事、相信某种理念，它也经常诉诸激励。换言之，如果沟通能够符合接收者的渴望、价值与目的的话，它就具有说服力，这时沟通会改变一个人的性格、价值、信仰与渴望。假如沟通违背了接收者的渴望、价值与动机，可能一点也不会被接收，或者最坏的情况是受到抗拒。

宣传的危险在于无人相信，这使得每次沟通的动机都变得可疑。最后，沟通的讯息无法为人接受。全心宣传的结果，造就出的不是狂热者，而是讥讽者，这时沟通适得其反。

一家公司员工因为工作压力大、待遇低而产生不满情绪，纷纷怠工或准备另谋高就，这时，公司管理层反而提出口号"今天工作不努力，明天努力找工作"，更加招致员工反感。

4. 信息不是沟通

公司年度报表中的数字是信息，每年一度的股东大会上董事会主席的讲话则是沟通。当然这一沟通是建立在年度报表中的数字之上的。沟通以信息为基础，但和信息不是一回事。

信息越不涉及诸如情感、价值、期望与认知等，就越有效力且越值得信赖。信息可以按逻辑关系排列，技术上也可以储存和复制。信息过多或不相关都会使沟通达不到预期效果，而沟通是在人与人之间进行的。信息是中性的，而沟通的背后隐藏着目的。沟通由于沟通者和接收者的认知和意图不同而显得多姿多彩。

1.4.3 有效沟通的障碍

有效沟通的最大障碍在于管理者高估了自己的管理权而对权力空隙估计不足。管理者的观念和由此而及的思维方式还固守着旧的习惯。如果管理者仍偏重以物为中心的管理思想，那么传统管理模式的某些特性必然体现出来，其核心强调管理者的权力和威严。管理者在权力幻想之下，其所谓的沟通必然出现以下特征：

1. 以自我为中心

思维是沟通的基础，任何一个有目的的沟通皆始于自我。因此，自身的思维是影响有效沟通的重要因素。过于迷信自身思维方法的管理者既主观又武断，缺乏客观、公

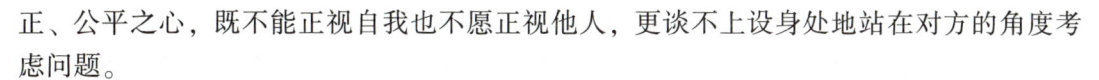

正、公平之心，既不能正视自我也不愿正视他人，更谈不上设身处地站在对方的角度考虑问题。

因此，管理者注重的仅仅是把信息传递出去，忽视了信息接收者的感受，同时也不考虑信息接收者是否理解这一信息，显然有效沟通不成立。

以自我为中心，过于迷信自身思维方法的管理者，往往以静态的思维面对时代的发展和社会的进步，久而久之，管理者非但不了解别人，甚至都不了解自己，不了解自己的理念与现实的差距。同时，面对具有较强等级观念的权威性管理者，下属出于自身前途的利弊考虑，发送的信息可能更倾向于附和管理者以回避风险，管理者接收了此类信息后在一定程度上更强化了其认知模式。这样的沟通只能陷入一种恶性循环。管理者固守于传统的思维，被管理者传递失实的信息，最终结局只能是组织内部人心涣散，更可悲的是管理者自身甚至还未意识到到底哪个环节出了问题。

2. 沟通呈现静态特征

如前所述，有效沟通是一种动态的双向行为，而双向的沟通应得到充分的反馈，只有沟通的主体、客体双方都充分表达了对某一问题的看法，才是有效沟通。因为在复杂的社会环境下，组织内部多样化程度越来越高，相互之间的依赖也越来越强，各种对目标、职责、利害关系等认识的分歧也越来越大，同时，也只有在增强主客体上下交流的过程中，才能引导人们从不同的角度看问题，消除一些不必要的误解和偏见，如此才能使组织成为一个相互依赖的合作整体，从而顺利达到组织追求的目标。而以自我为中心的权威型管理者发送信息时漠视信息接收者的反应，从而使沟通仅局限于从上到下的单向沟通。

3. 沟通缺乏真诚之心

真诚是理解他人的感情桥梁，而缺乏诚意的交流难免带有偏见和误解，从而导致交流的信息被扭曲。在管理关系比较简单的传统管理模式下，管理者和被管理者彼此缺乏相互的渗透，缺乏情感的互动效应，实际上，沟通中信息发送者的目的是否能达到完全取决于信息接收者。因此管理者只有转变观念，弱化自己的权力，把对方看成合作伙伴，才能与被管理者进行心理沟通。

4. 沟通渠道相对闭塞

自由开放的多种沟通渠道是使有效沟通得以顺利进行的重要保证。从管理的角度考虑，沟通是一个长期积累和不懈努力的过程，因此，沟通不仅仅是管理中的技巧和方法，更是一种组织制度。在我国，开会可能是传递、发送信息的一个最常用的方式，一个具有实质内容的、安排妥当的会议将是同时完成意见沟通和管理目的的有效工具。但如果会议的召开只是为了满足领导展示其权威的欲望，或者是没有实质意义的沟通，只会引起人们的反感，显然违背了有效沟通的本意。

1.4.4 如何进行有效沟通

在团队里，要进行有效沟通，必须明确目标。对于团队领导来说，目标管理是进行有效沟通的解决办法。在目标管理中，团队领导和团队成员讨论目标、计划、对象、问题和解决方案。由于整个团队都着眼于完成目标，这就使沟通有了一个共同的基础，彼此能够更好地了解对方。团队领导即便不能接受下属成员的建议,也能理解其观点,下属对上司的要求也会有进一步的了解,沟通的结果自然得以改善。如果绩效评估也采用类似办法,同样能改善沟通。

在团队中身为领导者,要善于利用各种机会进行沟通,甚至创造出更多的沟通途径,与成员充分交流等并不是一件难事,难的是创造一种让团队成员在需要时可以无话不谈的环境。

对于个体成员来说,要进行有效沟通,可以从以下几个方面着手:

一是必须知道什么时候说(When),就是要掌握好沟通的时间。在沟通对象正忙于工作时,你要求他与你商量事情,显然不合时宜。所以,要想很好地达到沟通效果,必须掌握沟通的时间。

二是必须知道说什么(What),就是要明确沟通的目的。如果目的不明确,就意味着你自己也不知道说什么,自然也不可能让别人明白,更达不到沟通的目的。

三是必须知道对谁说(Who),就是要明确沟通的对象。虽然你说得很好,但你选错了对象,也达不到沟通的目的。

四是必须知道在什么地点说(Where)。沟通的地点也是很重要的,一个良好的沟通场所是达成目标的关键。

五是必须知道怎么说(How),就是要掌握沟通的方法。你知道应该向谁说、说什么,也知道该什么时候说,但你不知道怎么说,仍然难以达到沟通的效果。

另外,要学会沟通的关键技巧——积极聆听,当别人在表达他的观点时,你要认真听取,不能无视他人的话语,否则是对对方的不尊重,影响沟通的成果。沟通就是要对不同的人采用不同的沟通方式、不同的语言表达,在沟通过程中始终展示自己的坦诚,懂得相互尊重,互利互惠,这样沟通更加顺畅,成果更加丰富。

讨论题

1. 什么是真正的沟通?
2. 哪些因素影响沟通的效果?
3. 如何在实践中运用沟通的方法与技巧?
4. 如何进行有效的沟通?

练 习

沟通能力的测试

回答下列问题,测评你的沟通能力。假设你是一位管理者,选择与你的性格和理想工作方式最相近的答案。如果你的回答是"从不"选1,"有时"选2,"经常"选3,"总是"选4,以此类推。把得分加起来,参考"分析",评定你的沟通技巧。根据自己的回答找出你在哪些方面仍然需要改进。

选项：1 从不　　　2 有时　　　3 经常　　　4 总是

1. 我适时地把适当的信息传递给合适的人。　　　　　　　　　　1　2　3　4
2. 在决定该如何沟通前，我认真思考信息内容。　　　　　　　　1　2　3　4
3. 我表现出自信，讲话总是信心十足。　　　　　　　　　　　　1　2　3　4
4. 我希望对方就我的沟通提供反馈。　　　　　　　　　　　　　1　2　3　4
5. 我注意聆听并在回答前检查我的理解是否正确。　　　　　　　1　2　3　4
6. 评价他人时，我努力排除各种个人成见。　　　　　　　　　　1　2　3　4
7. 会见他人时，我态度积极、礼貌周到。　　　　　　　　　　　1　2　3　4
8. 我及时向他人提供他们需要与想要的信息。　　　　　　　　　1　2　3　4
9. 我利用单独会见检查员工的表现并辅导他们。　　　　　　　　1　2　3　4
10. 我通过提问了解他人的想法以及他们的工作进展。　　　　　1　2　3　4
11. 我分发书面指示以提供关于某一任务的所有相关信息。　　　1　2　3　4
12. 我运用专业的电话技巧改进沟通。　　　　　　　　　　　　1　2　3　4
13. 我通过所有可以利用的电子媒介进行沟通。　　　　　　　　1　2　3　4
14. 我把写文章的规则应用到沟通中去。　　　　　　　　　　　1　2　3　4
15. 会见、调查或做会议记录时，我使用有效的记录方法。　　　1　2　3　4
16. 写重要信件或文件时，在定稿前，我常征求可信赖的批评者的意见。　1　2　3　4
17. 我运用快速阅读技巧来提高工作效率。　　　　　　　　　　1　2　3　4
18. 做演讲前，我认真准备并多次试讲，演讲取得了成功。　　　1　2　3　4
19. 进行内部培训时我发挥着明显的积极作用。　　　　　　　　1　2　3　4
20. 我安排的大型会议已达到专业水平。　　　　　　　　　　　1　2　3　4
21. 我用软性和硬性推销技巧说服他人接受我的观点。　　　　　1　2　3　4
22. 谈判前我已经对问题进行了深入研究，并熟知对方的需要。　1　2　3　4
23. 我写的报告结构合理，内容准确、简明、清晰。　　　　　　1　2　3　4
24. 提出提议前我往往进行彻底的调查。　　　　　　　　　　　1　2　3　4
25. 我努力了解有关听众对组织的看法。　　　　　　　　　　　1　2　3　4
26. 我认真考虑技巧娴熟的顾问的建议帮助我解决公关问题。　　1　2　3　4
27. 我与记者及其他媒体工作人员进行有益的接触。　　　　　　1　2　3　4
28. 我确保由合格的专业人员来完成设计之类的专门工作。　　　1　2　3　4
29. 我交给广告代理商的书面指示是以明确的商业目标为基础的。1　2　3　4
30. 我把定期与员工沟通当成重要工作。　　　　　　　　　　　1　2　3　4
31. 我积极接收并回应来自员工和他人的反馈。　　　　　　　　1　2　3　4
32. 我确定了沟通目标，并且不允许任何行为阻碍这一目标的实现。　1　2　3　4

分析：

32~64：你不能有效地沟通。要倾听反馈，努力从失败中吸取教训。

65~95：你在沟通方面表现一般。要针对弱点，努力提高。

96~128：你能极好地沟通。要记住：沟通多多益善。

案例分析

我的工作沟通

一、沟通对象与讨论主题

沟通对象与讨论主题：招采部门负责人。

讨论的主题：确认招采部门明日能够向领导汇报半年总结。

二、我的方案

1. 沟通目标：确认招采中心负责人能够于明日内向领导汇报半年总结。

2. 如何确定完成：对方确认能够完成资料编制，并于约定时间向领导汇报，同时第二日跟进汇报。

3. 对于个人的需求，主要考虑：(1)维护自尊；(2)仔细聆听，善意回应；(3)给予支持，鼓励承担。

4. 事前对该负责人工作进度进行预估(90%可能性还没开始做报告，所以劝说难度较大)。

设计对话：先和缓沟通，明确目的。尝试快刀斩乱麻，若失败，则仔细聆听，帮助其分析工作，解析本次任务目标，降低任务难度，表示支持，鼓励承担。

三、开启讨论(此处不透露任何人名、具体工作安排)

我：××，打扰您一下，请问您现在有空吗？想跟您沟通一下。

负责人：嗯？怎么啦，什么事儿？

我：××，本周六不是要做半年总结嘛，领导之前安排了分管的几个部门在周二过一遍各部门的总结初稿，不过考虑到事项安排得急，大家工作压力都比较大，决定推到周三与各部门沟通总结。而且领导的总体总结也是基于各部门总结的，周六就要进行汇报了，时间也比较紧，半年汇报也是整个集团都很重视的事情，招采部门的总结进度如何呢？

负责人：还没开始想呢。正准备开始想。

我：怎么会呢？您这么有经验，做事都有规有矩，成果质量又一向很高。

负责人：太忙了啊，工作太多，人又不增加，一天忙得很哦，没空想这个。

我：您这边最近在忙什么，时间怎么安排的呢？

负责人：……(此处一通抱怨)真的没时间做！明天汇报做不出来！

我(安全威胁)：(重申一遍重要性)是需要领导亲自来跟您沟通吗？

负责人：领导来，我也做不出来！

我(安全威胁失败，换诚恳沟通)：××，您是审计出身，经历多个部门，做事的流程、公司的规矩您可都精通，半年总结的重要性您也很清楚，我知道您最近确实很忙，天天都加班到晚上十点之后，每天晚上我路过招采部门都看到您这边亮着灯呢。而且考虑到您这边的工作安排，几个部门的汇报时间中我给您排在最后一个。但下午××点还有一个重要会议，所以确实是不能再往后排了。这样，您说一下您这几天的重要工作安排，我们来排一下时间，看能安排谁先做一些数据资料收集工作，先做着可以吗？

负责人：……(具体事务安排，此处不写)。

我：我听了您最近几天的重要工作安排，说一下我的理解，您看看对不对哈。×××事情您安排给××(部门人员)跟进其实也没问题,这样您这边主要就是统筹,另外,关于这个资料您不用按模板做得尽善尽美,毕竟现在是阶段性成果汇报,领导主要想看您这边关于上半年总结和下半年思考的内容,所以不用花过多时间来设计PPT外观,主要是沟通内容、干货。

考虑到招采部门台账都是及时更新的,各种数据统计今天应该就可以安排××统计出来,最重要的部分就是您这边对于下半年工作的思考,今天下午及晚上应该足够您思考清楚,明天上午完善一下PPT,明天下午××点汇报,您看可以吗?

负责人:时间太早了嘛,晚点嘛!

我:我确实已经考虑到您这边工作安排很重,××部门和××部门我都排在了上午,其实大家今晚都要加班,明天下午××点有个重要会议,领导和您都是要参加的,半年总结的重要性您也明白,所以在那之前肯定要沟通完毕的。您看呢?

负责人:好嘛好嘛,我知道了。模板再发我一次。

我:模板已经发送到您手机上了,任务确实很重,加班是肯定的,我们都陪您加班。您做总结也不是一次两次了,有这么多年的经验,您又这么优秀,我相信您的效率和质量!明天下午××点,在××领导办公室沟通招采部门半年总结,您这边还有什么问题吗?

负责人:好,我要开始做了。

我:如果到时候您这边到时间了确实有困难,我们再沟通。任务确实重,今天就辛苦您了,明天××点我们再联系确定汇报。那我走啦!您辛苦啦,加油!

(资料来源:根据网络资料整理)

思考题

1. 以上案例中体现了哪些沟通的知识点?
2. "我"沟通成功的原因有哪些?
3. 结合实际想一想如何提高自我沟通能力?

第 2 章　管理沟通

学习目标

- 了解什么是管理沟通，对管理沟通有一个全面、清晰的认识；
- 熟悉和掌握影响管理沟通的主要因素；
- 理解并运用管理者沟通的实践；
- 能够基于沟通形成并扩大职场影响力。

引导案例

你该怎么办？

情景一：假设今天上班的时候，在电梯口碰到了你上司的上司（如公司副总）。他原先不认识你，现在你们两人同时进了电梯。副总在 10 楼上班，你在 5 楼上班，你这时会采取什么策略让副总认识你？再假设你一直就对公司对年轻人的培养机制有看法，这个副总又正好是管人力资源的，你这时可以采取什么策略让副总知道年轻人的想法？

情景二：假设你是一位部门经理，在你与下属沟通的过程中，你会发现，不少下属实在是"太小孩子气了"，有好高骛远、自以为是、不会感恩等缺点。现在如果你们部门进来了两位刚从名牌大学毕业的大学生，并在你手下工作，这两人很可能会出现这些问题，那么你将采取哪些措施来与这两个"小孩子"沟通？你觉得在与这些"小孩子"沟通的过程中，要注意什么？

（资料来源：根据网络及授课案例整理）

2.1　管理沟通的含义

著名组织管理学家巴纳德认为，沟通是把一个组织中的成员联系在一起，以实现共同目标的手段。没有沟通，管理只是一种缺乏活力的机械行为。沟通是企业组织中的生命线,好像一个组织生命体中的血管一样,贯穿全身每一个部位、每一个环节,促进身体循环,提供补充各种各样的养分,形成生命的有机体。

管理沟通对个人事业发展和组织高效行动具有重要作用。从个人角度看,沟通是个人事业成功的重要因素。只有与人良好地沟通,才能为他人所理解;只有与人良好地沟通,才能得到必要的信息;只有与人良好地沟通,才能获得他人的鼎力相助。从组织角度看,沟通是组织管理中的基础性工作。工作中管理者可以通过沟通,传递信息,实现有效管理;满足成员的心理需要,改善人际关系;调动成员参与管理和决策,构建工作关系,增强组织创新能力。当遇到重大特殊情况时,例如企业实施重大举措时,员工士气低落时,企业内部发生重大冲突时,企业遇到重大危机时,员工之间的产生隔阂时,下级对上级有严重误解时,管理沟通都是管理者解决问题的基本方式。

2.1.1 管理沟通的概念

管理沟通是指沟通者为了某一目的,运用一定的策略和手段,将某一信息(或意思)传递给客体或对象,以取得客体相应的反应和反馈的整个过程。管理沟通是企业组织的生命线。管理的过程,也就是沟通的过程。通过了解客户的需求,整合各种资源,创造出好的产品和服务来满足客户,从而为企业和社会创造价值和财富。企业是个有生命的机体,而沟通则是机体内的血管,通过流动来给组织系统提供养分,实现机体的良性循环。管理沟通是企业管理的核心内容和实质。

管理沟通是指为实现组织目标而进行的组织内部和组织外部的知识、信息传递和交流活动。管理沟通包括组织环境下的个体沟通、人际沟通和组织沟通三方面内容。管理沟通不同于一般意义上的沟通,是围绕企业经营目标而进行的信息、知识传递和理解的过程,是实现管理目的媒介,也是企业有效运行的润滑剂。

2.1.2 管理沟通的主要功能

企业的日常管理工作离不开沟通。日常管理工作(即业务管理、财务管理、人力资源管理)全部借助于管理沟通才能顺利进行。业务管理的核心是在深入了解顾客和市场的基础上,向企业的目标市场和目标顾客群提供适合其综合需要的服务和产品,而与市场进行互动,就需要沟通。财务管理中财务数据是企业管理层监督企业运行状态的权威依据,其及时获得和整理、分析、汇总、分发、传送为典型的沟通行为。人力资源管理更是一刻也离不开沟通,只有良好的管理沟通才能打通人们的才智与心灵之门,挖掘人的潜能,使人们更好地为企业创造价值。

管理沟通是创造和提升企业精神和企业文化,完成企业管理根本目标的主要方式和工具。管理的最高境界就是在企业经营管理中创造一种企业独有的企业精神和企业文化,将企业管理的外在需求转化为企业员工自在的观念和自觉的行为模式,认同企业核心的价值观念和目标及使命。而企业精神与企业文化的培育与塑造,其实质是一种思想、观点、情感和灵魂的沟通,是管理沟通的最高形式和内容。没有沟通,就没有对企业精神和企业文化的理解与共识,更不可能认同企业共同使命。

管理沟通更是管理创新的必要途径和肥沃土壤。许多新的管理理念、方法技巧的出现,无不是沟通、碰撞的结果,均以提高企业管理沟通效率与绩效为根本目的。

2.1.3 管理沟通作用

1. 可以使员工对企业确定的目标和任务达成共识

企业管理者要对员工进行任务和目标陈述，告知员工"我们的业务是什么"和"我们要成为什么"。企业管理者还要在听取(收集)员工对任务和目标的意见、建议后，及时进行研究，并将任务和目标进行修改和完善，之后再次对员工进行任务和目标陈述。员工和管理者通过这样的有效沟通，对企业任务和目标达成共识后，企业目标更能反映员工利益和管理者的一致利益。

2. 有助于改进个人以及群众做出的决策

任何决策都会涉及干什么、怎么干、何时干等问题。每当遇到急需解决的问题时，管理者就需要从广泛的企业内部的沟通中获取大量的信息情报，然后进行决策，或建议有关人员做出决策，以迅速解决问题。下属人员也可以主动与上级管理人员沟通，提出自己的建议，供领导者在决策时参考，或经过沟通取得上级领导的认可，自行决策。企业内部的沟通为各个部门和人员进行决策提供了信息，增强了其判断能力。

3. 有利于收集资料与分享信息，实现科学管理

在竞争日益激烈的现代社会中，企业要想顺利地开展工作，实现企业的目标，首先必须获得各种有关环境变化的信息，制定科学的战略决策，才能够在不断变化的环境中求得生存和发展。沟通可以使企业获得有关外部环境的各种信息与情报，如国际政治对经济环境的影响，国家的经济战略、目标、方针、政策及国内外同类企业的现状与发展趋势，消费市场的动态，社会一般价值观念趋向等。企业的沟通有助于了解员工的合理化建议和思想动态，提高员工的积极性，洞察各部门之间的关系，提高管理的效率。只有及时、全面地掌握企业内部管理过程中活动的各种信息、情报与资料，才能准确地控制、指挥整个企业的运转，实现科学有效的管理。

4. 促使企业员工协调有效地工作

企业中各个部门和各个职务是相互依存的，依存性越大，对协调的需要越高，而协调只有通过沟通才能实现。没有适当的沟通，管理者对下属的指导也不会充分，下属就可能对分配给他们的任务和要求他们完成的工作有错误的理解，使工作任务不能正确圆满地完成，导致企业效益方面的损失。

5. 可以改善企业的人际关系

在一个企业内部，无论是部门与部门之间，还是部门与个人之间，进行有效沟通都是极其重要的。现实中一些企业科研人员(或部门)与生产人员或经销人员(或部门)之间关系紧张，矛盾激烈，内部人际关系失调，究其原因，是缺乏沟通或者沟通方式不当所致。一个企业信息堵塞，职工之间的意见难以沟通，会使人们之间产生压抑、郁闷的心理，这样不仅影响职工心理健康，还将严重影响企业的正常生产。因此，一个企业若要顺利发展，必须保证企业内部上下、左右各种沟通渠道的畅通，只有这样才能激励员工的士气，促进人际关系的和谐，提高管理效率。

6. 提高员工的士气

沟通有利于领导者激励下属，建立良好的人际关系和组织氛围。除了技术性和协调性的信息外，企业员工还需要鼓励性的信息。它可以使领导者了解员工的需要，以便决策中考虑员工的要求，提高他们的工作热情。人一般都会要求他人对自己的工作能力有恰当的评价，如果领导的表扬、认可或者满意能够通过各种渠道及时传递给员工，就会形成某种工作激励。同时，企业内部良好的人际关系更离不开沟通。思想上和感情上的沟通可以增进彼此的了解，消除误解、隔阂和猜忌，即使不能达到完全理解，至少也可取得谅解，使企业有和谐的组织氛围，所谓"大家心往一处想，劲往一处使"就是有效沟通的结果。

7. 可以调动员工参与管理的积极性

在企业管理中，管理者的知识、经验及观念往往影响着职工的知觉、思维与态度，进而改变他们的行为。特别是当管理者为适应发展的需要，必须进行某些变革时，只有良好的沟通才能实现与员工之间的良好合作，促进企业的发展。因此，沟通既能促进领导改进管理，又可以调动广大职工参与管理的积极性，使职工积极主动地为企业献计献策，有利于增强职工的主人翁意识，有利于增强企业内部的凝聚力，使企业蓬勃发展。

8. 可以激发员工的创新意识

任何一个企业的决策过程都是把情报信息转变为行为的过程，准确、可靠、迅速地收集、处理、传递和使用情报信息是科学决策的基础。因此，科学的决策与企业沟通范围、方式、时间、渠道是密不可分的。随着我国管理民主化的不断加强，目前许多企业采取各种各样的形式展开全方位的沟通活动，如高层接待日、意见箱制度、恳谈餐会、网上建议等，通过各种渠道让员工进行跨部门的讨论、思考、探索，这些过程往往潜藏着无限的创意，所以一个成功的企业，其沟通渠道往往是畅通无阻的。

9. 可以增强企业员工的凝聚力

员工的凝聚力是企业的重要财富。凝聚力强，表明企业对成员的吸引力强，让员工感受到"企业是我的，我是企业的"。那么，怎样增强企业员工的凝聚力呢？

第一，在员工之间要提倡交流和支持。员工在合作中发生矛盾、产生意见是常有的事，关键是采取何种态度来处理不同意见。最好的方法就是沟通，也就是就自己的观点主动与对方交流。

第二，采用群体思维的决策方法。在企业的决策过程中，倾听来自员工各方面的意见是十分重要的。从决策科学化和民主化的意义上说，尤其要听取不同的意见，让员工将"不满"说出来。

第三，企业对员工要实行绩效与报酬挂钩，包括对能与他人亲密合作的员工给予奖励，这有助于提高员工个体的满意度。

第四，要重视员工之间的信任关系。信任的基础是道德的行为，要建立信任关系，首先必须行为道德。道德的行为不是取得信任的充分条件，但其是必要条件。增进信任的因素主要有：组织内部自上而下和从下到上的开放式交流，并树立诚实交流的观念；让员工参与管理，并给予员工更多的参与决策的权利；提倡员工自己管理自己，让员工对企业对同事有信任感；管理层能得到员工绩效的信息，员工也能得到管理层反馈的信息。

第五，开展绩效管理。绩效管理不同于一般业绩考核的一个显著特征是及时的绩效激励。在动态的过程考核中，对富有创造性的员工，以及绩效突出的员工，给予重奖；对绩效差的员工，及时调整岗位；对消极怠工或违反纪律的，则给予处罚。通过动态的绩效管理来提高每个员工的绩效，以此推进整个企业绩效的提高，促进企业绩效目标的实现。

2.1.4 管理沟通原则

管理沟通不但必须遵循一定的沟通原理，以保证管理沟通的顺利进行，而且还应当遵循一些管理原则，以充分保证实现管理沟通的目标。企业管理沟通一般应遵循以下基本沟通原则：

1. 公开性原则

管理沟通的公开性原则，是指在同一个企业管理沟通过程中，管理沟通的方式、方法和渠道及沟通的内容必须公开。公开性指的不是企业的所有信息都应该对全员公开，而是指管理沟通的规则、方式、方法、渠道、内容必须公开，没有公开的管理沟通规则，正确的沟通行为过程就会失去方向和指引。管理沟通的公开性受损，将导致企业整体或局部的管理沟通系统产生沟通遮蔽或沟通盲点，致使某些应该参与沟通的企业成员或群体无法知道并确认自己应该参与及怎样参与沟通，管理沟通也就无法正确实施。

对于企业而言，需要严格保密的管理沟通其实也是如此，即对所有该保密性的管理沟通小系统的内部沟通成员来说，管理沟通的方式、方法、渠道、内容仍然是公开的。在该保密性沟通系统内，人人都应该清楚：第一，该管理沟通系统只对系统内成员是开放的；第二，在该系统内自己和别人应怎样做出、做出什么样的信息传送与反馈；第三，在该保密管理沟通系统中，掌握自己有权获取和掌握的信息；第四，按照企业的要求，该保密沟通系统内的信息对系统外成员严格保密。

2. 明确性原则

管理沟通的明确性是指管理沟通在公开性的基础上，必须将沟通的各项事宜，如渠道的结构、沟通的时间要求、地点要求、内容要求、频率要求等，明确、清晰地告示员工，要尽量避免含糊不清。其目的在于使全体沟通成员准确理解企业所期望的管理沟通要求，明白自身在沟通中所担当的角色，即自身所应当履行的沟通职责和义务，从而最大限度地排除成员对沟通要求的模糊和误解，保证管理沟通顺畅高效地进行，顺利达到管理沟通的预期目标。

明确性原则要求企业管理者与被管理者培养和提高准确总结、表达、传递管理信息的能力。管理信息的沟通尽量做到言简意赅，深入浅出，便于信息接收者准确把握自己所接收信息的真实内在意义。比如，领导讲话，切忌夸夸其谈，空洞冗长，言之无物，或者说东道西，讲的内容没有重点，缺乏条理；又如，对领导反映情况或对下属下达工作指令，不可反复、啰唆，而应简单扼要、明了清晰。显然，如果管理沟通违反了明确性原则，沟通的效果就不能令人满意。

3. 适度性原则

管理沟通的适度性原则，是指管理沟通的渠道设置及沟通频率不能太多，也不能太少；而应当根据企业具体业务与管理的需要，适度适当，以能达到管理目的为基准。有些管理者有这样两种心理：不确定下属是否在按照自己的要求工作，所以经常去现场察看或查问下属的工作进展，导致不必要的忧虑和管理资源浪费，这是管理沟通过于频繁的情形；或者过于相信下属会按照自己指令开展工作，因此对下属的工作进展很少过问，造成管理失控，给企业带来损失，这又变成了管理沟通过于稀少。

而从被管理者的角度来讲，也容易存在相应的沟通毛病。一是沟通频率过高。为了取得上级领导欣赏与信任，或让领导更多地了解自己的工作业绩，经常向领导汇报工作，既影响了自己工作进展，又给领导的正常工作造成干扰；二是沟通频率过低，很多下属以为干好本职工作就行了，至于向不向领导汇报工作进展，则根本不重要，理由是即便不汇报工作也已经圆满做完了，由此使管理层对于具体工作的开展失去必要的信息反馈。沟通过多与过少，渠道设置太多或太少，均会影响企业人员管理沟通的效率、效益。太多时沟通成本太高，形成企业资源浪费；太少时又使得必要的管理沟通缺乏渠道和机会，信息交流受到人为限制，管理的质量和强度受到影响，严重时影响企业生存发展的大局。因此，要把握适度性原则。

4. 同步性原则

管理沟通的同步性原则是指，沟通的双方或多方应当全部进入沟通系统和沟通角色，沟通必须是双向的交流过程，而不应当是单向或其中一方信息处于封闭或半封闭状态。也就是说，成功的管理沟通必须是在沟通主体之间互动的，双方处于平等交流的地位。而不是一方强迫另一方接收自己的信息，或人为地拒绝接收对方的信息，即双方均应当对沟通同时具有适当、及时、同步的反应，互相理解，充分把握对方所传达信息的意义。

当管理沟通的双方或多方处于相距遥远的两个或多个地点，所进行沟通的信息发送与接收存在时间差异的时候，同步性就有可能会因为缺乏现场交流而受到严重威胁。而有时间差异的管理沟通行为是客观存在且必需的。那么如何把握沟通的同步性呢？管理沟通的同步性并不纯粹或主要指沟通在时间上的同步性，而是指管理沟通的双方或多方应该适时进入角色，相互进行信息传送与反馈，强调的是其行为过程的互动性和沟通角色的同步性。当然，时间上的同步性无疑也是十分重要的，如能提高管理沟通在时间上的同步性，则有利于管理沟通圆满达到沟通目的。

5. 完整性原则

完整性原则强调的是管理沟通过程的完整无缺。企业在设置管理沟通模式时，必须注意使每一个管理沟通行为过程均要素齐全，环节齐全，尤其是不能缺少必要的反馈过程。只有管理沟通的过程完整无缺，管理信息的流动才能畅通无阻，管理沟通的职能才能够充分实现。管理沟通过程本身不完整，管理沟通必然受阻。

在企业管理实践中，管理沟通多多少少会出现一些过程不完整的情形：一是没有信息发送者,或信息发送者不明,信息没人发送,自然没有人接收;二是没有传递信息的沟通渠道,信息发送者不知道有什么渠道可以向接收者发送信息;三是接收者不明,到底信息应该发给谁,没有明确方向;四是有渠道,有发送者,有接收者,但没有设定具体沟通方式,如本来应该通过电话沟通的,却采用信件沟通,原因是企业没有规定;五是其他一些情形。管理沟通过程不完整,如缺乏反馈,就会使原本设想得很好的管理沟通受阻,对企业管理和管理沟通不利。

6. 连续性原则

管理沟通的连续性原则是指,大多数管理沟通行为过程,尤其是例行管理沟通活动,并非一次沟通就可以完成沟通工作任务的,而是要通过反复多次的沟通,才能较好地履行和完成管理沟通的工作职责。连续性是企业管理工作本身所具有的客观属性,作为管理的信息化表现,管理沟通自然也具有这一客观属性。

连续性原则要求企业在进行管理沟通时注意以下三大方面:一是管理沟通在时间上的连续性;二是管理沟通在方式、方法、渠道等,即沟通模式上的连续性;三是管理沟通在沟通内容上的连续性。时间上的连续性要求企业管理沟通行为要持续进行。而沟通模式上的连续性则要求企业一方面要慎重选择适合企业管理沟通的高效适度模式,另一方面要在使用和改变企业管理沟通模式时考虑到人们的习惯,尽量使其具备操作上的连续性。内容上的连续性与模式上的连续性均是从提高管理沟通的熟练度与效率角度出发考虑问题的。

7. 效率性原则

正如管理活动本身、管理沟通活动可以衡量而且应当追求其活动效率,管理沟通的效率体现在沟通的各个要素与环节。如编码有编码的效率,发送有发送的效率,渠道有渠道的效率,接收有接收的效率,解码也有解码的效率,就连噪声也有其效率:噪声高,必然影响沟通;噪声低,在客观上有利于提高沟通效率。

以远程正式书面沟通渠道效率为例。远程正式书面沟通在现代至少可以采用以下几种渠道:一是业务信件,二是业务传真,三是电子邮件,等等。在一般正常情况下,电子邮件沟通效率最高,传真次之,信件较差。而在业务信件中,又还可以分成快件与平信,快件一至两天即到,而平信则需要更长时间才能被拆阅。

8. 效益性原则

与管理一样,管理沟通是需要成本的,而且这些成本如文件纸张、人员、会议费用等,都是可以量化计算的,因此,管理沟通的成本是不难理解、把握的。管理沟通也是能产生或增减企业产出的,虽然有的管理沟通活动的产出较难量化处理,但仍有相当一部分管理沟通的产出可以量化。如企业采用电脑信息化后,节约下来的管理沟通成本就是其为企业增加的产出。既然管理沟通有成本有产出,自然也就应该衡量其效益,即管理沟通的产出与成本的比例关系。

2.2 影响管理沟通的因素

2.2.1 影响管理沟通的主要因素

对于企业而言,沟通是指企业信息交流与传递的过程。在此过程中,管理人员与下属通过对信息的双向交流和理解,达到企业内部的有效沟通。一般的沟通过程包括以下要素:信息源、接收者、信息、渠道、反馈、编码和解码、背景。在沟通过程中,沟通的效果不仅受信息的发送者、接收者、渠道等因素影响,还受企业文化、组织结构、沟通技巧等因素影响。

1. 管理者的因素

管理者作为管理活动的主动行为者,在组织沟通中应占主导地位。应该说,管理者的观念和行为不当是组织沟通中的最大障碍,他们对组织沟通的影响远远超过了组织中的其他因素。

第一,管理者角色转换尚未真正完成。受传统因素影响的管理者在与下属沟通的过程中仍以家长或权威的代表者的形象出现,以自我为中心,而不是从对方和全局的立场出发看问题,在与下级的交流过程中主观、武断且交流单向化而无法形成真正的平等交流,不懂得尊重、理解、关心下级,与以人为本的现代管理理念完全背离。

第二,管理者对沟通准备不足。沟通的目的尚未明确,沟通对象仍未完全确定,沟通渠道没有进行深入考虑,对沟通的宣传解释还不到位,沟通就已匆匆展开,效果显然要大打折扣。

第三,思想认识上有偏差。一方面,有的管理者片面认为企业外部的投资人、客户、供应商、经销商、新闻媒体、政府机构、贸易伙伴、竞争对手等影响和制约企业的发展,因而将80%的时间、精力都用于协调外部关系上,认为只要把外部沟通做好就行;另一方面,在内部管理上,决策只是管理者说了算,企业决策不与员工沟通,怕员工知晓,怕意见不统一,难以实现决策。

第四,心理障碍的影响。管理者出于对自己利益和喜好的考虑,常常无法容忍对自己不利信息的存在。受此影响,在沟通中,下级亦基于自己利益和前途考虑而投管理者所好,信息的传递必然是片面而有失公允的。

> **知识链接**
>
> **管理者做好角色定位**
>
> 1. 君子不失足于人,不失色于人,不失口于人。——《礼记·表记》
>
> 君子的个人修养在于,在别人面前举止应慎重,神情要端庄,不要说错话和说不该说的话。

> 2. 公事不私议。——《礼记·曲礼下》
> 不私下议论公事，公事当公议、公办，如果私下议论，则有谋私的嫌疑。
>
> 3. 朝言不及犬马。——《礼记·曲礼下》
> 工作时要有敬业精神，更要自律。朝是谋政、议政之处。办公时，不谈犬马等游乐之事。
>
> 4. 公庭不言妇女。——《礼记·曲礼下》
> 要在适当的时间谈论适当的事。办公时，不要谈及声色之事。
>
> 5. 在官言官，在府言府，在库言库，在朝言朝。——《礼记·曲礼下》
> 因时制宜，因地制宜。官、府、库、朝都是办公场所，在相应的办公场所，就谈论所应处理的事务。
>
> 6. 居其位，无其言，君子耻之；有其言，无其行，君子耻之。——《礼记·杂记下》
> 处于一定的职位，而没有发表在那个职位上应该提出的意见，君子应感到羞耻；有那样的言论，却没有实践那样的行为，君子也应感到羞耻。
>
> （资料来源：戴圣. 礼记[M]. 崇贤书院, 译. 北京：北京联合出版公司，2015.）

2. 沟通渠道的因素

首先，在沟通渠道的选择上可能存在问题。沟通的信息与选择的沟通渠道不适合，例如比较重要的沟通最好采用比较正式、清晰、准确的书面文件进行沟通，这样信息就不会在沟通过程中由于其他的原因而流失或歪曲。

其次，沟通的渠道相对单一。目前，大多数企业的组织沟通还停留在指示、汇报和会议这些传统的沟通方式上。管理者在企业内大多只重视正式沟通，而忽视非正式沟通；只重视传统的沟通方式，而忽视现代的沟通方式。

最后是沟通的单向性问题。沟通渠道内的信息流动大多只是单向性的，缺少必要与及时的反馈，使沟通失去它的真正意义而流于形式，使上层管理者无法得到员工的意见反馈，无法了解员工的需求，从而造成管理活动的盲目性。

3. 企业组织结构的因素

组织结构代表着企业进行经营运作的方式，它直接或间接地影响着信息的沟通。首先，企业中的管理层次随着企业规模扩大而增多，从而直接影响信息传递的质量和速度。信息传递过程中经过的环节、层次越多，信息遗漏和曲解的可能性就越大。日本的管理学家在实践中证实，信息每经过一个层次，其失真率为10%~15%；上级向他的直接下属所传递的信息，平均只有20%~25%被正确理解，而下属向他的直接上级所反映的信息被正确理解的则不超过10%。其次，组织结构的层级容易给人造成一种心理上的压力。层级越多，基层员工越有可能感受到企业的"等级制度"与空间距离，形成无形中的心理压力与隔阂，影响沟通的效应。

4. 企业文化的因素

任何组织的沟通总是在一定背景下进行的，受到组织文化类型的影响。

首先，在传统的组织文化中，信息是不对称的，信息往往是权力的代名词，并且是用以告诉别人或指挥别人这种专制的、自上而下的方式进行控制的。一直以来，管理者对信息严加保密，以便保护这种权力。管理学者称传统的中层经理是一个信息的"永久冻土层"。即使在同一等级的员工中，信息的沟通也是很难进行的，原因在于，工业经济下的企业文化，注重对个人的激励，很少有人愿意将自己的信息和盘托出，与人共享。

其次，非正式沟通的泛滥也是一种文化障碍。企业内的非正式沟通对企业有诸多好处，但是泛滥的非正式沟通极易形成低效率的工作态度，带来负面效应。大量的信息如果只在非正式团体中流动，对于企业本身而言是非常不利的。

5. 沟通技巧的因素

优秀的管理者必然有良好的沟通技巧，良好沟通的技巧对所有管理阶层的工作效率都是很关键的。过去 5 年中对我国 7 000 多名企业管理人员进行管理才能评定测试显示，我国经理人的行政能力明显高于欧美，而沟通技能却远远低于欧美。管理者沟通能力的缺乏主要表现在：缺乏有效倾听的沟通技能；缺乏非语言信息沟通技能以及口头和书面沟通技能。

2.2.2 影响管理沟通过程各个环节的相关因素

1. 管理沟通的过程

要了解影响管理沟通效果的相关因素，要首先了解到，管理沟通是参与沟通的主体与客体双方通过中介产生的行为，在这个过程中，沟通的编码、译码、沟通渠道等是沟通成功的关键，它始于主体发出的信息，终于得到客体的反馈。当这个反馈是正反馈(即客体做出主体期望的行为)时，沟通就有良好的效果，反之则没有效果甚至是背道而驰的负面效果。具体的，我认为可以管理沟通的过程可以总结如下：

(1)沟通者：即主体，发现或获得需要沟通的信息。
(2)编码：沟通者安排信息的传递形态。
(3)沟通渠道：将信息传递给被沟通者。
(4)译码：被沟通者按照自己的理解对这些信息进行的解释。
(5)客体：即被沟通者，根据自己解释出的信息做出应对策略。
(6)做出反应：被沟通者选择一种策略做出行动。
(7)反馈：主客体双方根据各种行动做出各自的反馈。
(8)获得效果：根据信息是否得到正确的传递，评价管理沟通的目标是否实现。

根据这一管理沟通过程的构架，我们可以看出，只有当管理沟通的每一个环节都被正确完成时，管理沟通才会获得较好的效果。因而可以通过分析影响每一环节正确进行的因素，来获得影响管理沟通效果的相关因素。

2. 影响管理沟通过程的相关因素

1)从沟通者和编码方面分析

沟通者首先要发现或获得需要沟通的内容并确定想要改变的状况；其次需要明确沟通的对象是管理者还是被管理者，是对企业外部还是企业内部沟通；沟通的层次是人与人之间沟通、团队沟通、部门内沟通还是跨部门沟通，是日常沟通还是例外沟通，是针对企业决策、部门决策、企业战略还是企业文化的沟通；同时，编码过程中还需要根据传递信息的性质，选用合适的表达方式，例如沟通内容是对被沟通者有利有害还是无关紧要、沟通内容篇幅的大小、需不需要掺杂沟通内容以外的话题等。通过如上过程分析，我们可以总结出影响沟通者及编码的相关因素，具体有沟通者个人对信息的处理分析能力、沟通需要达到的目标、沟通的对象、沟通内容本身的性质等。

2）从沟通渠道分析

信息通过中介传递给被沟通者，这一媒介可以是邮件、传真、还可以是口头、电话、录像、会议或记者招待会等，这一环节的制约因素是媒介仪器的质量好坏、信息传递人员的办事效率高低、沟通者的表达能力强弱等。如何做到沟通者想要传达的信息在这一环节不失真，是选用媒介首先需要考虑的；何种因素会影响到选用的媒介对信息的传递，是分析制约这一环节因素的出发点。例如，电话沟通在沟通时，电话信号的好坏就会对沟通信息的准确传达产生极大的影响；又如，召开记者招待会，可以想象，在一个单调寒冷的报告厅，而且没有供应饮用水的场所，与在五星级酒店礼堂、有完善的服务的场所相比，后者的沟通明显更能让被沟通者接受。因而我们可以大致地总结出影响沟通渠道的相关因素，具体有沟通媒介的好坏、信息传递人员的效率高低、沟通场所的环境好坏等。影响这一环节的因素并不是唯一的，也并不是必须多种因素共同存在，这些因素需要具体情况具体分析，需要根据选择的具体媒介，具体细致地考察各种影响因素。

3）从译码和被沟通者分析

被沟通者通过媒介获得了经过媒介转化过一遍的信息，再按照自己的理解对这些信息进行解释，从而制定出应对这些信息的行动策略。在这一环节中，被沟通者的个人经验及理解能力是制约信息被正确消化的关键。影响被沟通者个人经验的因素只能是他个人的经历，是无法进一步细分的，但影响被沟通者理解能力的因素却多种多样，甚至可以因时因地而变化。例如，被沟通者在沟通发生时的个人状态，消极和积极的情绪或情境会使相同的人对相同的信息有不同的理解。又如，不同智力水平和文化程度的被沟通者对相同的信息会有不同深度和角度的理解，但也并不是高智商高文化的客体就一定比低智商低文化的客体能更加准确地把握信息，或者说不一定能够得出沟通者期望被沟通者得到的解释。举个例子，公司负责人向下级传达要加薪的信息，一定是有让员工更加努力工作的期望的，大多数员工往往会更加努力地工作，而个别员工或许会因为工资增加幅度太小或不如别人而变得消极怠工。从这两个环节分析，我们可以得出，管理沟通目标是否被实现影响的因素有被沟通者的个人经历、工作态度、理解能力、沟通当时的情绪或心境，以及沟通信息将会对被沟通者产生的利弊等。

4）从被沟通者做出的反应以及给予沟通者和被沟通者之间的相互反馈分析

被沟通者获得信息并进行译码后，根据译码制定应对策略并产生行动；这一行动对组织或个人产生的影响被管理沟通的主客体双方感知并加以反馈。在这一环节的两个过程中，被沟通者的行动及沟通双方对行动的感知是能够被制约的两个因素。根据这两个因素的制约条件，可以分析出更加细分的因素：被沟通者的行动可以受到设备、技术条件等硬件设施的限制，也可以受到参与行动的个体或部门之间配合协调性、个体的办事风格等软件条件的限制。在感知反馈方面，沟通者和被沟通者各自的感知能力是首要因素，沟通者通过感知被沟通者的行为带来的影响，确定沟通是否得到了自己期望的结果、需不需要通过进一步的沟通来达到自己的期望；被沟通者感知到自己的行动带给沟通者的感受，确定自己的行动是否合适、需不需要通过改变自己的行动来使沟通者满意。

5）从管理沟通过程获得的最终效果分析

除却上述制约其他环节的因素，单从制约管理沟通效果的因素方面考虑，这些因素明显具有综合性和难以抗拒性。我们可以假设上述的过程都得到了正确的实施，那么我们就可以说获得的效果是我们所能够得到的最能令人满意的效果，但却不能说我们获得的效果是最好、最优的效果。因为效果的大小上限，取决于管理沟通每个过程的综合设计结果，不同的设计组合会得到不同的效果。例如，某经理需要通过管理沟通了解员工对公司新员工政策的看法，他如果选择问卷调查的形式，则可以获得充分政策反馈，但不能保证每个信息都全面或真实（效果）；他如果选择一个个面对面地沟通，则可以获得具体的信息，但是却要花费更多的精力与时间，甚至很有可能影响其他工作内容（效果）。在这一例子中，我们可以看出，效果是不同的，但是效果的大小却无法比较。因此，单从最终效果分析，管理沟通的效果影响因素就是管理沟通各个过程的设计组合方式。

通过如上分析，我们大致可以总结出，影响管理沟通效果的相关因素有：沟通者对信息的分析处理能力、沟通需要达到的目标、沟通的对象、沟通内容本身的性质等；沟通媒介的质量、信息传递人员的效率、沟通场所的环境等；被沟通者的个人经历、工作态度、理解能力、沟通当时的情绪或心境，以及沟通信息将会对被沟通者产生的利弊等；设备、技术条件等硬件设施以及被沟通者之间的配合协调性、个体的办事风格等软件条件对被沟通者行动的限制；沟通者与被沟通者对对方行动或表现的感知能力；管理沟通各个过程的设计组合方式。

知识链接：古人的智慧——说话的方式，决定事业的运势

2.2.3 有效的管理沟通——建设性沟通

1. 建设性沟通概述

建设性沟通是指在不损害，甚至在改善和巩固人际关系的前提下，帮助管理者进行确切、诚实的人际沟通的方式。建设性沟通＝问题解决＋积极人际关系。这里体现三层含义：第一层，清晰的问题解决目标；第二层，传递正确的沟通信息；第三层，积极舒适的人际关系。

2. 建设性沟通的原则

1）对事不对人

每个人内心深处都存在自尊，谈话一旦涉及自身，而不是事情本身，则极易引发听者内心的强烈抵触，不仅不利于问题的解决，而且恶化双方的关系。例如，说"我们看看怎样解决这个问题"。

2）坦诚

坦诚的谈话，无论是内容本身，还是说话的方式均易引起对方的共鸣。相反，虚假漠

然的言语，会引发听者的猜测和对未知的恐惧，从而在心理上扩大与说话者的距离，引发对说话者的不信任，并使其将注意力放在说话者没有提到的部分，以期"分析"出潜台词，从而不去聆听具体问题的解决和改进过程，同时产生消极的情绪。例如，说"你的行为让我感到难过"。

3）描述而非评判

评判性言语是一种居高临下的口吻，易激发对方的强烈抵触情绪，对恰如其分的沟通和双方之间的关系均会造成负面影响，争论极有可能发生。描述过程分三步：第一步，客观说明具体事件；第二步，说明该事件造成的影响或后果；第三步，提出供讨论和选择的解决方案，如说"这是你做的？这让部门损失了这次重要的机会，请你下回注意项目调查的具体方法"。

4）尊重

缺乏尊重的口吻常常言语生硬、居高临下、不容置疑、不容商讨、绝对化。例如，说"这件事就这么定了，不用说那么多理由了"。

另一种缺乏尊重是漠视对方的存在，表现为毫不理会对方言语，自顾自做着与谈话不相干的事，或频繁打断对方，给对方的暗示是你不重要、我没拿你当回事。相反，尊重的谈话态度表现出的是一种平等、灵活和双向沟通，以及在这种氛围下达成一致的意愿。

5）具体而非泛指

一般而言，越具体明确，越易于为对方理解与接受。具体的言辞常常避免绝对化和极端化，如"总是""经常"等。例如，说"会上你打断了我三次"。

6）建设性倾听和积极恰当的反应

认真聆听，感触说话人的情感，并做出恰如其分的反应是建设性沟通的关键。建设性倾听技能有如下四种反应形式：

(1) 情感共鸣(Reflecting)：情感共鸣的作用是准确告知诉说者你对他的情感表达的理解。这一聆听技巧最能迅速引起对方的情感共鸣，拉近彼此之间的心理距离，有助于释放对方的情绪或焦虑。这一技巧的要点在于懂得情感是交谈的一个重要方面而不仅仅是内容本身。无论实际情况如何，接纳对方的情绪反应是对对方的尊重，更有助于谈话深入有效地进行。

(2) 深入探寻(Probing)：避免因评判失误而导致情绪对抗的最为有效的方法是进一步探询事件具体细节，这样做可以避免自己过早地得出结论。同时，这种开放的谈话态度本身也在潜意识中告诉对方你在乎他/她个人本身及其所持有的意见，从而进一步拉近了彼此之间的心理距离。在此，注意尽可能多问"是什么"，少问"为什么"，以免被误认为质疑。

(3) 类比安慰(Deflecting)：将话题引向类似的情形以便宽慰对方，或帮助对方理解特殊情况。

(4) 指示建议(Advising)：提供具体的建议和指示。

通常，高效管理者在建设性谈话中采用40%的情感共鸣、30%的深入探寻、20%的类比安慰和10%的指示建议，而大多数的经理采用最多的反应是指示建议和关于"为什么"的探询，几乎不采用情感共鸣和类比安慰的技巧。这也许可以解释为什么高效优秀经理人是"稀缺物种"。

> 情景案例：建设性沟通体验

2.3 管理者沟通

有资料表明，企业管理者70%的时间用在沟通上。开会、谈判、谈话、做报告是最常见的沟通方式，此外还有对外拜访、约见等。另外，企业中70%的问题是由沟通障碍引起的，无论是工作效率低，还是执行力差、领导力不高等，归根结底都与沟通有关。管理者在工作中时刻承担着沟通角色：人际关系角色(挂名领袖、领导者、联络员)、信息传播角色(监听者、传播者、发言人)、决策制定角色(企业家、危机驾驭者、资源配置者和谈判者)。管理者无论履行什么管理职责或扮演什么管理角色，都离不开管理沟通。

2.3.1 管理者沟通的方法

1. 发布指示

指示是指导下级工作的重要方法，可使一个活动开始、更改或制止，具有强制性的意思。如果下级拒绝执行或不恰当地执行指示，而上级主管人员又不能对此使用制裁办法，那么今后的指示可能失去作用，他的地位将难以维持。

2. 会议制度

从历史上看，会议是有史以来就存在的。人们之所以经常开会，是因为会议可以满足人们的某种需要。会议是整个活动包括社会活动的一个重要反映，会议集思广益，会议可使人们彼此了解共同的目标，明确自己怎样为组织做出贡献。会议能对每一位与会者产生约束力，能发现人们未注意到的问题，例如工作汇报会、专题讨论会、职工座谈会等。

3. 个别交谈

个别交谈就是指领导者用正式的或非正式的形式，在组织内或组织外，同下属或同级人员进行个别交谈，征询谈话对象中存在的问题和缺陷，提出自己的看法，对别人或其他的上级，包括对主管人员自己(谈话者)的意见。这种方法在认识、见解、信心诸方面易取得一致，这也是政治思想工作的表现形式之一。

4. 建立沟通网络

一个聪明的领导，应该懂得如何创造出员工沟通交流的机会和渠道，而不只是被动地等待。沟通网络实际上是对各种沟通形式的概括。

> 情景案例：管理者的沟通访谈

2.3.2 管理者有效沟通的对策

1. 提高管理者思想认识

管理者应当提高对沟通重要性的认识，切实转变家长型或权威型的沟通角色。平等的交流是良好、有效沟通的基础。管理者不仅要对下级平等相待，而且还应做到自己和下级之间的一视同仁，真正做到尊重、信任下级，真正实现由过去的单向、由上而下传达的方式转向平等的、双向的、既有自上而下又有自下而上的交流方式。只有平等、活跃的双向交流才能达到有效的沟通。在这方面应当积极向国外一些优秀的企业家学习，例如，丰田公司第一位非丰田家族的总裁奥田硕，在长期的职业生涯中，他有三分之一的时间在丰田城度过，常常和公司里的工程师聊天，谈工作上的困惑和生活上的困难，他赢得了公司内部许多员工的爱戴。另外，就是要对沟通进行充分的准备，管理者在沟通之前必须明确沟通的目标并制订明晰的沟通计划。同时鼓励参与沟通的人员进行协商及信息和材料的收集、分析，并在此基础上进行宣传和解释，给企业员工提供一个良好的沟通环境，这样才能从根本上提高企业沟通效率，进而提高企业的运作效率。

2. 改善沟通渠道

1）鼓励双向交流，积极推动上行沟通

在一般企业的正式沟通中，信息总是由较高组织层级流向较低层级，而往往忽略上级与下级之间的双向交流，造成管理者无法了解员工的需要，使决策缺乏足够的信息依据等。建立良好的上行沟通渠道，可以通过宣传开放、透明的企业文化理念对上行沟通予以支持，鼓励员工通过企业提供的正式沟通渠道积极向上级反映情况。也可以采取具体措施改善上行沟通，比如设立专门咨询部门、制定员工申诉制度、员工建议机制、进行内部管理满意度调查等。积极推行上行沟通，一方面能有效改变公司内部下属报喜不报忧的习惯；另一方面能促使员工热心为公司发展出谋划策，乐于对企业的技术革新、内部管理、文化建设等提出各种建设性意见。

2）提倡跨部门、跨层级沟通

企业应当提倡正当的跨层级沟通模式，允许员工在不便向直接上级汇报或向直接上级汇报仍无法解决问题的情况下，可以向更高一层管理人员申报；同时，企业应努力营造一个开放的沟通环境，任何一名员工都可通过电子邮件或书面报告的方式向其部门经理或企业高管人员提出合理化建议；员工也可随时与企业人力资源部沟通，了解他们关心的任何问题并寻求帮助。

3）引导健康积极的非正式沟通

在企业中，为实现企业目标而形成的正式工作团队是组织运作的基础，而员工之间因情感、兴趣相投等而形成的非正式团体也同时存在，员工群体之间的非正式沟通在企业中具有积极的一面。但是，如果企业的正式沟通渠道非常不健全，企业高层沟通的力度和透明度不够，员工希望表达的心声必然会通过非正式渠道流传。如果企业高层管理人员重视不够或引导不力，私下传言会形成一股有违企业文化精神或核心价值观的逆流，造成员工工作积极性不高、企业向心力不强，这时非正式沟通的负面作用就表现得较为明显。因此企业在健全正式沟通渠道的同时，管理者应对员工群体的非正式沟通进行正确引导，使其向积极健康的方向发展，发挥非正式沟通渠道的积极作用。

3. 提高管理者沟通技能

1）提高管理人员有效倾听的技能

积极地倾听要求管理者把自己置于员工的角色上，以便于正确理解员工的意图。同时，倾听的时候应当客观地听取员工的发言而不做出主观判断。积极倾听应当坚持以下原则：一是要从肯定对方的立场去倾听；二是要有正确的心态，克服先验意识；三是要学会给对方以及时的、合适的反馈。学会积极倾听要养成良好的倾听习惯，例如，倾听时要集中注意力，了解对方的心理，创造谈话的兴趣，观察对方的身体语言，辨析对方意思，并给予反馈，听取谈话者的全部意思等。

2）注重非语言信息，提高非语言沟通能力

你在听他人说话时，对方可能通过观察你的表情判断你是否在认真倾听和真正理解。所以，与说话者进行目光接触可以使你集中精力，减少分心的可能性，并可以鼓励说话的人。另外，有效的倾听者会将所听到信息的有关情况表示出来。例如，赞许性的点头、疑惑性的摇头、恰当的面部表情（如微笑）等，都在向说话人表明你正在认真倾听及是否听懂，从而有利于沟通。

3）注重情感沟通

在实际的工作中，沟通技能通常表现为管理者能否准确地描绘企业发展现状和远景，并通过一定渠道让员工清楚企业目前形势和发展战略。员工的认同就是对管理者的最大支持，员工的认同也是管理者沟通的最直接目标。管理者应善于正确运用口头表达与书面表达，表意明确，条理清晰，语言精练，针对性强；善于倾听与关注，尊重他人的观点；改善不良的沟通习惯，恰当运用表情、动作等非言语沟通方式。另外，现代企业的人本管理体制要求管理者善于和员工进行情感沟通，将情感融入管理的全过程，使员工意识到他们对于企业发展的价值，从而激发持久的工作热情。

4）塑造企业文化，营造良好的沟通氛围

企业文化是企业中的传统、价值、规范、行为的综合体。一方面，企业文化对组织的沟通方式有重大的影响；另一方面，畅通无阻的交流沟通是形成优秀企业文化的必要条件。因此，首先要鼓励所有员工去思考问题并善于把自己的观点表达出来，这样的企业文化要为员工创造条件、创造机会进行沟通。要建立一些特别的奖励机制，奖励那些为企业带来创新思想的员工，要让员工感受到沟通的正面效果，使之有诱因去进行新的沟通。其次，组织中和谐的人际关系是优化沟通环境的前提，管理者可以在日常生活中多开展一些群体性活动（郊游、观看演出、聚餐等），鼓励员工之间的相互交流与协作，强化组织成员的团队协作意识。这些措施在一定程度上都能促进人际关系和谐。另外，组织成员之间也应相互尊重差异，促进相互理解，更有效地改善人际关系。最后，不要忽视工作环境对沟通所起的作用，工作环境也是一种沟通的工具。企业员工的工作场所是开放的，还是封闭的？是生机勃勃的，还是死气沉沉的？高级主管的办公室是否挂有"普通员工不得进入"等诸如此类的告示牌？这些环境所传递的信息对于沟通同样重要。

5）注重沟通反馈机制的建立

没有反馈的沟通不是一个完整的沟通，完整的沟通必然具备完善的反馈机制。反馈机制的建立首先应从信息发出者入手。信息发出者在传递信息后应该通过提问及鼓励接收者积极反馈来取得反馈信息。另外，信息传出者也应仔细观察对方的反应或行动以间接获取反馈信息。因为反馈可以是有意的，也可以是无意的。作为信息接收者，在沟通反馈中实际上处于主体地位。信息发送者应积极接收信息接收者的反馈信息，使得组织沟通成为真正意义上的双向沟通。

6）设置科学的组织机构

一方面要考虑到组织规模效应引起的组织层次过多而使信息丢失和歪曲，以及组织过大而产生的疏离效应，应在纵向上努力减少组织的层次以减少沟通环节，保持信息畅通，减少干扰、延误和失真。同时拓宽信息沟通渠道，通过多渠道的沟通促进信息的交流。横向部门之间则应该加强横向的交流与合作，加强部门之间及部门人员与人员之间的联系。另一方面，设置特殊的沟通机构来促进沟通。非正式的沟通机制虽然有一定的效率，但它不可避免地会受到管理者个人喜好的影响和制约，并在很大程度上影响沟通的有效性。有必要建立特殊的沟通机构来促进沟通，通过使沟通制度化真正实现有效沟通。

情景案例：旅游名额

2.3.3　中层管理者的沟通网络

中层管理者需要既能和下属打成一片、赏罚分明、给予他们工作指导，又能和上级融洽相处、不卑不亢汇报各阶段工作，这就需要有很好的沟通能力。

1. 中层管理者与上级沟通的注意事项

（1）中层管理者要准确理解和把握上级领导的想法，如果自己的观点与上级有偏差，尽量耐心听完，不要等上级领导还没说完就发表自己的观点。

（2）在与上级沟通过程中，要学会执行和服从，切忌在多人场合或会议场合提出，应学会私下沟通。

（3）不要将自己不成熟的想法、方案向上级汇报。

（4）上级交办的事情要执行快，做好后及时汇报，不得拖拉、迟延、不报。

（5）向上级领导汇报工作或思想时要开门见山、言简意赅、思路清晰、措辞严谨。

（6）不要过分关注上级领导的八卦，也不要向下属传播一些上级的不好的话。

（7）不要带着情绪与上级领导沟通。

2. 中层管理者与下级沟通的注意事项

（1）要从员工角度考虑问题，并分析员工面对这种问题的顾虑与原因，深入沟通，解决员工思想中的问题。

（2）要学会倾听，多关心下级的工作和生活。

（3）尽量就事论事，对事不对人。

（4）要尊重下属，平等对待。

（5）如果下属做错事情，尽量不要在公众场合或比较的正式场合批评他。

（6）与下属沟通时，要准备好沟通事项和沟通内容，并提前想好可能出现沟通不畅的应对措施，尽量避免矛盾激化。

总之，中层管理者在与上、下级沟通的过程中，倾听很重要，沟通场合很重要，提前沟通也很重要，最忌讳的是各说各话，无法掌握沟通的核心问题，导致不良沟通。

情景案例：中层管理者的沟通

2.3.4 塑造职场影响力

1. 影响力的内涵

影响力是管理者最重要的力量之一，是通过行为等影响别人的能力。影响力尽管看不见，但是可以感知，本质是让其他人无须证明即可相信的能力，人与人的交往，通常是影响力的较量。

一般说来，影响力具有以下3个显著特点：

（1）渗透性：影响到细微、深层，例如，榜样、师徒、家长。

（2）说服性：无须使用语言或技巧而跟随。

（3）无限性：不受时间、空间的限制，例如，逢年过节去看望老师、领导。

职场影响力的构成：权力（50%），分正式权力与非正式权力；能力（20%）包括沟通能力、果断的决策、临危不乱的素质、有逻辑性有条理的表达；实力（15%）有硬实力和软实力两种，硬实力是一个人的财富、颜值等，软实力是一个人的社会关系、人脉资源等；形象力（10%），形象并非简单的"消费"，而是一种"投资"；人格魅力（5%），现代社会是商业社会，讲的是价值的等价交换，魅力可以促进交易，但它绝不是关键因素。

2. 影响力的作用

现代社会需要影响力。比如，网络直播、产品广告等，社会化媒体出现后，每个人都在各类互联网平台上分享、传播信息。微博、微信、抖音主要记录了大家生活中的点点滴滴，每个人都在不知不觉中塑造自己的个人生活品牌。内容优秀、关注人数多的用户，他们的社交影响力就越大。

现代职场需要影响力。企业扁平化管理，同事关系尤显重要；架构团队化，通过激励而非命令来影响他人；企业快速发展，应对竞争、变化、问题等；"90/00后"对企业领导也提出了严峻挑战；资讯公开化，角色多样化（领导、导师、朋友、冲突调解人、联络人）等。想要顺利高效地开展工作，都离不开影响力的发挥。

3. 打造影响力

1）影响力强的人的特征

待人诚实和正直，值得信赖，值得托付，且信任他人；掌握专业知识，具有专业背景和经历并可指导他人；愿意培养和拓展他人；善于与他人沟通，通过顺畅的沟通达成目标，化解纠纷；善于了解别人，为他人导航，为他人的成长和晋升提供机会和支持；方向和目标坚定且项目、时间、问题管理等工作技能突出；不断学习，自我提高；授权他人，协调各种资源，推进工作成效的提升。

知识链接

激励高手——任正非

从任正非的历年讲话可以看出任正非是个说话的高手,他总能打动人心。以下总结任正非说话的3个特点:

1. 大气磅礴

在华为还没有像现在这么出名的时候,任正非在企业界就颇有威望了。据回忆,任正非给人的第一印象就是"大",一个是格局大,一个是说话大气。这让任正非与当时业界顶流人物会面的时候不落下风,尽管华为只能算是崭露头角,可那些人对他也不敢小觑。对外,任正非谈的是行业格局、技术方向,是国家、世界等很宏观的东西。对内,任正非告诉员工华为以后要在通信行业"天下三分",要让公司成为一流企业。"伟大的时代是我们创造,伟大的事业是我们建立,伟大的错误是我们所犯,渺小的缺点人人都有……"看任正非的讲话,你不得不为他的大气磅礴而叹服。

2. 智慧过人

任正非很睿智,而且他善于借助故事、比喻等方式,把智慧传递出去,通俗易懂,让众人理解。"我是一个思想领袖,不是说悄悄话就成功的。我不把我的思想告诉所有人,我怎么能成功。"任正非的思想有一种与时俱进的活力,对创业者和年轻人都有非常重要的启发意义。任正非在与媒体、专家等对话的时候,旁征博引,谈笑风生,其知识面之广,洞察之深,言语之简练,都让人印象深刻。任正非镜头前的风采不仅折服了国内的网友,更让海外的网友为之倾倒。这就是思想、智慧的魅力。

3. 真情实感

唯有真心换真心,无论是说话还是写文章,只有真情实感方能打动别人。任正非说话,有种"随心所欲、无招胜有招"的感觉,有人喜欢解读他背后的深意,实际上,对任正非而言,他只是随口而说。当然,语言是思想的反应,任正非随口之言也不会是什么泛泛之谈,所以也难以让人找到什么破绽。这不是学来的,如果没有平常的思考、积累,是达不到这种程度的。"我若贪生怕死,何来让你们去英勇奋斗!"这样的话如果换个人说,恐怕没有任正非的感染力,因为别人不一定能心口如一、真情实感、知行合一。其实,做老板带队伍,不懂得鼓励人心是不行的。在顺境的时候要引导风向,在逆境的时候要鼓舞士气,如果老板说话不能打动人,那队伍就很难带好。

在管理工作中,沟通和团结是永恒的工作。所以,说话是极为重要的。人和人的关系需要交流,只有通过交流才能达成共识,团结一致,才能不断发展。

(资料来源:屠爽.任正非内部讲话[M].北京:新世界出版社,2013.)

2) 损坏影响力的做法

推卸责任;对个人利益斤斤计较,总是显示自己的优越感;对自己的行为放松标准;日常工作中缺乏职业性,工作事务的执行过多凭借权力的行使;与同事、下属均无法正常、有效沟通,在决策上刚愎自用,姑息迁就而不敢坚持原则、不敢得罪人,在专业问题上一知半解且瞎指挥。

3) 通过沟通提升影响力

培养自己双向和双赢沟通的能力;将自己的感觉直接而清楚地告诉对方,仔细聆听对方的感觉；记得用同理心、同情心和关怀的态度，来了解对方的心情；抓住对方切身利益，站在对方的角度和立场说自己的话；把想讲的话讲出来，语言要清晰、简洁、朴实，不批评、不责备、不抱怨、不说教、没有偏见；互相尊重，绝不口出恶言，不说不该说的话；运用语言的感染力，运用感情说出自己想说的话；得体的身体语言；在表达时善于运用利用有效的方式，如专业和技术用语、数据和指标或者图表等。

讨论题

1. 沟通在管理中有什么作用？
2. 管理沟通中的原则有哪些？
3. 如何开展建设性沟通？
4. 如何与上级正确有效地进行沟通？
5. 管理者如何通过沟通塑造职场影响力？

练 习

结合你的社会实践经历和个性，填写下面的表格。

你受准客户的欢迎程度如何？

检测项目		得分
保持良好的个人形象	①发型整洁(2分)	
	②衣着得体(2分)	
记住并常说出客户的名字	①知道客户的业余爱好(4分)	
	②了解客户的工作成就(4分)	
让客户有优越感	①能有针对性地称赞客户(5分)	
	②言语得体，令客户愉悦(3分)	
	③充分尊重客户的意见(3分)	
替客户解决问题	①了解客户的行业特点(4分)	
	②知道困扰客户的瓶颈问题(5分)	
	③能及时反馈产品改进方案给客户(4分)	
	④以客户为中心(3分)	
自己保持快乐开朗	①与客户交谈时面带微笑，亲切自然(3分)	
	②每天上班前自我沟通3分钟，保持愉悦自信的工作状态(5分)	
	③用友善的态度来面对客户公司的每一位员工(3分)	
利用小赠品	①通过小赠品传递友好的信息(2分)	
	②通过小赠品完成公司对外形象宣传(2分)	

得分：

45~54分：恭喜你，你肯定是一位很受客户欢迎的业务员，你已熟练掌握了接近客户的技巧。

30~44分：你的沟通技巧受人称道，你可以对照上表进一步完善自己的沟通技巧。

15~29分：你的业务沟通能力已经有了一定基础，但还有很多需要改进的地方。

0~14分：这是一个令人沮丧的得分，你的沟通能力的确不怎么样。不过别灰心，认真揣摩本课程，你会有很大的进步。

案例分析

小B是一个典型的北方姑娘，在她身上可以明显地感受到北方人的热情和直率。她直率坦诚，有什么说什么，总是愿意把自己的想法说出来和大家一起讨论，正是因为这个特点，她在上学期间很受老师和同学的欢迎。今年，小B从西安某大学的人力资源管理专业毕业，她认为，经过四年的学习自己不但掌握了扎实的人力资源管理专业知识而且具备了较强的人际沟通技能，因此对自己的未来期望很高。为了实现自己的梦想，她毅然只身去S市求职。

经过将近一个月的反复投简历和面试，在权衡了多种因素的情况下，小B最终选定了S市的一家金融企业，她之所以选择这份工作是因为目前该公司规模适中，发展速度较快，最重要的是该公司的人力资源管理工作还处于尝试阶段，如果小B加入，她将是公司专门负责人力资源的第一个人，因此她认为自己施展能力的空间比较大。

但是到公司实习一个星期后，小B就陷入了困境。原来该公司是一个典型的中小型企业，充满了各种裙带关系，缺乏必要的管理理念，更不用说人力资源管理理念。在老板的眼里，只有业绩最重要，公司只要能赚钱其他的一切都无所谓。但是小B认为越是这样就越有自己发挥能力的空间，因此在到公司的第五天小B拿着自己的建议书走进了直接上级的办公室。

"王经理，我到公司已经快一个星期了，我有一些想法想和您谈谈，您有时间吗？"小B走到经理办公桌前说。

"来来来，小B，本来早就应该和你谈谈了，只是最近一直在见客户就把这件事忘了。""王经理，对于一个企业，尤其是处于上升阶段的企业来说，要持续发展必须在管理上狠下功夫。我来公司已经快一个星期了，据我目前对公司的了解，我认为公司主要的问题在于职责界定不清；雇员的自主权力太小致使员工觉得公司对他们缺乏信任；员工薪酬结构和水平的制定随意性较强，缺乏科学合理的基础，因此薪酬的公平性和激励性都较低。"小B按照自己事先所列的提纲开始逐条向王经理叙述。

王经理微微皱了一下眉头说："你说的这些问题我们公司也确实存在，但是你必须承认一个事实——我们公司是赢利，这就说明我们公司目前实行的体制有它的合理性。"

"可是，眼前的发展并不等于将来也可以发展，许多中小企业都败在管理上。"

"好了，那你有具体方案吗？"

"目前还没有，这些还只是我的一点想法而已，但是如果得到了您的支持，我想方案只是时间问题。"

"那你先回去做方案，把你的材料放这儿，我先看看然后给你答复。"说完王经理的注意力又回到了业绩报告上。

小B此时真切地感受到了不被认可的失落，她似乎已经预测到了自己第一次提建议的结局。

果然，小B的建议书石沉大海，王经理好像完全不记得建议书的事。小B陷入了困惑之中，她不知道自己是应该继续和上级沟通还是干脆放弃这份工作，另找一个发展平台。

思考题

1. 对于刚大学毕业的小B来讲，她来到本公司的积极性为何会受挫？
2. 从沟通目标这个角度来分析本案例中沟通失败的原因。
3. 什么是建设性沟通？其原则有哪些？小B具体忽视了哪些沟通原则？
4. 根据本案例进行分析，企业在引导新员工方面应该注意哪些问题？

第3章 管理沟通策略

学习目标

- 明确沟通的一般策略,包括主体策略、客体策略、信息策略、渠道策略和文化背景策略;
- 实现在沟通过程中能正确地界定沟通的目标和策略;
- 建立从客体价值导向层面进行建设性沟通的思路,掌握并运用有效策略实现与上司、下属的沟通;
- 能有效运用信息组织策略、渠道策略、文化背景策略实施完整有效的沟通。

引导案例

信任突破沟通障碍

王明是一家食品公司的销售经理,一段时期以来,在和老板沟通市场情况时,每逢谈到竞争对手增多、品种单一、味道偏淡等实际问题时,老板总是不耐烦,还没等他说完就没有好气地说"知道"。对于只重结果不问过程的老板领导风格和做事方式,王明尽管有些抱怨但也感到无奈。同时也理解了老板,毕竟老板对自己还不太信任。

意识到信任已经成为自己与老板沟通阻碍的王明,为了取得老板的信任,决定改变自己。他开始放下架子,改掉原来走访市场不深入的毛病,对公司和对手的市场与产品,每一个问题、每一个细节都摸得一清二楚,并且积累了大量的一线市场数据。

同时他还采取了5项具体措施:

一是自掏腰包买下竞争对手的产品样品交给老板亲自品尝。同时,把竞争对手的产品价格及变化情况随时以邮件的方式发给老板。

二是把竞争对手的促销时间、方式、效果等制成表格并写成分析报告发给老板。

三是把公司的产品与对手的产品进行比较,并找出双方产品的优劣势,并给老板提出自己的对策与建议。

四是每个季度前都形成一份数据翔实、分析具体、对策切实可行的工作报告,请老板指点，并在季度结束后上交一份完成情况的总结。

五是在公司的会议上，改变以往夸赞竞争对手的习惯，开始先汇报销售较好的几类产品和地区，随后找出销售最差的地区，并真诚地检讨自己工作的不足，然后又制订下一步的行动计划。

逐渐地，王明发现老板对自己的态度在好转，他汇报工作时老板很有耐心，并不时提出问题征求他的意见，还夸奖他有思路、有办法。当有时业绩出现滑坡时，老板不再暴跳如雷，而是勉励和鼓励他不要泄气。王明感到自己的努力有了结果，与老板关系的融洽更使他增强了干好工作、创造更好业绩的信心。

（资料来源：根据网络资料整理）

根据前文，我们知道沟通有几个重要的因素，如信息发送者、听众、沟通渠道、信息反馈、背景文化等，因此，我们将沟通的一般策略，按照沟通的过程划分为沟通主体策略、沟通客体策略、信息策略、渠道策略和文化策略。沟通策略模型如图3-1所示。

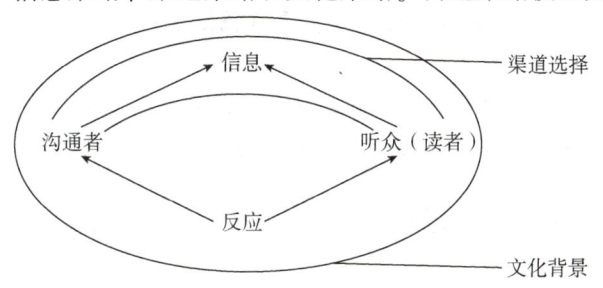

图 3-1　沟通策略模型

在沟通之前需要将涉及的各个要素予以充分考虑和设计。沟通主体要在对自我客观定位的基础上，根据实际情况、信息资源、背景及听众的多样化来选择信息内容和沟通渠道，向不同对象传递不同信息，以实现或放弃该沟通目标。沟通策略实例如表3-1所示。

表 3-1　沟通策略实例

你想进修 MBA，希望公司及上司在学费和时间上支持你	
沟通主体	你是一位卓越的/优秀的/一般的/平庸的下属 你是高级/中级/低级职员
沟通客体	主要听众——你的上司 次要听众——你上司的上司；你的同事、下属或客户；其他可能受此结果影响的人
沟通目标	获得上级及组织的时间及学费支持
背景	工作繁忙；你是部门的次要关键人物，你以前曾经/没有要求过特殊的待遇；有/没有先例，其他人提出/没提出同样的要求
信息	读 MBA，对你十分重要；会将工作在周一至周五处理好，以便周末加班时请假；其他人被给予过同样的待遇；我会报答这个恩惠；学习对我有益，对公司也有益
渠道	个别谈话、电话、备忘录、会议、电子沟通等
反馈信息	听众可能是支持性/表示接受/无所谓/敌意的 他们可能会提出你意想不到的问题

3.1 沟通主体策略

老子《道德经》云："知人者智，自知者明。胜人者有力，自胜者强。知足者富，强行者有志，不失其所者久，死而不亡者寿。"

情景案例

1. 以下言语说明了什么？
(1)我们单位领导太官僚，从来没有把我们放在眼里！
(2)某某这次又晋升了，其他本事没有，就是能讨领导欢心！
(3)某某在大学时成绩不如好多同学。结果人到中年，事业成功，完全是因为运气好！
(4)某某能力太差。如果这事交给我，早就搞定了！

2. 渔夫的做法说明了什么？
吉姆在例行训练途中看见一个渔夫正将鱼一条条地往上拉。但吉姆注意到，那渔夫总是将大鱼放回去，只留下小鱼。吉姆好奇地上前问那个渔夫为什么只留下小鱼，放回大鱼。
渔夫回答："老天，我真不愿这么做，但我实在别无选择，因为我只有一个小锅子。"

3. 你将如何做？
你是某单位人事处负责人。最近，你单位的员工强烈要求涨工资。由于工资低，有些人出现了消极怠工现象。领导派你与员工的意见领袖沟通，并要求你说服大家安心工作。

沟通主体即沟通中的信息发送者，是决定沟通成功的关键因素。要想使沟通顺利进行，沟通主体需要明确几个问题：沟通是必要的吗？沟通的目标是什么？用什么方式沟通能达成目标？我是合适的沟通发起者吗？

3.1.1 沟通主体策略的两个基本问题

沟通主体分析的根本是解决"我是谁"以及"我在什么地方"这两个基本问题。沟通者分析"我是谁"的过程，就是自我认知的过程；而分析"我在什么地方"的过程就是自我定位的过程。需要注意的是，在沟通主体策略中，我们通过自我认知，重点要了解、分析自己作为沟通主体在受众心目中的可信度，即分析受众对自己的看法，而不仅仅是自我评价。

1. 自我认知

沟通者分析"我是谁"的过程，就是自我认知的过程。沟通主体的自我认知是对沟通情境中的自我动机、态度、可信度等的认识，其中，分析自身的可信度最为重要。

要解决上述问题，实现演讲目标，应该有很多方面需要准备，比如，演讲稿、语言表达方式、服装等。在所有这些准备中，最重要的是对自身可信度的准备与设计，因为沟通主体的可信度将成为决定这次演讲成败的第一要素。

所谓可信度,就是沟通客体在每一次沟通情境中对沟通主体的信任、信心及依赖程度。可信度包括:初始可信度(Initial Credibility),即在沟通发生之前听众对沟通者的看法;后天可信度(Acquired Credibility),即沟通者在与听众沟通之后,听众对沟通者形成的看法。影响可信度的因素和技巧如表3-2所示。

表3-2 影响可信度的因素和技巧

因素	建立基础	对初始可信度的强调	对后天可信度的加强
身份地位	等级权力	强调头衔或地位	将你与地位很高的某人联系起来(如共同署名或进行介绍)
良好意愿	个人关系、长期记录值得信赖	涉及关系或长期记录	通过指出听众利益来建立良好意愿
		承认利益上的冲突,做出合理的评估	
专业知识	知识和能力	简历	将你自己与听众认为是专家的人联系起来,或引用他人话语
外表形象	吸引力,听众具有喜欢你的欲望	强调听众认为有吸引力的特质	通过认同你的听众利益来建立你的形象,运用听众认为活泼的非语言表达方式及语言
共同价值	道德准则	在沟通开始就建立共同点和相似点,将信息与共同价值结合起来	

沟通主体通过对自身五个因素的分析,就能通过强调自己的初始可信度且加强后天可信度来增强沟通者在客体心目中的可信度。

2. 自我定位

自我定位是分析"我处于什么位置",就是要对自身的地位、能力、个性特点、价值观和形象等方面进行客观的定位。自我定位需要考虑的因素有很多,如自己在组织中的地位、可获得的资源、组织传统与价值观、人际关系网络、领导的利益与偏见、沟通渠道、与竞争者之间的经营现状、文化环境等。

3.1.2 沟通目标和策略的确定

1. 沟通目标

任何一个管理者在沟通行为发生之前,都必须明确自己沟通的目标。沟通目标是沟通者就受众对沟通的反应的期望,也可以说是沟通想要达到的效果。组织的沟通目标有时可能是不明晰的,因此,沟通主体要分析沟通目标。首先,沟通主体明确沟通目标之后,可以对沟通目标进行细分,使其从一般到具体,即明确总体目标、行动目标、沟通目标分别是什么,然后从具体目标开始谋划沟通。

(1)总体目标:沟通主体所希望实现的概括性陈述,沟通者期望实现的最根本结果。

(2)行动目标:指导沟通主体走向总体目标的具体的、可度量的、有时限的步骤。

(3)沟通目标:沟通主体就受众对笔头、口头沟通起何种反应的期望。沟通目标更具体,其以行动目标为基础,如沟通主体通过具体的一个报告、一封信或邮件、一次交谈、一个电话等,想让沟通对象了解什么信息,进而怎么行动。

此外，沟通主体明确沟通目标之后，要对沟通目标的可行性进行检测，看组织环境是否支持沟通目标实现。这个分析内容包括沟通主体在组织中的地位、可获取的资源、组织的传统及价值、个人人际关系、上司的态度倾向、沟通渠道、组织的经营情况与竞争者经营情况的对比、总体的文化氛围等。

可以通过以下问题来检测沟通目标：第一，我的目标是否符合伦理？第二，对于这个目标我是不是一个合适的传达者？第三，是否有足够的资源可供我实现沟通目的？第四，我的目标能否争取到需要配合的人的支持？第五，我的沟通目标是否与其他同等重要的目标相冲突？第六，在内部与外部都存在竞争的环境中，我的沟通目标是否能占有合理的机会？第七，成功的结果是什么？我和我的组织在达到这些目标后境遇是否会好些？

如果对上述问题的回答都是肯定的，那么沟通目标就有了可靠的环境支持。

2. 沟通策略

沟通者可以根据自己对沟通内容的控制程度和沟通对象的参与程度不同，采取四种不同的沟通策略形式，如图 3-2 所示。

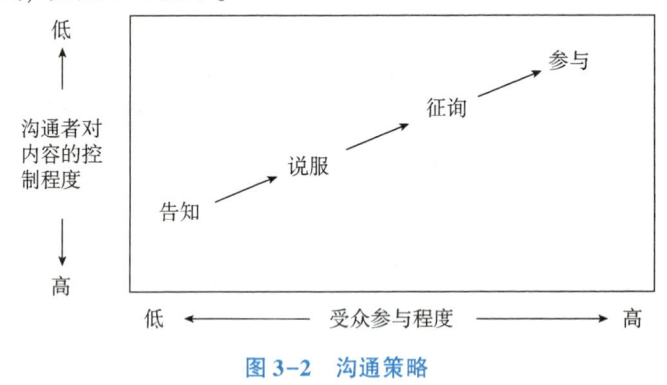

图 3-2　沟通策略

1）告知策略

向对方叙述或解释信息或要求，要求对方接受你的信息。这时沟通主体主要向听众告知和解释信息及要求，目的是让听众接受信息并按照信息要求行动。比如，宣布一项常规程序要求下属执行。

2）说服策略

向对方说明做或不做的利弊，以供对方决策时参考。这时沟通主体在掌握信息方面处于主导地位，但决定权在听众。

3）征询策略

通过商议来共同达到沟通目的，使执行方案得到受众认同。这时沟通主体掌握部分信息，但更需要听众的信息。比如，你提出部门员工激励改革方案草案，全体同事讨论、修改草案，并上交公司。

4）参与策略

沟通主体不掌握信息，需要听众集思广益，提供广泛的信息，以具有最大程度的合作性。沟通主体可获得全面信息。如头脑风暴会议，主持人提出主题之后，与会者畅所欲言。

其中，告知策略和说服策略称为指导性策略，征询策略和参与策略称为咨询性策略。沟通目标与沟通策略举例如表 3-3 所示。

表 3-3　沟通目标与沟通策略举例

沟通目标	沟通策略
(1)通过阅读这一备忘录，员工将了解公司现有的福利项目； (2)这次演讲后我的老板将了解我这个部门本月的成绩	告知：在这些情况下，你是在教授或解释。你需要你的听众(读者)学习和了解新的内容，不需要他们的意见
(1)读完这封信，我的客户将签署附在信中的合同； (2)通过这次演讲，委员会将同意我的预算建议	说服：在这些情况下，你是在说服。你要使你的听众(读者)改变他们的做法。为了让他们这么做，你需要听众一定的参与
(1)读完这份调查，员工们将通过回答调查表来反馈； (2)这个答疑会的结果是让我的员工讲出他们对新政策的疑惑，并得到对这些疑惑的解释	征询：这些情况下，你是在商议。你需要有付出和收获。你既需要向听众学习，又要对互动有一定的控制
(1)通过阅读这一电子邮件提要，小组成员将来参加会议并准备就这一问题提出他们的想法； (2)通过头脑风暴会议，小组成员将找到某个问题的解决办法	参与：在这些情况下，你是在协作。你和你的听众共同努力挖掘内容

情景案例

你会怎么做？

情景一：国庆节后，按照公司惯例，作息时间由夏季作息时间调整为冬季作息时间。请问如何将这条信息传达出去？

情景二：要向公司的老客户介绍一种新产品，你将选用何种方式？

情景三：临近年终，销售任务还远没完成，作为部门经理，你召集全体下属探讨如何冲刺，你将使用哪种沟通方式？

情景四：部门团队合作不好，你想广泛听取意见，用哪种沟通方式较好？

3.1.3　自我沟通

1. 自我沟通的含义和特点

自我沟通也称内向沟通，即信息发送者和信息接收者为同一个行为主体，自行发出信息，自行传递，自我接收和理解，是在主我(I)和客我(Me)之间进行的信息交流。自我沟通是成功管理沟通的前提，"要说服他人，首先要说服自己"。自我沟通技能的开发与提升是成功管理者的基本素质。

自我沟通在过程上与一般人际沟通具有相似性，但在具体要素和活动上有其自身的特殊性，主要表现在以下几方面：

(1)主体和客体的同一性："主我"承担信息编码功能，"客我"承担信息解码功能。

(2)自我沟通的目的在于说服自己，自我沟通常在自我原来认知和现实外部需求出现冲突时发生。

(3)沟通过程反馈来自"我"本身：信息输出、接收、反应和反馈几乎同时进行。

(4)沟通媒体也是"我"自身：沟通渠道可以是语言、文字，也可以是自我心理暗示。

自我沟通中也有客体策略、信息策略、媒体策略等问题。客体策略分析，就是自我认识过程；信息策略，就是如何通过学习寻找依据和道理进行自我说服，信息来自自身思考、他人经验或书本知识；媒体策略，则是每个个体根据自己的特点选择相应沟通渠道；反馈策略，即思想上的自我本来定位与现实要求之间的冲突发生和解决的过程，自我本来定位与现实要求之间的冲突产生、发展、缓解和最终解决过程称为反馈；把面对冲突时表现出来的外在形态，称为反应。成功的自我沟通就是要求有良性的反馈和积极的反应。

2. 自我沟通媒介——自我暗示

自我暗示是通过自己的认知、言语、想象等心理活动向自己发出刺激，以影响自己的情绪和意志的一种心理方法。运用自我暗示进行自我沟通，目的就是通过调动自身潜在的力量激励自我、调节自我、重塑自我，使自己处于最佳精神状态。积极的自我暗示有利于激发潜能，潜移默化地引导自己走向成功。

"你的身体语言来源于你的内心。"要提高沟通技能，在平时要养成良好的"自我交谈"的习惯，自我交谈也就是平常所说的自我暗示。如果在自我交谈过程中，把自己的形象和自尊都予以强化，而且在沟通前就呈现给他人，就能很好地调整自己的穿着、举止、接触别人的眼神、姿势等。自我交谈的形式可以是多种多样的，在自我沟通的过程分析中已提出了自我暗示的媒体类型，有的习惯于通过写日记的方式表达自己的情感；有的习惯于通过冥思苦想的方式来解脱；有的习惯于看书，借助于书中的人物来发泄自己的矛盾心态；有的通过自我暗示达到自我沟通的效果。自我暗示是一个重要而积极的自我沟通渠道，在自我沟通中，自我交谈和自我暗示是自尊的表现。自我暗示技能就是要求我们以积极的心态调整自我，通过自我沟通艺术的培养达到自我沟通的目的。表3-4是积极性自我暗示和消极性自我暗示的比较举例。

表3-4 自我沟通中的自我暗示

情形	消极性自我暗示	积极性自我暗示
当你刚刚在同事面前做了一件错事时，你对自己说	嗯，现在他们知道我没有用！	下次，我会……
当你第一次做某件事，并且发现做起来很困难时，你对自己说	我太笨了，什么也学不会！	我以前学过类似的东西，如果我坚持，我会做好它！
当你忘记做某件你曾许诺过的事情，你对自己说	我是这样愚蠢和健忘！	这不像我，只是我该如何安排……
当你与此前从不认识的人一同走进会场时，你对你自己说	我讨厌与这个陌生人在一起！	这将是一个挑战，我保持镇静，一切都会变好的
当你的老板叫你过去而你不知道是为什么时，你对自己说	我现在就要进去，我一定又做错了什么事儿！	我想知道发生了什么
当你摔倒在去商店的路上时，你对自己说	我真蠢，我甚至不能做到在路上不出丑！	哎呀！我应该好好注意走路！
当你跑着去赶一个要迟到的重要约会时，你对自己说	我相信我就要迟到了，我总是迟到，把事情弄得一团糟	迟到不是我的一贯风格，我最好打个电话通知他们

续表

情形	消极性自我暗示	积极性自我暗示
当你入不敷出时，你对自己说	我做这种事是没有希望了，我总是做不好	这是必须做的，而我知道我能做好
当你把某事做得非常出色时，你对自己说	奇迹发生了，真幸运	我做得真不错

3.2 客体策略

情景案例

实现不可能

在美国一个农村住着一个老头，他有三个儿子。大儿子、二儿子都在城里工作，小儿子和他在一起，父子俩相依为命。突然有一天，一个人找到老头对他说："尊敬的老人家，我想把你的小儿子带到城里去工作。"老头气愤地说："不行，绝对不行，你滚出去吧！"这个人说："如果我在城里给你的儿子找个对象，可以吗？"老头摇摇头："不行，快滚出去吧！"这个人又说："如果我给你儿子找的对象，也就是你未来的儿媳妇是洛克菲勒的女儿呢？"老头想了又想，让儿子当上洛克菲勒的女婿这件事儿终于打动了他。

过了几天，这个人找到了美国首富石油大王洛克菲勒，对他说："尊敬的洛克菲勒先生，我想给你的女儿找个对象。"洛克菲勒说："快滚出去吧！"这个人又说："如果我给你女儿找的对象，也就是你未来的女婿是世界银行的副总裁，可以吗？"洛克菲勒想了想，同意了。

又过了几天，这个人找到了世界银行总裁，对他说："尊敬的总裁先生，你应该马上任命一个副总裁！"总裁先生头说："不可能，这里这么多副总裁，我为什么还要任命一个副总裁呢，而且必须马上？"这个人说："如果你任命的这个副总裁是洛克菲勒的女婿，可以吗？"总裁先生于是同意了。

于是，这个农村小伙子马上变成了洛克菲勒的女婿和世界银行的副总裁！

（资料来源：根据网络资料整理）

3.2.1 客体沟通的意义

客体沟通是指通过对客体的深入分析，沟通者可以根据客体的需要和特点组织信息、传递信息，实现建设性沟通。沟通客体分析是整个沟通过程中最为重要的环节。

在实际沟通中，沟通主体往往关注自己的价值取向，而忽略了对方的关注点、背景、经历、地位、知识结构等，结果出现了把自己的观点强加给别人或者沟通者希望传递的信息与接收者理解的信息产生偏差等问题，最后影响了沟通的效果。成功的管理沟通，其本质在于沟通者能站在对方的立场思考问题，能够根据沟通客体的需要和特点，组织信息、传递信息，实现建设性沟通。

3.2.2 客体沟通分析

1. 客体分类

对沟通客体进行分析，首先要解决哪些是沟通对象的问题，知晓"以谁为中心，对谁进行沟通"。要解决这一问题，具体可以从两个方面入手。

1）哪些人属于客体范畴

在很多沟通场合中，沟通者可能拥有多个不同的客体，当对象超过一人时，就应当根据其中对沟通目标影响最大的人或团体调整沟通内容。一般来说，沟通中的客体主要包括六类：

第一类为最初对象。他们最先收到信息，有时一些文件就是最初对象要求你提供的，是你首先直接接触到的沟通客体。

第二类是守门人。守门人即沟通者和最终受众之间的桥梁受众，他们有权阻止你将信息传递给其他对象，他们也有权决定你的信息是否能够传递给主要对象。有时让你起草文件的就是守门人，这些守门人有的在公司的更高层，有的来自企业外部。守门人分析在于判断是否必须通过此人来传达信息，如存在，则判断他是否会因为某些理由而改变信息或封锁信息。

第三类是主要受众。主要受众又称直接受众，即那些直接从沟通者处获得口头或书面信息的人或团体。他们可以决定是否接受你的建议，是否按照你的提议行动。各种信息只有传递给主要对象，才能达到预期的目的。

第四类是次要受众。次要受众又称间接受众，即那些间接获得信息，或通过道听途说，或受到信息波及的人或团体。他们可能会对你的提议发表意见，或在你的提议得到批准后负责具体实施。

第五类是意见领袖。意见领袖即受众中有强大影响力的、非正式的人或团体。他们可能没有权力阻止传递信息，但他们可能因为拥有政治社会地位和经济实力，而对你的信息产生巨大的影响。

第六类是关键决策者。关键决策者即最后且可能最重要的，可以影响整个沟通结果的关键决策者。如存在，要根据他们的判断标准调整信息内容。

要注意的是，以上六类客体角色中的某几类，可以由一个人充当。

2）怎样了解你的受众

分析方式：第一，借助市场调研和其他已有的数据（档案、记录），即客观分析；第二，站在受众的立场，将自己假设为其中的一员，即主观分析。

分析内容：第一，分析受众中的每一成员的基本信息，包括教育、年龄、性别、民族等；第二，对公众做整体分析，分析内容包括群体特征、立场、共同规范、传统。

2. 客体的态度分析

首先，从客体对你信息的支持与否来分，客体可以分为积极的听众、中立的听众、敌意的听众。

积极的听众是支持你的听众。比如，对于一项改革方案，能从改革中受益的群体就是改革方案的积极听众。对积极的听众，沟通时需要激发他们的积极性并告知他们行动计划,让他们知道他们的重要性及他们能帮你做什么,尽你所能地使他们的工作变得容易并有回报。进行这种分析时,你必须特别注意个人和群体的动机。你要确信你知道每一位积极的听众的动机,这样你才能在你的计划中考虑他们。

中立的听众在沟通前可能对你的信息没有态度倾向,而且这些听众而易受理性说服方法的影响,因此沟通时使他们参与到事件和分析中来,有利于说服他们。

敌意的听众,是指沟通前就有可能对你有某种偏见,甚至可能永远不会积极支持你的听众。沟通时通过表明你理解他们的观点,并解释为什么你仍相信你的计划,有可能会使敌意的听众变为中立的听众。具体的技巧有:第一,让这些听众同意问题确实存在,然后解决问题。第二,列出听众可能同意的几个观点,他们赞成观点越多,同意具体方案的可能性就越大,若赞成其中几个核心观点,接受整体方案就相对容易。第三,将要求限制到尽可能小的范围和程度,比如先试点方案的某一个部分或先在一个部门试点。第四,对预期的反对意见进行评论,并预先驳斥反对意见。

情景案例

你将怎样选择?

Ⅰ 假如有一种突发的疾病预期会使600人死亡。

使用 A 方法治疗,可以保证救200人的命。

使用 B 方法治疗,有1/3的可能会救600人的命,有2/3的可能会没人获救。

你认为哪种治疗方法好?

Ⅱ 假如有一种突发的疾病预期会使600人死亡。

使用 C 方法治疗有400人肯定会死亡。

使用 D 方法治疗有1/3的可能没人会死,有2/3的可能600人会死。

你认为哪种治疗方法好?

A 和 C 是保险策略,B 和 D 是冒险策略。第一个情境使用"正面"的框架讲的是收益,第二个情境使用"负面"的框架讲的是损失。

1984年,心理学家对医生进行测试,结果发现,当强调收益时,有七成的医生会选择保险策略,当强调损失时,有七成的医生会选择冒险策略。因为人们易陷入情绪化"理财"的误区,损失总是比收益带来更大的情绪反应。

①厌恶损失。像买了贬值股票而不肯出手的股民——不愿面对承认自己错误带来的后悔。

②赠品效应。如果给被实验的人中的一半1元钱,给另一半1元钱的彩票,告诉参与者可以交换,结果大家都不愿意交换,因为人们总觉得自己手里的东西更值钱。

③代价陷阱。在一件事上投入得越多,就越会继续投入。如,买了贬值股票的股民不仅不脱手,反而会在该股票跌得更低时,大量买进。

④现状偏向。人们偏向于保持现状,不进行重新选择。

人们因为现状偏向而害怕改变,因为代价陷阱而在无效的事情上耗费生命,因为厌恶损失而不能承认和改正错误,因为赠品效应而死死抓住已有的东西。

(资料来源:根据网络及授课资料整理)

3. 客体的沟通特点分析

通过上述分析,我们已经明确了沟通客体及受众的类型,现在应进一步分析在特定的沟通过程中，受众已经了解但仍需了解的信息，以及受众的感觉，也就是要去掌握受众在沟通中会如何去想。我们可以从以下几个方面来分析：

第一，受众对背景资料的了解情况。分析有多少背景资料是受众需要了解的，沟通的主题他们已经了解多少，有多少专门术语是他们能够理解的。若受众对了解背景资料的需求较低，就不需要在背景资料介绍上花费时间；若受众对背景资料的需求量高，则应该准确地定义陌生的术语和行话，将新的信息和受众已经掌握的信息结合起来，并给出非常清晰的信息结构。

第二，受众对新信息的需求。分析对于沟通的主题，受众需要了解什么新的信息，以及他们还需要多少细节和例证。对于新信息需求高的受众，则应提供足够的例证、统计资料数据及其他材料。对于新信息需求低的受众，如有的受众倾向于依赖专家意见，把加以判断的权利交给了沟通者，则主要向这些受众提供决策的建议。概括而言，沟通者应考虑受众实际需要什么信息，而不要只考虑能为他们提供什么信息。

第三，受众的期望和偏好。分析在沟通的风格渠道和格式方面，受众更偏向于哪一种。具体来说，在风格偏好上，要分析受众在文化、组织和个人的风格上是否有偏好，如正式或非正式、直接或婉转、互动性或非互动性交流形式。在分析渠道偏好时，则要分析受众在渠道选择上的偏好，如书面还是口头，纸质报告还是电子邮件，小组讨论还是个人交谈等。

3.2.3 激发客体的兴趣

1. 以明确受众利益激发兴趣

对受众背景分析的最直接动机是明确受众的利益期望，创造出高效的受众利益。受众的利益期望包括他们在接受你的产品、服务和信息后，或者根据你的建议执行相关的活动过程中能够得到的好处和收益。总体来说，受众的利益有两类：

第一类是具体好处，即强调某一事物的价值和重要性（但不要夸张）。

第二类是事业发展和完成任务过程中的利益，包括向受众展示沟通者所表达的信息对于其目前的工作有何裨益；任务本身驱动，如受众往往会更喜欢接受任务的挑战，或者共同处理艰巨的工作；对个人事业的发展和声望感兴趣，如表明你的沟通内容将有效地帮助他们得到组织或上级的重视，有利于他们获得声誉和建立交际网络。

为了更好地通过明确并传递受众利益激发他们的兴趣，有两点是显然的，首先要明确受众的利益，其次是传递恰当的信息给受众以利益。对于不同的受众以及他们所期望的不同的利益，有的是直接的，有的则是只可意会而不可言传的，沟通者就需要深入去了解和挖掘。对于后一类型的利益，使用下面的技巧可能有助于我们去确认受众的利益：了解能引起受众需求动机的感受、恐惧和欲望，找出自己产品的客观性能或政策中有助于实现这些感受（恐惧或欲望）的特点，说明读者怎样利用介绍的产品和政策才能达到他们自身的需求。

2. 通过可信度激发受众

受众对主题的涉及和关注程度越小，沟通者就越应该以可信度为驱动因素，具体的策略有以下几种：

一是通过确立共同价值观的可信度，激发受众。以共同价值观的可信度驱动，就是构建与受众的共同出发点。如果在一开始就能和受众达成一致,在以后的沟通中就更容易改变他们的观点。从共同点出发,即使讨论的是全不相关的话题,也能增强你在沟通主题上的说服力。比如,先谈及与受众在最终目标上的一致性,而后表明为达到目标在方式上存在的不同意见,更容易为受众所接受。

二是传递良好意愿与互惠技巧,激发受众。遵循投桃报李、礼尚往来原则,通过给予利益而得到自己的利益,通过己方让步换得对方的让步。

三是运用地位可信度与惩罚技巧,激发受众。地位可信度的一种极端驱动方式就是恐吓与惩罚,如斥责、减薪、降职乃至解职,但这种方式只有在你能确保对方的顺从且确信能消除不良行为的产生时才能奏效。为了运用可信度激发受众,沟通者要设法提升自身的可信度。

3. 通过信息结构激发受众

通过信息结构激发受众,即利用信息内容的开场白、主体和结尾等结构的合理安排来激发受众。

通过开场白激发受众,就是从开头起就吸引受众的注意力,如一开始就列举受众可能得到的利益;先列举存在的问题,采用"提出问题—解决问题的办法"的模式,先讨论和明确话题和受众之间的关系,唤起兴趣。

通过沟通内容的主体激发受众,就是通过适当的内容安排在沟通过程中增强说服力。具体技巧有以下几种:

(1)"直接灌输"法,即先列举系列反对意见并立即加以驳斥,或直接向受众灌输自己对可能引起的反对意见的不予认可。

(2)"循序渐进"法,即将行动细化为最可能的最小要求,然后逐步得到更大的满足。

(3)"开门见山"法,即先提出一个过分的且极可能遭到拒绝的要求,然后再提出较适度的要求,因而后者更可能被接受。

(4)"双向比较"法,即将受众可能提出的反对意见和自己注重的观点加以比较阐述,并表现得更为中立与合情合理。

通过信息结尾安排激发受众,就是通过简化目标实现步骤以激发受众兴趣。如列出便于填写的问题表或易于遵循的检核清单,或列出下一步骤或下一行动的具体内容。

3.2.4 受众类型分析和策略选择

成功的沟通首先要分析沟通环境、沟通目标以及沟通双方的关系,在此基础上进一步分析沟通的对象,从而选择相应的策略。本部分将围绕沟通对象(个体)和相应的策略分析两个方面进行深入讨论。

1. 沟通对象的类型

管理沟通的过程是管理者推销自己观点的过程。在沟通策略的选择上,要根据对象的不同类型做选择,但前提是对自我的正确认识。要坚持"人所欲,施于人"的理念,而不要以"己所欲,施于人"的理念去进行沟通,要把注意力放在与你谈话的人身上。

知识链接:男性与女性沟通差异的原因

2. 心理需求分析及沟通策略

不同个体由于心理需求的不同可分为成就需要型、交往需要型和权力需要型三类。承认不同客体的需要特点，在沟通时朝着满足他人需要的目标努力，既有助于问题的解决，又有助于建立良好的人际关系，以实现建设性的——沟通。

1) 成就需要型

具有成就需要型的人通常为自己建立具体的、可以衡量的目标或标准，并且在工作中朝着目标努力，直到实现他们的目标。他们总是想做得更好，或比他们过去做得更好，或者比其他人做得更好，或是要突破现行的标准。与这类人进行沟通时，我们可以采取的策略是：充分认同这类人自己对工作的责任感，在沟通过程不要输出"你们要认真负责，要把事情做好"之类的信息，沟通时给予他们大量的反馈信息，并对他们表示肯定，如告诉他们"你们的工作做得很好"。这类人对于挑战，从来不会说"干不了"，他们的满足感来源于已经实现的目标。

2) 交往需要型

具有交往需要的人，更看重友情和真诚的工作关系，令他们愉快的是和谐的、既有付出又有收获的、轻松的工作氛围。交往的需要，驱使他们写很多的信、打很多的电话、花费很多的时间与同事沟通。与这类对象沟通时，可采取以下策略：以朋友的姿态和口气与他们交流。要设法与他们建立良好的人际关系，从理念上应该始终坚持平等相待的原则。在具体沟通过程中，可以先询问他们的家庭情况、生活情况（如聊聊假期的安排等），了解他们的兴趣爱好，甚至可以与他们交流对一些事物的想法和感受。

3) 权力需要型

具有权力需要的人，热衷于对工作负责，具有很强的权力欲。他们瞄准权力，以便使自己能够事事做主，决定自己和他人的命运。他们渴望一种权威作为他们权力的象征。交流中他们果断行事，而且在大多数的交流场合能够影响他人。与这类人沟通时，可以采取的策略是：采用咨询和建议的方式，尽量不要以命令和指导的方式。要认同他们在工作中的职责，在沟通时要对他们的职责给予肯定。在倾听过程中，对对方的影响力要特别表示兴趣。

可以使用表3-5的列举方式来分析和总结对不同类型客体的沟通经验与改进策略。

表3-5 不同个体心理需求的沟通策略

类型	代表人物	过去存在问题和经验	以后沟通的对策
成就需要型			
交往需要型			
权力需要型			

3.2.5 与上司的沟通

1. 上司的管理风格类型分析

伊查克·艾迪思在《把握变革》一书中，根据不同个体在思考问题时的结构化程度差别，过程和结果之间的优先级不同，注意力视角的不同和沟通速度的快慢四个维度，把不同个体的管理风格分为创新型、官僚型、整合型、实干型四种类型。本节引用艾迪思的分类方式，把上司这一特定的沟通对象区分为整合型、创新型、官僚型和实干型四个类别，进而从管理沟通角度探讨与这些不同管理风格的上司在沟通时可采取的策略。

1) 创新型上司的特征

创新型的上司，在沟通过程中性格比较外露，当他们不同意某种主张时，总是形于声色；即使赞成，他们也会表现出来。创新型的人凑在一起时，喜欢争论，好像彼此都不赞同，但实际上他们却是在加强彼此的观点；一旦当他们听了某个观点后保持沉默，很大的可能是他们已经同意了你的观点。在创新型人的字典里，"是"和"不"的含义有自己的解释，"是"往往意味着也许，说"不"则明确表明了他们的态度。从处事风格看，创新型的人具有全局性的眼光，动作很快但却是非结构化的。这类人往往是急性子，他们总是先从自己出发开始考虑，关注的是如何告诉对方"为什么要这样做"，而不是"他会怎么想"。当这类人去跟他人会面时，往往会边走边考虑问题，可能当他进入会议、会场、办公室后，他的脑子还是在不停思考。

2) 官僚型特征的上司

无论在管理上，还是在相互沟通过程中，都强调结构化的模式和风格。如在与人约会时，官僚型上司会在每次约会(不管是否正式)前都打电话预约，并很守时。在交谈时，他会详细讨论问题的来龙去脉，再切入问题的主旨。

由于官僚型上司在决策过程中非常谨慎，他们不会轻易地就某个事儿做出决定，他们往往会这样告诉你："你的想法不错，但能否实施，如何实施，还有待研究。"官僚型上司决策比较慢，反应也比较慢，因为他们会先设想对方将说什么。

3) 整合型上司的特征

整合型上司处事灵活，没有结构化程式的限制，能够根据不同的情形采取相应的沟通方式。整合型上司对人的感觉比较敏感，但对于现实的需求并不敏感，他一般不会轻易说出"是"或"不"，如果说了，可能是压力使然。今天说的"是"，可能在明天他能解释为"也许"。

与整合型的上司沟通，内外部关系的处理非常重要。整合型上司习惯于考虑他人(尤其是上司的上司)是怎么想的，而不愿意自己做主去决定某件事，他们总是设法摆平各方面的关系，因此，这类人往往被称为"老狐狸"。

4) 实干型上司的特征

实干型上司的思考过程具有结构化特点，习惯于直线型的思维方式。实干型上司像铁路工程师，他们会说："你只要知道轨道往哪儿走，别的就别管了。"实干型上司的另一个特点是追求快速反应，他们往往是快速决策者，见不得他人干事拖拖拉拉，在工作现场他们最喜欢说："需要你们干什么？你们去干吧。你们有事儿干就行，少废话，多干事。"

也正是因为实干型对象的结构化风格和快速反应作风，他们没有多少时间去考虑事情的结果，在他们心目中，只要把过程做好了，结果是不会错的。所以他们会把每个细节都做得很好，有很高的效率，而对效益就不关心。

2. 不同上司的沟通策略

理解了不同上司的特征，就可以采取相应的策略，以实现与不同对象的有效沟通。

1）在与创新型上司沟通时

应该让他们参与到问题解决中来，不要带着"最后"答案去见他们，而应该让他们感觉到问题"还处在未决状态"。因此，在信息组织上，可以这样说："我建议……""我一直在想……""你怎么认为？"这种表达方式不但对创新型上司有用，对同级、下属一样有效。

2）在与官僚型上司沟通时

应记住"方法比内容重要"的原则，你必须使自己的风格适应他的风格。具体说，你要十分注重形式，比如跟他有事相商，要事先打电话预约。同时，沟通时还要放慢速度，控制自己的情绪。在沟通过程中，如果你是创新型的人，要注意不要说没有成熟的观点。

3）与整合型上司沟通时

应该是把所有相关的背景资料都准备好，把有可能要他承担责任的问题先处理好。整合型上司更注重事件对他人的影响，而对于问题的过程和方式不太关心。

4）与实干型上司沟通

要注意主动性。由于他们一般不会授权于你，你要主动采取行动。而且，在问题的提出上，要直接从问题的结果出发，要使他感觉到问题的压力，甚至让他觉得问题不解决是一种潜在的危机，以引起他的注意。

由于不同类型对象具有不同风格，我们在沟通时，要正确地判别他人沟通的语言表达方式。这里特别地就不同类型的对象在说"是"和"不"时的差别做一些解释。对于创新型的人来，说"是"意味着也许；说"不"的时候，他们是肯定的。相反，对于官僚型的人来说，说"不"的时候，只是意味着也许，你还可以回头去说服他们；但一旦他们说"是"，他们的决心就已经定了。对于实干型的人来说，"是"就是是，"不"就是不。然而，对于整合型的人来说，无论说"是"还是"不"，都只能理解为"也许"。

3.3 信息策略

情景案例

吸烟与静心

两个有烟瘾的人，一起去向一位素以严苛出名的禅师学习打坐。当他们打坐的时候，烟瘾就被抑制住了，可是坐完一炷香，问题就来了。

有一段休息时间被称为"静心"，可以在花园散步，并讨论打坐的心得。每到静心时，A、B两人便忍不住想抽烟，于是在花园相互交换抽烟的心得，越谈越想抽。A提议说："抽烟也不是什么大不了的事儿，我们干脆直接去请示师父，看能不能抽？"B非常同意，问："由谁去问呢？""师父很强调个别教导，我们轮流去问好了。"

A进去请教师父，不久出来，微笑着走出禅堂对B说："轮到你了。"

B走进师父房里，接着传来师父的怒斥，B灰头土脸地出来，却见A正悠闲地抽烟。他无比惊讶地说："你怎么敢在这里抽烟？我刚刚去问师傅的时候，他非常生气。"

A说："你是怎么问的？"

B说："我问师父'静心的时候，可不可以抽烟？'师傅立即就生气了。你怎么问的？师父怎么准你抽烟？"

A得意地说："我问师父'抽烟的时候，能不能静心？'师傅说当然可以。"

(资料来源：根据网络资料整理)

3.3.1 信息组织策略

信息接收是个很难的过程，大多数信息不可能被接收者完全理解并接收。所以信息发送者要组织好信息。在发送信息前，要整理好自己的思路。

1. 沟通目标

每位沟通者在沟通之前必须要有一个明确的目标，即沟通目标。它可能是规定某一问题，或者是你的建议被采纳，或者赢得下属(同事或领导)的尊重。

在管理沟通目标的设定上要注意以下3个方面：

1) 明确沟通的主导目标

主导目标属于刚性的目标，当你面临复杂的管理环境时，应该列举出你所希望实现的全部目标，然后确定其中一两个最重要的目标，接着考虑对方的目标以及他们可能的反应。在主导目标的规范下，通过对对方目标的分析和整理，考虑把对方的目标进行整合，确定最终的行动目标和沟通目标。这个整合过程，应考虑以下几点：哪个目标是最紧迫的？哪些目标是兼容的、相互统一的？哪些目标与你的主导目标紧密相关，是你必须解决的？哪些目标是你可以授权由他人解决，而不需要在当次沟通中解决的？

2) 注意适度灵活原则

对于行动目标和沟通目标的设定要兼顾刚性和弹性。如果预先设定的目标刚性过大，就会出现"自我中心主义"的现象，阻碍你去获得自己所需要的信息，阻碍你去展望更广阔的未来，出现概念壁垒。

3) 准确界定总体目标、战略、策略和任务之间的关系

总体目标是你沟通的中心思想，必须要达到的结果。沟通者不能把这个目标与战略、策略和任务混淆起来。

2. 内容组织

管理沟通过程的内容组织要注意两个原则：一是根据受众需求来组织内容，二是根据自身希望强调的信息来组织内容。

1) 受众导向原则

"沟通不是我说了什么，而是受众理解了什么"，为了让受众正确理解，沟通者应根据

不同对象修正沟通的信息表达方式和内容的结构安排。根据不同对象选择不同的信息表达方式，其指导思想是针对不同的受众，明确他们所需要的最重要的信息。

2）信息的有效强调原则

在沟通内容的组织上要把自己希望强调的内容通过恰当的方式凸显出来。比如，根据记忆曲线的研究，沟通的开头和结尾部分最易让听众记住，因此，我们在重要内容的安排上可以采取以下策略：千万不要将沟通的重要内容放在中间；开场白和介绍部分至关重要，要特别加以设计；应将重点信息放在显著位置上，或开头，或结尾，或两者兼有。

如果发言者把重点内容在开头就直接阐述，称为直接切入主题法。这种策略有三个优点，一是加强他人对全部信息的掌握程度，受众能一开始就了解结论，有助于人们吸收与理解全文内容；二是以受众为导向、直接切入主题的做法，使得整个沟通面向受众，而不是以沟通者自我为中心；三是有利于节省时间，由于直接切入主题结构能更快、更容易地被接受，故在商务场合中应尽可能多地采用。一般来说，它适用于90%左右的场合，尤其是在以下场合，就更应该采用这种策略：对于无感情倾向的不敏感信息的处理；对于受众具有正面倾向的敏感内容的处理；对于受众更为关注结论时对敏感信息的处理；沟通者可信度特别高时对敏感信息的处理。

在结尾说明重点称为间接靠入主题的策略，指在记忆曲线末端才列出结论，包括先列举各类论证后以结论或总结收尾。这种策略，在以下状态可以采用：信息中含有敏感内容（含主观情感成分）；这种内容对受众有负面影响；受众很注重分析过程，且沟通者的可信度较低。这种策略的优点在于：一是循序渐进，以理服人；二是缓和观点不同可能引起的冲突；三是逐步转变受众的态度，步步推进，达到"推销"自己观点和主张的目的。

3. 逻辑结构

在沟通信息的安排上，要注意内容、论证和结构的统一。为了让所有受众都能够接受你的观点，在论证过程中要有效地使用逻辑方法。

在采用逻辑论证方式时，要记住3个原则：

1）以合作者的态度与听众沟通

要让受众体会到，你的逻辑是他们能接受的，而且你们是关注共同的前提的。在三段论中，当听众对前提很明白时可以不用过于强调，但不要把你的前提强加于人，想当然地认为代表大家的心愿。

2）要提出具有说服力的论据

一般来说，论据包括事实和数据、共同的知识、大家普遍认同的例子及权威观点。将这些论据作为论证的大前提和小前提，才可能推理出为大家接受的结论。

3）运用逻辑和依据，使沟通更有说服力

沟通者虽然拥有大量信息和观点，但如果不能有逻辑地加以组织，就会给人以信息堆砌的感觉，没有说服力。根据经验，你还得考虑以下几个方面的问题，以有效地设计你的信息：从一开始就明确你的目标和观点，不管听众接受与否；通过对比不同的冲突观点，引用合理的反对建议，表明你已经明白决策的背景；表明为什么你的解决方式是最佳的；承认和中立合理的备选方案；沟通下一步计划，向听众强调采纳你的建议是有长期利益的。

3.3.2 信息表达策略

1. 全面对称

在信息组织中坚持全面对称原则包含两层含义，第一层含义是所传递的信息是完全的，第二层含义是所传递的信息是精确对称的。

在沟通过程中由于信息接收者和发出者的背景、观点、需要、经历、态度、地位与心理存在差别，信息接收者不能完全理解信息发送者所发出信息的含义，产生信息失真或信息不对称。强调有效沟通的完全性原则，就是要求沟通者在沟通过程中，掌握三个方面的信息组织原则：沟通中是否提供全部的必要信息，是否回答询问的全部问题，是否在需要时提供额外信息。

如果第一层含义是要求信息源提供全部必要的信息，那么第二层含义就是要求根据对方的需要提供精确的信息。

2. 简明清晰

所谓简明性，就是在沟通时，要用尽可能少的语言，这样可节约时间，提高沟通效率。许多管理者在实际工作中存在这样一个问题，在举行会议时，习惯于长篇大论，真正提供给受众的有用信息却很少。由于沟通时不注意简明性原则，受众在参加会议时显得很无聊，会后留在脑海里的信息极为有限，这也是大多数人不愿意参加会议的原因。

坚持简明性原则，可以从 3 个方面出发：一是避免冗长乏味的语言表达；二是避免不必要的重复；三是组织的信息中只包括相关的有用信息。比如，宝洁公司有一个规定，提供给高层管理者的报告或备忘录，不得超过两页纸，这就对沟通者如何以尽可能少的篇幅完成信息的完全传递提出了挑战。

清晰性原则，就是要求沟通者认真准备沟通的信息，包括清晰地思考和清晰地表达两个方面。在追求信息内容简单明了的同时，要强调清晰度，尤其是针对不同的受众，由于各方面的差别，对有的受众可以一句话完成沟通，而对有的受众则可能要一段话，其目的在于沟通者能够让受众清晰掌握沟通信息。清晰性原则要求：一是选择精确具体熟悉的词语，避免深奥、晦涩的语言；二是构筑有效的语句和段落，包括长度、统一度、内在关系逻辑、重点四要素。

3. 具体生动

沟通语言要具体、生动、活泼，而不要用模糊的、一般性的说法。在沟通过程中，应该运用风趣幽默的语言风格，具体在沟通信息的组织上，可运用以下 3 种方式：一是用具体事实和数据图表，并运用对比的方法，加强语言的感染力；二是强调句子中的动词或突出关键词，给人以明确、人格化的感觉；三是选择活泼的、有想象力的词语，以形象、朗朗上口的语言来表达自己的观点，给人留下深刻的印象；四是通过类比的方式突出要说明的主题，给人以深刻的印象。

4. 谈话连贯

连贯的沟通就是前后话题的延续性。如果在沟通过程中出现偏离先前的话题，就出现沟通的中断。三种最常见的出现沟通中断的问题是：第一，缺少平等的说话机会。当一个人打断另一个人，或当两人或更多的人想同时说话时，沟通就被打断了，互相交流会变得不流畅。第二，过长的停顿也会使沟通中断。一个人在讲话时，有过长的停顿或在答复前有过长的间歇，都是中断。停顿不应是完全沉默，其间可填入"嗯""啊"之类的语气词或重复先前说过的话，做简单的连接。第三，主题的失控可能导致沟通中断。如当一人单方面决定下一谈话的主题，或突然将主题转到与先前所说毫不相干的方面，谈话就可能中断。

因此，"轮流讲话、时间控制、主题控制"3个因素是有效的建设性沟通的关键。有经验的沟通者在保持沟通连贯性方面的经验有：第一，在相互交流时，要学会多提问，而不要急于就对方的观点下结论；在回答对方的问题之前，先要听完对方的话，不要轻易打断别人的话，即使需要提出问题，一次只说两三句，给别人以插话的机会。第二，要避免长时间的停顿。第三，话语应与先前讲过的相关。第四，轮流讲话，肯定他人话语的价值，目的在于帮助共同解决问题。

3.4　渠道策略

渠道，即信息传播的媒介。作为沟通的主体在选择渠道时必须注意，首先要正确地选择沟通渠道，另外要确保正式沟通渠道畅通。

3.4.1　沟通渠道分类

沟通渠道通常可分为有声语言、无声语言、有声非语言、无声非语言。

1. 有声语言

有声语言就是自然语言、口头语言。它是沟通中运用频率最高的媒介，其特点是传播速度快、容易引起人际互动、传播费用低、形式和场合灵活多样，但经常会出现语言不通的情况。

2. 无声语言

无声语言是有声语言的文字符号形式。文字媒介的主要特点是便于斟酌，并要进一步借助实物载体才能传播，因而易于保存和跨越时空，但信息传播与反馈速度不如口头语言，还可能存在口头语言与文字语言的差异。实物载体主要是印刷品，但包装、建筑物、汽车等都可以负载文字，不仅仅是书本、杂志和报纸。谈判决议、会议纪要、社交书信、调查报告、电文、海报、简讯、宣传小册子等都需都要使用无声语言媒介。

3. 有声非语言

有声非语言，也就是"类语言"，是沟通过程中一种有声而不分音节的语音。常见的方式有说话时的重读、语调、笑声和掌声。有声非语言媒介的特点：第一，无具体的音节可分，其信息在一定的语言环境中得以传播。第二，同一形式的语义并不是固定不变的，比如同是以笑声为媒介，可能是负载着正信息，也可能是负载着负信息；又如，掌声可以传递欢迎、赞成、高兴等信息，也可以传递一种礼貌的否定等。

4. 无声非语言

无声非语言指的是各种人类语言。它是以人的动作、表情等传递信息的一种无声伴随语言。在公共关系传播中，无声非语言是一种广泛运用的重要沟通方式，表现在视觉方面，又可分为静态的和动态的两类。

传统的企业沟通渠道主要是书面语言和口头语言。现代企业增加了电子语言等新的沟通渠道，如电子邮件、电话、电视会议、互联网等。

3.4.2 沟通渠道选择策略

有多种沟通渠道可供选择，主要有面对面沟通、传统书面语言、电话、电子邮件、电子公告牌(BBS)、互联网网页、博客、电视电话会议等。

1. 面对面沟通

面对面沟通是我们生活和工作中经常用到的沟通渠道。它具有三大优势：让人变得更真诚；更有利于问题的解决；能产生更积极的激励作用和长久的影响力。戴尔公司很擅长与客户进行面对面的直接沟通。戴尔的销售人员经常去拜访客户，倾听客户的需求，了解他们的问题与困难，增进与客户之间的信任和联系，戴尔本人也会抽出40%的时间与客户面对面交流。高效使用面对面沟通，应注意以下几个技巧：事先确定基本的沟通议程；营造良好的沟通氛围；运用多种语言方式，人与人面对面沟通的三大要素是文字语言、声音语言及肢体语言；不同的场合就应有不同的角色语言；语言要委婉，避免激烈偏执的语言；避免直接指出别人的错误；善于倾听和提问。

2. 传统书面语言

传统书面语言的渠道可以永久记录，比口头语言正式，可以由信息发送者控制信息，可以控制传递范围。但书面语言的渠道听众参与度低，不能及时收集和回应听众的反馈，而且书面语言需要时间准备和写作，要求写作信息准确、讲究规范。国内外众多知名企业对书面沟通能力非常看重，善于书面沟通的人也更容易升迁。据有关研究发现，一些公司的高级管理人员，25%的时间用在写作上，而且职务越高，写作越频繁。在世界著名的四大会计师事务所里，80%的人每天都要写备忘录，67%的人每周写一次工作报告、留言或财务说明，93%的人每周至少要给客户写一封信。美国通用电气的韦尔奇习惯给从兼职人员到高级管理层的各级员工手写字条，有些员工甚至把这些字条装进相框，作为领导关怀的证明。

3. 电话

电话沟通渠道便捷，可以跨地域，也可以获得听众反馈信息，但没有面对面沟通那样的非语言信息。有的企业规定，面对复杂问题的沟通时，凡是步行能到的地方就要用面对面沟通，而不用电话。

4. 电子邮件

电子邮件也是一种文字传递渠道，但它比传统书面渠道更自由，更具创造性，传递更快捷，而且可以送达很多人，可以永久留存，可以避免正面冲突。但有时邮件发送者在情绪失控下发送邮件，而一旦发送出去，就不能收回。且由于操作简单便捷，垃圾邮件泛滥，使人疲于应付。

5. 电子公告牌(BBS)

电子公告牌(BBS)的优点是信息内容丰富、发布接收信息方便、信息公开透明，缺点是保密性差、谣言或不真实信息会迅速传播。电子公告牌在需要向员工或其他相关人员公告信息和需要讨论、征集意见时使用。

6. 互联网网页

互联网网页的优点是信息量大、传播范围广，但保密性差，无确定主体，反馈不确定。互联网网页需要在公开地、大范围地传播信息时使用。

7. 博客

博客可以传播沟通者的思想，便于听众阅读，它私人化和隐秘性较差。

8. 电视电话会议

电视电话会议沟通即时、反馈无须等待、内容清晰、话题丰富、保密性好，可以节省差旅费，但没有非语言的辅助，可能比较沉闷。电视电话会议适合需要当即回复、内容简短、容易表达清楚的信息沟通。

选择沟通渠道，要考虑以下几个问题：第一，是否需要永久记录？第二，采用正式渠道还是非正式渠道？第三，即时反应还是控制信息的接收？第四，传递信息是私下的还是公开的？第五，听众是个体还是群体？听众分散还是集中？需要听众参与度高还是低？

3.5 文化背景策略和反馈策略

3.5.1 文化背景策略

任何沟通都是在一定文化背景下进行的，文化背景影响沟通，影响沟通中的各个因素。

1. 文化影响沟通者策略

不同文化背景的人对沟通形式的喜好和接受程度不同，团体观念强的文化中，沟通者喜欢采用征询和参与的沟通方式；个人观念强的文化背景中，沟通者喜欢采用诉说和说服的方式；独裁文化背景下，沟通者偏好单向沟通；民主文化强的背景中，沟通者倾向于双向沟通。

文化背景还影响可信度。重人际关系的文化中，良好意愿、可信度备受重视；重事实的文化中，专家可信度更高。人治文化中，传统权威更有可信度；法治文化背景下，技术权威和法定权威有更高的可信度。

2. 文化影响听众策略

在权威文化背景中，地位决定谁为主要听众；民主文化背景中，主要听众更广。不同的文化背景还影响激励听众的方式。在重物质的文化背景中，强调财富更能激励听众；在重精神的文化背景中，强调团队关系更能使听众接收信息。

3. 文化影响信息策略

在慢节奏的文化背景中，采用间接切入主题方式更合适；在快节奏的文化背景中，沟通更宜采用直接切入主题方式。在权威文化背景下，更多的是自上而下的沟通；在开放文化中，自下而上的沟通更多。

4. 文化影响渠道策略

在重个人信誉的文化中，口头沟通有效；在重事实与效率的文化中，偏好书面沟通。

5. 文化对沟通其他方面的影响

文化对沟通风格、语言、非文字信息如形体与声音、空间与实物、问候与好客程度等都有影响。

> 知识链接：中国文化对外传播优势

3.5.2 反馈策略

沟通中反馈影响沟通过程和结果，决定沟通能否实现既定目标，因此沟通双方都要讲究反馈策略。从理论上讲，反馈的类型有很多种，但在实际的工作中，我们主要遇到的有两种：一是正面反馈，也叫肯定性反馈，是对对方做得好的事情予以表扬，希望好的行为再次出现；第二种是负面反馈，也叫建设性反馈，指在对方做得不足的地方，提出改进的建议。现实生活中其实还包括一种反馈，叫作无反馈，沉默也是一种反馈，但这种反馈不建议使用。

反馈策略要求：第一，反馈要及时；第二，要对反馈信息进行加工整理；第三，反馈渠道要畅通；第四，对由下而上的反馈一定要给予答复。

良好反馈的特征：首先，语意明确、具体、真实、正面，描述要避免含糊不清；其次，具有同理心，尽力理解对方的目的与需求，设身处地为对方着想；最后，要积极探寻，不要过度防卫。

情景案例

沟通和反馈技巧

沟通和反馈技巧一：复述

应用要点：重复对方刚才说话里的重要文字，加上开场白（如"你是说……""你刚才说……"）。

B：我想买一款功能多点、外观时尚点的手机。

A：小姐，您是说您想买一款功能多点的、样子好看点的手机，是吗？您都关注哪些功能呢？

B：音乐多点，游戏多点。

A：小姐，您是想买音乐和游戏功能多点的手机，对吧？您看看这款怎么样？

（复述顾客的话，可以让顾客有被尊重的感觉，说明服务人员在认真倾听顾客的讲话，同时也能够为服务人员的回答提供更多思考的时间。）

沟通和反馈技巧二：感性回应

应用要点：把对方的话加上自己的感受再说出，感受分享是一个人接受另一个人的表示。

B(怒气冲冲)：我要投诉，大热的天，害得我又跑一趟。你们商场怎么回事，说好了昨天给我装空调的，怎么到现在还没给我送过来呢？还让不让人活了！

A：这位先生，实在对不起，对不起。我非常理解您现在的心情，这种事情发生在谁的身上谁都会发火。您稍等片刻，我马上帮您处理一下，看看到底是哪个环节出了问题。

沟通和反馈技巧三：假借

应用要点：把想对他说的话转化为另一个人的故事（如"有个朋友……""听说有一个人……"）。

B：你们这种预存活动都是骗人的，我就不信等国庆节的时候到你们这里来买家电，你不给我预存的优惠。

A：这位先生，您说得很对，很多人有您这样的想法。劳动节的时候有位李先生，他也认为预存的优惠什么时候都可以有，结果错过了提前预存的时间。您知道劳动节的时候生意太好了，光预存客户的订单我们都满足不了，毕竟这种优惠力度是商家和厂家联合开展的，结果最终他没能拿到优惠，后悔莫及。

沟通和反馈技巧四：先跟后带

应用要点：先附和对方的观点，然后再引导他的话题，求同存异。

B想要一款白色的手机，但是恰巧A没这种颜色，所以A打算推银色的手机。

B：我想要一款白色的，你们有货吗？

A：小姐，看得出来您肯定比较喜欢颜色比较清爽一点的，这样跟您的气质很匹配。其实，只要淡色系的手机，我个人觉得都比较适合你。

B：是的，我这个人是比较喜欢清爽点的。

A：小姐，其实您可以尝试用一下银色的，和白色一样都属于淡色系的，而且更有时尚感一点，您觉得呢？

B：嗯，给我拿一款看看吧。

沟通和反馈技巧五：隐喻

应用要点：借用完全不同的背景和角色去暗示你想表达的意思。

A：是的，这位先生，这款冰箱乍看上去的确样子简单了一点。可您想想，像您这样的人士穿西装多还是休闲装多？这个冰箱就像是服装中的西装，属于正装产品，简单但大气，用多少年都不会过时，您觉得呢？

讨论题

讨论题一

我们经常会碰到这样的事情：假设员工小王犯了错误，领导知道后，就把小王叫到办公室，第一句话可能会说："小王你怎么会犯这样低级的错误？你说说看究竟是怎么回事？"于是，小王可能会解释这件事情的来龙去脉，当小王解释的时候，他可能会推卸自己的责任。于是，领导便会打断小王："你不要解释那么多，我只想知道你为什么会犯这样的错误。"此时,小王没有办法,只能承认自己的问题,说:"开始的时候没有预料到事情会出现这样的结果,自己的工作经验很不够。"听到小王也承认自己有错误了,领导便会接着说:"我早就跟你说过办事情要三思,你为什么就不听我的呢?"现在,根据上面的描述,谈谈这位领导在与小王沟通过程中存在哪些不恰当的地方,或者说有哪些违背建设性沟通的地方。

讨论题二

现在你被邀请向全校新生进行演讲,主题是关于"如何更好、更快地适应大学的学习生活"。为使这次演讲成功,你需要做哪些方面的准备?你觉得对于一个大学新生来说,他们最关心的是什么?你如何根据新生的特点来设计这次演讲?

讨论题三

我们会碰到这样两类不同的领导:一类领导讲话特别幽默,善于用具体生动的例子来表达自己的想法;另一类领导讲话喜欢一板一眼,不太有激情。但这两位领导都把自己的部门或者公司管理得很有效率。因此,你是否认为领导的讲话技巧其实并不重要?如何看待这两位领导的沟通风格?

情景模拟

现在,假设你碰到了以下几件比较麻烦的事情,当你面临这些情境时,如何通过恰当的沟通方式去解决?

讨论要求:

根据下面描述的每个情形,即兴组织模拟一次沟通,解决面临的问题。

具体步骤:

1. 由你和小组中另外一位同学(或几位同学,根据你自己设计的安排)承担下面情境中的对应角色,可以简要商量沟通的思路,但以即兴为主,准备沟通。
2. 正式进入角色,进行情景模拟。
3. 请小组内其余同学对模拟的沟通过程进行评述,指出其优点和不足。
4. 由小组4~5位成员共同讨论解决问题的方法。
5. 对照个人的思考、情境和模拟的小组的讨论,总结出以后处理这类情境的可操作方案。

情境一:如何处理上级领导的越级管理问题

我是公司里负责某项工作的经办人员。因为此项工作对公司来说十分重要,公司主管张副总很重视,便经常越过我的直接领导——部门李经理,亲自向我布置任务。李经理是职级观念比较强的人,为避免他有不满情绪,我主动向他汇报工作进度,再由他向张副总汇报。由于任务很复杂,需要不断修正完善,而李经理对情况不熟悉,当由李经理向张副总汇报时就会出现信息传递迟滞或表达不清等问题。张副总很不满,就把我叫去,要我直接对其负责,下次应直接向他汇报,并且也没有就这个事情和李经理沟通。过几天,当李经理问我工作进度时,我变得很为难:我应该如何向李经理说明今后将由我直接向张副总汇报?

情景二：如何做好与同事间的配合

在这个部门里，我与老刘做相同的工作。因为老刘资格较老，又一直没有得到提升，心态不太好，工作积极性始终不高，有任务下来，总是推给我做，还美其名曰：他给我做好后续的把关工作。当我直接向领导反映工作任务分配不均导致工作效率不高时，领导说："他是老同志，年轻人应该多做点多学点，有些工作可以让老刘事先指导一下，免得走弯路。"这样，完全违背了我原来希望与领导沟通关于工作量分配不均的初衷。

情境三：如何与这样的上司相处

高原的上司是一位管理细致的领导，每次布置任务，连非常具体的细节都有所要求，要员工完全按照他的思路和模式来做每一项工作，员工没有任何创新的空间。有几次，高原就某个方案根据自己的观念进行了创新，而没有完全按照上司的思路设计，事后也向上司陈述了自己的理由。但上司还是认为，这是不按规矩办事，予以否决。高原觉得非常委屈，工作积极性大大受挫。但目前，高原对公司氛围、所从事专业及收入还比较满意，不想因为上司而调换部门或跳槽。于是，高原不得不考虑如何做好与上司的沟通，使自己能在工作中发挥创造性和主动性。

第4章 组织沟通

学习目标

- 明确组织沟通的含义与类型；
- 掌握组织内部和外部沟通的方式方法；
- 明确如何加强群体团队的沟通效果；
- 了解跨文化组织如何沟通；
- 学会在特定组织中运用沟通技巧。

引导案例

王立的苦恼

王立刚刚从名校管理学硕士毕业，出任某大型企业的制造部的经理。王立一上任，就对制造部门进行改造。王立发现生产现场的数据很难及时反馈上来，于是决定从生产报表上开始改造。借鉴跨国公司的生产报表，王立设计了一份非常完美的生产报表，从报表中可以看出生产中的任何一个细节。

每天早上，所有的生产数据都会及时地放在王立的桌子上，王立很高兴，认为他拿到了生产的第一手数据。没有过几天，出现了一次大的品质事故，但报表上根本没有反映出来，王立这才知道，报表的数据都是随意填写上去的。

为了这件事情，王立多次开会强调认真填写报表的重要性，但每次开会，在最开始几天可以起到一定的效果，过不了几天又返回原来的状态。王立怎么也想不通。

王立的苦恼是很多企业经理的一个普遍的烦恼。现场的操作工人，很难理解王立的目的，因为数据分析距离他们太遥远了。不同的人，他们所站的高度不一样，单纯开会，效果是不明显的。

后来，王立将生产报表与业绩奖金挂钩，并要求干部经常检查，工人们才知道认真填写报表。

在组织上下级沟通中,不要简单地认为所有人都和自己的认识、看法、高度是一致的。对待不同的人,要采取不同的模式,要用听得懂的"语言"与下级沟通!

4.1 组织沟通的含义及类型

组织沟通简单来说就是发生在组织环境中的人际沟通。组织沟通与一般意义上的沟通的区别主要在于,组织沟通有特定的情境,即工作场所,所以它既有一般人际关系中沟通的特点,同时又有其特殊要求。它是人力资源管理中最为基础和核心的环节,关系组织目标的实现和组织文化的塑造。因此,重视组织沟通、采取有效措施改善组织沟通是实现组织目标的关键。

4.1.1 组织沟通的含义

组织沟通是指为实现和达成组织目标,传递信息和意义,交流思想和情感,理解并执行信息的过程。所有涉及管理(计划、组织、检查、控制)和领导(方向指引、动机激发、能力培养、文化凝聚)功能内容的沟通都是组织沟通。

组织沟通具体有以下几点含义:

(1)有明确目的,其目的是影响组织中的每一个人的行为,使之与实现组织的整体目标相符,并最终实现组织目标。

(2)组织沟通活动是按照预先设定的方式,沿着既定的轨道、方向、顺序进行的,它作为一种管理的日常活动而发生。

(3)与公司规模有关。一般大规模公司沟通程序比较规范,沟通过程通常也比较长;规模小的公司则相反,沟通程序不够规范,随意性较大,过程比较短,沟通效果也相对好控制。

(4)组织沟通活动作为管理的一项日常功能,对信息传送者有一定的约束。

4.1.2 组织沟通的类型

按照沟通的信息传播方式的不同,将组织沟通分为正式沟通和非正式沟通。

1. 正式沟通

正式沟通指由组织内部明确的规章制度所规定的沟通方式,它和组织的结构息息相关,主要包括按正式组织系统发布的命令、指示、文件,组织召开的正式会议,组织正式颁布的法令、规章、手册、简报、通知、公告,组织内部上、下级之间和同事之间因工作需要而进行的正式接触。按照信息的流向又可以分为上行沟通、下行沟通和平行沟通三种形式。

1)上行沟通

上行沟通是指在组织中,信息从较低的层次流向较高的层次的一种沟通。它主要是下属依照规定向上级提出正式的书面或口头报告。除此之外,许多机构还采取某些措施以鼓励上行沟通，例如，态度调查、征求意见座谈会、意见箱等。如果没有上行沟通，管理者就不可能了解职工的需要，也可能不知道自己下的指示或命令正确与否，因此上行沟通十分重要。组织进行上行沟通主要是使下级人员有参与管理的机会，在工作过程中将必要的信息及时传达给上级以减少失误并营造开放式氛围，最终有利于提高企业创新能力，缓解员工工作压力。

但在上行沟通过程中，由于一些原因会产生沟通障碍。比如，下级在向上级汇报信息或反映问题时，为了回避工作中的失误或困难，往往在传递信息时过分谨慎，甚至刻意隐瞒，这样会造成问题不能被及时发现，从而影响最终决策。因此，为了改善上行沟通效果，需要建立一定的制度，规范沟通方式。其中，上下级之间的信任是能够保证上行沟通有效的基础。还可以倡导走动式管理（Management by Walking Around），即上级管理人员利用时间抽空前往各个办公室走动，以获得更丰富、更直接的员工工作问题，并及时了解所属员工工作困境的一种策略。同时也是增强上下级人员之间了解程度的一种方法。

2）下行沟通

下行沟通指在组织中，信息从较高的层次流向较低层次的一种沟通，许多人认为下行沟通就是从管理人员流向一线员工的沟通，其实不然，很多下行沟通都是发生在管理层内部的。下行沟通是传统组织中最主要的沟通流向，一般以命令方式传达上级组织的决定、政策、计划、规划信息。例如，生产副总经理可能指示车间经理加紧制造一种新产品，依次地，车间经理向主管人做出详细指示，主管人以此为依据指示生产工人。

在进行下行沟通时应注意4个方面：第一，上级应有积极的沟通态度，做好与下级的沟通是有效实现组织目标的前提；第二，上级应公开信息，与下级共享自己拥有的信息，使下级有被信任感；第三，上级应有意识地做好沟通计划，在每次沟通前做好统筹安排，考虑可能出现的各种情况和应变措施。第四，上下级之间应建立互相信任的关系。如果不相信自己的上级，下级就不可能听从上级的安排，从而影响沟通效果和组织目标的实现。

另外，下行沟通可能存在的一个问题是沟通过量。有人认为沟通越多越好，他们向下级提供的信息，超过了下级所能处理的或所需要的信息量，这并不是件好事。良好沟通的关键在于时机和质量，而不在数量。如果沟通高效且时机恰当，即使信息量较少，仍有好的效果。

3）平行沟通

平行沟通包括横向沟通和斜向沟通。横向沟通又叫跨部门沟通，是指在组织中同一层次的不同部门之间的沟通。而所谓斜向沟通是指信息在不同层次的不同部门之间流动时的沟通。不少管理学家认为，对于一位管理者来说，运用横向沟通和斜向沟通是错误的，因为这样会破坏统一的指挥。但在现实中，各种组织仍广泛地存在横向沟通和斜向沟通，因为事实证明它们有助于提高效率。这两种沟通都跨越了不同部门，脱离了正式的指挥系统，但只要在进行沟通前先得到直接领导者的允许并在沟通后把任何值得肯定的结果及时向直接领导汇报，这种沟通便是值得提倡的。

> **知识链接**

走动式管理

走动式管理的概念起源于美国管理学者彼得斯（T. J. Peters）与沃特曼（R. H. Waterman）在1982年出版的名著《追求卓越》（In Search of Excellence）一书。书中提到，在表现卓越的知名企业中，高阶主管不是成天待在豪华的办公室中，等候部属的报告，而是在日理万机之余，仍能经常到各个单位或部门走动。该书作者因此建议，高阶主管应该有一半以上的时间要走出办公室，了解员工的工作状况，并给予加油打气。走动式管理在20世纪80年代蔚为风潮，并与 Management by Walking Around（MBWA）一词交互使用。

走动式管理不是到各个部门走走而已，而是要搜集最直接的讯息，以弥补正式沟通管道的不足。正式的沟通管道通过行政体系逐级上传或下达，容易产生过滤作用以及缺乏完整讯息的缺点。过滤作用经常发生在3个层级以上的正式沟通管道中，不论是由上而下或由下而上的讯息传达，在经过层层传达之后，不是原意尽失就是上情没有下达或下情没有上达；另外，通过正式沟通管道搜集到的讯息，缺乏实际情境的辅助，不易让主管做出正确的判断，往往会因而失去解决问题的先机。走动式管理就是要上层主管勤于搜集最新讯息，并配合情境做最佳的判断，以及早发现问题并解决问题。

敏锐的观察力是走动式管理成功的要素。在走动的过程中，主管必须敏锐地观察到工作的情境与人员，及其所透露出的讯息；同时也通过询问、回答、肢体语言等，做出及时的回应。主管的态度也很重要，如果让员工或同人有被视察的感觉，主管就很难获得想要获得的讯息；如果来去匆匆，也难达成预期的效果。同时，主管也不必期望每次都能获得新的讯息，只要有机会获得最新讯息，就有机会防患事发于未然，不必等到事发之后再焦头烂额地处理。

走动管理最适用于离第一线比较远的高阶主管，组织比较庞大的单位由于层级较多，高阶主管更需勤于走动，协助其做政策性的决定。至于其他层级的主管离工作现场比较接近，平时就应该透过敏锐的观察，搜集必要的讯息。走动管理是一种方法或技术，不是一种理论，强调高阶主管应及时搜集第一手的讯息，至于其他经营管理事项，则仍应采取其他适当的方法或技术。

（资料来源：百度百科）

2. 非正式沟通

非正式沟通是指没有列入管理范围，不按照正规的组织程序、隶属关系、等级系列来进行的沟通。在一个组织中，除了正式设立的部门外，不同部门的人之间还存在着朋友关系、兴趣小组等，因此非正式沟通的存在也有它的必然性。非正式沟通一方面可满足组织成员社会交往的需要，另一方面可弥补和改进正式沟通的不足。

因为非正式沟通比正式沟通传播速度快、传播范围广。通过正式沟通渠道需要经过几个层次、花几天时间才能得到回复的信息，通过非正式沟通渠道，可能只需要在电话上与朋友谈上五分钟就得到回复。但非正式沟通由于不具有正式性而不必遵循一定的程序，因

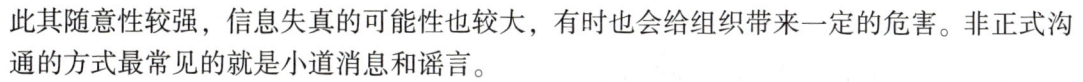

此其随意性较强，信息失真的可能性也较大，有时也会给组织带来一定的危害。非正式沟通的方式最常见的就是小道消息和谣言。

1）小道消息

小道消息即是人们通过非正式途径传播的信息。它是由社会交往产生的，具有多变的、动态的、多样化的特征。它是人们本能的沟通动机的流露，是必然存在的。在组织中促使小道消息传播的典型情境包括公司裁员或兼并，解雇或晋升，工资调整，或是引进新技术等。小道消息在组织中的作用表现在3个方面：

第一，它向管理者提供了很多关于员工及其工作状况的反馈信息，还可以使管理者知道员工所关心和忧虑的事情。

第二，它有助于信息在员工中的传递和扩散，有助于将管理者的指令翻译成员工熟悉的语言，因此有助于弥补管理者沟通中的失误。

第三，它可以用来传播正式沟通渠道不适合传播的信息。比如，主管由于情绪不好而不愿意会见员工，而此消息不适合正式地通知员工，通过小道消息则可以将这个信息在员工中传播开。

小道消息具有对组织有利的一面，但大多数情况下它对组织是有害的，所以应该掌握应对小道消息的方法。由于小道消息通常是不完整的，而且这种不充分性会在传播中不断积累，所以会经常产生极大的误解。传言是不能杜绝的，为了减少小道消息的负面影响，管理者需要倾听并研究小道消息，并以不同方式影响它。

2）谣言

谣言是小道消息的一个方面，但有时被等同于小道消息是不准确的，二者之间有本质差别。谣言是那些没有可靠的事实依据标准而被传播的小道消息，它是小道消息中没有被证实的不真实的内容。

谣言有不同种类。有的是叙述性和解释性的，试图对不完整的事实进行杜撰；有的则是更为随意的、行为取向的，它们的产生并不一定有什么预谋，通常反映了要改变现状的愿望；有的谣言会破坏人与人之间或群体之间的关系、瓦解人的忠诚、使人们反目成仇；有的也可能是积极的，比如员工对刚上市的新产品的效益做出过分乐观的幻想。谣言类型的多样性提醒管理者：不应对所有谣言一概予以谴责。

情景案例：小道消息的应对

4.2　组织内、外部沟通

4.2.1　组织内部沟通

组织内部沟通即在组织内部发生的信息传播过程，其目的是促进组织行动，即按有利于组织的方向左右组织的行动。

1. 组织内部沟通的作用

组织内部沟通的作用主要表现在四个方面：

第一，传递组织信息，控制内部成员行为。组织需要为组织内部成员采取合理的行动提供必要的情报。组织成员对自己的工作和工作环境掌握得越多，就能工作得越好。在组织运行过程中，组织会根据不断变化的外部环境，随时变更和调整企业的目标、任务。组织通过内部沟通使成员随时了解到每一步变化，以便更好地完成组织交给的任务。

第二，征求员工意见，促进决策合理有效。信息由基层向上传递，上一级把收到的信息进行总结消化，并在职权范围内采取行动，最终传递到最高主管部门。最高主管部门对收到的信息进行总结归纳，并用来进行决策。同时，组织在决策过程中和制定决策后，还必须进一步与组织成员进行沟通，征求成员的意见，让成员参与决策并对决策提出建议，从而使组织的决策更加合理有效。

第三，统一组织行动，激励成员改善绩效。组织沟通可以使组织成员了解组织的内部政策、习惯做法、规章制度，并遵守这些要求，从而保持组织的统一性。在绩效考评方面，上级评价下级对组织所做的贡献，并将此评价传达给下级是十分重要的，有利于下级了解自己的地位，了解上级对他们完成任务的看法，了解他们如何改进对组织的贡献，以及了解他们的未来前途，这将极大地激发组织成员的士气，使其工作更有成效。组织沟通还可以促进组织成员交流感情，分享成功和失败的经验，引导组织成员强化正向行为，避免错误的行为，改进员工工作，促进组织成功。

第四，逐步沉淀积累，塑造企业独特文化。组织通过内部不断沟通，逐渐积累经验，形成组织独特的沟通文化，进而积淀为组织文化，形成组织的沟通内涵，如组织间乐于共享的心态、对他人的尊重、开放的沟通网络等。这些资源作为企业文化的重要内容，能够为组织的发展增添活力。

2. 组织内部沟通的方式

组织内部沟通主要有以下6种方式：

1）指示

指示是上级指导下级工作常用的沟通方式，是下行沟通方式的一种，具有强制性、权威性。指示可分为书面指示和口头指示、一般指示和具体指示、正式指示和非正式指示。

（1）书面指示和口头指示。采用哪种方式进行指示的传达，通常要考虑很多因素，比如上下级关系、双方信任程度、指示的重要性等。如果上下级关系较好，信任度较高，可采用口头指示；反之则采用书面指示。口头指示相对书面指示更加直观易懂，可随时给予反馈。

（2）一般指示和具体指示。对于采用一般指示还是具体指示，要看沟通对象的理解能力、对工作的熟悉程度等。如果下级对工作内容非常熟悉且有较强的理解能力和执行能力的话，采用一般指示即可；反之则进行具体指示，把各方面要求说得更明白、更具体，便于信息接收者的理解。

（3）当工作任务目标清晰、程序清楚的时候，采用正式指示比较好；相反，当工作任务目标模糊，需要进一步调查明晰时，则采用非正式指示，以便进行后续任务安排。

2）请示汇报

请示汇报是下级向上级传达信息的一种常用内部沟通方式。具体分类同传达指示一样，可分为书面请示和口头请示、一般请示和具体请示、正式请示和非正式请示。

> 知识链接：如何向上级请示汇报工作

3）会议与个别交谈

组织内部沟通的本质是组织成员间交流思想、情感或交换信息。采取开会的方式，就是提供交流的场所和机会。个别交谈则是指组织成员之间采用正式或非正式的形式，进行个别交谈，以交流思想和情感，或征询谈话对象对组织中存在的问题和缺陷的看法，或对其他员工的看法和意见等。

4）内部刊物与宣传告示栏

对于规模较庞大的组织，各成员间很难聚集到一起召开会议，也难以通过个别交谈进行沟通，那么内部刊物就是一种较好的替代方式。内部刊物主要是反映组织动向、重大事情，以及一些提醒成员、激励成员的内容。

宣传告示栏是另外一种沟通方式，许多组织在其公共场合都有信息栏。这是一种非常有效的组织沟通形式。随着信息技术的发展，即时性的电子公告栏进一步扩充了公告栏的功能。

5）意见箱

意见箱是最常见的保障上行沟通的途径之一。促进意见箱产生的最初动机是为了提高产品的质量、提高生产效率，管理者相信一线员工肯定对此有独到且有效的见解。

6）领导见面会和员工座谈会

在组织中还有一种比较重要的沟通方式，便是定期的领导见面会和不定期的员工座谈会。领导见面会是让员工有机会直接与主管领导沟通。员工座谈会则是在管理者觉得有必要获得第一手关于员工真实思想、情感的资料，而又担心通过中间渠道会使信息失真时采取的一种领导与员工直接沟通的方法。与领导见面会相比，员工座谈会是由上而下发起的，上级领导是沟通的主动方；而领导见面会则是应下层的要求而进行的。

4.2.2 组织外部沟通

组织外部沟通即发生在组织外部的信息传播过程。如果沟通对象也是一个组织，那么此时的外部沟通也叫作组织间沟通，即组织与组织之间对于如何加强有利于实现各自目标的信息交流和传递的过程。其目的在于，通过协调共同的资源投入活动，实现各方的共同利益。组织外部沟通的对象主要有顾客、股东、上下游企业、政府社区、新闻媒体，它们同时也是组织的利益相关者。

组织外部沟通的方式主要有以下3种：

1）公关活动

公关活动是指社会组织为了在公众中树立良好形象，运用传播、沟通媒介和手段，与其公众结成的利益一致的社会关系而开展的相关活动。作为组织对外沟通的最重要的方式，公关活动是组织处理好与顾客、经销商及新闻界关系的基本方法，尤其在危机沟通中发挥着极其重要的作用，需要运用广泛的正式沟通渠道来达成目标。

2）商务谈判

谈判是人们为改变相互关系、取得一致而相互沟通的一种行为，是指有关各方为了自身的目的，在一项或多项涉及各方利益的事务中进行磋商，并通过调整各自提出的条件，最终达成各方较为满意的协议的不断协调沟通的过程；是不同的经济实体为了自身经济利益，通过沟通、协商、妥协、合作、策略等各种方式，把可能的利益相关事件确定下来的活动过程。当组织与其他组织合作时，往往要相互摸清底细，并准确把握各自的目的、需求，以使合作双方都能从中获益。

3）广告诉求

广告是利用多种创意途径，把要传达的产品利益或形象折射出来，让目标受众充分受到这种由产品的功能转化而来的利益点的感染，从而潜移默化或立竿见影地实现拥有产品的行动。而广告诉求便是使目标受众理解接受广告所传达的产品的利益或形象。广告通过媒介向目标受众诉说，以求达到所期望的反应。诉求是确定某种动机、认同，或是说服受众应该去做某件事的理由，是组织与特定目标群体沟通的重要方式。

4.3 群体团队沟通

4.3.1 群体与团队

1. 群体

群体是两个或两个以上的人，为了达到共同的目标，以一定的方式联系在一起进行活动的人群。群体有其自身的特点：成员有共同的目标；成员对群体有认同感和归属感；群体内有结构、有共同的价值观等。群体具有生产性功能和维持性功能。群体的价值和力量在于其成员思想和行为上的一致性，而这种一致性取决于群体规范的特殊性和标准化的程度。群体规范具有维持群体、评价引导和限制成员思想和行为的功能。

2. 团队

团队（Team）是由员工和管理层组成的一个共同体，旨在合理利用每一个成员的知识和技能协同工作，解决问题，达到共同的目标。团队不仅强调个人的工作成果，更强调团队的整体业绩。团队所依赖的不仅是集体讨论和决策以及信息共享和标准强化，它强调通过成员的共同贡献，得到实实在在的集体成果，这个集体成果超过成员个人业绩的总和。团队的核心是共同奉献。这种共同奉献需要一个成员能够为之信服的目标。只有切实可行而又具有挑战意义的目标，才能激发团队的工作动力和奉献精神，为工作注入无穷无尽的能量。

3. 群体与团队的区别

团队也是群体，其成员间紧密合作，以实现一个特定的、共同的目标。所有的团队都是群体，但群体并不一定是团队。团队区别于群体的特征是成员间的紧密合作和特定的、一致的团队目标。由于团队成员间需要紧密合作，所以，团队的形成有时是非常困难的，团队成员学会相互间的有效合作也是需要时间的。群体和团队对组织取得竞争优势是非常有利的，都有助于组织取得优良的业绩、加快对客户的响应、促进创新、增加成员的激励和满意度。团队和群体的区别主要表现在以下方面：

（1）领导方面。作为群体应该有明确的领导人；团队可能就不一样，尤其团队发展到成熟阶段，成员共享决策权。

（2）目标方面。群体的目标必须跟组织保持一致，但团队中除了这点之外，还可以产生自己的目标。

（3）协作方面。协作性是群体和团队最根本的差异，群体的协作性可能是中等程度的，有时成员还有些消极，有些对立；团队中是一种齐心协力的气氛。

（4）责任方面。群体的领导者要负很大责任；而团队中除了领导者要负责之外，每一个团队的成员也要负责，甚至要一起相互作用，共同负责。

（5）技能方面。群体成员的技能可能是不同的，也可能是相同的，而团队成员的技能是相互补充的，把不同知识、技能和经验的人综合在一起，形成角色互补，从而达到整个团队的有效组合。

（6）结果方面。群体的绩效是每一个个体的绩效相加之和，团队的结果或绩效是由大家共同合作完成的产品。

4.3.2 团队沟通

团队沟通是指两名或两名以上的能够共同承担领导职能的成员为了完成预先设定的共同目标，在特定的环境中所进行的相互交流、相互促进的过程。

1. 团队沟通的构成要素

1）团队成员的角色分担

每个团队都由若干个成员组成，这些成员在团队成立之后到团队解体之前都扮演着不同的角色。按照团队成员扮演的角色是否能对团队工作起到积极的作用，将角色分成两大类：积极角色和消极角色。

积极的角色有：领导者，即能确定团队目标任务并激励下属完成任务的成员；能为团队工作设想出最初方案的成员，其行为包括明确问题，为解决问题提出新思想、新建议；信息搜寻者，即能为团队工作不断澄清事实、证据并提供相关信息的成员；协调员，即能协调团队活动、整合团队成员不同思想或建议并能减轻工作压力、解决团队内分歧的成员；评估者，即分析方案、计划的成员；激励者，即起到保持团队凝聚力作用的成员；追随者，即按计划实施的成员；旁观者，即能以局外人的眼光评判团队工作并给出建设性意见的成员。

消极的角色有：绊脚石，即固执己见、办事消极的成员；自我标榜者，即总想通过自吹自擂、夸大其词寻求他人认可的成员；支配者，即试图操纵团队，干扰他人工作以便提高自己地位的成员；逃避者，即总是跟他人保持距离，对工作消极应付的成员。

团队中一个成员可能扮演着几个角色，也有可能几个成员扮演着同一个角色。另外，各成员所扮演的角色不是一成不变的。

2）团队内有成文或默认的规范、惯例

规范指团队成员所共同遵守的一套行为标准，可以以明文规定的方式存在。

3）团队领导者的个人风格

领导者角色在团队中的作用举足轻重。领导者个人的性格特征、管理风格同团队沟通是否有效密切相关。

2. 团队沟通的技巧

从目的上讲，沟通是磋商共同的意思，即团队成员必须交换和适应相互的思维模式，直到每个人都能对所讨论的意见有一个共同的认识。说简单点，就是让他人懂得自己的本意，自己明白他人的意思。沟通的技巧对团队的成功非常重要。

1）语言沟通

团队成员必须进行对话，即成员们必须交换和适应相互的思维模式，直到每个人都能对所讨论的意见有一个共同的认识。

（1）坦诚。坦诚指的是开放性地沟通，了解自己，关注他人，关注你的需求或明确要他人知道的事情。一个坦诚的陈述通常很直接，但它同时又谦恭有礼，顾及他人的感情，而不是攻击他人。坦诚是为你自己的沟通负责。

（2）负责的语言。如果每个人都能对团队共同的感受和想法负责，一切则会容易得多，因为负责的语言为他人改变其观点和观念留下余地。

（3）肯定。当别人通过承认你的想法和感受，真正倾听你并做出回应时，你会有被认可的感觉。而当你被肯定时，就容易提升效率，也容易对团队做出贡献。

（4）恰当。恰当是指使用适合团队、成员、你自己的语言。选择恰当的语言取决于你是否对他人的感受敏感，以及你如何判断自己想要达到的目的。这种选择同时需要心和大脑。恰当包括你能考虑到的知识层次、背景和感受。

2）非语言沟通

所谓非语言沟通是指人们从语言中包含的指示或语言之外的提示中解析出的含义。这种沟通非常复杂，要解析一个人的含义有时会非常困难。

（1）运用肢体语言，促使团队成员参与沟通。你通过保持目光接触和用让他人感到舒服的姿势，为他人着想，面向说话人，通过这样的方式，对成员表示你的反应。

（2）表现出强烈的自信心，使同伴认真倾听于你。在沟通时需要脸部、身体、声音、演讲能力的全力支持，使你传递的信息有趣、可信。

3）倾听和提问

语言沟通和非语言沟通都传递信息，只有倾听和提问才能提供一些必要的、及时的反馈，使人理解别人传达的信息。倾听和提问可以为个人及团队进行成功的沟通引发对话，创造氛围，并互相合作。毫无疑问，作为团体，成员的倾听能力是保持团队有效沟通和旺盛生命力的必要条件。

（1）构建团队规范。有效的倾听在团队中特别难以实现。在一对一的对话中，你可能有一半的时间在倾听；而在团队中，你倾听的时间可能会达到65%～90%。如此多的人在交流，倾听就会变得较为困难，而让别人倾听却较为容易，这就是为什么团队需要形成一些沟通惯例，以便让团队成员在交流时遵循。遵循这些惯例，你就可以创造一个和谐的沟通氛围。

（2）排除障碍。许多因素会妨碍有效的沟通和提问。要求你做一个听众，这本身就是一个难题。信息超载和需要理清多个头绪会妨碍你整理、加工和保留你所听到的内容；焦虑或者为某事、某个信息或生活中的其他事情担忧也会影响你倾听；积极做出反应的倾听和提问需要开动脑筋，还要体力支撑。

(3)掌握倾听的艺术。其实学会倾听并非很难，只要克服心中的障碍，形成习惯，肯定能够成功。

3. 团队沟通中的冲突管理

冲突是指两个(含)以上相关联的主体，因互动行为所导致的不和谐的状态。冲突常会使人们惊慌失措，而且其发生时不可避免地且具有周期性。冲突的性质可能会随着团队向目标的迈进而有所变化。好的领导常常使冲突明朗化，这样做不是为了让人们进行正面交锋，而是弄清冲突双方不同的观点和方法，以及其想法、信息和价值观是如何产生冲突的，进而处理冲突。

1) 产生冲突的原因

冲突的起因可能很简单，也可能很复杂。冲突之所以发生可能是利害关系人对若干议题的认知、看法不同，需要、利益不同，或是基本道德观、宗教信仰不同等因素所致。

2) 冲突的分类

当两个人或更多的人发现他们个人目标互相排斥，也就是说，如果他们发现个人目标会妨碍另外一个人实现其目标时，冲突就出现了。分歧可能会通过互相协商来解决，但也可能演变成一场毫无意义的冲突。因此，我们可以把冲突分为两类：有成效的冲突、失去功用的冲突。有成效的冲突往往是积极的、非个人化的、实质性的、合作的，而失去功用的冲突则是消极的、个人化的、有影响的、竞争的。

3) 对冲突的处理方法——直接处理法

直接处理法是这样一种方法，它强调问题解决要通过面对面的交流。直接处理法鼓励团队成员不通过管理部门而直接解决他们的问题，同时也避免了纠纷，节省了时间和精力，并最大可能地减少了对问题的曲解。为了淡化冲突，当你面对团队伙伴时应遵循以下步骤：

第一步，告诉你的同事，你对他(或她)所做的事有些疑问，暗示这一问题可能是由于误解并表示你愿意听他(或她)的解释。要认真听，不要做出任何争论。

第二步，计划与团队伙伴开个会，重提这个问题，更加详细地来探讨它，采用直接处理法的指导方针。

第三步，拿着这一问题面对你的伙伴，假设他(或她)在处理这一问题时会需要些帮助。

第四步，将这一问题提到整个团队面前，向所有的团队成员征询意见。

4) 减少冲突

直接处理法是解决冲突的一个非常好的方法，但处理冲突的最佳方法是了解冲突的原因，以及如何减少冲突。团队成员应该知道冲突产生的原因并知道他们的行为会减缓还是加剧冲突，这就要求团队成员在处理问题时做到以下几点：首先，为个人和团队着想。考虑他人倾向，考虑为每个人带来双赢的结果，坚持互利互惠。其次，公平和平等。如果团队成员在为平等、正义和公正而努力，他们会感觉良好，而且能够彼此很好地相互适应。然后，要有好情绪。好情绪是一种态度，是指乐意使他人感到轻松。好情绪可以影响他人，使其仁慈慷慨，助人为乐；可以增加亲和力，减少敌意和挑衅；还有助于产生创造性的解决方法。最后，保持幽默感。幽默感与好情绪有关，但两者不同。幽默感是一种在具体情况下发现幽默的能力,一种欣赏反话的能力,以及用适当轻松的方式缓解压力的能力。需要指出的是,开玩笑也会被用来掩盖人们的挑衅性,或避免冲突。在这种情况下,就需要有人找出问题并使团队将注意力集中到处理问题上。

4.4 跨文化沟通

4.4.1 跨文化沟通的内涵

1. 文化及其对沟通的影响

文化是复杂的人类生活现象,关于文化的定义,更是复杂多样。对于文化,大致可以这样把握:人类的非本能的生活和行为方式都可以称为文化。有人把文化分为三类,即物质文化、精神文化、制度文化。这可称作对文化的形态学意义的描述,但对文化的实际分类要复杂得多。文化的最本质的方面表现为它是活动、行为。文化定义的广泛性,使人在思想上准确把握它有一定困难。大多数人认为知识、经验、信仰、价值观、处世态度、赋义方法、社会阶层的结构、宗教、时空观念、社会角色的认定、宇宙观、财富观等,都属文化范畴。如果将文化的基本点放在人类的活动和行为方式上,也可以从人的活动和行为过程的角度把握文化,大致包括人们感知事物的方式、对信息和事物赋予意义的方式、确定注意对象的方式、思维方式、决策方式、实施计划的方式、反思与评估行为后果的方式。文化对沟通有重大影响,两者是密不可分的。在沟通的要素中,除渠道属沟通的物理工具,文化对其作用不大,其他各因素都不可避免地受到文化因素的作用,特别是在编码、赋予信息以意义、解码,以及是否可以发出、接收、解释各种信息的条件和环境,都取决于我们的文化。可以说,文化是沟通的基础,不同的文化有不同的沟通实践。

2. 跨文化沟通含义

跨文化沟通(Cross-Cultural Communication),通常是指不同文化背景的人之间发生的沟通行为。因为地域不同、种族不同等因素导致文化差异,因此,跨文化沟通可能发生在国家之间,也可能发生在不同的文化群体之间。观察一个文化的角度:交流与语言、自我意识与空间、衣着与打扮、食品与饮食习惯、时间与时间意识、季节观念、各种人际关系、价值观与规范、信仰与态度、思维过程与学习、工作习惯与实践等。理解一个文化系统,可以考察研究的系统:亲属系统、教育系统、经济系统、政治系统、宗教系统、协会系统、卫生保健系统、娱乐系统等。所谓跨文化沟通,是在这样一种情况下发生的:信息的发出者是一种文化的成员,而接收者是另一种文化的成员。

4.4.2 影响跨文化沟通的因素

影响跨文化沟通的因素主要包括语言差异、非语言差异、民族差异、情境文化差异等,每个因素又包括若干的子因素。

1. 语言差异

1)国家间的语言差异

人们对遇到的现象、事物和行为的评价和解释是建立在本身文化的基础之上的,在跨文化沟通中也同样如此，因此往往会造成沟通的障碍，其根源就在于忽略了语言的迁移。

2）地域间的语言差异

"三里不同风，五里不同俗"，这是中国地域文化的生动描述。各地的风土人情各不相同，南北有别、东西各殊。由于这种南北、东西的差异造成了地域间对事物的理解差异，同一话语在不同的地方也可能意味着不同的意思，给沟通带来不同的结果。

3）颜色和数字的差异

受文化传统和宗教信仰等影响，东西方的颜色和数字表示的色彩非常丰富，很容易引起含义上的误解。首先，存在国家之间的差异。在西方，Red 是"火""血"的代表，Blue 表示"没有用的"，White 表示"累赘的东西"；Three 在贝宁、博茨瓦纳视为不吉利，而 Six 在英文中象征魔鬼；比利时人最忌蓝色；土耳其人禁止用花色物品布置房间；日本人忌绿色，印度人喜欢绿色。其次，是地域之间的差异。在我国，数字与地域文化有很大的渊源。很多地方对数字寄寓了一定的含义，在沟通时要注意这种差异。比如，岭南地区很多人将 8 视为吉利的数字，在挑选电话号码、车牌号码时尽量选用，而把 4 视为不吉利的数字，很多电梯、楼层都避开用 4。但闽台地区视偶数为吉祥数字，4 是吉数，送贺礼习惯凑成 4 样，谓之"四式"。

2. 非语言差异

在跨文化沟通中，非语言交际最容易产生误解，因为非语言交际的编码和解码充满了不确定性和情境性。非语言交际是指语言以外的所有交际行为，例如体态语、副语言、客体语和环境语等都是非语言交际的有效方式，是历史和文化长期积淀而成的共同习惯。以下讨论三方面的差异。

1）非语言沟通

非语言沟通（Nonverbal Communication）是指语言以外的其他所有线索，包括身体动作、目光接触、空间位置、声音、身体接触等。人们的经验常识会增加对跨文化非语言信号的误解，因为人们更相信非语言信号所提示的信息，非语言信号更多地与内隐的情绪、内在的感受、潜意识相联系。

欧美人说话抑扬顿挫，有起有伏，跌宕有致；拉美人说话语调很高，而且保持亢奋状态，情绪激昂；东方人语调平缓单一，很少起伏，不紧不慢。眼神交流是沟通中一个非常重要的组成部分。在美国和欧美文化中，没有眼光接触的沟通几乎是不可能的事。在东方文化中，目光接触就并不是一定要有的，当两个地位不等的人对话时，地位低的那个一般不看对方，因为直视反而会被认为不尊敬。在对话时，人与人之间保持多少距离，不同文化之间也有很大差别。距离最近的要数拉美人和阿拉伯人了，最远的是日本人，而欧美人处于二者之间。在交谈过程中，使用手势的多少，是否触摸对方，以及身体面向对方的多少都因文化而异。地中海以南的国家，如土耳其人或者西班牙人，彼此之间的触摸程度就远比北欧文化或亚洲文化高得多。相对美国人而言，阿拉伯人、拉美人、南欧人之间交谈时更愿意面向对方，距离站得更近，触碰对方更频繁，保持目光接触，而且语音更高。同时，与美国人相比，亚洲人、北欧人之间交谈时更倾向于不面朝对方，彼此之间的空间距离更大，更不愿意触碰对方，少有目光接触，而且更轻声细语。

2）信仰和习俗的差异

首先，不同国家之间存在差异。在跨文化非语言交际中，习俗和信仰的差异是多方面的，我们只有通过同中有异、异中有同的对比，才能克服自身文化的干扰。如，日本人忌讳荷花、狐狸和獾，喜欢樱花、鸭子；英国人不喜欢大象，喜欢猫和狗；意大利人和西班牙人喜欢玫瑰花，不喜欢菊花；俄罗斯人认为黄色的蔷薇花意味着绝交和不吉利；法国和比利时人认为核桃、孔雀是不祥之物。其次，地域之间存在差异。中国地域范围十分辽阔，各区域由于地理位置不同、天气气候不同、历史文化不同，也产生了不同的信仰和习俗。比如，北方人性格豪放，家庭观念相对淡薄；而南方人性格较温和、委婉，追求舒适，家庭观念较强。

3）身体语言的差异

身体语言的差异，东西方有很大的不同。礼仪方面，中国人常用握手和微笑表示友好，欧美人习惯拥抱，印度、泰国则双手合十表示问候，阿拉伯人见到别人朝自己微笑时则会感到莫名其妙。表示同意时，中国人和英美人习惯点头表示赞许、肯定；在印度、希腊等地点头的意思刚好相反。

3. 民族差异

组织的成员来自不同的国家、不同的民族，具有不同的文化背景，必然具有不同的价值观念、态度和行为，从而导致文化差异，需要不同的管理观念和管理方法。

1）民族之间的差异

世界不同的民族存在不同的心理模式，不同的心理模式会带来语言运用的差异。在跨文化交际中需要了解交际对方的民族心理特点，考虑到交际双方的心理差异，才能促进跨文化交际的理解与沟通。

2）种族中心主义

种族中心主义是人们作为某一特定文化中的成员所表现出来的优越感，它以自身的文化价值观和标准作为至高无上的衡量尺度去解释和评判其他文化环境中的群体。由于价值观的不同，种族之间常发生冲突，甚至战争。

3）地域间文化冲突

以中国和美国两种典型文化进行比较，美国有着浓厚的个人主义文化色彩，"个人"是独立于其他"个人"环境中的，人与人之间的沟通是一种外在的互动，人与人之间的关系是直接的；中国却有集体主义的文化色彩，个人是存在于社会中的，在中国强调修身养性，也强调说话技巧，人与人之间的沟通是靠行动来成就的，人与人之间不是纯粹的商业关系，而是千丝万缕的人情关系。

4. 情境文化差异

学者 Hall（1976）提出文化与社会情境有关，并将各国文化分为高情境文化与低情境文化。

1）高情境文化

高情境通过有形的环境信息，或者是通过个人内化了的信息，很少通过明确的言语或讯息进行交流。高情境文化的大部分信息是由环境语言、非言语信号传递的，集体主义文化倾向于高情境文化沟通风格，委婉而间接，比如中国、日本、西班牙等国家。

2）低情境文化

大多数的信息通过明确的编码（如语言）来进行传递。低情境文化的大部分信息是由明确的语言来传递的。个人主义倾向于低情境文化沟通风格,明确而直接。如加拿大、美国以及大多数欧洲国家。

3)高情境和低情境文化的关系

高情境和低情境只是沟通风格的倾向不同,并不存在哪一种效果好、哪一种效果差,因为沟通效果是根据有效性和适宜性两个指标来衡量的。在高情境文化中,如果一个人清楚地将自己的要求表达出来,可能会让对方陷入两难的境地:如果不答应,这个要求已经被提出来了,是不给面子;如果答应,会违背自己的原则。恰当的做法是先试探对方,得到对方回复后再进一步沟通。

4.4.3 跨文化沟通的原则

1. 尊重原则

尊重是有效跨文化沟通的基础。不同文化背景的人有各自不同的风俗习惯、思维方式和宗教信仰。

2. 平等原则

跨文化沟通应当在平等的基础上进行。所谓平等原则就是在跨文化沟通的过程中,还要克服文化优越感或自卑感。领导者应当树立这样的信念:文化是没有优劣之分的,不要对方来自发达地区就产生文化自卑感,或对方来自不发达地区就产生文化优越感。

3. 属地原则

属地原则就是"入乡随俗",即迎合沟通所在地的文化习惯。在进行跨文化沟通时,从有利于沟通的角度出发,可以有选择地在饮食、着装、礼仪等方面考虑迎合属地文化。属地文化的选择要使对方产生亲切感,以便建立友谊与合作关系。

4. 适度原则

适度原则是跨文化沟通中一项极其重要的原则,是指在跨文化沟通的过程中要做到既不完全固守,又不完全放弃本土文化,力求在本土文化和对方文化之间找到平衡点。要掌握"度","过"或"不及"都会给跨文化沟通造成障碍。

4.4.4 跨文化沟通途径

1. 发展共感,消除文化中心主义

共感就是设身处地想他人的苦乐和际遇,从而产生情感上的共鸣。不同文化归属的人之所以不容易沟通,往往是由于对具体文化现象的理解不同。在跨文化沟通中,缺乏共感,不能正确理解和评价他人的价值观,缺乏共同的背景,缺乏对于我们所拥有的特定世界观和价值观标准不同的文化背景的宽容态度,是导致沟通失败的主要原因之一。发展共感,首先要承认不同文化之间的差异,唯此才能为发展共感找到方向和切入点。其次,要有一种"换位"意识,排除对异质文化的各种成见的干扰,设身处地地站在他人的角度去理解文化现象。正确地认识自己,消除民族中心主义的偏见,打破自我与环境相分离的状态。最后,必须站在信息接收者的立场看待问题,从信息接收者的角度设想问题。要摆脱文化中心主义的偏见,不可歧视或贬损其他文化。只有客观、公正、全面地认识和理解异

质文化，才能消除跨文化沟通过程中的种种文化因素障碍。

2. 发展双向沟通

沟通是一个循环的相互影响的过程，这个过程包括信息发出者、接收者和信息本身。沟通实际上就是信息的编码、解码和诠释过程。由于文化差异的存在，来自不同文化背景的人把各自不同的价值观念、信仰和风俗习惯带到沟通过程中，他们在诠释从另一种文化中传来的信息时总是按自己的文化背景以及由此决定的解码方式加以理解，从而导致对对方信息理解得不准确，进而做出错误的判断和决策。因此，双向沟通有助于对不同文化背景的信息的诠释。双向沟通的特点是：沟通的双方均参与编码与解码的过程，双向沟通结果所得到的反馈可以帮助进一步阐述双方的意图。通过双向沟通和反馈，进一步刺激跨文化沟通的积极性，拓宽沟通渠道，及时总结沟通中的经验并加以推广，并对沟通中出现的问题及时纠偏。在第一轮沟通中出现的含糊不清的意图可以在第二轮沟通中得到解决。尽管双向沟通会受到许多因素的干扰，但是与单向沟通相比却是一种较有效的沟通方法。

3. 进行跨文化培训，提高跨文化沟通能力

培训也是发展有效跨文化沟通的一种基本手段。跨文化培训是解决文化差异、发展有效跨文化沟通的一种基本手段。跨文化培训的主要内容应包括对双方民族文化的认识和了解，文化的敏感性、适应性培训，语言培训，冲突处理能力的培训，地区环境模拟，等等，其目的是减轻可能的文化冲突，促进东道国员工对企业经营理念及习惯做法的理解；维持组织内良好稳定的人际关系，保持企业内信息流的畅通及决策过程的效率，加强团队协作精神与企业凝聚力。这种培训一般可以由企业内部的培训部门进行，也可以利用外部培训机构如大学、科研机构、咨询公司等进行，最终目的是在各种沟通中树立和维护企业形象，使被培训人正确理解企业组织的精神内涵。

4. 了解自己

了解自己就是要识别那些我们大家都具有的态度、意见和倾向性的简单行为，这些态度不仅决定我们说什么、怎么说，也决定我们听取别人说什么。先入为主是引起跨文化沟通诸多问题的重要原因，也是种种矛盾和冲突的根源。了解自己还包括发现我们对世界其他部分进行描绘所得出的种种印象，即我们如何进行沟通。要想改进沟通效果，了解人们对我们的反应，就必须首先了解其他人怎样感知我们的某些观念。如果对怎样表现自己、对文化的沟通风格都有相当明确的了解，我们就能更好地理解他人的反应，在从一种沟通情境转入另一种沟通情境时就能在沟通方式上进行必要的调整。

由于文化是根深蒂固的，所以影响跨文化沟通的障碍要经过长时间的沟通和交流来消除。跨文化沟通是一项艺术，它不是静止的，而是在跨文化的各项管理活动中不断发展变化的。因此，必须通过各种跨文化沟通方式不断地沟通接触，通过有效的培训，逐步建立起以企业共同价值观为核心的企业文化，尽量减少文化背景差异所带来的负面影响，跨国经营企业才能在激烈的市场竞争中把握主动，从而赢得竞争，赢得市场。

讨论题

1. 什么是组织沟通？有哪几种类型？
2. 组织内、外部沟通方式有哪些？
3. 结合实际说明团队沟通的技巧有哪些？
4. 简述影响跨文化沟通的因素。
5. 如何进行有效的跨文化沟通？

沟通演练

在地震中逃生

形式：集体参与。

时间：一个半小时。

场地：室内。

应用：

1. 团队沟通。
2. 团队协作。

目的：

1. 学习在不同的价值观和需求的情况下一起更有效率地工作。
2. 更好地理解有效对话的重要作用。
3. 强化达成团队一致意见的技巧。

情节介绍：

你在A公司工作，公司安排了一个团队到希腊克利特岛的考古胜地旅游，你是组织者和导游之一。六个爱好冒险的成员选择了去探索一个地下的古代坟墓，那里只能通过一条狭窄通道进去。大家一进到古墓就经历了一场轻微的地震。地面上的和古墓里的人都没有受伤，不过，通道塌了，附近地下河中的水开始往古墓里面流。你已经联系了救援队伍，大家要你按顺序列出被困人员的名单，到时救援队就按这个顺序救人，这是为了在救人的时候不引起混乱。水位上升得很快，里面的人很有可能被淹死。救援队伍离古墓还有30分钟的路程。

游戏说明：

你们必须整个团队一起讨论出名单提供给救援队伍。你们有30分钟来完成这份名单。而对于等待救援的队员，通过一些偶然的交谈，你了解到如下资料：

甲是一名大学生，家里唯一的孩子，也是歌剧团的歌手，是一个很有发展前途的年轻人。

乙已经退休，一直在照顾他患有贫血病的妻子，这次是抽空出来旅游的。

丙是两个小孩的全职母亲，孩子一个4岁，另一个6岁。她和她的丈夫丁这次旅行来庆祝他们结婚10周年。

丁是股票经纪人，丙的丈夫和两个小孩的父亲。

戊是某医药公司的研究员，他相信自己可以研究出治愈艾滋病的药。

戊是从紧张的调查研究中抽空出来参加这次旅游的。她目前领导着一个国际飞行专家队伍对一系列的空难进行研究。在这次旅途中，她一直在思考着自己的工作，并相信已总结出了一个可能导致空难的共同原因。

要求：

阅读资料，每一个小组有一人自愿充当过程观察员角色，最后观察员要将他或她的观察结果告诉本小组的成员。看看是不是每一个团队都能达成一致的意见，并邀请那些已经达成一致意见的团队说一说他们是怎样达成这个一致意见的。问一下那些没有达成一致意见的团队，说一说是什么原因阻碍了他们达成一致的意见。

总结与评估：

1. 此活动最能体验在关键时刻的个人价值。
2. 小组成员的价值观差异性越大、主题越敏感，意见就越难达成一致。
3. 在这种情况下，我们很自然地就会趋向于排斥其他人的观点。
4. 要求每个成员去理解其他人的观点，然后以其他人能接受的方式阐述自己的观点。

第二编

管理沟通实务

第5章 会议沟通

学习目标

- 明确会议沟通的含义与类型；
- 了解会议组织的过程；
- 了解会议中的角色；
- 明确影响会议的因素；
- 掌握有效会议的策略。

引导案例

对比秘书的不同做法

做法一

在公司召开新闻发布会期间，秘书小王与媒体进行了良好的沟通。她在会前为记者安排了一个介绍会，准备了详尽的会议材料，专门划出场地以供摄影、摄像，并且给了记者充分的提问时间。发布会很成功，媒体的报道内容翔实，很有说服力，在社会上引起了较大的反响。

做法二

××企业协会举办了"××公司融资操作研讨会"，此次会议邀请了国内一批顶尖的经济学家、管理学家到场发表演讲，各大媒体闻风而动，齐聚会场。秘书小李负责会议的信息宣传工作。她因事先对情况估计不足，当许多记者向她索要新闻稿、宣传资料、专家讲座大纲时，无法满足对方的要求；协会领导向她询问各大媒体对会议的报道情况时，她也没有做好简报收集工作、留齐各种资料，无法为领导提供适用的信息。

（资料来源：根据网络资料整理）

5.1　会议的含义及类型

会议是一种普遍的社会现象，几乎有组织的地方都会有会议，会议是交换意见、传播信息、沟通信息的主要手段。因此，必须做到会而有议、议而有决、决而有行。管理者常常通过会议达成目标，会议的好坏，直接决定管理效率的高低及能否及时实现设定目标。

5.1.1　会议沟通的含义与功能

会议是指有组织、有领导、有目的的议事活动，它是在限定的时间和地点，按照一定的程序进行的。

在工作中，我们会有很多大大小小的事务与问题需要协调处理，召开会议就是一种很好的方法。关键是我们如何将会议当成一种工作方式，通过会议的过程快速解决问题。

1. 会议沟通的含义

会议沟通，是人与人之间、人与群体之间，使彼此的信息、思想或感情传递和反馈的过程，以求感情通畅和达成一致。它是群体或组织相互交流意见的一种形式，是一种常见的群体活动。通过会议沟通，管理者可以听取员工或下属的意见，也可以通过会议将组织成员聚集在一起，相互交流思想，集思广益。

2. 会议沟通的功能

现代企业更多强调给员工提供参与机会，共同决策，鼓励员工为企业发展献计献策，营造更和谐的工作氛围。会议沟通主要有以下功能：

1) 传达功能

通过会议促进信息的沟通和交流，可以让与会者相互了解信息的相关内容。下级可以通过会议获得上级机关的命令、指示、决定及布置的任务，便于分头贯彻执行。同时，上级也可以通过会议得到下级有关的信息反馈，便于更好地指导工作，制定决策。

2) 决策功能

组织召集开会，使到会人员就某事发表意见，集思广益，对组织发展提出的各种方案做出科学合理的决策。通过集体决策，最后形成某项决定，如制定、修改或取消某些行政法规，决定行政人员的录用、任免和奖惩等。

3) 指导功能

通过会议通报情况、交流信息、沟通关系、推广工作经验，供到会人员进行决策和具体工作时参考。比如，通过会议组织员工培训与学习，提高工作所需的技能；管理者通过会议了解下级的工作进展及存在问题，给出指导性意见，指导下级做好工作等。

4) 协调功能

通过召集会议，明辨是非，协调不同意见、统一思想、认识和行动，明确方向，使单位之间、个人之间存在的矛盾得到解决和协调，达到步调一致、统一行动的目的。

5) 监督功能

通过会议，检查审核财政收支和评定财政制度的执行情况，检查行政决策的贯彻执行情况，对相关人员违法乱纪、玩忽职守、贻误工作、滥用职权或超越职权、贪污腐化等行为进行行政处罚。

6）鼓舞士气。通过会议可以营造民主氛围，为员工提供共同参与公司管理及讨论的机会，调动员工积极性，提高员工参与度和满意度。

5.1.2 会议的类型

会议种类繁多，从不同的角度来看，同一个会议可以分为不同的种类。每类会议都有其各自的特点和办会要求。了解和掌握会议的类型，目的在于更好地认识和组织会议，在更大的程度上发挥会议的作用。

1. 按照会议形式划分

中华人民共和国国家标准《会议分类和术语》（GB/T 30520—2014）将会议形式归纳总结为13种典型形式，即报告会、论坛、研讨会、讲座、早餐会、主题午餐会、卫星会议、圆桌会议、视频会议、网络会议、用户大会、代表大会、高峰会。

1）报告会

报告会是由指定报告人对某一专题进行专门报告的会议。在一场报告会中，可以由多个报告人就同一话题发表自己的看法，每一个报告人按照顺序依次上台发言，发言时间会事先确定，原则上不允许超时。

2）论坛

论坛是指围绕一个主题，由两个或两个以上的发言人向听众发表自己的观点并进行阐述的会议。通常由听众提出问题，由主持人引导发言和讨论并总结各方意见。其特点是讨论反复深入，发言人和听众之间互动性强。

3）研讨会

研讨会是指由行业内的专业人士参加，专门针对某一主题进行研究、讨论、交流的会议。研讨会是多向交流形式，因此更适合中小规模的会议，是学术会议中最常采用的形式。

4）讲座

讲座一般采用专家演讲的方式，旨在传授某方面的知识、技巧，或改善某种能力、心智的一种会议组织形式。通常要求讲座人在相关领域具备一定的知名度和专业权威性，能够带来最新的技术和信息，使参会代表能获得一些专业的启发和收获。讲座与报告会形式类似，通常设有问答环节。

5）早餐会

早餐会是指参会客人边用早餐边进行交流、探讨问题的会议。早餐会源于西方，可以有效地利用有限的会期时间，创造人际沟通机会。因此，其社交功能比信息功能更加突出，气氛通常比其他的会议更为轻松活泼。

6）主题午餐会

主题午餐会是将会议与午餐结合在一起，一般含有主旨演讲和问答环节，或把颁奖、推介等功能与午餐结合在一起。主题午餐会多采用简单的商务套餐，不提供酒精饮品。

7) 卫星会议

卫星会议是在正式的学术会议开始前、会议的午餐时间或正式的学术议程结束后由企业赞助的或社团举办的小型学术会议。卫星会议是大型学术会议的一个组成部分,但一般不属于大会学术议程,通常有讲座、研讨会、非商业研讨会等形式。

8) 圆桌会议

圆桌会议是参会代表围圆桌而坐,旨在体现平等原则和协商精神的会议。

9) 视频会议

视频会议是基于网络通信技术,利用远程视频设备,不同地点的人员无须物理移动而集合起来所召开的会议。

10) 网络会议

网络会议是指将电脑、手机等电子设备通过网络互相连接,参会者收听、收看会议语音、图像或进行互动讨论的会议。视频会议、网络会议都是随着通信技术的发展而出现的全新会议形式,能够克服参会代表在空间和地域上比较分散、难于集中的局限。

11) 用户大会

用户大会是为分享、交流使用经验、商议探讨解决问题的方法,由某种产品或某类产品的用户群体自愿参加的会议。用户大会通常是企业组织其重要客户而举办的,旨在获得关于产品和服务的使用情况的信息反馈,也是企业客户关系管理的一种活动形式。

12) 代表大会

代表大会也叫代表会议,是由一个组织定期召开,由正式代表参加并围绕特定的主题展开讨论,包含全体大会和多个同时举行的分组会议的会议。人大会议、政协会议、党代会、团代会、学代会都属于代表大会,代表大会会期一般超过一天。

13) 高峰会

高峰会是由政府机构、事业单位、社团或企业的高层领导参与的高级别会议。

2. 按照举办单位划分

一般认为,按照举办单位性质划分不同,可将会议分为3大类。

1) 公司类会议

公司类会议规模大小不一,小到几个人,大到上千人。公司管理者强调的是信息传递,是公司内部信息传递的基本方式。公司会议通常以管理、协调和技术等为主题,具体可分为常规会议、特种会议、专业会议等。

(1) 常规会议。这类型会议是按公司法和惯例召开,有程序性和标准性。常规大会主要有以下几种:

其一,股东会或股东大会。遵照公司法规定,股东会是股份制企业最高权力组织,它可以制定和通过公司组成章程,批准经营方针和准备,确定公司扩大、撤并、改组,选举董事会、监事会成员,任命公司重要职位,以及进行公司资产、资金、技术、人员等重大问题处理。有些特大型企业或集团,股东众多,居住分散,集中开会不便,可以遵照股东数比例推选出代表,召开股东代表大会。股东代表大会职权同股东大会一样,因为它表达全体股东的意愿。

其二,董事会。股东会选举或引荐董事、执行董事、董事长或董事局主席,组成董事会，作为股东会闭会后执行机构，负责执行股东会决定、决议和各项决策，并定期向股东会报告执行状况，听取股东看法与建议。

其三，监事会。股东会选举或引荐监事、监事会主任或主席，组成监事会，作为股东会闭会后监视机构，监视董事会、总经理或总裁工作状况，是否有违反或不执行股东会决定、决议的行为，以及董事会成员、总裁或总经理、其他高层管理人员贪污受贿、工作渎职等问题，并负责报告股东会。

其四，总经理（或总裁）办公会。企业或企业集团一般有总经理或总裁办公会议，参加成员有副总经理（或副总裁）、总经理助理、办公室主任，有时依据会议内容需要，请董事长或执行董事参加，也可请总工程师、总经济师、总会计师列席。会议内容主要探究近期经营准备、企业管理、人事任免、招商引资、新品开发、企业重大活动，以及生产经营中资金、技术、策略等带有全局性的问题。总经理办公会由总经理（总裁）主持，时间由各个企业自行规定，有一月一次、半月一次，也有每周一次。

其五，高层管理人员会议。这种会议有多种形式：一种为公司中层干部会议，包括分公司经理、部门经理、室主任等；一种为公司直属部（科或处）、室主任会议；一种为分公司经理、部门经理、生产企业等负责人会议。这种会议一般由总经理或总裁主持召开，也可由总经理托付副总经理召开。时间不定，由企业自己规定。会议内容主要是传达贯彻董事会、总经理办公会工作部署和重要决策，探讨探究解决生产经营上的具体问题，以及其他需要高管探究解决的问题。

其六，员工大会或员工代表大会。员工大会或员工代表大都是员工参加企业管理的一种民主形式，其内容包括向员工报告一段时期企业经营状况，告知企业今后开展方向，传达董事会重要决定和决议，广泛听取员工对企业看法、建议和要求，对先进单位、先进员工和劳动模范进行表彰和嘉奖，等等。大会由公司总经理主持，董事长、董事、监事会主任、监事都参加，一般一年召开一次。

（2）特种会议。这类型会议的特殊性在于既没有法规规定，也不是例行会议，在会议时间、规模、议程上也不受限制。它是以经济、贸易、技术为内容的多边主体的一种会议形式。特种会议主要有以下几种：

①见面会，或叫会见会。见面会是在正式会议举办之前，双方或多方约会见面，相互介绍相识，同时商定会议时间、地点、参加人员、议题、议程等。这种会议时间较短，是正式开会前的一种预备会。

②谈判会。通过谈判探讨解决实质性问题的会议。谈判会必须有会谈主体、客体、议题，三个要素缺一不可。

③洽谈会，也可称恳谈会。洽谈会其实也是谈判会的一种，但没有谈判会正规、严肃，谈话比较自由、宽松。议题可以依据需要随时增加、削减或调整。洽谈中，双方或各方都以恳切看法进行协商。对于一时谈不拢的问题，可以短暂放下，另找时机再谈；有时出现对峙或僵局态势，可临时休会，调整好心态再复会。

④庆典型会议。有关庆祝和纪念活动一类会议，统称为庆典型会议。企业庆典型会议主要包括开业纪念、开业典礼、周年纪念、传统节日、名人纪念（诞辰、忌日）、各种节（如风筝节、服装节、茶叶节、龙虾节）等庆典活动，其主要目的是借机提高企业知名度，

提高产品品牌声誉，开展促销活动等。

⑤会展型会议。会展型会议是利用开会形式，进行产（商）品展览、博览、展销、展示、洽谈工程、招商引资、技术合作等，可分为展览会、博览会、展销会、交易会及展示会。

(3) 专业会议，是指在企业内部经营、生产、管理等过程中解决实际问题的会议。这些会议没有固定模式、规定时间和参加人数，而是依据各企业状况确定。专业会议种类各企业不同，有多有少，通常有平安生产会议、质量检验会议、技术探究会议、财务分析会议、市场开发会议、传播公关会议、营销筹划会议、后勤保障会议、仓储运输管理会议等。

2) 社团协会类会议

社团协会类会议是指社团协会为服务自己的会员而召开的，以会员和与会人员为主体的会议，在会议市场中同样占有相当重要的位置。协会因人数和性质而互不相同，规模从小型地区性组织、省市级协会到全国性协会乃至国际性协会不等。社团协会类会议主要包括行业协会会议、专业和科学协会会议、教育协会会议、技术协会会议等。

3) 其他组织会议

这类会议的典型代表是政府机构会议。

3. 按照会议活动规模划分

根据会议的规模即参加会议的人数的多少，可将会议分为小型会议、中型会议、大型会议及特大型会议。

(1) 小型会议：出席的人数少则几人，多则几十人，但是不超过 100 人。

(2) 中型会议：出席人数在 100～1 000 人之间。

(3) 大型会议：出席人数在 1 000～10 000 人之间。

(4) 特大型会议：人数在 10 000 人以上，例如节日聚会、庆祝大会等。

4. 按照会议活动特征划分

根据会议活动特征的不同，会议可以分为商务型会议、政治性会议、展销会议、文化交流会议、培训会议、度假型会议、专业学术会议。

1) 商务性会议

商务性会议是指公司或企业因业务、管理、发展等需要而举办的会议。出席这类会议的人员素质比较高，一般是企业的管理人员和专业技术人员。商务型会议经常伴随宴会，会议效率高，会期短。

2) 政治性会议

政治性会议是指国际政治组织、国家和地方政府为某一政治议题召开的各种会议。政治性会议根据内容需要一般采取大会和分组讨论等形式。

3) 展销性会议

参加商品交易会、展销会、展览会的各类展商及一些与会者除参加展览外，还会在饭店、会议中心等场所举办一些招待会、报告会、谈判会、签字仪式、娱乐活动等，这些会议可以统称为展销性会议。另外，一些大型企业或公司在饭店举行会议时，同时还会在饭店举办小型展销活动，这也可划入展销性会议范畴。

4）文化交流会议

文化交流会议是指各种民间和政府组织组成的跨区域性的文化学习交流活动，常以考察、交流等形式出现。

5）培训会议

培训会议是指用一个会期对某类专业人员进行的有关业务知识方面的技能训练或新观念、新知识方面的理论培训。培训会议可采用讲座、讨论、演示等形式进行。

6）度假型会议

度假型会议是指一些公司或社团协会等机构利用节假日、周末等时间组织人员边度假休闲边参加的会议，这样既能增进成员的互相了解，增强机构的凝聚力，又能解决所面临的问题。

7）专业学术会议

专业学术会议是指某一领域具有一定专业技术的专家学者参加的会议，如专题研究会、学术报告会、专家评审会等。

5. 按照会议的性质和内容划分

根据会议的性质和内容不同，会议又可以分为年会、专业会议、代表会议、论坛、座谈会、专题讨论会、研讨会、专家讨论会、讨论会、专门小组就某一问题公开进行的讨论会、培训性会议、奖励会议等，如：

1）年会

年会是就某一特定主题展开讨论的聚会，议题涉及政治、经贸、科学、教育或者技术等领域。年会通常包括一次全体会议和几个小组会议，年会可以单独召开，也可以附带展示会。多数年会是周期性的，最常见的周期是一年一次。

2）座谈会、专题讨论会

座谈会和专题讨论会除了更加正式外，与论坛会议是一样的，不管个人还是专门小组参加，方法就是进行一种陈述讲演，有一些预定好的听众参加。

3）讲座

讲座要更正式、更有组织一些，常由一位专家进行个别讲演。讲座之后也许有来自观众的提问。

4）专题讨论会

专题讨论会指处理专门问题或特殊分配任务的一般性小组会议，或是来进行技术培训的会议。参加会议实际上是互相学习，同时分享新的知识、技能和对问题的看法等，它是以面对面商讨为特征的。

5）专门小组就某一问题公开进行的讨论会

这种就某一问题公开进行的讨论会需要两位或者更多的提供观点或某一领域专门知识的讲演者，并与专门小组成员或听众一起公开进行讨论。这种研讨会总是由主持人掌握，可以是大型会议的一部分。

6）培训性会议

培训性会议一般至少要用一天的时间，多则几周。这类培训会议需要特定场所，培训内容高度集中，由某个领域的专业培训人员教授。

7）奖励会议

奖励会议是公司为了对员工、分销商或客户的出色工作表现所进行的表彰奖励会议。

8）其他特殊会议

其他特殊会议如茶话会、晚餐会及一些娱乐活动等。这些特殊会议应注意选择适宜的环境和场所。

6. 按会议区域和周期划分

按会议代表来自的区域范围划分，可分为世界大型会议、国际会议、全国会议、区域会议、单位或部门会议等。

按会议召开的周期划分，会议可分为定期会议和不定期会议。定期会议是指有固定周期、定时召开的会议；不定期会议则是随时根据需要而召开的会议。

7. 其他新型和新颖会议类型

除以上提到的会议类型外，还有以下几种新型和新颖的会议类型。

1）玻璃鱼缸式会议

这是一种非常独特的讨论会议类型。通常由6~8名与会者在台上或房间中心围成一圈，圈子中间留有一个空座。其他与会者只能作为观众坐在周围旁听，不能发言，只有那些坐在圈子里的人才可以发言。如果有观众想发言，就必须走到圈子里，坐在中间的那个空座上，发言完毕再回到原座位。玻璃鱼缸式会议通常有主持人，他可以参加"玻璃鱼缸"的讨论，也可以只负责维持会议按正常程序进行。由于在会议进行中大部分观众只是在外围观看那些位于圈子中的与会者演讲或讨论，就像在观看鱼缸或鱼箱里的鱼活动一样，所以得名为玻璃鱼缸式会议。

2）辩论会

辩论会是指两个人或两个团体就某一问题展开辩论，一方为正方，一方为反方的会议。任何具有两面性的问题都可以成为辩论会议的话题。辩论会有很多好处，它着眼于问题的正反两面，可以向观众展示不同的观点和看法。辩论会通常会带来观念或过程的进步，因为辩论过程会暴露不少问题。

3）角色扮演

根据讨论话题的不同，角色扮演有时会将一个问题诠释得更好。如在美国亚美酒店所有者协会的年会上，与会者曾经就特权授予人和被授予人之间的调停仲裁问题采取角色扮演这一形式。大家通过这一形式对相关问题进行了详细阐述而不是将其简单诉诸法律。另外，还有一名讲解员对案例的背景和事实给予陈述。

4）网络多媒体会议

网络多媒体会议是在传统会场内运用多媒体、信息技术，以有线网络、无线网络（Wi-Fi、5G）等为载体，打破空间壁垒传递会议音视频内容。利用信息技术、网络的交互性，会议的各方均可以通过网络进行发言、讨论等。会议不必再让有关人员去往会议目的地，可以节省交通等许多费用。随着现代科技的发展和广泛运用，网络多媒体会议逐渐成为一种新的会议形式。

5.2 会议的组织

会议是工作部署、实施的重要手段之一,而会务工作安排的质量与水平直接影响到会议能否成功,科学合理地组织会前准备、会中服务、会后总结工作,将会务工作纳入程序化、规范化的轨道。

5.2.1 会议组织原则

为规范会议管理工作,提高会议组织实施效果,保障各类会务工作的正常开展,会议组织应该遵循以下原则:

1. 精简

要尽量压缩会议数量,缩短会议时间,减少参会人员。能合并召开的会议尽可能合并召开。

2. 高效

组织召开会议要考虑其必要性,会议内容要主题鲜明,参会人员要准备充分。

3. 务实

召开会议要注重实效,集中精力研究和解决实际问题并做好会后监督落实。

4. 节约

会议要厉行节约,凡涉及经费开支的会议要严格按照有关规定执行,严禁铺张浪费。

5.2.2 会议前的准备

召开会议之前,要做充分的调查研究,并就即将讨论研究的主要问题提出不同的意见和方案,提出有助于讨论的各种数据和历史资料。大型会议或重要会议,常常在正式会议开始前,举行预备会议。预备会议既是准会议,又是广义的会议准备。会议前的准备,是保证会议圆满进行的保障,主要包括以下内容:

1. 拟订会议方案

会议方案是组织安排会议的总纲,是会议意图、目标、计划实施的书面表现形式。会议方案内容包括会议名称、时间、地点、规模、主要内容、议程、拟请出席领导、参会范围、日程安排、文件材料目录、宣传报道、食宿行安排、安全保卫、工作班子组成及职责分工等。

(1)明确会议的必要性。会议的组织工作常常是从分析会议的主题和必要性着手的,主要考虑能否通过会议方式使准备解决的问题更有效地解决。如果设定的会议议题能够通过其他方式得到解决,就没有必要召开会议;如果不能解决就有必要召开会议。

(2)确定会议的主题和议程。首先,要明确会议的主题,包括试图达成什么样的结果、准备做出什么样的决定、取得什么的行动方案等内容。其次,会议主题明确后,就要确定会议的议程,要把会议上要讨论的主题按照重要性及类别依次排序,确定各类议题的时间、地点及参与对象等。然后把议题和议程事先通知与会者,使其有所准备。往往一次会议的主题不宜过多，讨论的时间也不宜过长，要在有限的时间里使会议议题得到很好的解决。

（3）准备会议的各种文件材料。会议的主题一经确定，就要收集与会议主题相关的信息资料并形成相关文件，如大会报告的起草、修改和定稿，大会发言材料的准备，会议材料文件的印刷等，然后将会议主题、议程、报告等相关文件提前分发给与会者，便于参会对象对会议主题、议程、报告等有所了解和准备，为会议的顺利进行做好准备。

2. 起草、审核会议通知

会议通知是会议组织者向参会人员传递会议信息的主要方式，也是参会人员反馈信息的前提和条件。起草会议通知要做到表达准确、条理清楚、言简意赅、一目了然。通知的内容包括会议名称、主送单位、主要内容、报到时间和地点、参会范围、报名要求、有关事项等。会议通知一般由会议的承办单位负责起草，然后报有关部门和领导审核签批。做好这项工作，关键在于落实会签制度与提高效率，既要严格按程序逐级审核把关，又要迅速及时。

3. 下发会议通知

下发会议通知要把握好两点：一是及时，使参会人员有充裕的时间做好准备；二是准确，防止重发、错发、漏发。在召开紧急会议需要电话通知时，要注意语言的使用，避免出现"明天""后天"等字眼，必要时说明"星期几"，防止产生歧义。

4. 确定与会人员及主持者

根据会议主题，选择对会议主题熟悉、了解并能提出建议的相关人员参与会议，以便解决会议主题所面对的问题，形成有效的解决方案。参会人员一般来自不同区域，便于思想的碰撞和避免思维局限。会议人数一般根据会议需要加以限定，避免参会人数过多影响会议效果。在确定与会者时，也要考虑到准备邀请的相关领导、新闻媒体、会议配套的商务服务及公关礼仪、翻译、通联及文秘人员等。同时，选择合适的会议主持者，好的主持者不但能够把握好会议尺度，还有利于会议主题及方案的参与解决，达成会议的目的。

5. 协调出席领导

根据会议性质拟定领导出席的安排计划，报请上级领导同意后，逐一进行电话通知，内容包括会议时间、地点、议程。同时做好衔接、督促讲话稿或主持词的起草与报送，确保及时送到相关领导手中。会前半小时再对出席领导进行一次手机短信提醒。

6. 预订会议室

会议时间确定之后，要立即根据会议具体需要预订会议室，安排做好前期准备工作。

7. 编印会议须知

大型会议活动需要编印会议须知，须知编排要求准确、周密、合理、简洁，内容包括日程安排、与会人员名单、分组名单、食宿安排、乘车安排、值班电话、作息时间、注意事项等。

8. 制作会议证件

有些会议需要制作会议证件，包括出席证、列席证、工作证、车辆通行证等。证件制作要根据会议主题，按易于识别、方便管理、利于安全的原则设计制作。

9. 布置主席台

主席台是会场的重点和中心部位，是会议性质、规格和气氛的集中体现。主席台的布置要从会议性质、主席数、主席台大小以及方便领导出入席等方面综合考虑。

10. 制作会标

会标体现会议的主题，会标制作一定要准确无误，并注意把握会标的长度、字体与会场是否协调一致。某些会议还需要悬挂相关旗帜、徽标或条幅等。

11. 检查音响和灯光

根据会议议程安排话筒的数量和摆放位置，严格落实"三检查"，即布置会场时检查、会前半小时检查、会前十分钟检查，某些会议需播放国歌、《国际歌》等，要提前进行演练并做好备份，确保万无一失。同时要检查会场内是否有灯泡损坏，及时调节灯光等。

12. 编制座区图

根据统计整理后的与会人员名单，合理安排与会人员的会场座次，摆放座签。

13. 组织调度会议用车

大型会议活动，需要借用或租用车辆。要安排专人负责车辆的召集和调度，车辆较多时要编排乘车分组，并对车辆进行编号。

14. 安排新闻报道

需要新闻报道的会议，要提前通知有关新闻单位，并要求其将记者名单报相关部门，再按名单通知到具体人。

15. 安排会场警卫和交通疏导

会议准备中要注意会场安全和秩序问题的应急预案，如通知相关部门做好会场警卫及交通疏导工作，防止会议过程中出现意外情况等。

16. 电力保障

会前与供电部门沟通联系，安排保电任务，同时安排会议场所进行内部检修。会议过程中还需安排专人值班，以便应对突发情况。

17. 补充完善新的信息

在正式开会之前，查看是否有新的信息。如有，需及时通知与会者。

5.2.3 会议中的控制

会议能否顺利进行并达到目的，在很大程度上依赖对会议进行中的控制，为了有效地保障各类会务工作的正常开展，实现效率倍增，可以在会议过程中进行对照检查。

1. 主题要聚焦

提前商讨，明确会议要解决的问题。聚焦当前关键的问题，如果没有目标，就不要开会。一般会议最好只有1个主题，综合性会议最好不超过3个主题。

2. 人员要相关

小范围会议，原则上每次会议参会部门的参会人数为 1 人，会议牵头部门参会人数（不含汇报人）不超过 3 人。通过会前签到、会中议题相关人员管控等方式，拒绝"无关人士"参会。与会者与会议议题要密切相关，要能够深入开展交流和有针对性地解决问题。

3. 事先要通报

重大议题应至少提前 1 天告知，如会议议题、相关资料、发言次序应在会议通知中告知。在会议时间确定后，会议牵头部门应提前发出会议通知，准确写明会议名称、时间、地点、会期、参会人员、会议内容、注意事项，以及会务联系人等信息。会议通知发出后，会议牵头部门应通过电话或手机短信等方式，再次通知参会人员，进行确认。

4. 程序要准确

提前准备会议议程，规定发言次序，会议主持人按事先议程控制会议的进程，避免临时性议题成为主角。

5. 时间要紧凑

事先规定会议时间，且要有效控制会议节奏。可限定汇报人发言时间、议题讨论时间。安装计时软件或运用计时器等，对汇报时间进行监督、提醒。

6. 记录要完整

会议记录要完整、规范，从签到、讨论到会议决议、表决情况，都需详细记录。牵头部门应指定专人，使用专门的记录本，做好会议记录，必要时应对会议过程进行录音。

7. 会议纪要要及时

会议纪要需在会议召开 24 小时内下发相关单位。牵头部门应根据会议情况整理会议纪要，并于会议结束后 24 小时内形成。对于重要会议，应根据领导讲话录音，形成文件下发。

8. 会议决策要检查

会议决策要做到及时检查，定期落实和总结。牵头部门结合会议纪要，进行会议任务分解和督办。

知识链接

会议备忘录示范

×××有限公司××××会议备忘录

事项：×××有限公司董事会会议
时间：2021 年 8 月 29 日 星期五 上午 10:30
地点：公司会议室
出席：宋先生(主席)、张先生、王先生、刘先生、李先生、吴先生(秘书)
缺席：杨先生
会议记录：
1. 上次会议备忘录
2021 年 7 月 3 日的会议备忘录，宣读通过，主席签字。

2. 本次会议的议题

2.1 议题一：张先生报告内部员工持股项目的计划和持股员工名单

根据要求公司应保证每个员工收到一份名单，并向他们解释该项目；董事会要求在 10 月 2 日前完成这项工作。

2.2 议题二：王先生报告完成了退休金计划的所有必要的修改

人事部将与每位员工面谈，这些面谈计划将从 2021 年 9 月 5 日开始。

2.3 议题三：对弹性工作制的反映

问题：刘先生报告已经制订了弹性工作制的试点计划，并选定以研究开发一部作为试点。

解决：董事会认为，应先以研发开发三部作为试点，因为一部正承担的项目不能受到影响。

3. 下次会议日期

下次董事会召开日期为 2021 年 10 月 2 日，若没有任何其他业务，会议将于上午 12：00 闭幕

签名：宋××

（资料来源：根据网络及授课案例整理）

5.2.4 会议后的流程

会后工作根据不同的会议类型和组织结构有着不同的要求，有些会议还要进行会议评估，其大致流程如图 5-1 所示。

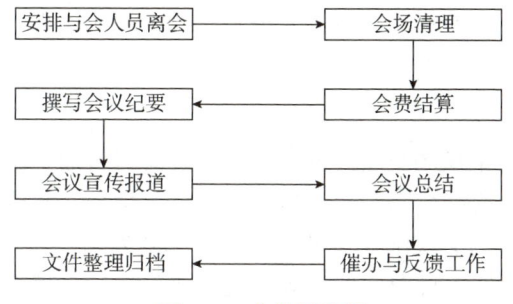

图 5-1 会议后流程

1. 安排与会人员离会

1）致谢

感谢各方对会议的帮助和支持；感谢与会者的参会，在会议闭幕时，要集中对与会者表示感谢，在与会者离去后，还应通过一定的方式(打电话、发 E-mail、寄信、赠送礼品、纪念品等)再次对他们表示感谢，欢迎他们参加以后的会议（如系列会议）；感谢会议嘉宾、主持人、发言人、演讲者的与会；感谢政府有关部门的支持；感谢协办单位、赞助单位的支持；感谢其他单位或其他个人的支持；还应该对会议工作人员进行慰劳和感谢。

2）引导与会人员安全退场

(1)引导与会者退场。打开会议厅所有出口，先引导与会领导退场。若会场有多条通

道，与会领导与其余人员可各行其道。

（2）引导车辆驶离。会前应该做好泊车安排，尽量划区停车；领导车辆先行驶离，其他车辆按顺序依次驶离。

3）离会服务

离会服务工作主要包括以下几个方面的内容：提醒与会者归还自己参会所借用的物品，确保物品不遗失；要有危机预防意识，提醒安全驾驶，做好电话回访，确保安全回程；做好暂留与会者的住宿和饮食安排等。

2. 会场清理与会费结算

1）会场清理工作

（1）会场用具清理。若是在本单位会议室开会，会务人员只需将会标、桌牌等针对本次会议的相关标志撤走，并恢复会议室原貌即可；若是租赁会议室，清理工作会更为复杂，要还清借用、租用的设备，如因特殊情况不能归还，应入库并交由专人保管；撤走会场的临时性布置包括会标、彩旗、绿植等；清点会议用品、用具，能再次使用的归库管理；对一次性用具和用品进行销毁；将会场中搬动过的桌椅恢复原样，将地面、门窗清扫或擦洗干净；撤走会场外的会议标志如通知牌、方向标等；通知配电人员切断会场不再使用的电源，并通知服务人员关闭会场。

（2）会议文件清理。会后将会议所有文件包括会议方案、会议通知、会议须知、会议简报、会议发言材料、领导讲话等收集起来，按顺序装订成册，以备查考。有些会议还应做好录音、录像资料的收集整理工作。根据保密原则，对需回收的会议材料要逐份清查回收。

2）会费结算工作

在会议的组织过程中，有多项费用需要等到会议结束才能进行结算和支付，如场地租赁费、设备租赁费和劳务费等。

3. 撰写会议纪要

会议纪要是根据会议记录和会议文件以及其他有关材料加工整理而成的，反映会议基本情况和精神的纪实性公文。它是会议议定事项和重要精神，并要求有关单位执行的一种文体。有的需要下发执行的会议纪要，可以"通知"形式发出。

注意事项：要突出中心；注意吸收正确意见；要条理化、理论化；要忠于会议的实际内容；要认真研究会议的精神，以便对材料正确取舍，合理删减。

行文风格：通过多次参会并观察领导针对不同事务的处理态度与方法，总结出领导的行文风格与个人偏好，使纪要成为"领导的声音"。

内在逻辑：逻辑问题主要分为两种情况。一是事先为领导准备了讲话材料，领导也完全按照材料思路布置工作，只需根据材料对纪要进行完善。二是事先没有总结讲话材料，领导根据员工汇报与各部门意见，综合考虑后给予工作布置，这也是出现较多的情况，此时领导有大致思路，但是可能存在相同事项重复说、换角度说、不同事项杂糅等情况，此时需要对照会议材料，梳理领导的思路，形成纪要。

主次分明：如在企业中总经理主持的会议大多为公司层级会议，由各部门共同参与，因而会议纪要侧重宏观工作布置，强调高度与方向；而部门会议、项目会议则往往以某一议题为主，侧重对领导安排的细化与分解，强调可控与执行。因此，对会议层级与规模的知悉是区分纪要内容取舍的前提。

合理取舍："未经叙述的事情从未发生",纪要的本质也正是如此,会议中并不是所有结论都适合写入纪要,有的决议只能让参会人心领神会而不宜记录,记录员要进行权衡后进行取舍。

特殊情况：如上市公司具有独立性,在资产、人员、业务等方面均需不受第三方平台的管控,因而在某一上市公司的纪要中不应出现另一上市公司的字样。

纪要之外：会议纪要虽然是一项与纯文字相关的工作,但作为职业的会务人员要认识到会议纪要工作并不存在不可替代性,因而重要的是与领导、直接上级的沟通和交流,在日常的工作中加深了解,明确他们的想法和习惯,懂得他们的工作思路,这对于做好会务工作同样重要。

4. 会议宣传报道

做好会议的宣传报道不仅是一个会议成功举办的重要环节,而且能为会议活动树立良好形象。会议是传播信息的有效方式之一,会议的宣传与报道常受到来自政府、媒体和不同社会群体的广泛重视。良好的会议宣传与报道能够做到传播参与度高、手段丰富、获得反馈直接。所以每个会议都有必要根据会议的实际情况来制订传播计划,掌握好时间节奏,进一步提升会议效果。

根据会议进程,会议宣传报道通常可划分为三个阶段。一是会议造势阶段,可以通过新闻发布会以及有关事件进行前期宣传报道,通过媒体或新媒体等传播平台将信息快速传达。二是会议进行阶段,可以通过重要人物的专访、重点会议内容的新闻报道及现场直播等形式,对会议进行热点宣传。三是会议结束阶段,主要是集中回顾会议活动的亮点与核心内容,通过会议视频、图片等载体,让会议的宣传效果再持续一段时间。

5. 会议总结

1）会议总结的内容

会议总结的内容主要包括会议的名称、时间、地点、规模、与会代表人数和主要议题,参加会议的上级领导人、会议的主持者、领导讲话或报告的要点、对会议的基本评价和贯彻要求,会议的决议情况和今后的工作任务布置等。

2）会议总结的基本要求

（1）以事实为依据,准确可靠。事件材料必须真实可信、数字要准确可靠、背景材料要有辅助性,能与事实形成鲜明的对比或者烘托。切忌闭门造车,随意编造事实或数据。

（2）分析事实,找出规律。经验与教训是一篇会议总结的重点。要从自己掌握的事实与材料中提炼出规律性的理论认识,这样的总结才有意义。

（3）点面结合,重点突出。写会议总结容易犯大而全的错误。应当认真总结工作特点,抓精华、找典型,这样的总结才不会千篇一律,才具有指导意义。

6. 催办与反馈工作

对于会议做出的决定和工作部署要保证各项工作及时贯彻落实,要及时了解各执行和配合部门对各项工作的开展和贯彻落实情况。

1）会议决定事项的传达

会议决定事项传达的基本要求是准确、及时、到位。要认真领会会议精神,组织传达并提出贯彻执行的意见。

（1）传达会议决定事项必须准确，必须原原本本传达，不断章取义，不随意舍弃不符合自己意见的有关事项或对自己不利的问题，更不得站在利己的立场或搞本位主义，对会议决定随心所欲地加以解释。

（2）传达会议决定事项必须及时，不能拖延。当会议决定本身有传达时间的特定要求时，如，要求上级某文件下达基层之后再传达，则应执行这些时间要求。

（3）传达会议决定事项必须到位，会议决定一般都规定了传达的范围，应该直达其人。有些会议决定属于保密事项，则应严守保密规定。

会议决定事项的传达方式有口头传达、录音录像传达、印发文件等。其中印发文件包括会议决定、会议简报、会议纪要、催办通知单等。实际采用什么方式取决于会议的性质、内容和要求。

2）会议决定事项的催办与登记制度

建立会议事项的催办与登记制度，目的是使会议精神落到实处，防止有关单位不重视会议交办事项，长期推诿、拖延、工作效率低下，或从自身局部利益出发，对会议交办事项采取消极抵抗态度，故意不办。另外，催办也是一条信息反馈渠道，可使领导及时掌握会议决定事项的办理情况，了解办理过程中出现的新问题、新情况，并有针对性地采取措施加以解决，保证会议决定事项办理工作的顺利进行。因此，催办与登记是会后工作中不可缺少的重要内容。

3）会议决定事项的反馈

会议决定事项的反馈就是将会议决策精神传播给执行者后，通过各种途径和方式将执行者的意见收集起来，反映给领导者的过程。它既是实现会议决策目标的最主要环节，是对会议决策的检测、制约和完善，又是公司领导者做出决策、正确行使指挥职能的重要手段。

反馈的原则：反馈信息，第一要迅速及时，便于领导尽快了解和掌握实施执行中的各种信息，从时间差上找效率，不能当马后炮；第二要真实准确，真实准确的信息是领导决策或完善决策的重要根据；第三要对堵塞言路、阻止反馈的言行严肃处理，使反馈渠道保持畅通无阻。

反馈的重点：主要是反映会议决策落实活动中的各种信息，因为决策不是目的，通过实施取得社会效益才是目的。

综合反馈：在总结的基础上系统地进行综合性的反馈。这种反馈要实事求是，总结出经验教训，提出今后意见，如实向上级组织反馈。

知识链接：会议传达落实

7. 文件整理与归档

1）确定会议文件资料的收集范围

会前分发的保密文件要按会议文件资料的清退目标和发文登记簿逐人、逐件、逐项检查核对，以杜绝保密文件清退的死角；收集会议文件资料要及时，确保文件资料在与会人员离会之前全部收集齐全；选择收集文件资料的渠道，运用收集文件资料的不同方式方法。与分发文件资料一样，收集会议文件也要履行严格的登记手续。认真检查文件资料是

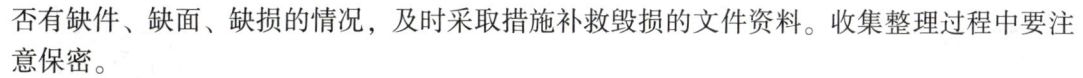

否有缺件、缺面、缺损的情况，及时采取措施补救毁损的文件资料。收集整理过程中要注意保密。

2）会议文件的立卷归档

在会议文件完成了现行使命，即它们被阅办或讨论之后，由于记载了公司的工作活动，它们在此后的工作实践中可能需要经常被找出来作为对照、参考，因而具有重要作用。这说明会议文件具有史料性特点，有立卷归档的必要性。同时，为了便于管理和查找档案，也要求会议文件先立卷而后归档保管。

知识链接：会议文件立卷归档范围

5.3 会议中的角色

会议是为了实现设定的目标，而进行的信息、思想和情感的传递。会议目标能否实现并最终达成共同协议，往往取决于会议中与会者的角色。在一个正式会议中，与会者的角色一般包括会议主持人、会议成员和会务人员三种角色，这三种角色对会议成效的取得起到重要的作用。

5.3.1 会议主持人

会议主持人是会议的主要角色，决定会议是否有效及有序进行。会议主持人的角色就是主持会议、维持会议秩序并确保参会人员的积极参与。一般而言，会议主持人应该做好以下几点：

1. 会议控制

会议控制的方式和组织取决于会议的目的。会议控制应当着眼于建立行为标准，以这些标准来衡量会议结果，并在必要时进行调整。主持人为了对会议结果负责，必须从标准和结果来控制会议的过程。有效的会议主持人应该遵循：决定讨论主题；明确讨论范围；确保会议成员围绕主题依次发言；尽可能做到公正，尽全力避免会议成员的争论；确保会议成员了解会议进程情况。

2. 过程引导

无论主持人以怎样的风格定位，他都必须能够发起会议，对会议成员的行为进行引导，避免负面的影响，确保以良好的秩序进行主题和问题讨论。为保证会议的发起和会议的良好秩序，主持人的职责如下：识别问题与主题的关系；促进参会人员交换和讨论不同意见，评价不同方案；研究争论双方或各方的观点，了解协调的可能性；将争论的问题作为会议的主题之一，展开全面的讨论，以便把会议引向深入；若分歧难以弥合，那就暂时放下，按会议议程进行下一项。

3. 宣布结果

做出会议决定，宣布会议结果，可以根据会议目的对比会议结果。

知识链接：会议主持人的角色

情景案例

如何做好会议主席？

情形一

某公司的年终市场销售分析会议正在进行，公司总经理担任会议的主席。在会议进行过程中，公司负责市场工作的副总经理提出公司下一年的市场营销重点应从"以巩固国内市场为主"转向"以开拓国际市场为主"。他希望他的设想能在这次会议上得到大家的支持和通过。但在会议进行过程中，负责市场营销的部门经理对这个设想提出了反对意见，他认为国内的市场潜力还很大，而企业的资金实力不够，如果全面开花，还不如采取"各个击破"的策略，先在国内市场取得绝对优势地位。结果双方争论得不可开交。

情形二

某高校科学馆会议厅内正在召开"中国 21 世纪的管理教学发展趋向"的研讨会。会议进行期间就 MBA 教育的发展方向问题，不同的与会者提出了不同的看法。有的认为，MBA 教学应该以案例教学为主；有的则认为，应以理论修养的培养为主；也有的主张像美国哈佛商学院那样采用大量的案例教学，甚至可以取消传统的教师讲解的形式……这些不同观点在讨论过程中争论得比较激烈，眼看讨论时间将近尾声，但与会代表为了充分表达自己的主张，很难"刹车"。

如果你是上述会议的主席，面临与会代表相争不下的局面，你准备如何解决？如果最终需要你对该会议进行总结，你又如何总结？

（资料来源：根据网络资料整理）

5.3.2 会议成员

参加会议的成员都有责任使会议取得成功。对于所有成员来说，明确会议目的、议程及自己与其他人在这次会议中的角色，是很重要的。会议成员应努力做到以下几点：

1. 会前

了解会议议程并阅读有关资料，明确会议的主题和目的，确认会议讨论内容中有哪些项目与自己有关，并对这些相关内容有所考虑，确定应该持什么观点，用什么材料作为论据来支持这些观点。另外，要明确会议时间和地点。

2. 会议期间

注意倾听他人的观点，积极参与会谈，并且对所讨论的问题充满兴趣。对涉及自己工作的决策、行动计划，做好详细记录。

3. 会后

全力贯彻会议精神，完成会议期间分配的任务。

每个会议成员都应该积极发言，提出自己的想法，找出最好的解决问题的方案。有时一个会议的内容会包含多个不同领域的问题，很有可能某个问题的讨论你并不感兴趣，尽管如此，作为会议成员也应该积极参与，也许某个问题的讨论会给你带来更好的思路和创意。

5.3.3 会务人员

会务人员的作用也很重要，是会议正常运行的保障。会务人员主要应做好以下几点：

1. 会前

详细检查会议的地点、时间，通知会议成员，及时分发会议资料。

2. 会议期间

记录好会议内容和会议结束的日期。

3. 会后

撰写会议纪要，核对必要的事实和数据，与主持人协商以及分发会议纪要。

知识链接：如何做一名高效的会议主持人

5.4 高效的会议

5.4.1 会议效果的影响因素

在现实中，有的组织虽然开会频次比较高，但往往存在议而不决、决而得不到及时执行等现象，这使组织管理极为被动。虽然许多组织中会议是必需的，而且应用广泛，但并不意味着所有会议都能达到预期的目的。一般来说，影响会议效果的因素是多方面的，归纳起来主要有以下几点：

1. 缺乏会议实施的原则性与灵活性

有的会议制度缺乏计划性与规范性，即缺乏会议的原则性，虽然有会议制度，但其管理人员总是喜欢随时召开会议，然后临时通知参会人员开会，致使参会人员不得不立即放下手头的工作或从家里急急忙忙赶来参加会议，在这种情况下开会容易使参会人员缺少必要的会议准备，容易造成开会时参会人员不能参与讨论、不了解会议的内容等问题，进而影响会议效果。

有的企业管理人员基本全部按照会议制度执行，缺乏灵活性，即便遇到需要马上解决的问题，依然按照会议制度执行，使得急需解决的问题出现拖延或问题扩大化。虽然在现实中企业管理人员往往能够做到会议实施的原则性与灵活性相结合，但更多地需要企业把握好会议实施的原则性与灵活性的度，以此来提高会议的效果。

2. 参会人员影响会议效果

一是会议主持人缺乏主持会议的能力与技巧，无法控制会议局面；二是应该参加会议的重要人员缺席或虽然参加但在会议期间做与会议无关的事情；三是参加会议的人员有迟到、早退或打电话等影响会场秩序的现象；四是在会议过程中，参会人员情绪化，引发当面争吵等情况；五是参会人员在参加会议前未做会议准备。

3. 会议安排与开展的方式和方法不当

会议安排与开展的方式和方法不适当，会影响会议的效果，如：安排会议时间不合适，把不适合会议讨论的内容放在会议上讨论，在无关紧要的问题上讨论时间过长而导致讨论主要议题时缺少时间，会议上对讨论后确定的议题和任务未明确执行人和执行时间，未考虑参会人员的实际情况，会议上讨论的议题超出参会人员所控范围等。

4. 缺乏会议上所需的设备和设施等

会务工作没有做好设备资料的准备，会议现场缺少必要的设备和设施等，影响会议效果。

5. 会议现场环境不适宜

会议现场环境不适宜也会影响会议的效果，如天太热，但会议室未开窗通风或开空调降温，造成参会人员大汗淋漓，影响会议效果；会议地点处噪声比较大，致使参会人员之间听不清讨论内容，影响会议效果等。

6. 缺少会议上确定内容的检查、跟踪、反馈

缺少对会议上确定内容的检查、跟踪、反馈，致使会议后未得到落实，进而影响会议的效果。

了解影响会议效果的主要因素后，在会议执行时就要做到原则性与灵活性相结合并把握好度，改进会议安排与开展的方式和方法，提高参加会议人员的工作效率，根据实际情况准备必要的设施，在条件允许的情况下尽可能提供优越的会议环境，做好会议上确定内容的检查跟踪与反馈，为提高组织内部会议质量与效果打下坚实基础，进而使组织内部沟通与交流顺畅无阻，使解决组织内部问题更加高效。

5.4.2 组织有效会议的策略

组织会议的目的是解决具体问题，达成共识，输出结果以推进后续工作。那么，组织应该如何有效召开会议？有以下策略可以参考。

1. 明确会议的目的

管理者必须弄清楚，为什么开会。会议有很多种，如座谈会、业务会、总结会、探讨会、协调会、分析会等（当然有些会经常是组合在一起的）。不同的目的，其会议形式就有所不同。任何一个会议都应该有它的目的，如，座谈会的目的有说出与会者的想法、融洽关系、调整工作气氛等；而早会的目的是总结前一天的工作、指出优缺点、布置今天的工作任务、说明需要注意的地方等。开会没有目的，这个会就不可能开成功。

2. 把握会议的时机

有些会议是可以确定频次的，如月度/季度/年度会议，甚至日会/周会，这里主要看工作性质。不同的工作性质，频次很可能不一样，这样的会称为例会。另外就是临时召开会议，这种会一般是有需要才召开，如质量/市场分析会、工作协调会等等。一般临时会议是越少越好，会议越少说明组织内的沟通越好，各部门处理问题的能力越强。

3. 做好会议前的准备

会议前的准备包括确定出席人员、会议通知、议程、会议场所、记录人员，甚至包括发言稿、茶水、话筒、座位安排等。一些临时会议必须提前通知，确保相关人员能准时出席。一些重要的会议，在临开会前，应检查一下准备工作，防止有所疏漏。

4. 选择合适的会议主持人

任何会议都应该有主持人，主持人的任务就是控制会议时间、保持会议有序进行、对会议进行总结、做出会议决议等。如果有议程的，按议程进行；没有议程时，会议主持人就更重要了，如控制发言的时间（如打断那些冗长的发言），防止会议期间的争吵，对那些可以做出决定的议题及时做出决定等。所以，会议主持人必须具有足够高的层次（和会议的层次相符），具备足够的威信，否则很难有效主持。

5. 掌控会议时间

任何会议都有成本，越高级的会议，成本越高。所以，会议越短越好，一般不要超过1个小时（某些会除外，如座谈会）；像早会这样的会议，一般5分钟就应该开完。要做到有事议事、无事不议、长话短说、废话不说。所以会议主持人必须注意会议时间的控制（一般的发言不要超过5分钟）。

6. 进行会议考核

会议是一种集体行动，所以就要统一行动，不允许让多数人等少数人。有事必须向会议主持人请假，对于迟早、无故缺席、早退这样的事必须严格考核——处罚（当然方式可以多种多样，如让迟到者站着开会、经济处罚等）；对于在会议中吵架的，应予以警告，严重的应进行适当的经济处罚，否则会议开得像"赶集"，会降低会议的效率，也让大家对会议不重视。

7. 选择有效的会议方式

会议的方式多种多样，不见得非要到会议室才算开会，不同的会议目的可以有不同的方式。对于分析会最好是现场开，有些远程的可以采用电话或网络会议，表彰会可以到企业以外的地方开，座谈会可以安排到酒店，只要能有助于会议的目的和效率，任何形式都可以采用。

8. 会议后续的跟进

除了那些座谈会、欢送/欢迎会之类的会议之外，任何一次会议都应该形成会议决议（一些重要的会议应由专人记录），并将决议发放到相关部门，要求收件人签字。然后企业应该设计会议决议跟进表，并安排合适的人对会议决议进行跟进，这里需要注意的是，跟进必须到现场检查才行，否则跟进的效果不会好。这次会议的决议应在下次会议中检查一下，没有执行的应检讨原因，采取惩罚措施，以确保会议决议得到执行。

知识链接：博鳌亚洲论坛

5.4.3 会议改革

会议具有重要功能，但会议过多，效果不佳，反而影响行政效率。近年来，会议多是管理中存在的弊病之一。据了解，许多领导者大约要用 1/2 到 2/3 的时间开会，"会海"使各级领导难以集中精力和时间想大事、议大事和抓大事。会议多也会增加了经费的支出，因此会议改革已成为加强管理的紧迫课题之一。

会议改革应把握以下几个方面：

1. 严格控制会议数量

能不开的会坚决不开，可开可不开的会坚决不开，能开小会的不开大会，能开短会的不开长会，能在下面开的会不到上面开，电话可通知的会不开，能合并的会不要分别开。非开不可的会，必须充分准备，精心组织。要健全会议审批制度，会议经费包干，计算会议成本，谁开会谁负担。

2. 限定发言时间

会议发言提倡简明精练，有独到的见解，反对人云亦云，长篇大论。有些专题会议、学术会议，有了复印材料，就不必照本宣科，令人昏昏欲睡，发言应限在 10 分到 15 分钟，只介绍要点，其余内容可让与会者自己阅读领会。有的会场装有自动报时器，到规定时间即发出响声，提醒发言者及时结束。当然，有的重要报告要延长时间。

3. 科学安排会议时间

现实生活表明，一般会议以一个半小时为宜，会议开得太长，与会者难以集中思想，甚至产生厌倦的情绪。单位工作会议，不宜安排在早上开，因为这时与会者容易产生延缓心理。有些单位将工作例会安排在午饭或下班前一小时开，与会者则是积极发言，言简意赅，问题也容易得到解决。

4. 端正会风

不管开什么会，事前必须充分准备，应用现代化办公手段，简化会议程序，内容充实，主题明确。要节约经费和物资，规定会议开支标准。坚决反对讲排场，比阔气，重形式，铺张浪费。反对那种杂乱无章、拖泥带水、议而不决、决而不行的会议，要使会议真正发挥在管理中的重要作用。

讨论题

1. 一般来说，会议组织的过程包括哪些方面？
2. 会议中各种角色作用如何？
3. 主持人的职责有哪些？
4. 请联系实际说明影响会议的因素。
5. 试述有效会议的策略。

练 习

1. 请你联系实际分别描述和评价两个会议，一个是你认为有效的，另一个是你认为无效的。并分析是什么原因导致这两个会议产生截然相反的效果，然后与小组其他成员分享你在会议工作中的经验和感受。

2. 策划以下3种具有代表性的会议，说明你应当考虑哪些问题才能保证会议的有效性。你可以从以下几个方面来考虑：(1)会议应当在哪里召开？(2)座位、房间应当怎样安排布置？(3)会前你应当通知哪些事项？何时发出通知？(4)会前和会后你准备为会议成员提供哪些资料？

3种会议分别是：(1)新近组成的小组每周召开一次的例行会议，讨论下一个星期的工作计划安排；(2)组织内部将实施一项新政策，召开一个由你的下属人员参加的会议，告知新政策的内容，并讨论对新政策的反馈意见；(3)全体成员参加的会议已安排就绪，你将代表本系统各部门在会上发言，但在参加这个会议之前，你必须先召开由本系统各部门人员参加的会议，讨论有关事项。

情景模拟

情景模拟训练一：作为主持人，你将如何处理以下困境？

1. 小王喜欢拖拖拉拉，开会总是迟到。
2. 小张性格内向，会议上总是默不作声。
3. 小李和老刘在会议上为某个话题争论不休。
4. 在会议讨论中，会议成员缺乏参与意识。
5. 会议成员讨论得很热烈，但在会议结束前5个议题只完成了2个。
6. 10位与会人员中有3位性格外向，善于垄断话语权；3位谨言慎行，尝试发表意见；另外4位则沉默不语。

情景模拟训练二：人员选拔会议

技能训练说明：本练习旨在实习开会技能，要求6~8人为一个会议组。参加模拟会议的人员中应该由1~2名充当观察员，参加会议的人员不能少于4人，每一个与会人员代表各自不同的部门，请分配好小组成员的角色。阅读下面的情境，并按要求开始练习。观察者按照最后提出的问题，对会议做出反馈。

情境说明：每一个与会者都要提出部门经理的一名候选人选，并陈述认为他应该晋升的理由。每一个与会者都要假设自己处在中级管理职位上，并了解每个候选人的情况。候选人的情况在考虑符合组织的候选要求的基础上，记录于各部门写成的文字材料上。假定你非常了解候选人的能力，并认为他完全符合新职位的要求，且在研究有关候选人的材料的基础上，要准备在会上做演讲。

讨论在小组内进行，时间约45分钟。讨论各个候选人的情况，并决定谁晋升。候选人应该按先后顺序排列好，因为可能会出现晋升空缺。

记录员可以使用记录本，将有关事项记录在相关的栏目里。记录员的职责是观察会议，并在练习结束后将观察结果予以通报。

观察者应该考虑以下问题：

(1) 谁的讲话最有效？谁的讲话最乏味？

(2) 会议的目的是否已表达明确？

(3) 人们是否喜欢听发言者讲话？

(4) 最有益的行为是什么？

(5) 时间运用是否合理？

(6) 难点问题是否处理得当？

(7) 小组人员是否能够辨别事实和见解的区别？

(8) 为证明事实，确立自己的观点，发言者提出了哪些问题？

(9) 决定是如何做出的？

案例分析

老金的苦恼

老金是个软件系统开发公司的经理。他身边的员工始终在抱怨公司的工作氛围不好，沟通不足。老金非常希望能够通过自己的努力来改善这一状况，因此他要求项目组成员无论如何每周都必须按时参加例会并发言，但对例会具体应该如何进行，老金却没有明文规定。很快项目组成员就开始抱怨例会目的不明，效率太低，缺乏效果等，而且由于在例会上意见相左，很多组员开始相互争吵，甚至影响到人际关系的和谐。为此，老金非常苦恼。

思考题

1. 请分析案例中产生问题的原因。
2. 你认为怎么做能达到会议沟通的目的？
3. 除了以上会议沟通的方式外，你还有哪些促进有效沟通的建议？

第6章 面谈与谈判

学习目标

- 明确面谈的含义与分类；
- 了解面谈的目的及特征；
- 掌握面谈的计划与实施过程；
- 了解面谈的技巧；
- 掌握谈判的过程和策略；
- 了解谈判的技巧。

引导案例

一次典型失败的绩效面谈案例

人力资源部在与销售部员工小刘的离职面谈中了解到：小刘最近的一次绩效评估发生在各部门上报考评结果的前一天下午。小刘抱怨："我当时正参加一个客户会议，被主管王经理叫了出来，当场就做绩效面谈。面谈中他列举的几个关键事件都是不利于我的，而且我根本没有申辩的机会，当场就给我打了2分。这样的主管根本不了解下属。"

人力资源部随后走访了销售部主管王经理，王经理解释说："那天下午我突然想起是公司绩效评估的最后一天，就马上找他过来了。但前一周实际已经通知他了。等我找他时，他先是说没时间准备，可公司布置的事怎么能不做呢？然后就是态度不好，我刚说了他几句，他就反驳，说他在这一个季度里没做过那几件事。平时我都有记录，怎么可能没做？再对他讲了几句他平时的工作失误，他就只是愤怒和沉默，我想至少他应该给我一些积极的回应才对。平时他还挺不错的，但是这次评估中似乎很不高兴。最后我说：'给你打2分？'他说：'2分就2分！'还签了字。所以，他就不达标了，只好离开公司。"

（资料来源：根据网络资料整理）

6.1 面谈概述

6.1.1 面谈的含义

中国古代帝王对群臣的召见、国家领导人与外宾的约见、上司就某一任务与下属见面、恋人见面约会等，都可以说是面谈。从古至今，从国家到个人，面谈可以说是出现频率最高的活动，是日常生活中运用最广泛和最普通的一种沟通形式。

面谈是指组织中有目的、有计划地通过两个人(或者更多人)之间面对面的交互式谈话交流信息的过程。面谈是发生在面谈者与面谈对象之间的直接沟通，是为了某些特定目的而相互收集、交流信息的一种行为。面谈的成功与否取决于沟通双方是否能够建立起有效的互动关系。

6.1.2 面谈的分类

1. 结构面谈与非结构面谈

结构面谈又称标准化面谈，指按照统一的设计要求，按照事先设计的问题进行面谈。非结构性面谈又称非标准性面谈，指只按照一个粗线条式的提纲而进行的面谈。结构面谈的特点是便于信息的收集、统计和分析，但缺乏灵活性。而在非结构面谈中，面谈者可以根据面谈的实际情况进行必要的调整，具有一定灵活性。

2. 直接面谈与间接面谈

直接面谈，即面对面交谈，指面谈双方进行面对面交谈；间接面谈是面谈双方通过媒介进行非面对面交谈。常见的间接面谈有视讯通话、电视会议等。与间接面谈相比，直接面谈不仅能收集到语言信息，而且能了解到许多非语言信息，从而有利于面谈结果的分析与解释；而间接面谈特别是在突发事件中，可以屏蔽一些不利的信息或场景。

3. 一般面谈与特殊面谈

一般面谈是指面谈的性质属于一般目的性，如常规的信息收集及获取等。特殊面谈则是基于某些特殊目的出发或对特殊群体的面谈，如人才选拔、对人事考核等。进行特殊面谈时，应充分考虑面谈对象、情景问题的特殊性。

知识链接：结构化面试

6.1.3 面谈的目的

面谈不仅仅是一般的见面，它是管理活动中进行管理沟通的重要方式，是获取信息最常用、最直接、最有效的工具之一。在日常管理工作中，面谈的目的主要体现在以下几个方面：

1. 获取工作信息

面谈可为完成任务提供信息交流的机会。如在公司管理中,销售部门的区域销售完成情况汇报,人力资源部门举行的岗位调查等,基本上是以了解和收集信息为主的。

2. 了解和掌控工作的进展情况

对在进行中的工作或工作成果进行确认、辅导、评价、纠正和调整等。如人力资源管理中的绩效考核,目的就是对上一阶段的工作成果进行总结评价,对工作过程中出现的不足进行纠正。

3. 解决工作中的问题

通过咨询、解惑和商讨来解决问题是面谈最普通的目的。之所以要进行面谈,就是因为实际管理中产品质量、员工关系、工作绩效等存在问题,上层希望通过面谈互相交流看法和意见,以找出事情的原因和解决对策,最终达到解决企业问题的目的。

4. 选拔适当的人员

在某一任务或岗位出现人员需求时,需求方通过面谈,考察和判断被面谈者是否适合于该任务或岗位。同时,被面谈者也通过掌握的信息来考虑该任务或岗位是否合适,这是个双向过程。

6.1.4 面谈的特征

从本质上说,面谈是信息交流的活动。除了有两个或两个以上个体参加的共同特点之外,作为最常用的管理工具,面谈还具有一些明显特点。

1. 目的性

参与面谈的一方或双方有明确的目的,面谈不是简单地见面打招呼,它是为达到预定目的而有组织、有计划地进行信息交换的正式管理活动。因此面谈具有很强的目的性。

2. 计划性

在面谈前,要制订面谈实施计划,解决如何进行面谈和要得到什么效果等重要问题,即在面谈实施方案中,要确定目的、人员、环境、时间、过程、问题等。另外,在实施、总结过程中,也需要严密组织和周密计划。只有这样,才能有效降低面谈成本,提高效率,达到预期目的。

3. 双向性

面谈者与被面谈者通过语言和行为发出或接收信息,中间没有任何中介媒体。双方可以通过观察和交谈来判断对方的意图、态度、喜恶等,也可以通过语言暗示等手段影响对方的判断、态度。成功的面谈,面谈的双方需要建立起基本的信任关系,以取得对方的积极配合。在整个面谈的过程中,面谈者与被面谈者是互相影响、互相作用的。

4. 控制性

在一般情况下,面谈通常由参加面谈的某个人组织、控制并实施,他在整个过程中处于主动地位,称为面谈者;面谈的另一方通常处于被动地位,称为被面谈者。一般来说,在这个互动的关系中,被面谈者通常拥有更多的信息,面谈者需要通过适当的方法和手段引导和激发被面谈者，让其提供符合要求的信息，从而更多地获得所需的信息。

5. 即时性

面谈一般要求沟通双方即时对沟通信息做出反应，反应速度要快。面谈虽然是经严密组织和计划的，但是在实施过程中，受心理和环境等因素的影响，就必然决定面谈的不确定性。所以，面谈者为减少不确定性，除了按照计划提问外，也要随机应变，例如，被面谈者的回答离题时，可以巧妙地以插话的形式把他拉回正题，如果被面谈者的回答是有用的，则可以顺势追问。

6.1.5 面谈的原则

作为有目的、有计划、有组织的一项正式的管理活动，面谈应遵循以下原则：

1. 道德原则

面谈双方通过交谈来达到信息的交流，因此必须有基本的道德规范。在面谈中要诚实互信，尊敬他人。面谈者不轻易做出承诺，不做错误的引导；被面谈者不提供虚假的信息。

2. 保密原则

面谈的信息，除了一般性信息或面谈的双方同意外，应当保密。特别是面谈中涉及隐私或机密的信息，一旦泄露将损害面谈各方利益，甚至会造成损失。

3. 准备原则

一般来讲，面谈有时间限制，而且面谈有高度的目的性，这些决定了面谈需要从内容和形式等方面进行充分的准备，才能保证面谈的高效进行。

4. 时间原则

既然事先做了准备，面谈双方遵守面谈的时间，不仅能给对方留下好印象，也便于面谈者控制时间的进度，使面谈能够按计划完成。同时，因为人的注意力和精力等随着时间的延长而下降，所以控制面谈时间也是保证面谈效果的重要条件。

5. 灵活原则

在面谈过程中，不确定性是难以避免的，当问题不适合情境中的人或事时，需要及时做出调整，既要保证达到面谈的目的，也要使被面谈者"言之有物"。

6.2 面谈计划与实施

从沟通的一般过程来看，面谈是一个互动的过程。根据 PDCA 原则，这个过程包括四个阶段，即计划阶段、实施阶段、检查阶段和分析阶段，这四个阶段都有不同的内容，只有按照这一流程切实执行，才能保证面谈有效实施。面谈沟通的一般过程如图 6-1 所示。

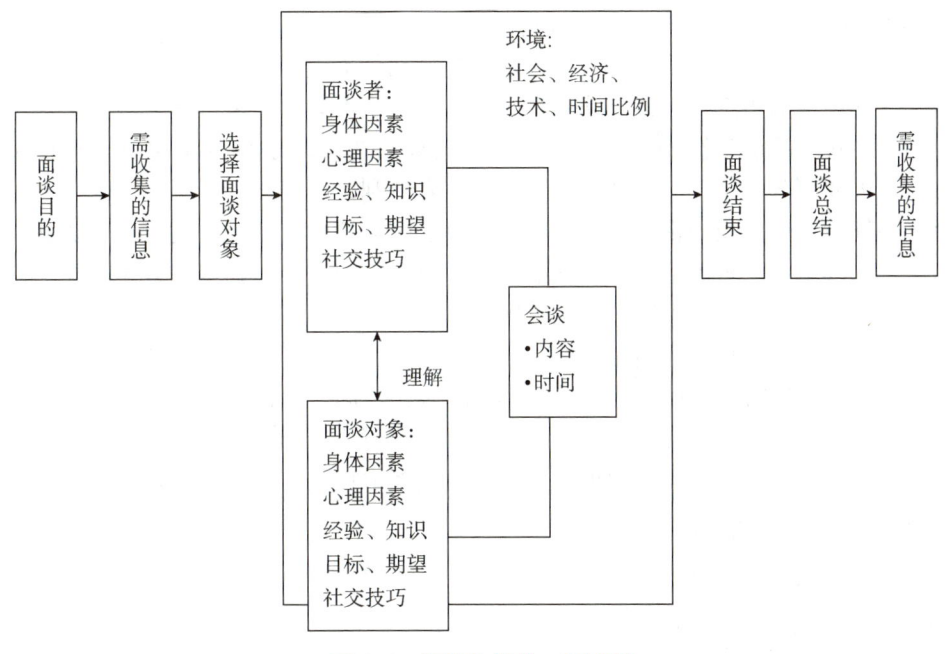

图 6-1 面谈沟通的一般过程

6.2.1 面谈的计划阶段

面谈具有很强的目的性,无计划的面谈只是闲谈。下面是围绕 5W1H 的框架来探讨应如何制订面谈计划。

1. 参加面谈计划的对象(Who)

(1)谁会接收到这样的信息?
(2)接收信息的人可能会持什么态度?
(3)在面谈的计划中,研究面对的是怎样的一个人。

在面谈的计划中,研究面谈对象是很重要的。在沟通过程中,面谈双方承担着编码和译码的工作。预先收集和研究面谈对象的身份、知识素养、文化背景、经验、性格特点、习惯、思维方式等信息,设计合适的问题类型和情境以及提问方式,将会减少面谈的不确定性,保证计划的有效执行。

2. 确定面谈的目的(Why)

(1)为什么要举行这次面谈?
(2)这次面谈要解决什么问题?
(3)这次面谈的目标是什么?
面谈的目的是面谈的出发点和核心。

3. 确定面谈的环境(Where)

(1)有关这次面谈的大环境是怎样的?
(2)面谈应选择在什么地方进行?公司内或外?
(3)面谈地点的家具摆设应该怎样?
(4)是否应该准备用具或茶水等?

（5）面谈地点的光线明暗度是否合适？

面谈的环境因素包括面谈所发生的客观小环境及外部大环境。

外部大环境主要指影响面谈环境的社会因素、技术因素、经济因素和政治因素等。如失业率，它在很大程度上影响求职面试，在高就业率与高增长率的情况下对被面试者有利，而在高失业率与低增长率的情况下则对面试者有利。

客观小环境，即面谈的物理环境和面谈对象的距离位置，环境中的噪声、光线、温度和方位等干扰因素会严重影响双方面谈的气氛。位置空间也会对面谈的效果产生影响。研究表明，大部分的办公区域可以分为压力区域和半社会化区域，压力区域是指办公桌周围的区域，半社会化区域指稍远离办公桌的区域。在半社会化区域内的面谈，表示双方是建立在平等的基础上进行的，使被面谈者情绪比较轻松。同时，面谈双方的位置也会影响面谈的效果。心理学家指出，交谈时，双方座位摆成直角是要比座位面对面交谈自然六倍，比肩并肩交谈自然两倍，相反，如果需要给被面谈者增加压力，最好采取面对面交谈。

4. 确定面谈的时间（When）

（1）什么是面谈的最好时机？
（2）这样的面谈时间会否受到工作的干扰？
（3）面谈的时间控制在多久比较合适？

面谈的时间指何时开始，持续多长时间和何时结束。这里，关键是究竟多久的时间是合适的。一般在人的疲劳转折点出现后，面谈的时间与效果是成反比的。经验证明，一些面谈存在最佳面谈时长，如选拔面谈最好是控制在 30 分钟内。为使面谈达到最佳效果，在面谈开始前将面谈的时间计划告知对方，使双方共同控制面谈的时间，是很有必要的。

5. 确定面谈的内容（What）

（1）面谈的主题是什么？
（2）关于面谈，需要收集什么资料？
（3）在面谈中需要提出什么问题？
（4）面谈中会发生什么突发事件？

面谈主题不要偏离面谈目的，此外，还需要根据面谈的事件和被面谈者能理解的语言特点进行设计。面谈者准确传达信息，让被面试者准确理解主题的意思是主题设计的关键。

6. 确定面谈如何进行（How）

（1）问题应该如何组合？是开放式的还是封闭式的？
（2）问题的顺序如何？是漏斗形顺序还是倒漏斗形顺序？
（3）面谈应该采取结构式还是非结构式？
（4）遇到突发事件如何应对？

情景案例：成功的绩效面谈

6.2.2 面谈的实施阶段

有了周详的计划，面谈只是成功了一半，还要遵循下面的步骤实施。

1. 进行印象管理，建立良好的第一印象

根据心理学的研究理论，所谓印象管理，是指一个人以一定的方式去影响别人对自己印象的过程。第一印象对总体印象的形成影响很大，因此在实施阶段良好的开篇应该有恰当的问候和介绍，这样会有助于建立互信、和睦和轻松的环境和气氛，有利于面谈的顺利展开。

有人曾经在招聘面试中进行过实验。对两个学历、经验和能力相当的人，在与第一位应聘者面试时，进行简短的介绍和寒暄，以营造轻松的气氛，而对第二位应聘者则开门见山式地直接提出问题。结果第一位应聘者的回答得体且基本上回答都在问题的点子上，但第二位应聘者则明显紧张，回答问题有时候会"跑题"，表现大打折扣。其实，这两位应聘者的能力相当。这说明良好气氛对面谈确实有意想不到的效果。

2. 告知面谈日程

面谈日程包括面谈原因、预计开始和结束时间、主要内容、参加人员和其他需要注意的问题。一般来说，面谈者在正式谈话前，把面谈日程告知被面谈者，不但让被面谈者有总体了解，帮助被面谈者消除紧张和不安情绪，同时也有利于面谈者掌握和控制面谈进程。

3. 提问和回答

提问和回答是面谈的核心内容，是衡量经过精心准备的面谈计划是否能实施，以及面谈目的是否能达到的关键。提问是直接获取信息的最主要手段，提问的质量不仅直接决定了面谈的效果，而且，它最能体现面谈者面谈技巧以及运用的熟练程度。在计划的提问完成后，最好进行确认，目的是检查问题和信息是否有遗漏，以便及时补充。

除此之外，因为面谈的目的是信息的获取，所以对面谈中信息的收集也是很重要的。根据人的记忆的特点，现场记录的方式是必要的。但是无论是面谈者本人、在场的第三者进行记录或录音，都要事先告知被面谈者，以消除被面谈者的紧张和不安情绪，防止影响面谈。

4. 结束面谈

结束面谈是面谈实施的最后环节。面谈者在达到了面谈目的、取得了所需要的信息后，就要结束面谈。结束面谈适宜采取简单、明了和坦率的方式，感谢对方的配合，同时根据面谈的需要，告知被面试者信息的用途和后续的工作。

6.2.3 面谈的检查和分析阶段

这是面谈的总结阶段。面谈结束，要对所收集的信息进行归纳和总结，看收集到的信息是否达到面谈目的和没有遗漏。达到预期目的的，可以进行方案的撰写。如果发现遗漏，并且该遗漏对面谈目标来说是重要的，为避免失败，必须尽快进行第二次面试，以补充不足的材料。

6.3 面谈的技巧

6.3.1 面谈者的技巧

面谈是一项技巧性很强的工作,虽然面谈发生在两个人之间,但是这两个人的角色是不同的,面谈者的角色相对重要一些。在面谈过程中,面谈者要掌握一定的技巧,才能达到预期的面谈效果。

1. 了解听众

面谈者需要尽可能地了解你将与谁面谈,分析你的面谈对象。如,他的职位是什么,他与你是上下级关系还是平级关系,他是否对你心存偏见,他的个人情况和家庭情况如何,他对你面谈的可能反应是什么,他参与面谈的能力如何。你应尽量设身处地为对方着想,如果你能预知对方的感觉和期望,则可据以调整沟通方式,拉近彼此间的距离。

2. 营造氛围

面谈是一次相约的、互动的沟通,因此营造一个双方认可的、适合交流信息的氛围颇为重要。在面谈中,大多数处于被动地位的面谈对象会有紧张心理,因此面谈者在面谈一开始就营造开放宽松的气氛,将有助于面谈对象放松紧张的神经,使双方的沟通顺畅,促进信息交流,提高面谈的有效性。面谈者可以通过以下几种常用的方法来营造氛围:

(1)简要概述面谈对象和(或)面谈者自身面临的问题。当面谈对象对存在的问题只是略知一二时,这种方法非常有效,它有利于激起面谈对象的兴趣。

(2)阐述你(面谈者)是如何发现问题的。建议面谈对象与你讨论问题,这有助于建立起一种"问题是共同的"的概念,并鼓励面谈对象以合作、客观的意识参与讨论,有利于达成共识。

(3)就某个问题征求意见与寻求帮助。态度必须诚恳,否则将被视为仅仅是一次缺乏诚意的走过场,达不到面谈的目的。

(4)向面谈对象列举采用你的建议解决问题的好处。同样,应该努力使面谈对象感到建议是真实可信、切实可行。

(5)以引人注目的事实开始话题。这在出现紧急情况和面谈对象冷漠时很有效,有利于吸引面谈对象对面谈的兴趣或注意力。

(6)提及面谈对象对某个问题提出过的看法。当面谈对象已站在某种立场要求你提出建议,或强烈反对你的方案时,这种方法有助于拉近双方的距离,或消除谈话对立情绪。

(7)不谈问题本身而谈其背景、原因。当你觉得面谈对象可能对你的观点抱有敌意时,这种方法有助于缓和对立情绪,增进相互理解。

(8)说出派你与面谈对象见面的人的名字。当你不认识面谈对象从而需要一位介绍人时,这种方法有助于得到面谈对象的认可,拉近双方的距离。但介绍人必须是真实的,而且受到面谈对象的尊重。

（9）说出你代表的组织、公司或团体。这能提高你的声望，但同样只有在该组织受到面谈对象的尊重时才有效。这种方法也可以避免你为拜访做过多的解释。

（10）请求占用面谈对象10分钟或半小时时间。表示要明确，不要做过多的道歉。与忙碌的、急躁的或不耐烦的面谈对象在一起时，请求占用一段短暂的时间可以获得面谈对象的允许和理解。

（11）以提问为先导。问题可以是引导性的、预先商定的或直接的，它可以使面谈对象做出回答并渐渐主动进入谈话。

3. 阐明目的

当面谈的气氛已调和得十分轻松时，就应该简明扼要地向面谈对象说明面谈的目的、步骤、进度安排，以及你的期望等。应该指出，在面谈时一定要让双方明确面谈目的，不可因自认为面谈目的显而易见而忽视，除非出于某些特殊的面谈目的而故意不向面谈对象透露这些信息，否则，不明示面谈目的或单凭面谈者的主观臆断，常常会导致面谈对象因对面谈目的不明确而感到困惑，使面谈的效果不尽如人意。

4. 恰当提问

面谈主要由提问和回答组成，因此，面谈者了解提问方式、掌握提问控制技巧显得尤为重要。

1）提问方式

在大多数面谈中，面谈者的目的是进行谈话，他们提出问题的方式将直接影响面谈气氛、面谈对象的感受和由此产生的面谈结果。下面介绍几种常用的提问方式。

（1）中立式。面谈者以没有倾向性的第三者身份向被面谈者提出问题。被面谈者会比较易接受从第三者角度提出的方式，而且比较能将真实的信息讲出来。如，提问："你如何看待对公司的忠诚度？"

（2）引导式。引导，顾名思义就是使被面试者的思路朝着面谈者的方向进行，以获得自己希望的信息。由于引导式带有明显的心理暗示，所以往往会带来被面试者的"迎合心理"，使信息失真。但另一方面它能缓和气氛，使问题不会太尖锐，有委婉的意味。如，在纠正工作表现的面谈中，与其直截了当地指出不足，不如委婉提出，从提事实而非直接下判断的角度进行提问。

（3）追问式。当被面谈者的回答不完整、不明确、不准确或答非所问时，应当进行适当的追问。追问的方式是多种多样的，需要灵活掌握。当对方不理解时，可采取重复的方式，例如："根据你的说法，你是支持这种观点的吧？""听你这么说，你应该更适合到研发部门而不是公关部工作，是吗？"

（4）陷阱式。当被面谈者提供的信息模糊不清或有所隐瞒时，需要采用陷阱式的提问。追问式和陷阱式往往交替出现。因为，对于一些虚假信息，在追问式和陷阱式的提问下，在逻辑上往往很难"自圆其说"。

情景案例

小王的公务员面试

小王在公务员考试笔试中取得了优异成绩，顺利进入面试。面试过程进行得非常顺利，小王对职位和工作也表现了足够的胜任力和极大的兴趣。此时，面试官突然说："本单位是不错，但是你的那个职位相当于是给其他人打杂的，而且升职空间不确定，你怎么看待这个问题？"

你认为小王该如何回答？

（资料来源：李永新．公务员面试高分突破系列教材：面试经典真题详解专家点睛1 500题[M]．北京：人民日报出版社，2008.）

（5）插话式。在被面谈者的说明中，有偏题情况出现时，为使面试者的谈话回到正题，更重要的是控制面谈的时间，就需要打断被面谈者，提醒该信息已不属于本次面谈的内容，应该回到正题。需要进行插话时，注意不能直截了当说对方的谈话跑题，因为这样会挫伤被面谈者的积极性，而应该在对方说话停顿的间歇快速提出另一个问题，使被面试者回到正题上。

（6）开放式。这类提问允许面谈对象在回答时有最大的自由空间。例如："请谈谈你是如何经营自己的企业的？""你对这个问题怎么看？""这次出访欧洲你有何感想？"这些问题常常是以"为什么""什么""如何""什么地方"来引导的，这样的问题往往可以获得多种答案。

（7）探究式。被面试者对一个问题的最初回答常常可能比较简单，而且缺少细节，所以有必要提出进一步的问题。例如："你说最近员工表现出消极怠工的现象，能否举出例子？""你说你不是经常迟到，那么上个月你迟到了几次？"深入调查的提问常常将"为什么"插入面谈对象的叙述中，或在面谈对象的叙述正处于一个短暂的停顿中时提问"为什么"。这种提问方式特别适用于面谈对象不希望谈话被打断的场合。

（8）假设式。这类提问旨在确定面谈对象处理某些问题的能力，或了解面谈对象对某一问题的态度或见解，有助于了解面谈对象的习惯、态度、信念和价值观等。例如："假设你发现一个下属酗酒并影响了工作，你将怎样做？""假设必须引用一种新设备或工序，它将会影响员工的工作习惯，对此你有何建议？"

2）提问控制

所谓提问控制，就是针对面谈恰到好处地提问，也就是把握提问的数量和质量。研究人员根据面谈的提问控制程度，将面谈划分为以下四类：非结构化的、一般结构化的、高度结构化的和高度结构化-标准化的面谈。

（1）非结构化的面谈。它没有十分周详的计划或问题框架，只需围绕面谈的目的，对几个可能涉及的领域或问题做一些思想准备即可。对于那些劝告性面谈来说，这是非常有效的策略。当然，应该注意，如果时间充裕，还是应该尽量做好准备，使面谈更有成效。

（2）一般结构化的面谈。它包括比较周全的面谈计划和准备回答的主要问题的框架，如果需要做进一步调查，还应该准备一些更深入的问题，但这些问题只在面谈对象没有自愿提供所要求的信息时才使用。

（3）高度结构化的面谈。所有问题都是经过事先周全准备的，这些问题以完全相同的方式向每一个面谈对象提出。这类面谈一般是封闭式的。当你想在市场调查或舆论调查中系统地比较面谈者的反应时，这种方法十分有效，尤其对以了解事实真相或进行适时调整为目的的面谈，效果十分显著。

（4）高度结构化-标准化的面谈。所有问题都经过事先周全的安排和计划，但同时预先给出了各种可能的答案。面谈对象可从多项限定性答案中做出选择，例如，"如果棉纱价格下降，你会多买、少买还是保持与现在相同的购买量啊？"换言之，这些问题都是封闭的。

5. 适时记录

在面谈的时候适时记录，不仅可以让自己记下重要的信息，有时也会让面谈对象感到自己受到重视，对其起到一定的鼓励作用。但是，应该指出，虽然有些出色的面谈者能够把对方所说的话准确地记录下来，但这并不意味着他们在面谈中要做很多笔记。事实上，我们有时应该尽量避免做笔记，因为做笔记会使双方分散注意力，面谈过程有时会因做笔记时断时续，而且所做的笔记只反映了当时的感触，就整体而言可能不够准确；另外对于某些面谈对象，当面做笔记非但不会起到鼓励的作用，反而会使其感到紧张不安。

对于大部分的面谈仍需做笔记，最好的办法是在面谈结束后及时做笔记，对面谈做通盘的回顾。当然只需记下重点，而略去无关紧要的细节。一般来说，面谈结束后，重点的轮廓就会清晰地呈现出来。

如果在面谈进行时做笔记，可以先简要地记录某些关键字或事实。当对方正注视着你、兴致很高地对你讲话时，出于礼貌你可以对他说："对不起，这一点很重要，我想把它记下来。"

无论是即时记录还是事后记录，都应该强调正确、简洁。在面谈中，可以适当地运用提问和反馈技巧，确保记录准确无误。

情景案例：失败的绩效面谈

📖 情景案例

两个项目协调员

孙某与刘某同一年毕业于同一所大学，同时被聘为某公司的项目协调员。两人才能相当，业务水平难分高下，不同的是两人的处世态度。每次讨论刘某设计的项目时，大伙只要提出点儿什么意见，他总是据理力争，说得别人无言以对。虽然大家都认为他言之有理，但总觉得他有点傲。领导有时极有风度地点拨其项目的某些缺陷，刘某便引经据典找依据，弄得理论水平不高的领导很难堪。

> 孙某的态度正好相反，对每个人的意见，都做认真地记录，一副洗耳恭听的姿态。特别是领导的指示，他十分重视，有不清楚的地方，反复请教。参加孙某的项目讨论会，大家都有畅所欲言的机会，而且大家都乐意提出意见。孙某综合大家的意见后最后经过修改再提交项目书。
>
> 结果呢，孙某每次做出的项目都获得采用，而刘某做出的项目却极少被采用。业绩的不同拉开了他俩的差距，最近，孙某升任公司副总经理，而刘某早在两年前跳槽了，至今还是一个小职员。
>
> （资料来源：根据网络资料整理）

6.3.2 面谈对象的技巧

面谈过程是一个双向沟通的过程。要使面谈达到预期目的，需要沟通双方的共同努力。前面强调了面谈者这个角色的重要性，其实，在面谈过程中，面谈对象的作用也是相当重要的。作为一名面谈对象，也必须掌握必要的技巧，以有效地达到面谈的目的。

1. 明确目的

在面对没有预约的面谈时，应该首先了解其意图，并迅速寻找应对策略。明确了面谈目的、有了思想准备，面谈时就不至于手足无措。

2. 提供见解

作为面谈对象，应该采取配合积极的态度，主动提供信息，贡献见解。当然，这是在不违背原则的前提下进行相互沟通。如果有些问题不宜讨论，可以说明原因，以取得对方的谅解。如果面谈经过预约，作为面谈对象要做好思想准备，要根据具体要求事先准备好必要的资料及相关的文件，对面谈内容有质疑的要及时提出。

3. 安排时间

面谈双方一旦约定了某个时间，就应该将这段时间空出来，不要再做其他安排。通常安排的时间要宽裕一些，使面谈有足够的时间保障。如果面谈时间安排不充裕，应及时说明原因，并另行安排时间。另外，面谈时要注意控制好时间，同时也要注意对方是否有"时间已到了"的暗示，及时结束面谈，否则再继续下去是无益的。

4. 积极反馈

在面谈沟通过程中，积极反馈有利于双方增进了解，避免误会。面谈双方都应该积极利用反馈技巧参与沟通，通过反馈了解对方是否真正明白自己的意思，确认自己接收到的信息是否正确。

6.3.3 面谈过程中的技巧

1. 态度的真诚

只有在友好和真诚的气氛下，人们才愿意和容易敞开心扉，畅所欲言。傲慢、武断、冷漠等态度会造成交流的障碍。

2. 善于倾听

与提问相比，在有些情况下，倾听是一种尊重的行为，也能鼓励被面试者多发言。倾听时要注意注视对方，在适当的时候报以鼓励的微笑或点头示意。

3. 语言得体

语言要简洁明了，避免复杂的表达，语速要恰当，语气要平和、谦逊，声调要合适，并且要有适当的停顿。

4. 察言观色

身体语言（如目光、手势、动作等）既可以提高面谈的技能，也可以从对方的这些信息中读出暗藏的信息。如，被面谈者的目光游离，则对其回答的真实性要提出质疑，可以采取追问式加以确认。

5. 文化差异

对不同的文化，要调整不同的处理方式。如，欧美文化喜欢直截了当式的，中国人喜欢用婉转式的。对于同样的问题在不同的文化背景下，提问的措辞也不一样。

情景案例：小王的面试过程分析

6.4 谈 判

情景案例

商务谈判经典案例

我国某冶金公司要向美国购买一套先进的冶炼组合炉，派一名高级工程师与美商谈判，为了不负使命，这位高工做了充分的准备工作，他查找了大量有关冶炼组合炉的资料，花了很大的精力将国际市场上组合炉的行情及美国这家公司的历史和现状、经营情况等了解得一清二楚。谈判开始，美商一开口要价150万美元。中方工程师列举各国成交价格，使美商目瞪口呆，终于以80万美元达成协议。当谈判购买冶炼自动设备时，美商报价230万美元，经过讨价还价压到130万美元，中方仍然不同意，坚持出价100万美元。美商表示不愿继续谈下去了，说："我们已经做了这么大的让步，贵公司仍不能合作，看来你们没有诚意，这笔生意就算了，明天我们回国了。"中方工程师闻言轻轻一笑，把手一伸，做了一个优雅的"请"的动作。美商真的走了，冶金公司的其他人有些着急，甚至埋怨工程师不该抠得这么紧。工程师说："放心吧，他们会回来的。同样的设备，去年他们卖给法国只有95万美元，国际市场上这种设备的价格100万美元是正常的。"果然不出所料，一个星期后美方又回来继续谈判了。工程师向美商点明了他们与法国的成交价格，美商又愣住了，没有想到眼前这位中国商人如此精明，于是不敢再报虚价，只得说："现在物价上涨得厉害，比不了去年。"工程师说："每年物价上涨指数没有超过6%。一年时间，你们算算，该涨多少？"美商被问得哑口无言，在事实面前，不得不让步，最终以101万美元达成了这笔交易。

（资料来源：根据网络资料整理）

6.4.1 谈判的含义与特征

1. 谈判的含义

谈判有广义与狭义之分。广义的谈判是指除正式场合下的谈判外，一切协商、交涉、商量、磋商等，都可以看作谈判。狭义的谈判仅仅是指正式场合下的谈判。

一般来说，谈判是指利益相关的双方或多方就共同关心的问题互相磋商，交换意见，寻求解决的途径和达成协议的过程。谈判包括谈与判两个方面，谈是指双方或多方之间的沟通交流，判就是决定一件事情。只有在双方沟通和交流的基础上，了解对方的需求和内容，才能够做出相应的决定。谈判活动广泛存在于社会生活的各个方面，有国与国之间的外交谈判，政党之间的政治谈判，敌对双方之间的军事谈判，个人或企业之间的经济谈判，生活领域中的工作调动和家庭事务纠纷解决等的谈判。

2. 谈判的一般特征

谈判之所以能够进行，并最终达成协议，取决于以下几个方面：一是双方各有尚未满足的需要；二是双方有共同的利益，又有分歧之处；三是双方都有解决问题和分歧的愿望；四是双方能彼此信任到某一程度，愿意采取行动达成协议；五是最后结果能使双方互利互惠。

以上条件为谈判的进行确立了基础，也为双方的合作提供了前提。因此，谈判作为人们为满足各自的某种需要而进行的一种交往活动，在它的发生和发展过程中具有以下几个一般特征：

1) 谈判是一项目的性很强的活动

谈判总是以某种利益的满足为目标的，是建立在人们需要的基础上的，这是人们进行谈判的动机，也是谈判产生的原因。尼伦伯格指出，当人们想交换意见、改变关系或寻求同意时，人们开始谈判。这里，交换意见、改变关系、寻求同意都是人们的需要。这些需要来自人们想满足自己的某种利益，这些利益包含的内容非常广泛，有物质的、精神的，有组织的、个人的，等等。当需要无法仅仅通过自身而需要与他人合作才能满足时，就要借助谈判的方式来实现，而且，需要越强烈，谈判的要求越迫切。

2) 谈判必须是双方或多方共同参与的

谈判是两方以上的交际活动，只有一方则无法进行。而且，只有参与谈判的各方的需要有可能通过对方的行为得到满足时，才会产生谈判。比如，商品交换中买方卖方的谈判，只有买方或者只有卖方时，不可能进行谈判；当卖方不能提供买方需要的产品，或者买方完全没有可能购买卖方想出售的产品时，也不会有双方的谈判。至少有两方参与是进行谈判的先决条件。

3) 谈判是各方给和取兼而有之的一种互动的过程

双方之所以要谈判，根本原因是双方都有从对方那里获取一种或几种需要的愿望，谈判的双方也都要有所给予，使对方的需要得到直接或间接的满足。这就是谈判的给和取的一种互动。但是，单方面的给或单方面的取，不论是自愿的还是被动的，都不能算谈判，只能说是援助/受援、赠送/笑纳、授予/接受等。

4) 谈判同时含有合作与冲突两种成分

谈判任何一方都想通过谈判达成一个满足自己利益的协议。为了达成协议，参与谈判的各方均必须具备某一程度的合作性,缺乏合作性,双方就坐不到一块来。但为了使自身需要获得最大的满足,参与谈判的各方又必然会处于利害冲突的对抗状态中,否则,谈判就没有必要,尽管在不同的谈判场合下,合作程度与冲突程度各不相同,但可以肯定的是,任何一种谈判均含有一定程度的合作与冲突。

5) 谈判是互惠、公平的,并非绝对均等

谈判是互惠互利的,如果一方只想达到自己的目的,而不顾对方的利益,那么就不可能达成一致。在正常情况下,互利互惠、皆大欢喜是谈判的一般结局。那种企图造成所谓一方全赢或全输的谈判,势必导致谈判的失败。谈判的结果应是互惠的,但是这种互惠又不是绝对均等的,有可能一方获利多一些,另一方获利少一些。造成这种谈判结果的主要原因在于:双方的需求有差异,对利益的认识、分析、评价标准也不一致。同时,谈判双方所拥有的实力、地位与谈判的技能各不相同,因而不可能达到谈判利益的绝对均等。尽管谈判的结果不是绝对均等的,但谈判作为一种竞技活动,在智力的较量,策略、技巧的运用上,双方是各具自由度的。同时,谈判的双方对谈判结果均具有否决权,因此,可以说谈判是公平的。

6) 任何一种谈判都选择在参与者认为合适的时间和地点举行

谈判时间与地点的选择实际上已经成为谈判的一个重要组成部分,对谈判的进行和结果都有直接的影响。尽管某些一般性的谈判不一定对此非常苛求,但至少企业之间、团体之间乃至国家之间的谈判是这样的。购销谈判、项目谈判、外贸谈判等都对时间和地点的选择十分重视。尤其是军事谈判,更注重地点的选择。

6.4.2 谈判的构成要素与原则

1. 谈判的构成要素

一场完整谈判的构成要素是多方面的,包括谈判主体、谈判客体、谈判目的、谈判时间、谈判地点及其他物质条件等。其中,最基本的构成要素是谈判主体、谈判客体和谈判目的 3 项。

1) 谈判主体

所谓谈判主体是指参与谈判的双方或多方当事人。谈判主体是构成谈判的基本要素,具体又分为两种:一种是关系主体,指既能以自己的名义参加谈判,又能够独立承担谈判后果的法人或自然人;另一类是行为主体,指有权参与谈判并且能通过自己的行为完成谈判任务的谈判代表。

谈判中主体资格问题十分重要,如果谈判的一方或双方不具备合法有效的主体资格,谈判结果是无效的。如果谈判对方为一组织,则要注意审查对方是否具有独立的法人资格,派出的谈判代表是否得到了充分的授权。只有主体资格合法,谈判的结果才会受到法律的保护。

2) 谈判客体

谈判客体是指谈判的议题,即谈判的标的。谈判的议题是谈判双方共同关心并希望解决的问题。它往往与当事人的利益有切身的利害关系,如商品的品质、数量、价格、装运、保证条款和仲裁方式等。议题是谈判的核心,是谈判双方权利和义务的指向,一般通过合同或协议的形式表现出来。

3）谈判目的

所谓谈判目的，是指参与谈判的各方都须通过与对方打交道或正式洽谈，促使对方采取某种行动或做出某种承诺来达到自己的目的。应该指出，一场谈判如果只有谈判的主体和客体，而没有谈判的目的，那么这场谈判是没有意义的。

2. 谈判的原则

谈判是一项原则性很强的活动，无论怎样灵活处理问题，都必须恪守一些基本原则。

1）尽量扩大总体利益

在谈判中，谈判双方首先应一起努力扩大双方的共同利益，然后再讨论和确定各自分享的比例，也就是谈判界常说的"把蛋糕做大"。有的人一听说开始谈判，就急于拿起刀要去切蛋糕，以为这蛋糕就这么大，先下手为强，于是在蛋糕的切法上大伤脑筋。事实上，这种做法并不明智。成功的谈判结果并不总是不计代价赢来的，甚至谈不上"赢"这个字，而是双方各有所得，即双赢。

2）营造公开、公平、公正的竞争局面

在类似于项目谈判的谈判中，应避免出现谈判选择伙伴单一的现象，要善于营造公开、公平、公正的竞争局面，以利于扩大自己的选择余地。实践证明，营造公开、公平、公正的竞争局面，可以赢得谈判的主动权，争取最有利的合作条件。

3）明确目标，并善于妥协

在谈判中，我们经常会发现，双方对同一问题的期望值存在着差异，从而导致谈判进程受阻。事实上，在很多情况下，大家只要认准了最终的目标，在具体的问题上，完全可以采取灵活的态度、变通的办法，从而使问题迎刃而解。

4）注重平等互利

平等互利原则的基本含义是，在谈判活动中，双方的力量不论强弱，在相互关系中都处于平等的地位；任何谈判都是自愿的活动，任何一方都可以在任何时候退出谈判或拒绝进入谈判；在商品交换中，自愿让渡商品，等价交换；谈判双方应根据需要与可能，有来有往，互通有无，实现双赢。

5）重利益不重立场

谈判的最基本问题不是在立场上的冲突，而是在双方需求、欲望、关注的利益方面的冲突，这些利益冲突是双方立场冲突更深刻的根源。另外，任何利益一般都有多种可以满足的方式；而且在对立的立场背后，双方之间存在着共同利益和冲突性利益，并且所存在的共同利益往往大于冲突性利益。因此，在谈判过程中应当调和的是双方的利益，而不是双方的立场。

谈判者讨论利益时应尽量具体化，具体的描述可以使话语显得更加可信，而且有助于增强说服力。但是应当注意：谈判者在关心自己利益的同时，也应注意到对方的利益。这也是平等互利原则的基本要求。

6）坚持使用客观标准

所谓客观标准就是独立于各方主观意志之外的、不受情绪影响的标准。所谓坚持使用客观标准的原则就是在谈判中要依照客观标准，而不是根据压力来进行谈判。谈判者应当把注意力放在问题的价值上，而不是双方的耐力上。

运用客观标准的好处是，它将双方立场、观点、意志力的较量转换成双方共同解决问

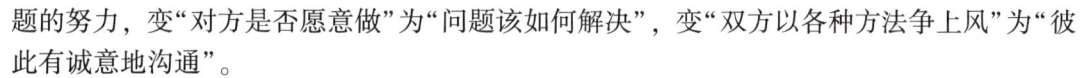

题的努力，变"对方是否愿意做"为"问题该如何解决"，变"双方以各种方法争上风"为"彼此有诚意地沟通"。

7）坚持把人与问题分开

要做到把人与问题分开处理，从总体上看，应该从看法、情绪、误解这三个方面着手。当对方的看法不正确时，应寻求机会纠正；如果对方情绪太激动时，应给予一定的理解；当发生误解时，应设法加强双方的沟通。在谈判中，不仅要这样处理别人的问题，也应该同样处理自己的问题。

总之，在思想上要把自己和对方看作是同舟共济的伙伴，把谈判视为一个携手共进的过程；在方法上，要了解对方的想法、感受、需求，给予应有的尊重，把问题按照其价值来处理。

8）提出对彼此有利的解决方案

提出对彼此有利的解决方案，是在构思一系列可行的选择方案而产生的。因此，第一步，必须把选择方案的构思行为与判断行为分开；第二步，必须摒弃"只寻求一种答案"的意识；第三步，必须确认"共有利益"，让双方各得其所；第四步，必须使对方容易做出决定。

9）注意科学性与艺术性相结合

科学性是从事谈判的理论前提，而艺术性则是谈判取得成功的重要条件。因此，在谈判过程中既要坚持科学性原则，同时又要讲究艺术性原则，两者有机结合，才能取得成功。

10）注意并非任何情况下都要进行谈判

在下列情况下，你就不必要或干脆不要进入谈判：你没有讨价还价的能力；你有实施个人意志的力量或权威的倾向；你没有时间进行充分的准备；谈判可能会对你的长远目标造成损害；你力量太弱，或缺乏经验，难以同对方抗衡；你明知自己的要求得不到满足。

情景案例

突破僵局　取得成功

曾有一家大公司要在某地建立一个分支机构，找到当地某一电力公司要求以低价优惠供应电力，但对方态度很坚决，自恃是当地唯一电力公司，态度很强硬，谈判陷入了僵局。这家大公司的主谈私下了解到了电力公司对这次谈判非常重视，一旦双方签订了合同，便会使这家电力公司经济效益起死回生，避免破产，这说明这次谈判的成败，对他们来说关系重大。这家大公司主谈人员便充分利用了这一信息，在谈判桌上也表现出绝不让步的姿态，声称："既然贵方无意与我方达成一致，我看这次谈判是没有多大希望了。与其花那么多钱，倒不如自己建个电厂划得来。过后，我会把这个想法报告给董事会的。"说完，便离席不谈了。电力公司谈判人员叫苦不迭，立刻改变了态度，主动表示愿意给予最优惠价格。至此，双方达成了协议。在这场谈判中，起初主动权掌握在电力公司一方。但这家大公司主谈抓住了对方急于谈成的心理，声称自己建电厂，也就是要退出谈判，给电力公司施加压力。若失去给这家大公司，电力公司可能面临破产的威胁，所以，电力公司急忙改变态度，表示愿意以最优惠价格供电，从而使主动权掌握在大公司一方了。

（资料来源：根据网络资料整理）

6.4.3 谈判的分类

谈判可以按不同的标准，从不同的角度进行分类。不同类型的谈判，其准备工作、运作、应采用的策略是不尽相同的。了解谈判的类型，有助于谈判获得成功，否则，谈判将会是盲目、无效的。通常，可以将谈判划分为以下几种类型：

1. 按照谈判的性质划分

按照谈判的性质划分，可以分为一般性谈判、专门性谈判和外交性谈判等。

1）一般性谈判

一般性谈判是指一般人际交往中的谈判，具体包括：家庭场合的，如夫妻商量去哪家商店购物，父子讨论何时去郊外游玩等；公共场合的，如在戏院，观众之间协商调换座位；与送液化气罐的师傅商量送至六楼付劳务费的问题等。

一般性谈判是随意的、非正式的，双方无须做过多的准备，日常生活中到处存在。

2）专门性谈判

专门性谈判是指各个专门领域中的谈判，包括教育领域中合作办学的谈判、金融领域中的信贷谈判、科技领域中的技术转让谈判、生产领域中的产品开发谈判、商业领域中的贸易谈判等。

专门性谈判大都具有明显的经济行为。通过谈判，就技术交流、经济合作、经贸往来、资金融通、工贸往来等达成一个有利于双方或多方的一致性协议。专门性谈判是一种有准备的正式谈判。

3）外交性谈判

外交性谈判是指国与国之间就政治、军事、经济、科技、文化等方面的问题而进行的谈判。外交性谈判程序严谨、准备充分、效果明显、影响较大，谈判的结果对双方都有很大的制约性。

2. 按照谈判的主题划分

按照谈判的主题划分，可以分为单一型谈判和统筹型谈判。

1）单一型谈判

单一型谈判是指谈判的主题只有一个。这种谈判，双方对谈判的主题必须确定某个能共同调节的"变量值"。例如，买卖双方只针对价格进行谈判，这个价格应是双方均可调节的变量，否则谈判将难以进行下去。因为卖方期望这个值高，而且愈高愈好；而买方则期望这个值低，且越低越好。这种差异只能通过谈判来调节，以取得双方都能接受的水平。

单一型谈判的一般规律是首先要分析、掌握有关情况，然后确定对策。通常的做法是双方都会内定自己所能接受的临界值，尽量争取好的结果，如果超过这一临界值，谈判将难成功。因此，单一型谈判具有较高的冲突性。

2）统筹型谈判

统筹型谈判是指谈判的主题由多个议题构成的谈判。这种谈判，双方已不再是单一型谈判中的激烈竞争对手，他们能一起合作，同时会得到较多的利益。例如，甲乙双方正在进行谈判，一个是关于价格问题，甲方要求至少3万元才能成交，而乙方则坚持最多只能2万元，双方不存在达成协议的可能；另一个是交货时间问题，甲方提出最早6个月才能交货，而乙方则要求最晚不超过4个月交货，双方同样不存在达成协议的可能。在很难找到双方都可以接受的妥协方案时，用统筹型谈判，协议就有可能达成，即，如果乙方愿意在价格上接受 3 万元的成交价，那么甲方也愿意在交货时间上接受乙方不超过 4 个月的时间，双方彼此接受这个折中方法，就可达成协议。

统筹型谈判是把谈判双方所存在的两种不同的交换比率(即价格和时间)结合起来，使双方有机会利用这个差异。这种谈判艺术的关键是，为了得到某项利益，通过统筹考虑而甘愿放弃另一项利益去换取它。因此，在谈判时许多谈判者往往表现在一个问题上坚持自己的利益而在另一个问题接受对方的意见，因而使双方的冲突性随之减低。

3. 按照工商企业营销谈判的层面划分

按照工商企业营销谈判的层面划分，可以分为销售谈判、原有合同的重新谈判、索(理)赔谈判等。

1) 销售谈判

销售谈判是工商谈判中最主要的类型，也是本书讨论的重点。在销售谈判中，卖主关心的是卖价的高低和销售量的多少，买主关心的是产品的质量和服务的各项条件以及价格上的优惠，谈判的主要内容包括总价、质量要求、特殊服务、包装、运输、结算方式、交货时间或发运时间等。

2) 原有合同的重新谈判

由于市场风云多变，在长期合同中，一般有一些允许买主和卖主在合同截止期前重新谈判的条款或条件。初始合同应当设定重新谈判之前必须具备的条件。这样，可以避免使购销双方陷入"为重新谈判"而谈判的困境。例如，卖主在合同截止日期前，提出重新讨论合同的内容，买主必须做出决定，是取消合同并达成一个全新的协议，还是更改初始的合同。

3) 索(理)赔谈判

这是在合同义务不能或未能完全履行时，当事人进行的谈判。在商品交易过程中，往往由于卖方交货时货物品质不符、数量短缺、包装不符或延期交货，或者买方擅自变更条件、拒收货物和延期付款等而给卖方造成损失，这些情况都可能引起索赔(或理赔)。因此，为使以上争议能够圆满解决，就需要双方心平气和地进行商谈。

4. 按照谈判的接触形式划分

按照谈判的接触形式划分，可以分为直接谈判和间接谈判。

1) 直接谈判

直接谈判是指在商务谈判活动中，参加谈判的双方当事人之间不需加入任何中介组织或中介人而直接进行的谈判形式。直接谈判在商务活动中应用非常广泛，包括面对面的口头谈判和利用信函、电话、电传等通信工具进行的书面谈判形式。

直接谈判有其突出的优点：首先，不需中间人介入，免去了很多中间手续，使谈判变得及时、快速；其次，各方当事人直接参加谈判，易于保守商业秘密；最后，节约谈判费用，不需支付中介费用。

直接谈判适用于以下情况：参加谈判双方或一方重礼节，以直接谈判形式表示对对方的尊重；较重大或谈判结果对一方或双方有重大影响的谈判；谈判涉及一些长期悬而未决的问题，采用其他方式无法解决时；其他各种需双方直接进行交往的情况。

2）间接谈判

间接谈判是相对于直接谈判而言的，它是指参加谈判的双方或一方当事人不直接出面参与商务谈判活动，而是通过中介人（委托人、代理人）进行的谈判。这种谈判形式在谈判活动中应用较为广泛。

间接谈判也有其优点：首先，中介人一般为谈判对方当地的代理人，熟悉当地的环境，熟知谈判对方的行为方式，便于找到合理的解决问题的办法；其次，代理人身处代理的地位，利益冲突不直接，谈判不易陷入僵局；最后，代理人在其授权范围内进行谈判，不易损失被代理人的利益。

间接谈判多适用于以下情况：谈判一方或双方对对手情况不了解时；在冲突性较大的谈判中，为了避免双方直接冲突，多采用此法；在谈判出现僵局，双方又无力解决时。

5. 按照谈判的商谈顺序划分

按照议题的商谈顺序可分为横向谈判和纵向谈判。

1）横向谈判

横向谈判是指在确定谈判所涉及的所有议题后，开始逐个讨论预先确定的议题，在某一议题上出现矛盾或分歧时，就把这一问题暂时搁下，接着讨论其他问题，如此周而复始地讨论下去，直到所有内容都谈妥为止。

这种谈判形式的优点：首先，议程灵活，方法多样，多项问题同时讨论，有利于寻找解决问题的变通办法；其次，有利于谈判人员创造力和想象力的发挥，便于谈判策略和技巧的使用；最后，不容易形成谈判僵局。

2）纵向谈判

纵向谈判指在确定谈判的主要议题后，逐一讨论每一问题和条款，讨论一个问题，解决一个问题，直至所有问题得到解决的谈判方式。其特点在于集中解决一个议题，即只有在第一个讨论的问题解决后，才开始讨论第二个议题。

纵向谈判方式的优点：首先，程序明确，把复杂问题简单化；其次，每次只谈一个问题，讨论详尽，解决彻底；最后，避免多头牵制、议而不决的弊病。

这种谈判方式也有缺点：首先，议程过于死板，不利于双方沟通交流；其次，问题之间不能相互通融，当某一问题陷入僵局时，不利于其他问题的解决；最后，不利于谈判人员想象力、创造力的发挥，不能灵活变通地解决谈判中的问题。

6. 按照谈判的层次划分

按照谈判的层次可分为竞争型谈判、合作型谈判和双赢谈判。

1）竞争型谈判

大部分谈判属于竞争型谈判。现代社会竞争越来越激烈，如果不竞争或者竞争能力不强，就会被淘汰。因此，在日常生活中，人们面临着越来越多的竞争型谈判。竞争型谈判的技巧旨在削弱对方评估谈判实力的信心。因此，谈判者对谈判对手的最初方案做出明显的反应是极为重要的，即不管谈判者对对方提出的方案如何满意，都必须明确表示反对这一方案，声明它完全不合适。

2）合作型谈判

尽管谈判中有各种各样的矛盾和冲突，但谈判双方还是存在合作与交流的。谈判双方不是你死我活、你争我抢，而是为着一个共同的目标探讨相应的解决方案。如果对方的报价有利于当事人，当事人又希望同对方保持良好的业务关系或迅速结束谈判，做出合作型反应则是恰当的。合作型反应一般是赞许性的。承认和欣赏对方实事求是地对待谈判的态度，但还必须强调进一步谈判的必要性。这种有必要进一步谈判的事先表示，可以降低对方认为自己低估了情况从而转入防御性交锋的可能性。

3）双赢谈判

双赢谈判把谈判当作一个合作的过程，能和对手像伙伴一样，共同去找到满足双方需要的方案，使费用更合理，风险更低。

双赢谈判强调的是：通过谈判，不仅要找到最好的方法去满足双方的需要，还要解决责任和任务的分配，如成本、风险和利润的分配。双赢谈判的结果是：一方赢了，但另一方也没有输。从倡导和发展趋势的角度说，双赢谈判无疑有巨大的发展空间的。但是，在实际工作中，双赢谈判却有诸多障碍。

> **案例链接**
>
> **成功的谈判**
>
> 一位谈判高手在回答"什么是成功的谈判"这个问题时，讲了一个颇有意味的故事。两个孩子为了分一个苹果而争吵不休，都坚持要得到最大的一块，无论怎么劝说两人都不同意。后来，他们的父亲提出了一个建议，由其中一个人来切苹果，然后由另一个人先进行挑选。两人接受了这一建议。切苹果的一方不敢马虎，力求切得一样大小，生怕自己吃亏；而挑选苹果的一方，当然要选他认为大的一块。假如切开的苹果真的有大有小，让先挑的一方占了便宜，切苹果的一方也是心甘情愿，因为他已经尽了自己的最大努力来分切苹果。
>
> 从这一事例来看，父亲的建议使两个孩子做到了各取所需，皆大欢喜，可以说是最公平合理的分法了。当然，交易谈判不会像分苹果这样简单，但道理是一样的，需要兼顾到双方的利益，使谈判的每一方都对谈判的结果感到满意。这样的谈判才是成功的谈判。
>
> （资料来源：根据网络资料整理）

6.4.4 谈判的过程及策略

谈判者在谈判中将面临各种问题，往往将谈判划分为若干阶段，并针对不同阶段的具体情况采取不同的策略与技巧，于是逐渐形成了具体、完备的谈判程序。正规的谈判多数划分为以下几个阶段：

1. 准备

准备阶段包括以下几个方面的工作：

(1) 收集信息，即摸清对方的实际情况，这是进行谈判的必要条件和重要步骤。

(2) 拟定谈判策略，即在收集信息的基础上，对自己和对方的情况进行充分的估计和认真的分析，确定在谈判过程中所要采取的策略。

(3) 制订谈判计划。制订计划首先要用精练的语言形象地描述谈判的主要议题；其次是确定谈判要点，如目标、人选、对策等；再次是安排谈判的日程和进度。

（4）做好物质准备，主要是指谈判场所的布置，各种资料的准备，谈判人员的食宿安排以及安全保卫等工作。

2. 开局

开局阶段的主要任务是创造谈判气氛和做开场白。

1）谈判气氛。真诚、合作、轻松的谈判气氛对谈判的成功十分重要。为了营造良好的谈判气氛，应注意以下几点：第一，以友好的态度出现在对方面前；第二，着装仪表要符合身份；第三，说话要轻松活泼；第四，使用非语言动作。

2）开场白。开场白表明谈判双方各自对相关问题和利益的看法。其主要内容包括：第一，双方对问题的理解，即谈判应涉及哪些问题；第二，双方的利益，即希望通过谈判取得哪些利益；第三，双方的首要利益，即哪些是双方利益中最重要的方面等。

3. 报价

报价是指谈判一方向对方提出自己的所有要求。报价阶段应认真考虑的策略有以下几个：

（1）报价次序。报价次序对谈判结果有重要影响。先报价等于为谈判提供了一个框架。如果谈判能够根据此框架进行，则极为有利。但是，报价容易过早暴露自己的交易条件。如果自己的谈判力强于对手，或者与对方相比，在谈判中处于相对有利的地位，那么本方先报价就是有利的。对方是外行时，先报价更为有利。如果自己谈判实力明显弱于对手，应该让对方先报价，这样做有利于自己观察对方，及时自我调整。

（2）报价策略。在国际商务谈判中，存在以下两种报价策略：其一，西欧式。首先报出一个比较虚的价格，然后根据双方的实力对比和该交易的外部竞争状况，通过给予各种优惠，如数量折扣、价格折扣来进一步软化和接近买方的市场和条件，最终达成交易。其二，日本式。将最低价格列在表上，在这种低价格交易条件下，其他方面都很难全部满足买方的需求，如果买主要求改变有关条件，卖主会相应地提高价格。因此，买卖双方最后成交的价格往往高于价格表中的价格。

（3）报价解释。报价后，对方一般会要求进行价格解释。解释的原则是：不问不答，有问必答，避虚就实，能言不书。

4. 讨价还价

讨价还价阶段的主要内容包括相互让步和打破僵局。

（1）相互让步。让步是讨价还价过程中的关键行为，应遵循以下原则：让步后要换取对方的相应让步；让步幅度不宜过大，不要做无价让步；用较小的让步给对方以较大的满足；多在次要问题上让步，以求对方在主要问题上让步；不要以同等幅度让步，对方若大幅度让步，我方则以小幅度让步回应。

（2）打破僵局。谈判僵局是指由于某些原因，双方各不相让，从而使谈判陷入进退两难的境地。打破僵局的方法有：第一，撇开争执问题，讨论下一个问题；第二，重新搜集信息，加强沟通，提出新方案；第三，改变谈判气氛，如双方一同参加游览、文娱活动；第四，更换谈判人员；第五，请第三者进行调解或仲裁等。

5. 收尾

收尾阶段的主要内容包括签订协议、落实协议和谈判总结等。

(1)签订协议。签订协议前,双方应确认所有问题均达成一致;核实协议的所有条款;确保双方都充分理解达成的协议,对谈判结果进行记录;努力使协议内容明确;不要匆匆忙忙地结束谈判。

(2)落实协议。应在谈判协议中包含一项落实协议的条款,该条款明确规定做什么、何时做、谁来做。

(3)谈判总结。回顾在谈判中的得失、经验教训并及时总结。

案例链接

巧用谈判策略

江西省某工艺雕刻厂原是一家濒临倒闭的小厂,经过几年的努力,产值扩大,产品打入日本市场,战胜了其他国家在日本经营多年的厂家,被誉为"天下第一雕刻"。有一年,日本三家株式会社的老板同一天到该厂订货。其中一家是资本雄厚的大商社,要求原价包销该厂的产品。这应该说是好消息。但该厂想到,这几家原来都是经销韩国等地产品的商社,为什么争先恐后、不约而同到本厂来定货。他们查阅了日本市场的资料,得出的结论是,本厂的木材质量上乘、雕刻技艺高超是吸引外商订货的主要原因。于是该厂采用了待价而沽、欲擒故纵的谈判策略。先不理那家大商社,而是积极抓住两家小商社求货心切的心理,把产品分别与其他国家的产品进行比较。在此基础上,该厂将产品争钱、论成色,使其价格达到理想的高度。首先与小商社拍板成交,造成那家大客商产生失落货源的危机感。那家大客商不但更急于订货,而且想垄断货源,于是大批订货,以致订货数量超过该厂生产能力的好几倍。

(资料来源:根据网络资料整理)

情景案例:大客户谈判的五大招数

6.4.5 谈判的技巧

1. 入题技巧

(1)迂回入题。为避免谈判时单刀直入、过于暴露,影响谈判的融洽气氛,谈判时可以采用迂回入题的方法,先从题外话入题,如从介绍己方谈判人员入题等。

(2)先谈细节、后谈原则性问题。围绕谈判的主题,先从洽谈细节问题入题,条分缕析,丝丝入扣,待各项细节问题谈妥之后,也便自然而然地达成了原则性的协议。

(3)先谈一般原则、再谈细节。一些大型的经贸谈判,由于需要洽谈的问题千头万绪,双方高级谈判人员不应该也不可能介入全部谈判,往往要分成若干等级进行多次谈判。这就需要采取先谈原则问题,再谈细节问题的方法入题。一旦双方就原则问题达成了一致,那么,洽谈细节问题也就有了依据。

(4)从具体议题入手。大型谈判总是由具体的一次次谈判组成,在具体的每一次谈判中，双方可以首先确定本次会议的谈判议题，然后从这一议题入手进行洽谈。

2. 阐述技巧

1）开场阐述是谈判的一个重要环节

开场阐述的要点具体包括：开宗明义，明确本次会谈所要解决的主题，以集中双方的注意力，统一双方的认识；表明通过洽谈应当得到的利益，表明基本立场；开场阐述应是原则性的，而不是具体的，应尽可能简明扼要；开场阐述的目的是让对方明白意图，营造协调的洽谈气氛。

对对方开场阐述的反应具体包括：认真耐心地倾听对方的开场阐述，归纳弄懂对方开场阐述的内容，思考和理解对方的关键问题，以免产生误会；如果对方开场阐述的内容与我方意见差距较大，不要打断对方的阐述，更不要立即与对方争执，而应当先让对方说完，认同对方之后再巧妙地转开话题，从侧面进行谈判。

2）让对方先谈

在谈判中，当我方对市场态势和产品定价的情况不太了解，或者尚未确定购买何种产品，或者无权直接决定购买与否的时候，一定要坚持让对方先说明可提供何种产品，产品的性能如何，产品的价格如何等，然后，我方再审慎地表达意见。有时，即使对市场态势和产品定价比较了解，有明确的购买意图，而且能直接决定购买与否，也不妨先让对方阐述利益要求、报价和介绍产品，然后我方在此基础上提出自己的要求。

3）坦诚相见

谈判中应当提倡坦诚相见，不但将对方想知道的情况坦诚相告，而且可以适当透露我方的某些动机和想法。坦诚相见是获得对方同情的好办法，人们往往对坦诚的人自然有好感。但是应当注意，与对方坦诚相见，难免要冒风险，对方可能利用此逼你让步，我方可能因为坦诚而处于被动地位。因此，坦诚相见是有限度的，并不是将一切和盘托出。总之，以既赢得对方的信赖又不使自己陷于被动、丧失利益为度。

3. 提问技巧

要用提问摸清对方的真实需要，掌握对方心理状态，表达自己的意见观点。

1）提问的方式

提问的方式包括封闭式提问、开放式提问、婉转式提问、澄清式提问、探索式提问、借助式提问、强迫选择式提问、引导式提问、协商式提问。

2）提问的时机

在对方发言完毕时提问；在对方发言停顿、间歇时提问；在自己发言前后提问；在议程规定的辩论时间提问。

3）提问的其他注意事项

注意提问速度；注意对方心境；提问后给对方足够的答复时间；提问时应尽量保持问题的连续性。

4. 答复技巧

答复不是件容易的事，回答的每一句话，都会被对方理解为是一种承诺，都负有责任。

答复时应注意：针对提问者的真实心理答复；不要确切答复对方的提问；降低提问者追问的兴趣，让自己获得充分的思考时间；礼貌地拒绝不值得回答的问题，找借口拖延答复。

📖 情景案例

> **巧妙的回答**
>
> 在一次记者招待会上,一位西方记者问周总理:"中国人民银行有多少资金?"这个问题涉及国家机密,周总理说:"中国人民银行发行面额为十元、五元、二元、一元、五角、二角、一角、五分、二分、一分的十种主辅币人民币,合计为十八元八角八分。"总理的回答,既未泄密,又极风趣地回答了问题,赢得了听众的热烈掌声。
>
> (资料来源:根据网络资料整理)

5. 说服技巧

1)说服原则

不要只说自己的理由;要研究分析对方的心理、需求及特点,消除对方戒心、成见;不要操之过急、急于奏效;不要一开始就批评对方,把自己的意见观点强加给对方;说话用语要朴实亲切,不要过多讲大道理;态度诚恳,平等待人,积极寻求双方的共同点;承认对方情有可原,激发对方的自尊心;坦率承认如果对方接受你的意见,你也将获得一定利益。

2)说服具体技巧

讨论先易后难;多向对方提出要求、传递信息,影响对方意见;强调一致,淡化差异;先谈好,后谈坏;强调合同中有利于对方的条件;待讨论赞成和反对意见后,再提出你的意见;说服对方时,要精心设计开头和结尾,给对方留下深刻印象;结论要由你明确提出,不要让对方揣摩或自行下结论;多了解对方,以对方能够接受的方式和逻辑去说服对方;先做铺垫、下毛毛雨,不要奢望对方接受你突如其来的要求;强调互惠互利、互相合作的可能性、现实性,激发对方在自身利益认同的基础上来接纳你的意见。

📖 知识链接

> **谈判的四种说服技巧**
>
> **谈判的说服技巧之一:"桌外活动"以增进人际关系**
>
> 所谓"桌外活动",就是在谈判桌外组织各种有益于谈判的活动,恰当、适时地运用公关策略来服务于谈判。假若你同陌生的对手打交道,试图让他接受你的意见,他也许会对你不屑一顾。你不妨在谈判前同他聊聊,以建立相互信赖的关系。
>
> **谈判的说服技巧之二:分析你的提议以便知己知彼**
>
> 在商务谈判中,每一项提议的提出,都必然会给对方和己方带来一定的责任或益处。因此一项好的提议,必须先分析它给双方带来的影响。一方面,如果对方接受自己的提议,将会有何得失利弊?可以肯定的是,利少弊多,不然你没有必要说服他。要使他心甘情愿地接受,必须充分考虑其接受能力,保持合理区间;另一方面,如果对方接受你的提议,你将获得什么好处?说服人不容易,要能够说出谈判的价值,切不可因小失大,见利忘"谊"。

谈判的说服技巧之三：利弊托出，晓以大义

利弊托出就是把你的提议给对方带来的利益和责任全部托出，给对方以鲜明的姿态，让他从利弊得失中得出结论。这样的晓以大义，如果加上动以真情，对方是不难接受的。如，一家公司的采购员到某矿采购原料，他知道该矿目前生意不景气，就拼命压价，矿方谈判人员当然不同意，采购员于是说出他如果同该矿能做成生意，该矿能摆脱多少困境，并且说明如果双方不能成交，他会与另一矿家签合同。迫在眉睫的矿方只好与他成交。

谈判的说服技巧之四：精心设计，以利其回答

要想使人接受你的意见，你必须精心设计意见，让人很简单地回答你的问题。这实质上是利用人们的求易心理，不愿啰唆，自找麻烦，从这种微妙的商业技巧中，你可能会获得成功。

（资料来源：根据网络资料整理）

讨论题

1. 简述面谈的含义与分类。
2. 简述面谈的目的及特征。
3. 举例说明如何进行面谈。
4. 面谈应掌握哪些技巧？
5. 举例说明谈判的过程和策略。
6. 谈判有哪些技巧可以把握？

练 习

面谈演练一

公司已开展绩效考核两年多了，又到每月绩效沟通与面谈的时间了，令你困惑的是本期绩效面谈略显尴尬，因你已用尽各种办法，但下属绩效考核成绩一般。

背景说明：1. 本月绩效受外部环境影响；2. 该下属绩效计划已签字；3. 下属平时表现较好；4. 近来下属情绪低落；5. 过程中你有进行跟进与辅导，但下属改进不明显。

问题：针对这种情况，您如何与他进行绩效面谈？

面谈演练二

下属销售能力很强，也有一定的技术功底，不仅销售业绩好，客户也很认可，年度绩效考核成绩为 A。但他本人觉得发展空间不明确，薪酬一般，并且已经和上级交流过这个问题，上级没有明确的答复。业内有几家公司和他接触过，但他自己还没有想清楚去留。

问题：针对这种情况，您如何与他进行绩效面谈？

面谈演练三

下属性格内向，容易情绪化，工作比较敬业。本次评估考核成绩为 C，但与下属自我评估相差较大。

背景说明：1. 下属平时注意绩效证据的搜集；2. 人际关系比较好。

问题：针对这种情况，您如何与他进行绩效面谈？

情景模拟

情景模拟训练一

1. 现在假设你是部门经理，部门员工小王近来情绪不稳定，原因可能与上一周你对他的批评有关。由于他连续三次工作任务拖延，你非常生气，便把他叫到办公室狠批了一通。但从现在情况看，似乎小王情绪不稳定。于是你决定找小王再谈一次，现在你打算如何与小王面谈？

2. 你是人力资源部经理，公司要招聘一位办公室主管培训的科员，目前已经有20多位申请人递交了申请书和简历，你也做了初步筛选，准备从中选择6位进行面谈。现在请你设计一个招聘的面谈计划。

情景模拟训练二

请根据以下三种情形选择相应的面谈重点，以及你认为最合适的面谈地点，并说明为什么。

情景一：小张一直是一个工作比较负责的员工，近来连续三次出现了上班迟到的情况。

情形二：小王是一个刚大学毕业、很聪明的员工，刚来单位，不适应企业的工作方式，你需要与他谈一次。

情形三：你是主管市场副总，需要选拔A、B两位中的某一位担任市场部经理。为此，你需要与两位分别做一次谈话。

情景模拟训练三：关于新员工岗前培训的访谈

情境背景：你在一家高技术电子企业工作，该企业刚被一家大型电子企业集团兼并，这是一家强调高生产率以及员工顺从和忠诚的企业。你公司主要生产高复杂度的通信设备元件。在公司的发展历史中，这次兼并是一个既令人兴奋，也令人疑惑的特殊时期。

集团将在两个星期后派遣一个人力资源管理小组来考察你们公司。他们已提前送来了一份将要检查的项目清单，其中包括你公司新员工岗前培训计划。你的上司——人力资源副总，要你准备一个关于岗前培训计划简要情况的报告，该报告要求在30分钟时间内给集团人力资源管理小组汇报，他要求你先与公司各部门代表进行面谈，以了解他们对公司现行岗前培训计划的看法。

一直以来，新员工在加入公司后会被安排参加一次指导性质的会议，在这个会议上，新员工将与公司人力资源部的每一成员见面，了解公司的政策和工作程序，每个人还拿到一本员工手册，这个指导性会议时间为2~3个小时，具体时间长短根据参加者多少而定。会议结束后，公司给每位新员工配备一名辅导师傅。担任辅导师傅的员工必须在本公司工作过一年以上，其职责是帮助新员工熟悉工作和环境，并要求辅导师傅在至少半年内不定期地与新员工保持接触。如果双方都愿意，这种关系可以继续。这个岗前培训计划已经持续了大约三年，但从没有正式评估过。

任务：为完成该项任务，你已经安排好同数位部门经理、辅导师傅及当前受训者的面谈。通过这次面谈，你计划获取关于新员工岗前培训的评价信息。在面谈开始前，请结合前面所讨论的面谈技巧，包括面谈准备、面谈实施等具体策略列出你的具体计划议程、有关问题、提问方式和措辞、问题深究形式、环境安排等，然后在组内讨论。讨论之后，大家分成三人组合并轮流担任访谈者、被访者和观察者。

受访者角色描述如下：

角色一：受训者。

你得知自己将被访谈，主题是关于新员工岗前培训计划，而你参加到该计划有三个月了。对于这个计划的落实，你感到很满意，并希望它继续下去。事实上，你希望有朝一日自己也能成为一名辅导师傅。

你的许多朋友指出，你有一个不好的倾向，就是讲话太快、太多且老想主导谈话。而你也认识到，当你紧张或者深深卷入某个话题的时候，你的确话多，由于你被指定作为受训者代表接受面谈，而且你也从小道消息听说该计划有可能被取消，所以你对这次面谈感到紧张。从内心里你希望让访谈者知道你从辅导师傅那里和整个岗前培训计划中学到了不少东西，你也知道这次面谈很重要，因此，你想确保让访谈者能从自己这儿听到该计划的所有好处。

你对该计划反应如此积极是因为它同你以前的培训经历形成了鲜明反差，在以前的公司里，仅仅是通过录像带放映让员工了解公司的概貌。而且，由于没有标准化的辅导程序，新员工不清楚公司期望他们做什么，没有激励也没有团队归属感，结果是滋生了许多困惑和误解。相反，在这里，你很感激能够从辅导师傅那儿得到问题的答案。总之，这种岗前培训计划的确能够帮助你尽快熟悉和适应新的工作岗位。

角色二：部门经理。

你也得知了自己是被访谈者，可是面谈来得真不是时候，你部门刚刚离职了一位很优秀的职员，这几天你为找到一位接替者而焦头烂额，你对花时间考虑或参加这样一次访谈毫无兴趣，你恨不得有更多的时间去参加招聘，引进一位新助手。

事实上，你对任何形式的面谈都会感到不适，因为你很腼腆，所以这种一对一的正式谈话，往往使你感到不安。对于自己被选为访谈对象倒并不介意，因为你至少还能把握甚至控制面谈的局面，然而你从来没有觉得自己是一个优秀的被访谈者，对你的提问往往会使你感到好像在受审。因此，你对这次面谈表现出退缩、不合作甚至是抵制的态度。

你认为访谈者应该去找直接涉及该计划的人谈话。因为除了为辅导师傅、学徒配对外，自己跟它真的没有多少关系。该计划看来效果不错，但毫无疑问，如果让受训者自己去找辅导师傅的话，他们同样也会学得很快。你平时也了解到，自己部门内的新员工对这个计划感到还是有用的，所以，尽管你不怎么情愿，你也会支持。然而，与其同一个相对陌生的人讨论这个话题，还不如直接写一份关于自己对这项计划的评价报告。

角色三：辅导师傅。

你也刚刚得知你将被访，也是关于公司辅导计划的，你置身这一计划已有六个月之久。当你第一次成为一名辅导师傅的时候，你对接受这个公益性的工作曾感到兴奋。然而现在，经验说明这个计划是浪费时间。无论是在工作上还是在社交生活中，新员工通常把他们的辅导师傅当作拐杖。你总体感觉：这项计划在鼓励员工依赖别人，这反而会降低生产率，浪费时间。你发现，有时自己好像在接管他们的工作。你曾想，这可能是自己的个性导致的——太愿意帮助别人，也许事实也确实是这样，那你也注意到在其他辅导师傅和受训者之间同样存在这个问题。你发现在辅导过和没辅导过的新员工在生产率上没有任何重大差别。实际上，由于过于注重人际关系，新员工出现了较多的闲聊和游荡以及在工作上精力不够集中等问题。

你认为公司应该抛弃这套计划，虽然对新员工来说，给他们一个适应期，也许是有用的，但是在实际效果面前，你实在无法说服自己再接受这项计划。你甚至觉得要你对这项计划做评价，本身就在浪费自己宝贵的时间。

案例分析

高效面谈

南特公司是位于中国东南沿海某大城市的女性服饰贸易公司，该公司主要向外商客户批发销售女性正装，与此同时，它们还向外商客户销售女性饰品。公司的客户主要来自非洲、西欧及拉美的一些国家，这些客户使用英语、法语、西班牙语、葡萄牙语等不同语言。从南特公司自身来看，由于业务的不断扩展，原来的外贸业务员已远远不能满足客户的要求。这迫使南特公司需要更多的熟悉相关语言的外贸业务员。根据工作分析，南特公司人力资源部决定对外招聘10名业务员。

公司的人力资源部李经理通过各种渠道在短期内收到了大量的求职申请，对简历初选过后，李经理确定了100人的面试名单。

糟糕的是，南特公司的人力资源部仅有4名工作人员，根本无法进行分组面谈，也无法在一天的时间里实施这次面试。考虑到这两种情况，李经理决定采用两个举措，一个是分期面谈，时间为期三天；另一个是精简面谈内容和程序，将原来的一些能力素质项问题统统由两个改为一个，个别能力项目甚至被省略掉。在计分方法上，李经理采取了一次打分制，面谈分数即为最后分数。采用这种方法，李经理在三天内迅速完成了对100名候选人的面谈，并依据面谈成绩的高低录用了前10名候选人。

思考题

1. 李经理的方法可能会带来什么问题？如果你是李经理，你会采取什么步骤实施这次面谈？
2. 就你对南特公司业务的了解，写一个你对该公司面谈的建议。

第7章 危机沟通

学习目标

- 明确危机的含义、形成与特征；
- 明确危机的主要类型及成因；
- 掌握危机沟通含义与过程；
- 明确危机沟通的障碍；
- 明确危机沟通的原则与步骤；
- 掌握危机沟通的策略。

引导案例

"大白兔"4天成功突围"甲醛门"

【事件描述】2007年7月16日，菲律宾宣布，抽查市面多款中国食品样本后，发现其中4款食品含甲醛等有害物质，包括中国知名糖果品牌，上海冠生园公司生产的大白兔奶糖。此消息于菲律宾 GMA 电视新闻网公布后，美国、新加坡等多家媒体都进行了报道，引起海内外强烈关注。大白兔奶糖的食品安全受到了广泛质疑，连香港、广州部分超市也将大白兔奶糖撤柜。"甲醛事件"曝光后，冠生园集团主动停止了"大白兔"产品的出口，并在3天内完成了3件重要的事情：一是给菲律宾方面发函沟通；二是请权威质检机构 SGS 对生产线的产品进行质检；三是召开中外媒体见面会，宣布检查结果。不仅如此，冠生园还对菲律宾食品药品机构在既未公布相关检测报告也未得到生产企业确认的情况下，贸然通过媒体发布信息，给"大白兔"品牌造成损失的极不负责行为，声明保留诉讼法律的权利。随着权威检测报告的公布，海外经销商对"大白兔"的疑虑消除，纷纷来电要货，经过4天的滞销后，10个货柜的大白兔奶糖被迅速解冻，其中7个发往新加坡、哥斯达黎加、马来西亚、印度、尼泊尔、美国等国家。

【案例分析】在突然遭遇"甲醛门"事件后，冠生园公司积极应对，在4天时间内就成功"突围"。

（1）抓住最佳时机，迅速开展危机公关。一般来说，危机发生在48~72小时内是企业披露危机事实并制定解决方案的最好时机，超过这个时限，危机就有可能失控，而越早沟通越有利于企业抢占信息的先机。冠生园在"甲醛门"风波爆发后积极回应，3天内就完成了沟通、检测、媒体公关这几件重要的事情，从而控制了危机处理的主动权。

（2）借助危机机构，快速消除疑虑。由第三方权威部门发布的、具有普遍公信力的数据，以及对数据的客观理解、分析是应对国际危机事件中非常重要的一步。在冠生园"甲醛事件"曝光后，新加坡政府的检验机构以及国际公认的权威机构SGS先后对大白兔奶糖进行了检测，均未检出甲醛，这些"完全一致"的检测结果，让中国产的"大白兔奶糖"含甲醛这一不实说法不攻自破。

（资料来源：中国智库）

世界正处于大发展、大变革、大调整时期，世界各国发生的公共危机事件和企业危机案例层出不穷，各种危机事件也呈现频发态势，如自然灾害、突发安全事故、社会安全事件、企业信誉危机事件等，对国家安全、社会秩序、政府形象、企业信誉等造成负面影响，危机的公众性使得危机处理需要与公众进行全方位的沟通。随着信息技术的不断发展，互联网与手机等媒介加入媒体传播，给危机管理沟通提出了更高的要求。

近年来，许多知名企业在发生危机后，由于采取的方法不同，导致的结果也不尽相同，例如，东京电力公司旗下的福田核电厂因为自然不可抗力而发生的企业危机。由于日本政府及东京电力公司没有核电泄露的企业危机管理预案，导致日本国民对于核泄漏的危机公关表现出严重不满，致使东京电力处于破产的边缘。企业危机发生后，对危机的处理体现了一个企业对危机管理能力的驾驭水平和能力。由于处理危机采取了不同的方法，结果有的企业遭受了灭顶之灾，有的却转"危"为"机"。

7.1 危机的含义、形成与特征

7.1.1 危机的含义

关于危机的定义，学术界尚未达成一致。古希腊出现了"危机"一词，当时危机表示决定病人生死存亡的关键时刻。随着研究的不断深入，一些学者采用不同的研究角度，对危机的内涵给出了不同的定义。

赫尔曼认为，危机是指一种情境状态，在这种形势中，其决策主体的根本目标受到威胁且做出决策的反应时间很有限，其发生也出乎决策主体的意料之外。

福斯特认为，危机具有四个显著特征，即急需快速做出决策、严重缺乏必要的训练有素的员工、相关物资资料紧缺、处理时间有限。

罗森塔尔认为，危机对一个社会系统的基本价值和行为架构产生严重威胁，并且在时间性和不确定性很强的情况下必须对其做出关键性决策的事件。

巴顿认为，危机是一个会引起潜在负面影响的具有不确定性的事件，这种事件及其后果可能对组织及其员工、产品、资产和声誉造成巨大的伤害。

班克斯认为，危机是对一个组织、公司及其产品或名声等产生潜在的负面影响的事故。

里宾杰认为，危机是对于企业未来的获利性、成长乃至生存发生潜在威胁的事件。他认为，一个事件发展为危机，必须具备以下三个特征：其一，该事件对企业造成威胁，管理者确信该威胁会阻碍企业目标的实现；其二，如果企业没有采取行动，局面会恶化且无法挽回；其三，该事件具有突发性。

日本学者龙泽正雄从危机的特点出发，给出较为全面的概括，即危机是不确定性的事故，具有发生的可能性和危险性，造成预料和结果的变动。

学者何苏湘从哲学认识角度出发，认为危机是矛盾的特殊形式，是由于多方面的矛盾激化从而引起的一种非常规的状态。

学者孙多勇和鲁洋认为，危机是一种决策形势，在突发、紧急的严峻形势下，为了达到生存和把危害降到最低的目的，决策者在有限的时间及资源情况下，做出关键决策并采取相应的应对措施。

企业危机是在企业经营的过程中，由于宏观大环境的突然变化（如国家标准、行业问题的暴露）及企业在经营的过程中没有按照规范进行生产运营，未达到客户的要求，都会引发的一系列危害企业的行为。

就社会组织而言，危机则是指由于组织自身或公众的某种行为而导致组织环境恶化的那些突然发生的、危及生命财产的重大事件，如飞机失事、火车脱轨、地震、台风、水灾、爆炸等恶性事故，还包括罢工、骚乱、舆论危机等。这些危机不仅给组织造成人财物的损失，而且会严重损坏组织形象，使组织陷入困境。因此，组织处理突发事件，提升处理危机的能力，是关系组织生死存亡的大事。

情景案例：酒鬼酒塑化剂事件

7.1.2 危机的形成和发展

危机是不可避免的，认识危机的形成与发展，才能更好地对危机进行处理和化解。根据美国危机管理专家伊恩·卡米特洛夫的观点，在危机真正爆发之前，所有危机都会发出预警信号。从危机沟通的视角看，危机形成和发展包括以下几个阶段：

1. 危机的孕育期

在这个阶段，各种对企业不利的信息源正在形成，有各种征兆和苗头，如果能够及时、准确地捕捉到这些信号，并采取有效措施，就能成功地避免危机的恶化，但这些征兆和苗头往往容易被人忽视。

2. 危机爆发期

在这个阶段，危机信息开始蔓延传播，危机已经显现。如果管理者对于这些信息具有一定的敏感性，并能给予充分的重视和警觉，采取适当有效的措施也能够控制危机，使无法避免的危机造成的损失降至最低。

3. 危机扩散期

在这个阶段,危机造成的破坏十分明显,由于媒介和公众的关注,危机成为社会舆论的热点和焦点,危机呈现爆炸式扩散。如果管理者能够正视危机,采取必要措施也能够阻止危机的蔓延,避免危机可能导致的连锁反应,防止危机造成更大的损失。

4. 危机的消失期

在这个阶段,危机不再表现为明显的、能感知的实际破坏,而表现为逐渐潜行而至的危机,所导致的后遗症,包括对企业形象、声誉、业绩等造成的负面影响。这一阶段,管理者的主要任务就是采取积极有效的措施,尽快减少或消除危机导致的影响,使个体或组织走出阴影,早日恢复元气。

7.1.3 危机的特征

危机有很多特征,主要表现在以下几个方面:

1. 突发性

突发性是危机最显著的特征之一,它出乎意料,令人猝不及防。危机事件一般在组织毫无准备的情况下突然发生。这些事件容易给组织带来混乱和惊慌,令人措手不及,如果对事件没有任何准备就可能造成更大的损失。

2. 不可预见性

组织所面临的危机往往是在正常生产情况下难以预料的,它在某种程度上具有不可预见性,会给组织带来各种意想不到的困难。特别是那些组织外部的原因造成的危机,如自然灾害、国家政策的改变、科技新发明带来的冲击等,它们往往是组织始料不及并难以抗拒的。

3. 严重的危害性

无论是伤人损物的危机还是形象危机,对组织、对社会都会造成损害。对组织来说,它不仅会破坏正常生产秩序,使组织陷入混乱,而且还会对组织未来的发展带来深远的影响,特别是发生了人身伤亡事故后。从社会角度看,组织危机会给社会公众带来恐慌,有时还会给社会造成直接的物质损失,如产品不合格或机毁人亡的事故,抑或污染公害,给人造成终身残疾或对生态环境造成不可逆转的破坏。

4. 舆论的关注性

现代社会,大众传播十分发达,组织危机常常会成为舆论关注的焦点、热点,成为媒介捕捉的最佳新闻素材和报道线索。有时候它会牵动社会各界,乃至在世界上引起轰动。所以说危机给组织带来的影响是非常深刻和广泛的。

在现实生活中,危机往往是由两种、三种甚至四五种因素共同引发的,所以不能机械地、简单化地寻找原因,而应整体分析,对症治疗。

> **知识链接**

危机事件应对原则

一、企业要保证信息的真实性和及时性。危机很容易使人产生害怕和恐惧心理，因此应保证信息真实、及时，让受众第一时间了解事件的真实情况，这对企业处理危机事件至关重要。

二、要重视受众的想法。危机发生时，受众所关注的并不仅仅是危机所造成的破坏或所得到的补偿，他们更关心的是当事方是否在意他们的想法，并给予足够的重视。

三、要保持坦诚。企业要始终保持坦诚的态度，面对危机不逃避，敢于承担责任，这样才能取得受众的信任和谅解。

四、一定要保证信源的一致性且信息要言简意赅。危机公关中最忌讳的就是所传递的信息存在不同，这样很容易误导公众和破坏危机公关中所建立起来的信任。同时，在危机公关过程中，受众和媒体没有兴趣去听长篇大论，他们需要言简意赅、通俗易懂的信息，掌握事件的最新发展。

五、要保证与媒体的有效沟通。媒体在危机公关中扮演了非常重要的角色，它既是信息的传递者，也是危机事件发展的监督者，所以保证与媒体的有效沟通直接影响了危机中企业的走向。

六、企业一定要抓住最佳处理时间。在危机最初出现时，带来的后果一般不会特别严重，但是如果错过了处理的最佳时间，危机事件带来的负面影响会快速上升。

七、企业应该掌握全面信息。企业管理人员处理危机时要尽可能多地掌握此次危机的信息；另外，还要不断对相关的信息进行反复思考与推敲，不要在不了解事件的情况下随便发表看法和声明。

（资料来源：百度百科）

7.2　危机的主要类型及成因

7.2.1　组织行为不当引发的危机

组织行为不当引起的危机是指在社会组织发展过程中，由于组织在指导思想、工作方式、运行机制等组织本身方面的原因引起的公共关系危机。这类危机一般是由社会组织的政策失误或管理不善所造成的，如：过度地追求经济利益而不顾公众利益和社会利益，造成毒气泄漏、废水污染；宾馆酒楼发生的严重食物中毒；因产品质量问题引起的企业信誉急剧下降；因某种政策失误引起社会舆论的强烈谴责；因管理工作不完善造成浪费等。

1. 危机的类型

组织行为不当引起的危机主要有以下几种：

1）严重的内部事件

严重的内部事件如劳资纠纷、财务丑闻、领导危机等。作为一家庞大的代工企业，富士康有着成熟的企业运营经验，但对于危机公关成熟度却没有上升到相应的高度。2010年的跳楼事件，使得富士康不仅认识到危机公关的重要性，更认识到在企业进行透明化管理的重要性。富士康在经历这次危机事件后，反思企业内部存在的问题，包括对内的公关和对外的公关，在如此沉重的代价之下进一步完善企业内部机制，重塑品牌的形象和美誉度。

2）组织的产品与服务缺陷所造成的危机

组织的产品与服务缺陷所造成的危机是指营利性组织提供给大众的产品存在产品与服务缺陷，对人体的健康、人类的生存发展带来危害，就会成为公关危机事件。例如，某月饼老字号将往年没有销售出去的月饼回收后，用陈馅制作新的月饼，这一行为被中央电视台记者曝光后，在社会上引起了轩然大波，该老字号在各方面的压力下被迫停产整顿。处理此类危机公关的首要任务是尽快赔礼道歉以防止敌意的产生和蔓延，宣传已采取的（或将采取的）回收和其他补救措施，以消除消费者的不信任感，尽快挽回声誉，减少业务上的损失。美国的某饮料公司曾由于消费者在饮料瓶中发现玻璃碎片而遭投诉。该饮料公关部门面对这一事实，及时采取措施回收该批饮料，并刊登广告及时向公众公开承认了错误，同时也宣布了今后的预防措施。由于处理及时得体，成功地控制了事态的发展，避免了一场危机。

3）公害（环境污染）问题而引起的危机

随着人们对环境的重视，人们对社会组织环保、绿色的要求日趋强烈，一旦社会组织在追求自身利益过程中，不注意公众和社会利益的保护，将受到社会舆论的谴责和惩罚，会使企业形象受到很大的影响。社会组织应该充分重视社会利益，并积极承担自身应尽的社会责任，尽量在事前利用现代科学所提供的手段，减少和避免对环境的损害。一旦危机发生，应迅速采取积极有效手段，并在事后着重考虑如何设法补偿社会的损失、挽回组织的声誉，维持与社会公众的良好关系。正所谓"解铃还须系铃人"，一味地隐瞒事实真相，甚至置社会利益于不顾，结果只会自取灭亡。

2. 危机的成因

1）组织成员公关理念淡薄，缺乏危机意识

在现代组织中，还有相当一部分管理者没有形成正确的危机管理理念，对社会利益、社会责任的认识仍停留在口头上，在组织利益与社会利益相矛盾时，首先想到的是如何维护组织自身利益，以致在危机发生前，不知道"忧患"，一般不会有"未雨绸缪"的防范意识和战略考虑；发生后，也往往是"病急乱投医"，进行无序的媒体危机公关，或者想方设法要"置身事外"，拖延、隐瞒甚至谎报，放任危机恶化，使问题演变成一场危机。

员工是组织形象的直接代言人，尤其是某些服务型组织的一线员工，他们直接与公众对话，他们的素质会反映企业组织的形象，他们的服务能力与公众对企业的认同程度直接相关。往往个别员工的不良态度就会给组织形象带来恶劣后果，引发公关危机，轻则使组织陷入民众谴责、舆论曝光的困境，重则直接影响组织的生存。

2）组织存在侥幸心理

在社会快速发展中，有些组织管理者把危机仅仅定义为特殊现象，认为此类事件发生概率比较低，不一定需要上升到日常管理的层面和达到时时关注的程度。即使同行或竞争对手发生了危机事件，但由于时间或区域的原因，认为危机与己无关，从而放任事态发展。组织管理者存在"危机不一定发生，发生不一定扩大，扩大不一定与我有关"的侥幸心理和观望态度。

3) 组织自身决策违背公关基本原则要求

在现代社会，组织的决策与行为应自觉考虑到社会的利益，"与公众互利互惠，共同发展"。如决策背离公众和社会环境的利益与要求，就有可能使组织利益目标与社会利益目标相对立，从而引发公众对组织的抵触、排斥和对抗，使企业陷入危机之中。

4) 没有建立正常有序的传播沟通渠道

信息的有效传播对于组织的生存发展非常重要，在危机出现时更是如此，信息的有效传播甚至如同血液在人体中流动一样重要。许多组织在传播沟通意识上存在两大"盲点"：一是危机发生后无限制扩大企业机密范围，追求事事保密、层层设卡，唯恐公众知晓企业的决策内容。更有一些组织，甚至不让员工知晓内部有关信息，这种行为又怎么能使员工对组织忠诚、公众对组织理解？二是只知道信息的单向发布，对外界发展变化缺乏迅速反馈的机制，失去了对传播媒介的监控，使得危机不能得到有效控制。组织犯了无视沟通或传播沟通意识淡薄的毛病，从而造成组织形象危机。

5) 法律法规知识匮乏

组织经营活动的正常开展，除了必须遵循组织经营的基本准则和社会伦理道德之外，还必须要守法，严格依法办事。现代社会是法治社会，市场经济是法治经济，组织的任何一员是否具有法律意识，是否知法、守法，是否将组织的经营活动置于法的监督、保护之下，对于正常开展经营活动，规范组织管理行为，树立良好的组织形象有十分重要的意义。然而，事实上，有的企业法律观念淡薄，置国家法律于脑后，随意践踏公众的基本权利，最终酿成危机。

7.2.2 组织外部环境引发的危机

1. 危机的类型

1) 组织因社会环境的变化而导致的危机

任何一个组织都生活在某种社会环境中，受政治、经济、科学技术与文化等的影响，社会环境中任何一个因素的变化均可能给组织带来正面或者负面的影响。

2) 意外灾难性事件引发的危机

一般讲这类事故属于天灾人祸，组织主体的直接责任不大，关键在于处理是否及时、得当。如 2008 年我国汶川大地震、2022 年东航客机事故等。意外灾难性事件引起的危机的处理，一是采取公关补救手段，尽可能做好善后处理工作，使受损害的公众及社会有关方面感到满意，让人们对组织留下高度认真、负责的印象。灾难事件处理好会使组织在公众心中留下良好的形象，大大提升组织的美誉度。二是做好舆论宣传工作，制止各种谣言流传，确保危机处理有一个较公正、有利的舆论环境。

3) 负面宣传报道引发的危机

传媒的舆论导向作用是非常显著的，在某种程度上讲，传媒宣传还起到树立某种社会评价标准的作用，往往直接影响着民众对某种社会现象的评价态度与关注程度。因此，对于任何一种舆论负面报道,都必须引起足够的重视。

这种负面报道有两种情况:一种是对组织损害社会利益行为的真实报道,如违章排污、生产的产品有质量问题或不符合卫生标准、内部员工有伤害消费者的言行等。处理这类危机事件,组织首先以负责的态度向公众承认错误,并主动采取行动解决引起负面报道的有关问题,再进一步向公众表明将以此为鉴。另一种则是对组织情况的一种失真报道,它往往是由部分公众向媒体的投诉而引起,也有部分是因为组织与传媒界的个别记者有过节,而受到恶意中伤。处理这类负面报道,组织则应以严正的态度,用最有说服力的证据,如专家鉴定、权威部门评议、各类证明等,通过舆论进行公开驳斥,并利用包括新闻发布会、公开声明等手段进行正当的声誉防卫,抑制谣言,还组织及相关产品以清白。

4)竞争对手或个别敌对公众的故意破坏引发的危机

由于社会的复杂和人们的道德水平差异,一些社会组织可能会遭遇由于人为的恶意破坏所造成的公关危机事件。比如,其他组织假冒本组织名义行骗、假冒本企业生产伪劣产品等,都可能对组织造成重大伤害,形成公关危机事件。作为当事的组织,第一反应不应是为自己辩护,而应迅速采取举措,最大限度降低人身危害程度,同时完善、强化组织内部管理和相关产品的安全保护措施,争取以真诚的态度求得公众的谅解与支持。

2. 危机的成因

1)政府监管体制的乏力

政府工作与企业管理脱节表现在政府部门对企业的管理滞后,事前教育极为稀少,事后处罚层出不穷。

2)行业协会自律作用的淡化

行业协会的主要功能在于联系本行业或本分支的从业者,进行行业自律方面的建设,同时为同业者提供交流的机会和场所,进行政府组织的公关活动,替本行业争取利益。由于市场竞争的加剧,有的组织片面追求组织的经济利益,忽视了社会利益,行业协会自律作用淡化,从而导致公共关系危机的发生。

3)媒体监督与媒体竞争的加强

庞大而复杂的组织往往成为记者关注的对象。新兴媒体尤其是互联网信息技术的发展,将全世界许多国家和地区的用户联系起来,形成一个全球范围的网络,任何一个不满的顾客都可能成为高破坏力的危险分子,这就增加了危机事件出现的概率。

4)社会公众的误解

公众对组织的了解并不是全面的,有的公众会因信息的缺乏或听取一面之词而对组织形成误解。尤其是当组织在产品质量、生产工艺、营销方式、竞争策略等方面有了新的进步、新的发展、新的探索,但公众一时还不能适应,或用老观念、老眼光来主观判断、草率下结论,更易造成危机事件。特别是传播媒介和权威性机构的误解,更可能使误解范围扩大、程度加深,形成极为不利的舆论环境。

5)公众自我保护意识的增强

随着现代科技的发展和保护消费者的法律的不断完善,消费者正在觉醒,并且学会用法律的手段保护自己,组织原来认为合理的、正常的东西,如今在消费者的思想中已经变成不合理的,他们对组织的所作所为提出抗议,如反暴利行动、反污染行动,这使得企业面临新的危机。

除了上述列举的危机发生的原因之外，还有下列原因：供应商讨价还价能力增强、销售商拖延欠款、竞争对手结盟、市场成长放缓、股东丧失信心、具有敌意的兼并、谣言、大众传媒泄露组织秘密、恐怖破坏活动等。

7.3 危机沟通的含义与过程

7.3.1 危机沟通的含义

危机沟通就是指以沟通为手段、解决危机为目的所进行的一连串化解危机与避免危机的行为和过程。危机沟通可以降低企业危机的冲击，并存在化危机为转机甚至商机的可能。如果不进行危机沟通，则小危机可能变成大危机，对组织造成重创，甚至使组织就此消亡。

危机沟通既是一门科学也是一门艺术，它不仅涉及组织内部沟通（包括管理者和员工之间的沟通），而且涉及组织外部沟通（包括与媒体、政府部门、社区、公众等）。

根据危机形成和发展的不同阶段，危机沟通可以分为危机前的沟通、危机中的沟通和危机后的沟通三种。

7.3.2 危机沟通的过程

1. 危机前的沟通

危机前的沟通就是在危机爆发前进行的沟通。在这一阶段进行沟通有利于及时发现危机爆发的隐患，为提前寻找有效处理危机的方法赢得时间，从而避免危机的发生。

危机前的沟通主要包括危机调查和危机预测等几个方面的内容。

1）危机调查

开展危机调查就是通过民意测验、问卷调查、调研及审计等方法，与组织内部和外部进行广泛的沟通，以了解企业的处境和现状。危机调查需要解决以下问题：

（1）组织内部需明确的问题。

①阻碍当前组织发展的瓶颈是什么？

②存在什么主要问题？问题能否得到解决？假如解决不了，是否会成为危机的隐患？一旦危机发生，公司是否有处理危机的能力？

③组织成员是否具有较强的危机意识？他们对危机可能造成的损害和破坏的承受能力如何？

④与媒体的关系如何？平时是否与媒体保持经常的沟通？一旦危机发生，将如何与媒体合作？

⑤平时公司与顾客的关系如何？公司在公众中的形象如何？

⑥一旦危机发生，会对公司的形象、信誉、品牌运营和销售额以及员工利益造成多大的影响？

（2）组织外部需明确的问题。

①媒体会如何报道？会基于事实介绍，还是会大肆炒作？

②政府部门会干预吗？会如何干预？会造成怎样的结果？
③供应商和销售商会有什么反应？
④顾客及社会公众将如何看待这起危机？会做出什么反应？

2）危机预测

通过各种危机调查方法，可以收集到大量的资料和信息，危机预测就是将这些资料和信息进行和整理详细分析，根据所得出的分析结果做出科学的预测，以确定危机爆发的可能性，并为有效避免或处理危机做好思想上和措施上的充分准备。危机预测包括：可能发生哪些危机，危机可能具备的性质及规模，它对各方面可能带来的影响。

公关人员需要根据组织具体情况，按轻重缓急把危机分类，如：A类是很可能发生的危机，如产品质量、媒介关系、环境变化等；B类是有一定可能但又不是很可能发生的危机，如被盗窃、合作伙伴违约等；C类是很少发生但又不是不可能发生的危机，如产品被投毒、水管爆裂等。

3）制订应急计划

在危机发生之前做好准备，即制订完善的计划，以便一旦出现危机即刻能够做出反应，这是减少危害的有效措施。

4）成立危机管理小组

危机管理小组的作用：全面、清晰地对危机发展趋势做出准确预测；确定有关处理策略和步骤；安排调配组织现有的人力、财力、物力，明确责任，落实任务；启动信息沟通网络，与传媒及目标公众保持顺畅联络；对危机处理过程中的各项工作进行指导和咨询。

5）印制危机管理手册

将危机预测、危机情况和相应的措施以通俗易懂的语言编印成小册子，可以配一些示意图，然后将这些小册子发给全体员工。还可以能过多种形式，如录像、卡通片、幻灯片等向员工全面介绍应付危机的方法，让全体员工对出现危机的可能性及应付办法有足够的了解。

6）建立危机处理关系网

根据预测的组织可能发生的危机，与危机处理的有关单位联系，建立合作网络，以便危机到来时能很好合作。

7）搞好内部培训

处理危机是组织公关工作中的一项重要内容，但由于危机并非经常发生，所以大多数工作人员对处理危机缺乏经验。可组织短训班专门对公关人员进行培训，内容包括：模拟危机，让受训学员迅速做出反应，以锻炼他们面对危机处理问题的能力；向受训学员提供各种处理危机的案例，让他们从各类危机事件中吸取经验和教训，在心理上做好处理各种危机的准备。

2. 危机中的沟通

危机中的沟通是从危机开始到危机发展过程中的沟通。危机前的调查、预测等固然重要，但毕竟是建立在假设基础上，危机爆发时的实际情况与事先的假设往往存在一定差异，因此，在危机爆发初期和危机发展过程中要及时启动危机应对预案，并根据实际情况对危机预案随时修正。这一阶段危机管理的有效性取决于管理者是否能够进行有效沟通。

1）控制局势

无论发生了什么危机，管理者都应该尽快控制局势，控制局势就是保证组织有秩序地去应对危机，及时弄清问题的症结，并设定可度量的沟通目标。组织可以根据事先的危机计划、危机管理小组及处理危机关系网络，进行有针对性的有效沟通，保证信息畅通，从而有效地控制局面。

2）设立应急中心

面临危机，管理者在努力收集各种信息的同时，应立即以危机管理小组为基础建立危机应急中心并使之有效运转。在危机期间，危机应急中心也是所有沟通活动的公共平台。危机应急中心要对危机状况进行全面分析，包括：危机产生的原因、危机发展状况及趋势、影响的后果、危机通过何种方式解决等。危机应急中心应指定一名发言人，负责对外沟通联络。通过危机应急中心及危机处理关系网络，把相关信息在第一时间提供给相应部门，这些部门包括政府部门、权威人士、行业专家、专业机构、消费者协会等，通过与这些部门保持良好的沟通与了解，寻求和争取他们的理解、支持。

3）尽快调查，并公布真相，澄清事实

危机发生之后，应尽快收集危机信息，进行危机调查，以了解危机出现的原因，为危机沟通提供信息依据。尽快将最新情况告知公众，同时，通过有效措施减轻危机影响程度。如果是自身的原因，就应勇于承担过失责任，向公众道歉；如果是其他因素所致，也应将事实告诉公众，减轻组织自身的压力。应尽量邀请技术权威机构介入对危机事件真相的调查与论证，提高信息的可信度，减少谣传，寻求传媒与公众的理解。

4）慎重处理危机中的生命及财产损失

正所谓人命关天，一旦出现相关的生命及财产损失，组织务必要引起足够重视，不能回避，要及时沟通。可以通过媒体、员工、利益相关者及社会公众进行及时沟通，积极主动发布信息，引导舆论，稳定公众情绪，尽可能减轻危机给人们造成的恐慌及损害。特别需要指出的是，在危机沟通过程中，组织应选择优秀的公关人员站在沟通的最前沿，以团结协作、真诚友善的态度对待媒体及公众。

3. 危机后的沟通

危机后的沟通是在危机过后所进行的沟通活动。危机过后并不意味着沟通结束，实际上，大量的沟通工作才刚刚开始。这是因为在危机发生时及危机发展过程中，由于各种事件的突发性，各种处理方法和沟通努力都处于一种应急的状态，没有也不可能进行周密的思考，所以管理者需要在危机后付出大量沟通努力来弥补信息的不足，避免误解，以期将危机造成的负面影响降至最低。

1）与受危机影响的各方进行沟通

虽然通过媒体向外部发布危机相关信息的速度快、面广、量大，但与利益相关者的直接沟通更为重要。这些利益相关者包括除员工外的其他重要群体，如顾客、股东、社区、供应商、专家级政府等，采用一切可能的沟通方式和途径，如电子邮件、信箱、短信、传真、视频电话、在线直播等。

2）保持运营状态

对于危机事件来说，及时处理危机是头等大事。但危机已经发生，造成的后果已经出

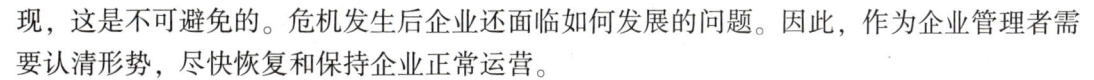

现,这是不可避免的。危机发生后企业还面临如何发展的问题。因此,作为企业管理者需要认清形势,尽快恢复和保持企业正常运营。

3)认真总结,避免危机重来

前车之覆,后车之鉴。危机过后,在妥善处理危机和进行有效沟通的同时,还要认真思考和总结,以防止危机再次出现。要把握时机,认真总结和反思,总结经验教训,制订有效危机防范计划、对策措施,积极沟通,防微杜渐。

7.4 危机沟通的对象

1. 员工

对于企业员工而言,危机沟通应注意以下事项:一是及时通报情况,让所有员工了解危机真相,以免产生不必要的猜疑,避免谣言从内向外传播。二是设身处地为员工着想,向员工说明,企业会尽一切努力确保他们的切身利益不受危机的影响,或尽量减少危机对他们切身利益的影响程度,使员工能够与企业同舟共济,共渡难关。三是如员工有伤亡损失,应全力做好救治和抚恤工作。四是明确员工对外发表相关言论的统一口径。五是采用员工大会、企业简报、内部网论坛、电子邮件等诸多方式加强与员工的沟通,并为员工提供表达个人意见的机会。

2. 股东

对于股东而言,危机沟通应注意以下事项:一是尽快向股东详细报告危机发生的原因、处理过程、处理结果。二是向股东说明危机所带来的负面影响是暂时的、可以克服的,树立股东对企业长远发展的信心,确保股东对企业的长期投资。三是对于主要的股东,在危机发生后,可以邀请他们亲临企业视察,让他们看到企业处理危机的决心和员工的士气,使他们能够给予企业危机处理必要的支持。

3. 媒体

对于媒体而言,危机沟通应注意以下事项:一是主动向媒体提供危机信息,积极配合记者的采访,正确地引导记者。二是在向媒体公布危机信息之前,应在企业内部统一认识,以免引起不必要的麻烦。三是指定专门的发言人负责对媒体发布信息,接受媒体的采访。四是为了避免媒体的报道不准确,重要事项一定要以书面材料的形式发给记者。

4. 顾客

对于顾客而言,危机沟通应注意以下事项:一是通过在大众媒体刊登致歉广告或登门拜访等方式向受到伤害的顾客表示诚挚的道歉,并尽快赔偿有关损失。二是通过经销商或在各种媒体上刊登公告,及时告知顾客产品存在的潜在缺陷,并尽快收回有缺陷的产品。三是认真听取顾客对有关事故进行处理的意见和愿望。四是邀请顾客代表参与危机处理过程,强化与顾客的双向沟通。五是通过多种渠道将危机的发生经过、处理过程和处理结果告知顾客。

5. 政府部门或社会中介组织

对于政府部门或社会中介组织而言,危机沟通应注意以下事项:一是危机发生之后,尽快向相关的政府部门或社会中介组织报告，争取它们的帮助与支持；在危机处理过程中，形成定期报告制度。二是主动配合政府部门或社会中介组织的调查，如实向它们反映情况。

6. 供应商

对于供应商而言，危机沟通应注意以下事项：一是将涉及供应商利益的有关危机的消息及时以书面形式通知供应商，并告知供应商危机对其业务可能造成的影响。二是对于主要的供应商而言，企业应直接派员前去进行面对面的沟通、解释。三是危机处理完毕之后，应以书面形式表示歉意，并对理解和援助企业的供应商表示诚挚的谢意。

7. 经销商

对于经销商而言，危机沟通应注意以下事项：一是及时将危机可能对产品的供货和销售造成的不利影响以书面形式通知经销商。二是对于主要的经销商而言，企业应直接派有关人员前去进行面对面的沟通、解释。三是对于需要经销商配合开展的问题产品回收工作，事先以详细的书面材料的形式告知经销商回收应注意的事项。四是将危机处理结果以书面形式告知经销商，并对危机处理期间经销商的理解和支持表示谢意。

8. 社区居民

对于社区居民而言，危机沟通应注意以下事项：一是针对火灾、爆炸、污染等涉及社区居民利益的危机，企业应通过地方性媒体刊登公开致歉信，或者派人到居民家中分别道歉。二是通过与社区居民中的舆论领袖或其代表进行有效的协商，确定双方都能接受的赔偿金额。三是及时向社区居民公布危机发生的原因及其处理结果。四是向社区居民宣传企业致力于改善社区关系的各种公益计划，如赞助社区活动、向社区开放企业的相关生活服务设施等，以增进企业与社区居民之间的情感。

7.5 危机沟通的障碍

危机沟通是处理危机、预防危机的积极有效的手段。然而，从危机事前到危机事后的沟通过程并非理想的有效沟通过程，特别是危机爆发时所产生的破坏性组织文化和成员的危机认识差异、组织外部社会等因素的存在，将导致危机沟通不畅，或未能达到沟通的目的和目标效果。导致危机沟通失败的障碍大致可以归纳如下：

1. 缺乏危机沟通意识

在危机爆发前，一些企业或者管理者对公司过于自信，认为公司发展良好，危机不会发生，对眼前的发展缺乏深刻的认识，被企业表面的良好发展所蒙蔽，缺少危机理念和意识，没有对企业进行危机评估，也没有对危机做任何准备。一旦危机发生，企业措手不及，不知如何面对，给企业带来损失。

2. 封闭式组织文化

组织文化是组织长期形成的，是组织成员共同的价值观和行为准则。在封闭的组织文化中，组织内部缺乏有效的纵向和横向的沟通，组织外部缺乏与利益相关者和其他相关组织或机构的沟通。危机发生时内部组织混乱，气氛紧张，人心涣散；组织外部谣言四起，各种压力纷沓而至，使危机事态恶化。

3. 缺乏预警系统

危机发生前总有些迹象表明危机的发生，但由于企业缺乏必要的预警机制，企业的管理者不能捕捉到危机信号，不能及时认识到危机的发展态势，危机就会在毫无防备的情况下突然发生，令人措手不及。

4. 不善倾听

处于生产一线员工或主管人员往往是危机的最初感应者。然而，当他们将自己的担忧和意见向上反映时，企业的上层管理者置若罔闻，不能听取他们的建议以及对危机的感知，更不用说采取任何积极的措施了。所以，当危机发生时，管理者无法应对危机的发生，使企业遭受重创。

5. 提供虚假信息

一般而言，企业都存在"报喜不报忧"的倾向。当危机发生时以及在危机发生的反应阶段，往往因惧怕事态扩大而不与媒体或公众沟通，或者提供虚假信息，或者通过舆论掩盖真实情况，做表面文章，从而导致危机爆发，失去了第一时间对危机的控制力，陷入极其被动的局面。

6. 缺乏应变能力

由于习惯于平时较为平稳正常的公司运作，缺乏危机沟通意识，在危机发生前无法做好准备。一旦危机发生时就显得措手不及、无以应对，最终导致危机管理失控。许多危机处理失败的例子就体现出企业应变能力的缺失。

情景案例：QMSD 道歉信大篇幅自吹：我错了，我真棒！

7.6 危机沟通的原则与步骤

7.6.1 危机沟通的原则

沟通是化解危机最重要的工具，贯穿在危机管理的每一环节。无论是事前的危机预防、事中的危机管理，还是事后的恢复管理，都离不开沟通。放弃沟通，危机管理就无从进行；沟通不善，组织就会在危机的泥潭里越陷越深。因此，沟通管理是危机管理的核心，危机沟通应遵循以下原则：

1. 未雨绸缪

面对日益复杂的环境，只有未雨绸缪才能有条不紊、自信沉着地应对突发的危机。现实生活中有多家企业因为没有准备、没有危机管理预案而在危机来临时手足无措、惊慌万分。因此，只有做好一整套危机预防系统及危机管理方案，才能做到兵来将挡，水来土掩。

2. 及时沟通

危机发生后，组织应在第一时间与媒体和公众进行沟通。时间是最宝贵的，企业应该在最短的时间内与利益相关者进行沟通。危机发生后，公众急需组织发出声音、了解事情的真相，及时沟通能够展示组织良好负责任的形象，同时也能够很好地避免谣言的产生。

3. 主动沟通

危机发生后，组织应该主动地披露信息、主动道歉、主动赔偿，越主动越能获得消费者的认同和公众的接受；越被动发出的信息越让人怀疑。

4. 适度沟通

主动沟通的同时应该避免"沟通过度"。不要包揽不属于自己的问题；不要口无遮拦，引火上身，不要随便污蔑同行，不要自爆猛料，这样做只会使危机升级，向不可控的方向发展。

5. 有效沟通

沟通要想有效果，一是要使用有效语言，要使用沟通对象能够理解的、听得懂的语言，不要使用专业术语和行业用语；二是要么不说，说到必须做到，如果企业在危机开始时承诺过度，而后发现根本做不到或者说做到的成本太高从而没有实现，企业又会陷入另一个信任危机。

6. 一个声音

一个组织只能发出一个声音，危机发生后，无论是组织的最高层领导还是最底层员工都要发出同样的声音，在不同的时间、不同的地点声音也要一致，否则公众就会认为组织不可信。因此，在危机发生后，要指定特定的新闻发言人与媒体、公众进行沟通，也要对所有的员工进行适当的培训，告知事实的真相。

情景案例

餐企危机如何破？

没有任何一个企业会与危机绝缘，即使是全球性餐饮品牌，麦当劳、肯德基也在不断地面对危机、解决危机。危机每时每刻都有发生的可能，或大或小，危机处理好了是商机，处理不好，其对企业的经营会产生无法估量的影响。关乎食品安全的大事，一经发生自然赚足眼球。丁食品公司的公关方案即被餐饮圈所广泛关注，其响应不慌不忙却掷地有声，值得把玩。

回放：3月15日，CCTV新闻频道《共同关注》栏目重磅报道"北京鸭血9成是假的"，记者抽样调查显示多个火锅企业售出的鸭血产品中检测出猪源性成分，语惊四座；3月26日，北京市大兴区食药监局在丁食品公司总部对"3·15"当晚封存的鸭血产品进行了解封；3月30日，丁食品公司收到北京市食品药品监督管理局抽检鸭血的书面检测报告，正式宣告未检出猪源性成分；4月8日起，丁食品公司特别推出"安心鸭血免费试吃"，任意现金消费即送鸭血。至此，"丁食品公司猪血充鸭血"乌龙事件告一段落。

食品是关乎人身安全的大事，一经发生自然赚足眼球。

Step 1. 事件一出，及时响应，下架所有可疑产品

事件发生后，丁食品公司立刻启动紧急预案。

(1)3月15日当日19：21通知三个大区、九个省市的近500家门店停售鸭血，3月16日早7点将产品运回公司总部封存检测；

(2)3月15日当日20：40，率先发布企业声明，表明态度；

(3)21：05发布停售以及媒体沟通渠道信息，安排专人处理媒体征询。

一时间，疑似产品从市面消失，媒体和群众的疑问也有了与企业的正规沟通途径。正是这样积极健康、及时、处变不惊的应对，使得丁食品公司瞬间争取到了整件事的主导权。同时这样做的背后也凸显了重要的一点——丁食品公司持有的是一种"对消费者负责"的态度。

Step 2. 抓住事件根源，配合质监部门证明事实

公关手段只是一方面，事情的根源还在"鸭血是真是假"之上。紧随其后的，就是丁食品公司总部和门店均积极配合各地政府部门的检查、取样。同时，丁食品公司提供了全面、完善、翔实的供应商资质证明、进销存台账记录和品质检验报告。

这一举措同样有两个含义。第一，及时反应、抓住事件本质，请权威部门主持正义；第二，难以掩饰的自豪——丁食品公司是相信自己品质的，到哪里检验都没有问题。果然，最终结果证实，丁食品公司鸭血没问题。3月26日，初步检验结果出具，北京市大兴区食药监局前往丁食品公司总部解封315当晚封存鸭血产品，丁食品公司第一时间接受了媒体的采访，宣告鸭血继续售卖；3月30日，丁食品公司收到北京市食品药品监督管理局抽检鸭血的书面检测报告，正式宣告未检出猪源性成分。

Step 3. 特别的澄清——推出"躺枪"特别活动

4月3日，丁食品公司官方澄清微博与活动微博几乎前后脚发出，澄清微博详述事实并表明立场与态度——公司坚持品质，并诚恳感谢舆论监督。同时，权威媒体站台发声，更有视频媒体远赴山东丁食品公司上游供应商——鸭血厂一探制作全程，谣言不攻自破。

事件的一大亮点，莫过于营销的完美借力——专门针对鸭血风波设置的"我躺枪，你乐享，安心鸭血免费送"活动：4月8日至4月14日，全国门店开展"安心鸭血免费试吃活动"，任意现金消费即送小盘鸭血。以实际行动有力告知，有菜有真相，诙谐有趣。大众会心一笑之余，快速理解和接受了——丁食品公司的鸭血确实没有问题。

临危不乱，及时响应，抓住关键，活动配合，有始有终，这些正是丁食品公司应对鸭血危机的几大关键词。这些要素的有机配合，推进了整个事件不断朝向利于丁食品公司的方向发展，最终使得丁食品公司成功扳回一局。

(资料来源：搜狐网)

7.6.2 危机沟通的步骤

1. 制订危机沟通计划

缺乏计划会导致控制损失所需的时间和成本增加两倍或者三倍，延迟也可能带来无法挽回的损害。相反，建立应对未来危机情况的模式和运作机制，只需要好好计划一次，并且不断稍加更新即可。换句话来说，危机沟通计划是一种成本相对较低的办法，它可以避免将来花费更高的代价和面对更大的烦恼。

2. 成立危机沟通小组

公司应该选派高层管理者，组成危机沟通小组。最理想的组合是，由公司的首席执行官领队，并由公关经理和法律顾问作为助手。如果公司内部的公关经理不具备足够的危机沟通方面的专业知识，也可以找一个代理者或者独立的顾问，小组其他成员应该是公司主要部门的负责人，涵盖财务、人力资源和运营部门。

3. 选定和培训发言人

在危机沟通小组里，应该有专门在危机时期代表公司发言的人。首席执行官可以是发言人之一，但不一定是最主要的。沟通技巧是选择发言人的首要标准之一。同时，要大力培训发言人。

4. 建立信息沟通规则

公司任何员工都可能最先获取与危机相关的信息。最先发现问题的也许是看门人、销售人员，也可能是出差在外的经理人，那么发现问题的人应该通知谁呢？如何找到他们呢？这就需要建立突发事件通信"树状结构图"，并分发给每一个职员。该图可以准确说明面对可能发生或已经发生的危机时，每个人应该做什么，与谁联络。

5. 确认和了解公司的听众

哪些听众与公司相关呢？大多数公司会关心媒体、顾客和潜在消费者，个人投资者也可能包括在内。如，上市公司必须遵守股票交易信息规则，并要接受地方或国家法制机构的质询，因此上市公司要有他们完整的联系方式，如邮寄地址、传真和电话号码簿等，以便在危机时期与之迅速地联络。此外，还要知晓每一方希望寻求何种信息。

6. 预先演练

如果你想抢先行动，那么就要把危机沟通小组集中起来，预先讨论如何应对所有潜在危机。首先，你可能会意识到，完全可以通过对现有运营方式加以改动，来避免一些危机的发生；其次，预先演练能够思考应对措施，做最好和最坏的打算等，有备而战比被动应付好得多。

7. 进行危机评估

在没有充分认识情况下就仓促做出回应，是典型的"先打后问"的情况，应该避免这类事件的发生。如果事先没有准备，就应推迟应对的时间，要等到公司员工或者招募来的顾问人员组建危机评估小组。

8. 确定关键信息

要明了听众正在寻求何种信息，要做到简单明了，给每个听众的主要信息不超过三条，也许还需要为具有专业素养的听众提供相应的信息。假设某企业发生死亡的事件，需要向听众提供的关键信息包括：对人员死亡的悲剧深感遗憾，正在与警方及验尸官全力合作，以确认死亡原因；公司有极好的安全纪录，符合所有保障健康和安全的规则要求；会及时向媒体提供最新的消息。

9. 决定信息沟通方式

进行危机沟通的方式有很多，对于公司的职员、客户、潜在的主顾和投资者，公司负责人可以亲自向他们简要介绍情况，也可以将信息以邮件、视讯等方式发送给他们。对于媒体，要向其提供新闻稿和解释信，或者让其参加公司举行的一对一的情况介绍会或新闻发布会。选择的方式不同，产生的效果也不同。公司必须有一个熟知每一种方式优缺点的专家。

10. 安全渡过难关

无论危机的性质如何，无论消息是好还是坏，也无论公司准备得如何认真、做出的应对如何谨慎，总有一些人的反应与你的预期背道而驰。该怎么办呢？很简单：客观看待这些人的反应。判断再一次沟通是否能改善他们对公司的印象，判断进行再一次沟通是否有意义。

7.7 危机沟通策略

危机发生后，媒体和社会公众都会极其关注，企业有责任向媒体和社会公众提供必要的信息。媒体作为社会的监督部门，是社会非正式派任的危机观察员，它们对待特定事物的判断，足以左右大众对企业的看法。在危机沟通中，企业面对媒体与社会公众，需要掌握有效的沟通策略，才能更好地化解危机，转危为安。

1. 尊重事实，坦诚面对

在危机过程中，任何一个危机管理者都必须采取尊重事实、坦诚面对的态度，这是妥善解决危机事件的根本原则。从危机公关的角度来说，只有坚持实事求是、不回避问题，勇于承担责任，向公众表现出充分的坦诚，才能获得公众的同情、理解、信任和支持。

企业在危机事件爆发后，可能会面临"四面楚歌"的情况，政府批评、媒体曝光、公众质疑等纷至沓来。大多数企业担心危机事件曝光后会毁掉自己苦心经营的品牌形象，于是采取隐瞒、掩盖、敷衍等做法，其结果往往适得其反、雪上加霜。最明智的做法是正视问题，以诚相待，采取积极主动的姿态，"闻过即改"，及时做出相应改进措施，争取赢得公众谅解和支持。

2. 快速反应，及早处理

当危机爆发时，微博、论坛或视频曝光—网民关注—传统媒体报道—网络转载—网民议论放大—更多媒体关注—更多社会关注—事件升级—掀起高潮，这种裂变效应往往使企业措手不及。负面信息一经发布，就会被不断谈论、转载，甚至被丑化，当累积到一定量之后，则覆水难收。而这时候，可靠消息通常很少，到处充斥着谣言和猜测。企业的一举一动，将是外界关注的焦点。媒体、公众都密切关注企业发出的声明。

通常情况下，危机事件处理的速度越快，损失就越小。危机事件爆发的突然性和极强的扩散性决定了应对危机事件必须做到迅速、果断。

3. 内部协调，共同应对

当企业危机发生后，不可避免地会给企业正常运作带来巨大的影响，媒体和公众的质疑会让企业和员工倍感压力。此时，需要组织内部的协调安排、员工彼此鼓励和安慰，只有企业内部和谐一致，才能有力地应对危机。

内部不协调，缺乏危机事件的处理能力，最直接的后果就是企业的管理成本增加，销售业绩下降，声誉受损。只有企业员工协调一致共同应对危机，才能团结成一个整体，齐心协力化险为夷。

4. 积极负责，勇于承担

危机事件发生后，企业应当首先坚持承担责任的原则，而不是为了保全声誉而推卸责任。此时，公众会关心两个问题：第一，利益问题。利益是公众关注的焦点，所以不论谁是谁非，企业都应该承担起该承担的责任。即使受害者有一定的责任，企业也不应该推脱，否则只会引起反感，不利于问题的解决。第二，感情问题。在很多时候，公众非常在意企业是否关注自己的感受。所以，企业应该站在受害者的立场思考问题，并表示同情和安慰，通过媒体向公众致歉以解决深层次的心理、情感问题，从而赢得更多的理解和信任。从长远看，这不但有利于企业解决危机，还有助于树立良好的口碑和形象，为今后的发展奠定良好的基础。

情景案例：坦率地承认自己的错误

知识链接

> **特里法则**
>
> 承认错误是一个人最大的力量源泉。
>
> 人总有自己的缺点，谁都难免会犯错误。当我们犯错的时候，脑子里往往会出现隐瞒自己错误的想法，害怕承认之后会很没面子。其实，承认错误并不是什么丢脸的事。反之，在某种意义上，它还是一种具有"英雄色彩"的行为。因为错误承认得越及时，就越容易得到改正和补救。而且，由自己主动认错也比别人提出批评后再认错更能得到别人的谅解。更何况一次错误并不会毁掉一个人今后的道路，真正会阻碍一个人的，是不愿承担责任、不愿改正错误的态度。
>
> （资料来源：MBA智库）

5. 借助外力，权威认同

许多企业在深陷危机后，第一反应是澄清事实，但它们忽略了非常关键的一点，就是很多时候自我辩解不仅难以证明清白，反而越描越黑，甚至引起公众的反感。

众多危机公关案例证明，真正能澄清事实的不是企业的辩解，也不是企业和媒体之间的"口水大战"，而是来自权威机构的声音。权威机构以其自身的权威以及第三方的身份，消除公众的质疑，权威机构的一句话胜过企业的所有辩解。那么有谁能够代表权威机构呢？质量检测部门、主管机构、监管机构等，都能够代表权威机构。在新闻发布会上，有权威机构的参与才是最有说服力的。企业在危机事件发生后，不要孤军奋战，可以邀请重量级的第三方在前台说话，使消费者解除戒备心理。

6. 坚持立场，口径一致

危机事件发生后，企业内部应确定一个发言人，让企业统一口径、统一行动，以一个声音对外说话。如果企业有多个声音、多种口径，往往会失控、失序，甚至自相矛盾，加重公众疑惑，使问题复杂化。不同说辞会让公众产生企业"欲盖弥彰"的印象。

在危机处理过程中，为了避免信息混乱，应注意以下几个方面：应该由新闻发言人或企业指定的高层统一对外表态，形成有效的对外沟通渠道；表态前后要一致，不能够前后反复，否则很难自圆其说；拟定统一的表态口径，保证企业在事件处理过程中的态度一致。

7. 感同身受，同舟共济

事实上，公众和媒体往往在其心目中已经有了一个天平，要使公众和媒体的天平至少保持平衡，企业就必须切实关注消费者利益。危机发生后，企业应及时把消费者利益放在首位，并确定采取合适行为切实维护消费者利益。这是赢得公众认可的关键，同时也可以及时赢得媒体的认可。

8. 灵活处理，见机行事

由于危机事件本身就具有高度不确定性、非常规性、趋势不明、连锁反应等特点；同时，在企业危机处理的过程中，随着危机事件的发展，各种情况都可能发生变化，因此企业对外沟通的内容不是一成不变的，应时刻关注事态发展，灵活处理，见机行事。

企业需要在危机处理过程中不断观察事态的变化，改变企业的处理方式和策略，应对不同的变化趋势，解决不断出现的新问题。因此，灵活处理、见机行事是企业危机处理的关键。

情景案例：海底捞危机公关策略

讨论题

1. 简述危机的含义及特征。
2. 简述危机的类型及成因。
3. 简述危机沟通含义与过程。
4. 危机沟通的原则与步骤有哪些？
5. 举例说明危机沟通的策略。

练 习

将学生分成3组，每组3人，分别扮演企业售后管理者、社会观察者和客户。

练习背景：客户张先生辛辛苦苦买了新房，花费了不少精力和费用装修，结果购买的水管发生爆裂，家具和地板被泡，装修费打了水漂，损失巨大，一怒之下打了企业的售后电话……

练习规则：

客户：水管爆裂的受害者，向企业要说法。

企业售后管理者：受理客户投诉，给出处理意见。

社会观察者：对企业的危机沟通给出评价，并阐述自己的观点。

练习过程：客户先向企业投诉，说明情况；企业处理投诉，给出处理意见；观察者给出评价，并阐述观点。然后，交换角色，重复上述流程。要求每个人都分别扮演几个不同的角色。

练习结束，参与学生分享自己的感受。

案例分析

马航客机失联事件

北京时间 2014 年 3 月 8 日凌晨 1 时 20 分，由马来西亚飞往北京的马来西亚航空公司 MH370 航班与地面失去联系，机上 239 人中包括 153 名中国乘客。2 时 40 分，马来西亚苏邦空中交通管制台证实航班失联。6 时 30 分，失联航班没能按时抵达北京首都国际机场。8 时左右，马航发布航班失联官方消息。

9 时，中国民航局空管局向新华社记者证实 MH370 航班在越南胡志明市管制区同管制部门失去通信联络，并失去雷达信号，同时客机未进入我国空管情报区。

10 时，中国交通运输部在中国海上搜救中心召开紧急会议，宣布立即启动一级应急响应。

11 时，马航公布乘客名单。马航表示，本次航班配有 7 小时航油，他们相信到目前为止，飞机航油已经耗尽。马航目前对飞机位置完全没有头绪。

有媒体报道称，越南搜救人员当天在越南南部金瓯省西南 120 海里处发现失联客机信号。随后越南官方予以否认。

8 日下午，马航召开发布会，却比预定时间推迟两小时。发布会仅持续仅 5 分钟，发布的仍是"失去联系"的消息，也未给记者提问机会。主持人离场时现场一片骚动，场外则一片混乱。

马来西亚交通部长 8 日否认了马航 MH370 航班已经坠毁的消息。

波音公司 8 日下午发表关于马来西亚航空公司 MH370 航班的声明，对失去联系的马来西亚航空公司 MH370 航班上所有人的家庭致以最深切的关切，并宣布波音正在组建一支团队，以向调查当局提供技术协助。

在失联 13 个小时后，时任马来西亚总理纳吉布就事故情况召开记者会，但记者会又因故推迟数小时。

8 日晚，一些媒体报道，失联客机乘客名单中一名意大利乘客并没有登机，其护照于一年前丢失。意大利外交部证实，这名乘客身在泰国。9 日凌晨，奥地利外交部证实，乘客名单中一名奥地利籍乘客也没有登机，人在奥地利，2012 年曾在泰国丢失护照。国际刑警组织当天下午证实，至少两本已在这一机构数据库备案的被偷护照被马航失联客机乘客使用。这一消息引发人们关于航班遭恐怖分子劫持的猜想。

马来西亚官方9日15时说，吉隆坡国际机场现场监控已经锁定使用虚假护照信息登机的乘客画面。马方称用假护照登机的乘客为"亚洲面孔"，晚些时候又否认这一说法。11日，马来西亚警方公布监控视频截图。国际刑警组织证实，两人均为伊朗人，只是他们的目的应该是偷渡欧洲，没有发现与恐怖组织的关联。

与此同时，多国海空搜寻继续，尤其是越南，尽力调动资源，反复查找可疑漂浮物。中国舰船和飞机则在超过5万平方千米的茫茫大海上夜以继日地拉网式搜寻。

3月12日，马航方面召开与失联乘客家属的沟通会。在会上，马航方面公布了领取特殊慰问金需要签订的说明。随后，特殊慰问金开始发放。

3月15日，马来西亚总理纳吉布出席发布会并确认失联客机联络系统是被人为关闭的，而客机航线也是被蓄意改变的，卫星与飞机之间的最后一次通信为3月8日8点11分。针对客机的最后位置，他给出了两种可能，即南部走廊地带和北部走廊地带。

而此前，美国媒体援引客机发动机制造商提供的数据报道，飞机失联后飞行了4个小时，遭马方否认。

3月23日，马来西亚政府称，法国当局当天提供的卫星图像显示，在印度洋南部海域发现可能与马航MH370航班有关的可疑漂浮物。

北京时间3月24日晚10时，马来西亚总理在吉隆坡就有关失联客机MH370的相关进展召开新闻发布会，根据最新的分析结果，MH370客机已坠落在南印度洋，机上无人生还。他表示，25日早上会开新闻发布会公布更多细节。马航已经向家属通报了相关进展，随后声明结束，未透露更多细节。

媒体称，马总理宣布MH370航班在印度洋中部坠毁的结论，只是根据Inmarsat公司的海事卫星数据分析得出的，尚无残骸、黑匣子的有力佐证。

在酒店守候了十余天的乘客家属在听到马来西亚官方宣布飞机失事的消息后悲痛欲绝，但鉴于以往马方在调查事件时的反复和滞后表现，一部分家属表示不信任这一说法，只有看到飞机残骸才能确信飞机失事。

25日上午，乘客家属举着自制标语步行前往马来西亚驻华大使馆进行抗议。

(资料来源：根据网络资料整理)

思考题

1. 马航在飞机失联后，政府在危机沟通上存在什么问题？应该如何改进？
2. 结合案例及实际工作，请你谈谈应该如何掌握危机沟通中的主动权？

第三编

管理沟通训练

第8章　演讲训练

学习目标

- 了解演讲的基础训练要点；
- 了解演讲的程序；
- 了解演讲稿撰写的程序；
- 了解面试口才要点；
- 掌握演讲稿写作技巧。

引导案例

董卿《朗读者》演讲稿

"不忘初心，方得始终。"

每个人都拥有自己的初心，纳兰性德说，"人生若只如初见"。

在这个时代，初心常常被我们遗忘，"我们已经走得太远，以至于忘记了为什么出发"。

什么是初心？初心可能是一份远大的志向，世界能不能变得更好，我要去试试。初心也许是一个简单的愿望，凭知识改变命运，靠本事赢得荣誉。

有的初心，走着走着，丢失了；而有的初心，走再远，我们依然会坚定地去靠近它。

孔子说："居之无倦，行之以忠。"当有一天我们会发现，抛开一切世俗的附加，我们所坚守的信念和本心，是最为宝贵的，它存在向善、向美、向真的追求当中。

初心在最开始的时候，往往简单朴素，但是它会慢慢长大，就像一颗种子能够长成参天大树，又仿佛站在零的起点慢慢绵延成很长很长的道路。

到最后我们发现，所谓初心，就是在所有的愿望、誓言和梦想当中离自己本心最近的那颗心。

（资料来源：根据网络资料整理）

8.1 演讲基础训练

演讲是运用有声语言和形体语言，就某个问题对听众说明事理、发表见解的语言艺术。演讲的目的是传递信息、交流思想和表达情感。

民族、部落、政党、企业、学校、社团……形形色色、大大小小的人类群体中，时时刻刻都有人在进行演讲。演讲的范围极其广泛，报告、动员、总结、授课、祝颂、论辩等等，都可以归入广义的演讲范畴。

8.1.1 演讲的主要形式

1. 照读式演讲

照读式演讲亦称读稿式演讲。演讲者拿着事先写好的演讲稿，走上讲台，逐字逐句向听众宣读一遍。其内容经过慎重考虑，语言经过反复推敲，结构经过精心安排。它比较适合于在重要而严肃的场合运用。如各级党代会、人代会、政协会议等大会报告，纪念重大节日的领导人讲话，外交部的声明等。它的缺点是照本宣科，影响演讲者与听众之间的思想感情交流。

2. 背诵式演讲

背诵式演讲亦称脱稿演讲。演讲者事先写好演讲稿，反复背诵，背熟后上讲台，脱稿向听众演讲。这种演讲方式比较适合于演讲比赛和初学演讲者，可以在一定程度上检验和培养演讲者的演讲能力。其缺点是不便于演讲者临场发挥，一旦忘词，就难以继续，当场出丑。

3. 提纲式演讲

提纲式演讲亦称提示式演讲。演讲者只把演讲的主要内容和层次结构，按照提纲形式写出来，借助它进行演讲，而不必一字一句都写下来，其特点是能避免照读式演讲和背诵式演讲与听众思想感情缺乏交流的不足，演讲者根据几条原则性的提纲进行演讲，比较灵活，便于临场发挥，真实感强；又具有照读式演讲和背诵式演讲的长处，事先对演讲的内容有充分准备，可以有一定的时间收集材料，考虑演讲要点和论证方法，但不要求写出全文，而是提纲挈领地把整个演讲的主要观点、论据、结构层次等用简练的句子排列出来，作为演讲时的提示。提纲式演讲是初学演讲者进一步提高演讲水平行之有效的一种演讲方式。

4. 即兴式演讲

即兴式演讲是指演讲者预先没有充分准备而临场生情动意所发表的演讲。它是难度最大、要求最高、效果最佳的演讲方式，演讲者可以根据实际情况，针对听众的心理和需要，灵活机动，迅速调动语言，以直观和形象的直接感染力，打动听众，是其他各种演讲方式无法比拟的。使用这种演讲方式需要演讲者具有德、才、学、识、胆等诸方面很高的修养，具有很强的记忆力、丰富的想象力和联想力、敏捷的思维能力、大量的语言和材料储备。

知识链接：即兴演讲的开头方式

8.1.2 演讲的基本特征

1. 理论思维形象化

在各种语言表达形式中，文学创作和戏剧表演侧重于感觉和形象，哲学阐述和科技说明侧重于逻辑和思辨，它们都不是演讲。演讲最重要的特征是理论思维形象化。从总体上看，演讲的思维活动也是理论思维的推演，但是，演讲者必须把理论思维和形象感觉有机地结合起来，使演讲表达具有形象化的效果。

将抽象转化为形象的主要方法有充分利用比喻和比拟、从事例和细节中引出思想和观点、把数据转化为人们熟知的事物。

知识链接

《在林肯纪念堂前的演讲》欣赏

我们来欣赏一下美国黑人领袖马丁·路德·金《在林肯纪念堂前的演讲》中的一段：

我梦想着，有那么一天，我们这个民族将会奋起反抗，并且一直坚持实现它的信条的真谛——"我们认为所有的人生来平等是不言自明的真理"。

我梦想着，有那么一天，甚至现在仍为不平等的灼热和压迫的高温所炙烤着的密西西比州，也能变为自由与平等的绿洲。

我梦想着，有那么一天，我的四个孩子，能够生活在一个不是以他们的肤色，而是以他们的品性来判断他们的价值的国度里。

我梦想着，有那么一天，就在邪恶的种族主义者仍然对黑人活动横加干涉的亚拉巴马州，就在其统治者拒不取消种族歧视政策的亚拉巴马州，黑人儿童将能够与白人儿童如兄弟姊妹一般携起手来。

我梦想着，有那么一天，沟壑填满，山岭削平，崎岖地带铲为平川，坎坷地段夷为平地，上帝的灵光大放光彩，芸芸众生共睹光华！

马丁·路德·金的演讲，逻辑思维轨迹十分清楚，表达了希望所有美国人在平等中结为一体的强烈的政治愿望。演讲者是通过五个"我梦想"中的生动而具体的形象来表达这一神圣的愿望的。

（资料来源：根据网络资料整理）

2. 语言表达立体化

演讲的艺术性在于它具有统一的整体感和协调感，在演讲中，各种因素，包括语言、声音、形态、表演、环境、时间等，都形成一种相互依存、相互协调的美感。

书面语是一种平面的语言表达形式，而演讲者走上演讲台，融声音、形象、态势为一体，就构成了一种立体的语言表达形式。许多著名演讲家正是善于运用这种表达形式，给听众留下了难以磨灭的形象记忆。使语言立体化的三种主要手段是：充分利用抑扬顿挫、停顿等语调手段；充分利用面部喜怒哀乐，特别是眼神等表情手段；充分利用头、身躯、手、脚等态势手段。

精彩的演讲具有相声般的幽默、诗歌般的激情、戏剧般的冲突和优美的态势动作，因而具有很强的艺术感染力。初学演讲者往往注重演讲文稿的撰写，却忽略了声音、形象、态势对演讲内容的立体支撑作用。还有一部分初学演讲者，因为怯场只顾低头背诵演讲稿，成了节奏单一、平淡乏味的"背书"。

3. 思想观念的人格化

演讲艺术还有一个特征，那就是听众常常自然地把演讲中所宣传的思想观念和演讲者的人格融为一体，这就是思想观念的人格化。

知识链接

幽默演讲稿开场白示例

1. 不好意思，各位，你们来错地方了，今天的演讲取消了；我想我们并不需要什么演讲，我们需要的是真心的沟通，那么，我们今天真心的沟通就开始了。（一上场就跟听众讲今天的演讲取消了，所有人都会非常惊讶，然后想到底怎么回事。此时听众的注意力全都被吸引到了演讲者的身上，然后演讲者开始说："我们今天真心的沟通就开始了。"接下去就开始演讲，这种方式最大的好处就是能迅速抓住听众的注意力。）

2. 我姓胡，所以我接下来说的是"胡言"。各位不可当真(非正式场合发言前声明)。

3. 我姓古，现在是晚上，天上有那么一点月光，与我合在一起就成了胡，所以我说的可能是胡言乱语，各位不可计较呀！

（资料来源：根据网络资料整理）

8.1.3 语音训练

1. 发声训练

发声时的正确姿态：挺胸收腹，肩部放松，颈部、背部自然挺直，身体呈挺拔向上状态。这样的姿势能够保证气流运行畅通，具备良好的共鸣效果，使语音自然流畅、浑厚有力、悦耳动听。

1）气息训练

气息是使声音洪亮悦耳的原动力。演讲时，气息的运用十分重要。气息过弱，音量必定会小，说出的话不能有效传送到听众耳中；如果气息过强，虽然听众听得清楚，但效果不见得很好，并且时间长了，自己也会累。气息控制除了会直接影响声音的大小，还能够影响情感的表达。因此，要想使自己的声音运用自如、响亮清晰，又能传达出应有的情感，就必须掌握一定的气息运用技巧。

呼吸过程中要保持站立姿势，上体正直，肩部放松，胸稍内含，小腹微收。随着气流通过鼻腔均匀吸入肺中，胸、肋、腰有膨胀并外扩的感觉，同时利用小腹收缩的力量控制住气息不使外流。要注意：吸气要深，但不可过满，七八分足矣。因为过满则不易控制，容易一泻而出。

在演讲时，要根据需要有意识地安排时间不等的停歇，而每次停歇，都需要及时换气、补气，以保持声音的饱满、流畅，保证语气从容和情感自然。

2）共鸣训练

共鸣训练能够使声音更加集中、圆润、响亮，并具备一定的穿透力。我们常用到的人体共鸣腔主要是口腔、鼻腔、胸腔。其中以口腔共鸣为主，胸腔共鸣是基础，鼻腔共鸣适当起辅助作用。

口腔共鸣训练，在进行发声训练前，可用"半打哈欠"法来体会一下共鸣时口腔的状态：将双唇收拢并用力，下巴、喉部放松，牙关打开，鼻咽关闭。

鼻腔共鸣训练，可以通过鼻辅音 m、n、ng 来体会鼻腔共鸣。还可试着发"嗯"音。先闭口发"嗯"音，然后逐步张开口，此时若能使"嗯"音不随嘴巴的开合而出现音色明暗的变化，则表明鼻腔共鸣准确。还可发 a 的中高长音，此时用手摸脸颊，可感觉脸部振动，表明口腔和鼻腔在共鸣。

胸腔共鸣训练，尝试发 a 的低长音，此时用手按胸口，可感觉胸部振动，这表明胸腔在共鸣。

3）吐字归音训练

吐字归音是说唱艺术特有的一种发声方法，是指在吐字发声时要咬准字头（主要指声母），吐清字腹（韵头和韵腹），收住字尾（韵尾）。

吐字归音的要领为：一是字头要咬准，"出字"要有力。字头是指声母或声母加韵头。发字头时要注意发音部位准确，发音动作标准，要咬住字头，"出字"要有力、短促。二是字腹要响亮，"立字"才圆满。字腹也就是韵腹，字腹发得好，字就"立"起来了。发音时要有意强调，适当拖长、念重一点，经过共鸣处理，声音才会圆润饱满，达到"腔圆"的效果。三是字尾要收全，"归音"要到位。字尾即韵尾，字尾的发音也叫作"归音"。字尾同字腹相比，其音质多含糊不定，容易被忽略不读，出现草草收尾的情况。所以，须注意归音到位，干脆利落地收好字尾。字头、字腹、字尾虽然是一个字音的三个部分，但在发音时不可分割开来，要作为一个整体去对待，掌握从字头到字腹再到字尾的圆润过渡，使每个部分到位并且衔接流畅，确保出字有力、立字圆满、归音到位。

知识链接：绕口令练习

2. 朗读训练

1）停顿

朗读时，句子内部、句与句之间、段与段之间出现的语音间隙叫停顿。停顿是朗诵中不可或缺的重要手段之一，因此朗诵者应该重视它。有经验的朗诵者很善于运用停顿技巧，他们知道，停顿运用得恰到好处，常常是最精彩、最能抓住观众的地方，起到"此时无声胜有声"的效果。

从生理上来讲，朗诵是需要一定的气息来支撑的，有的句子太长，一口气读不完，得停下来换口气。我们在朗诵的时候，肺里的气不是用之不竭的，到了特定的时候就要吸气，在吸气时声音就停止了，这时就产生了停顿。这就像我们平时唱歌换气一样，唱歌要是不会换气，拍子多的时候就唱不足，调高的时候就唱不上去。也就是说，停顿是朗诵者调节气息的需要和结果。

停顿又是表情达意方面的需要，通过停顿可以更加清晰、更有效地表达内容，更鲜明、强烈地体现情感。有的句子由文字转换成有声语言时，语音稍纵即逝，听众不一定一听就懂，一听就明，这就需要适当停顿来显示句子的语法关系和内容层次；有的句子要由停顿来表示蕴含在字里行间的情意，传达作者的态度。同时，也可给听者一个领会思考、理解接受的时间，帮助听者理解语言内容，引起情感共鸣。

知识链接

青春的风

汪国真

我不在乎多少梦幻已经成空，
我不在乎多少追求都成泡影。
在春天的季节里，
谁愿意是醉生梦死，梦死醉生……
山峰挡不住我，河流挡不住我。
噢！一往无前！
我是青春的风，
我不满足已经获得的骄傲，
我不满足已经赢得的光荣，
在年轻的心灵里，
谁不愿意明明白白，清清醒醒。
鲜花留不住我，掌声留不住我。
噢！一如既往！
我是青春的风。

2）重音

在演讲和交际中，为突出主题、思想和感情，会对某些词或短语进行重读，被重读的词或短语就是重音。重读不当或者没有突出重音，往往会影响表达，造成误解。

（1）重音可分为语法重音和逻辑重音。

①语法重音即根据语句结构来体现重音。一般来说，需要重读的有谓语、宾语、定语、状语、补语、疑问代词、指示代词等。这类重音在朗读时不必过分强调，只要比其他音节读得稍微重些就可以了。

②逻辑重音是为了某种目的而需要特别强调某些词或短语。逻辑重音同语法重音有时是一致的，有时并不一致。逻辑重音相比较于语法重音，在朗读中更为重要。逻辑重音往往代表了特殊的感情色彩，如果读得不对，就会影响语义的明确性，从而影响文章的原意。

(2)重音的表现方法。一般人认为重音就是用气足，音量大，有声势。应该说这是一种基本的常用的方式，我们称为"音量加重法"。如："有的人活着，他已经死了。有的人死了，他还活着。"这种方法一般能突现题旨，加深感情，褒贬分明，一般人多用此法。但在讲话中，由于表意、表情以及艺术审美的需要，如果仅有一种方式就显得单调了，重音的艺术展现应有多种方式，大致有下列几种方法：

①调值增强法。汉语每个音节都有声调，它们的调值分别是55、35、214、51。我们可以在调值上进行加工，把需要发重音的字、词的声调拉长夸大，以引起听众、观众更大的注意，从而使重音起到强调的作用。特别是在语言小品的朗诵中，在讽刺挖苦的语句中运用这种方法，其艺术渲染效果格外突出。

②一字一顿法。将要强调的词语逐个停顿。例如赵丽宏的诗《春天呵，请在中国留步》的结尾两句：春天哟，请留步，请留步。春天呵，请在我们中国落户。这两句中的一字一顿突出了全诗的主题，表现出作者对春天的挽留与珍爱的心情，一字一顿将这种情感表现得鲜明、强烈、深沉。

③音节拖长法。把需要强调的字、词的声音拉长来表示重音。用音节拖长法表示重音可生动显现字、词的感情色彩，可真切表现诚挚强烈的情感。

④重音轻读法。对要强调的字、词在表达时不但不加重，反而减轻音势，用比较轻柔的声音来表示。

知识链接：练习材料（重音）

3）语速

语速是指朗读时吐字发音的速度。语速也能够表情达意，利用缓急快慢来表现文章的思想、情感等变化。一般来说，语速有快速、中速、慢速三种。

(1)快速。快速多用于表现兴奋、热烈、轻快、欢畅、焦急、紧张、愤恨、抨击、斥责等情感，表现急剧变化发展的场面，表现辩论、争吵等谈话方式，表现机警、泼辣、爽朗的人物(特别是年轻人)的语言、动作和性格等。

(2)中速。中速多用于表现起伏不大的、平淡的感情，多用在客观地叙述、说明、议论等。

(3)慢速。慢速多用于表现沉痛、悲伤、缅怀、悼念、追忆、失望、痛苦等心情，表现庄严、平静、严肃的场面，表现闲散、舒适的谈话方式，表现稳重、迟钝、身体有病痛的人或者老年人的语言、动作和性格。

4）语调

语调是指朗读整句时声音升降的变化。语调有升、降、平、曲四个调。语调运用得当，可增强语言的表现力，表达情感。

(1)升调，语调由平逐渐升高，常用于表示疑问、反诘、惊异、呼唤、号召等语气，表达高昂、亢奋、激动的情绪。例如：是他把我的蜂蜜打翻的吗？(疑问)

(2)降调，语调由高逐渐降低，常用来表示肯定、坚决、悔恨、感叹等语气，表达低落、沉重、无奈等情绪。例如：未来一定还会有无尽的坎坷。(肯定)

(3)平调，语调平稳，常用来表示庄重、严肃、冷淡、平稳等语气以及作为一般的叙

述说明。例如："怎样？……谁晓得？许是死了。"掌柜也不再问，仍然慢慢地算他的账。（冷淡）

（4）曲调，语调曲折变化、升降频繁，常用来表示反语、诙谐、嘲讽、夸张的语气。例如：老兄，你真是上知天文下知地理呀！（反语）

知识链接：练习材料（语速、语调）

8.1.4　体态语训练

演讲是由演和讲两个方面构成，所谓演主要就是内容的演绎和体态的演示。体态的演示即体态语，包括面部表情、眼神、手势、姿势等，通过人体形态来生动形象地传达信息、表达感情，是有声语言的辅助手段，体态语在演讲中极具重要性。体态语使用得当不仅能够有效补充和强化有声语言，还可以表达个体良好的气质风度，给人留下深刻的印象。

1. 基本要求

1）准确适度

在设计、运用体态语的时候，要充分考虑到演讲的内容，有时还要考虑到观众、环境等因素，要求做到表意准确、幅度适度。

2）自然文雅

演讲虽然具有表演的性质，但是不能太做作，要求自然、大方、文雅、含蓄，即便是表现强烈的感情，也不能太过外露，更不要做一些不雅的举动，如抓头皮、摸耳朵等。演讲者平时要注意自己的言行细节，注重培养温文尔雅、落落大方的气质，同时要注意提高自己的文化修养。

3）整体协调

演讲者和谐一致的言行举止能让观众感觉舒服，给人带来美的享受。因而，演讲者要做到三个方面的协调：一是体态语要和口语协调，二是体态语要和所表达的感情协调，三是同时使用的几种体态语，如手势、眼神、身姿等要协调。

4）简洁得体

演讲时，体态语要讲究简洁适度，过少会显得死板沉闷，过多会让人感觉过于张狂、喧宾夺主。因而，在设计体态语的时候要本着简洁的原则，使每个体态语都发挥应有的作用。同时，还要注意体态语要符合年龄、身份、职业及演讲的主题，要大方得体，切忌故作姿态。

5）富有个性

演讲要充分考虑演讲者的自身条件、生活经历、性格特点来撰写演讲稿和设计体态语，这样才会更自然、亲切，富有感染力。反之，生搬硬套或者故意模仿他人的体态语，不仅不会为自己的演讲增色，反而会让人感觉不伦不类。

2. 局部体态语训练

局部体态语包括眼神、表情、手势、嘴形等，在实际的演讲中，这些局部体态语并不是孤立分开的，而是互相协调、同步进行的。

1）眼神训练

演讲时，保持眼神交流很重要，因为保持眼神交流既可以帮助演讲者时刻了解听众对演讲的反应，还能够凝聚听众的注意力，让听众感受到演讲者的真情实感。因此，在演讲中，要重视眼神的运用。演讲时，眼神的运用总结起来有以下几种：

（1）前视。演讲者的目光直视前方，统摄全场，目光自然、亲切，表情大方、诚恳。前视最容易让听众感到"他是在向我演讲"，从而吸引听众的注意力。

（2）环视，也叫扫视，即视线有节奏地从左到右或从前到后慢慢移动，与所有听众保持眼神交流。演讲者初上讲台时，可以采用这种注视法，以调动听众的注意力，起到静场的作用。但在演讲过程中不宜频繁使用，以减轻观众的压迫感。

（3）凝视，是指演讲者用柔和的视线较长时间注视某一个听众。这种注视方法可以使对方因受到尊重而获得心理上的满足。但是，要注意：一是凝视的时间不可过长，以免影响对全场的照顾；二是不能有过多和过于集中的凝视，以免给个别听众造成压力，也让其他听众有被冷落的感觉；三是视线保持柔和，不可过硬或过冷，以免使听众产生不快。

（4）虚视，指的是目光没有焦距，不集中在某点上，视线长而柔和。这种注视方法可以帮助演讲者消除紧张、舒缓情绪，将精神集中到演讲的内容上来，还可以留给听众落落大方的印象。

（5）点视，往往是对不注意听讲的听众或者对会场不安静的部位进行有意识的关注。这种注视方法要点到为止，目光不可过硬。一般听众能迅速领会演讲者目光中的信息，保持安静。

以上各种眼神的运用并不是死板机械的，演讲者要根据演讲的内容、听众的态度、自身的情感变化，配合表情、手势等体态语，并结合会场可能出现的各种情况，灵活机动、有目的、有意识地运用眼神。

作为演讲者，我们要充分认识到眼神的重要性，懂得各种注视的含义，不仅能够识别对方的眼神、获取信息，更要注重眼神训练，以便在演讲时充分合理地为有声语言服务。

眼神训练方法：第一，观察和学习。观察各种身份以及各种场合的人的眼神，尤其是老师、领导、演说家的眼神，学习他们在表达不同内容时眼神的变化。第二，练习和模拟。私底下要经常对着镜子练习，同观察到的眼神比较对照。还可找几个人互相进行模拟演练。第三，交际和演讲。要检验和提高训练的成果，最好的方法就是实际应用。利用每一次交际活动和发言的机会，从有意识地试验到无意识地驾驭，逐渐形成成熟、稳定而又富有特色的眼神。

2）表情训练

表情是指面部表情，即脸上表现出来的喜、怒、哀、乐等复杂的情绪。表情是局部体态语中最直观的，也是使用频率最高的。

著名演讲理论家邵守义先生阐述了表情运用的五点要求：第一，要有灵敏感，要比较迅速、敏捷地反映内心的情感，并应该和有声语言所表达的情感同时产生和结束，过长和过短、稍前和稍后都不好。第二，要有鲜明感。要使面部表情准确明朗，使每一点微笑的变化都能让听众觉察到。喜就是喜，怒就是怒，不要模糊不清。第三，要有真实感。演讲者的面部表情应让听众看出是其内心深处最真实的东西，而不是华而不实，无病呻吟。第四，要有分寸感。表情的运用要适度，不瘟不火，适可而止。过火，显得矫揉造作，不及，显得平淡乏味。第五，要有艺术感。演讲中的面部表情应是既有生活中的真实又有艺术性表现的结合体，拘泥于生活，就缺乏美感，过于表现艺术化，又会不自然。

在所有表情中，微笑是最令人感觉舒服的表情。微笑被称为社交中最美的语言。微笑是发自内心的自然坦诚的感情流露，能够展示自信，拉近双方距离，获得对方好感。如果说语言是有国界的，那么微笑就是无国界的。在微笑面前，人们都会本能地报以微笑。正如纽约一家百货商店的人事主管所说的："我情愿出高价雇佣一个脸上总是带着可爱笑容的、连小学都没毕业的女职员，也不愿雇佣一个满脸冷冰冰的博士生。"虽然微笑是发自内心的，但后天的训练非常重要。据说，日本航空公司在培养空乘时，最先进行的是微笑训练。

表情训练方法：第一，观察和揣摩。可观察电影、电视中人物的表情，也可观察雕塑、绘画、摄影作品中的人物表情。第二，对镜练习。练习激动、悲痛、愤怒、感动、大笑、冷笑等各种表情，体会脸部肌肉的紧张程度。第三，练习微笑。基本做法：不发声、不露齿，嘴角两端向略微提起，亲切自然，使人如沐春风。

3）手势训练

手势是体态语中最富有表现力的。人们在说话时总是会不自觉地使用各种手势来配合语言和感情的变化，甚至在某些特殊场合和时刻，手势能够代替语言表达更强烈的思想感情。手势按动作到达的区域可分为三种：

（1）上区手势，手在肩部以上，表示肯定、振奋、激动、愤怒等强烈的感情。比如，右手握拳上举表示决心。

（2）中区手势，手在肩部和腰部之间，表示平静、友善、坦诚的态度和情绪。比如，摊开双掌表示真诚、坦率。这是交际中最常用手势，在演讲和发言中也时常用到。

（3）下区手势，手在腰部以下，表示憎恶、否定、反对、失望等情绪。比如，右手握拳向左下方挥动表示抗议。这种手势在演讲中也常用到。

手势在演讲中也起着不可替代的作用。演讲中的手势，不仅能起到解释或强调的作用，而且有时能表达语言所无法表达的内容，为演讲增添感情色彩。

4）嘴型训练

嘴巴除了发出有声语言之外，其嘴型变化在一定程度上也能表情达意。汉语里有不少与嘴部有关的表现情绪的成语，如咬牙切齿、目瞪口呆、瞠目结舌。一般来说，嘴的动作所表现的含义有以下几种：

嘴巴半开，嘴部肌肉紧张，表示疑问、期待、惊讶、紧张。

嘴巴半开，嘴部肌肉松弛，表示入神或发呆。

嘴唇噘起，表示生气或撒娇。

嘴巴大开，表示惊愕、惊骇。

嘴角向上，表示心情好。

嘴角向下，表示沮丧。

撇嘴，表示不耐烦、不稀罕、不屑。

牙齿咬住下唇，表示害羞、忍耐、思考等。

舌头舔嘴唇，表示紧张。

嘴部动作训练方法：对着镜子练习嘴部动作，尤其注意微笑时嘴部的形状。

5）头部动作训练

头部动作是指整体的头的动作。头部动作相对于表情、手势等来说要简单多了，但在演讲和交际中仍有着不可忽视的作用。简单来说，点头表示同意，摇头表示否定，昂首表示骄傲，低头表示屈服，垂头表示丧气，侧头表示不服。头部动作主要有以下几种：

（1）头部正位：多用于陈述时，此时演讲者的目光重点在会场中部听众的脸上，显得较庄重严肃，表现一种较平稳的感情。不过，这种姿态不宜过久过多，以免形成呆板印象。

（2）点头：表示同意、肯定、感谢、满意、顺从等意思，也可作为打招呼的一种方式。

（3）摇头：表示反对、否定、怀疑、拒绝、失望、不理解等意思。

（4）侧头：表示思考、欣赏、不服，有时也是表现少女、孩童撒娇的情状。

（5）昂头：表示踌躇满志、胜券在握、目中无人、骄傲自满等意思，也可表现革命志士视死如归的样子。

（6）仰头：表示失意、伤心、呼唤、憧憬、大喜等意思。

（7）低头：表示顺从、听话、消沉、无可奈何等意思。

（8）猛抬头：表示觉醒、有所悟等意思。

（9）垂头：浅垂一般表示谦虚、停顿和思索，深垂表示悲痛、伤感、消极、丧气、难过等。

在做头部动作的时候，最好配以别的体态动作或者语言，比如在点头时配以"嗯"的一声，或者摇头的同时轻摇手掌，以加强效果；如果只有头部动作，那么头部动作幅度要大一点，以便让别人准确理解。可以对镜进行以上头部动作的练习，注意配上相应的表情、手势等其他体态语。

3. 整体体态语训练

整体体态语是相对于局部体态语而言的，它是通过一个人静态或动态的身体姿势来传达信息的一种体态语，包括站姿、坐姿、行姿等。

1）站姿训练

"站如松"历来是对优美挺拔的站姿的一种形容，也是我们学习站姿的标准。的确，优美的站姿能显示个人的自信，给他人留下美好的印象，因而作为演讲者，更要注重站立的姿态。

正确的站姿可参考以下各条：精神饱满；头部正直，双眼平视，下巴微收，表情自然；两肩平齐，收腹挺胸，双臂自然下垂或者右手轻握左手（手腕或手指）自然垂放于下腹处；双腿挺直，脚跟自然靠拢，或者一脚略前一脚略后构成45度角，使重心保持在双腿之间，这比较适用于女士；或者在上体保持正直的前提下，一脚可后撤半步，但重心依然在双腿之间；也可双脚分开与肩同宽，不过这往往适用于男士。

以上各条有时还要考虑场合、身份等因素而有所调整，比如在长者和上级面前，要求头略低、手下垂、胸稍收，表现出谦恭诚恳的态度。

2）坐姿训练

"坐如钟"是对坐姿的形容和要求。优雅稳重的坐姿能够传达给人有礼貌、有涵养的信息，对人的交际和工作都有不可忽视的作用。

正确的坐姿可参考以下：入座轻而稳。在正式场合，应从椅子的左边入座，从左边离座。无论什么坐具，均不可坐得太满，大概坐到2/3或1/2处。入座后，不能急于靠椅背，谈话时间久了，可轻靠椅背，上体仍需正直；入座后，保持上体正直，神态自然。双手可自然放于双膝上，也可置于坐具扶手上，手心都要向下。女士双膝自然并拢，双腿可正放也可侧放；男士两膝间可分开一拳左右的距离，不能超出双肩；与人交谈时，身体略前倾，以示尊重与专注；离座时也要稳健轻巧，右脚向后撤半步，自然起立。

3) 行姿训练

"行如风"是行姿的基本要求。协调、稳健、轻松、健美的行走姿态能够体现良好的精神面貌。演讲者要注意走上演讲台和走下演讲台的姿势，要把上台的第一步和下台的最后一步看作是演讲的一部分。

正确的行姿可参考以下：头部端正，双眼平视前方；上体正直，挺胸收腹；精神饱满；步履稳健轻盈，富有节奏感；步调一致，速度适中；肩部放松，双臂摆动自然有力，幅度适中。

应当说，行姿的要求比起站姿、坐姿的要求要相对灵活一些，因为它还要考虑到个人的体形、年龄、性别等因素，不可搞一刀切。比如，胖人与瘦人的行姿会有不同，前者步履沉重，后者步态轻飘；长者和少年的行姿也不一样，前者稳健，后者轻快；男子与女子的行姿也有差异，前者沉稳庄重，后者相对轻盈优雅。另外，也要注意到在不同的场合，同一个人的行姿也会有所差异。

8.1.5 心理素质训练

心理素质是指个体的心理过程和个性心理特征及其水平。心理素质是人的整体素质的重要组成部分，是人进一步发展和从事活动的心理条件和心理保证。

演讲是个复杂的生理和心理过程，具备良好的心理素质是演讲获得成功的前提条件。所以，心理素质的训练是十分重要的。

1. 演讲者必备的心理素质

1) 自信

自信亦称自信心，是个体相信自己能力的心理状态。自信是建立在对自己正确认知基础上的，是对自己实力的正确估计和积极肯定，是自我意识的重要成分，是心理健康的一种表现，是学习、事业成功的有利心理条件。在演讲、辩论中，充分的自信心能够使个体心绪镇静、记忆准确、表达流畅、神态自若，具备良好的竞技状态。

2) 豁达

豁达指的是心胸开阔，性格开朗。宽容、大度是豁达的近义词。豁达是一种生活的态度，更是一种待人处事的思维方式。豁达一部分来源于性格，但更多地缘于修养。在演讲中，豁达的心态有助于个体保持公允、客观。

3) 坚持

坚持即意志坚强、坚韧不拔；持即持久、有耐性。坚持是意志力的完美表现，坚持常常是成功的代名词。要成为一个优秀的演说家，同样要具备坚韧不拔的毅力和百折不挠的恒心，在实践中磨炼自己，不断提高口才。

4) 镇定

镇定是指遇到紧急、意外的情况时不慌不忙的一种心理素质。在演讲过程中，我们随时会面临听众出人意料的反应以及意想不到的突发事件，一旦出现这些情况，我们所要做的首先就是镇定。镇定能够帮助我们迅速做出积极的、恰当的情绪反应，尽快调整思路，随机应变，从而化被动为主动，变不利为有利。

2. 演讲中常见的心理障碍

1）自卑

自卑是对自己的知识、能力等做出过低的评估，进而否定自我的一种心理状态。不少人都有这样的困惑：自己在日常生活中可以自如地谈话，但是一到正式的场合，特别是在陌生人面前，就常常会语塞，甚至张口结舌、语无伦次。导致这种情况发生的不仅仅是怯场心理，其中还有自卑感在作祟。演讲时的自卑心理通常来自几个方面：一是担心自己的学识不精，怕说错话，惹人嘲笑；二是对自己的口语表达能力缺乏信心，害怕"词不达意"；三是缺乏实践锻炼，很少在陌生人面前和大庭广众之下开口说话；四是有些人存在口吃等生理缺陷，羞于开口，也有些人因方言口音重而时常惹人嘲笑进而不敢说话。有以上这些顾虑，就难免产生自卑感，一到正式场合开口演讲，就会丧失勇气，导致演讲失利。

2）怯场

怯场，就是当众发言、表演时因紧张、害怕而神态举止不自然。演讲时，当一个人孤单站在讲台或舞台上，面对大庭广众，自然会产生一种心虚、胆怯的心理。这是一种正常的心理反应，并不是个别人才有的特例。

3）自大

自大是形容个体自负的心态，是一种以自我为中心的心理障碍。自大者往往自以为了不起，习惯于过高地估计自己，只顾自己的感受，妄自尊大。无论是在日常交际和工作中还是在演讲比赛时，自大都是非常有害的。在日常交际和工作中，自大容易使人孤傲离群，恶化人际关系，不利于工作的开展；而在演讲时，自大的人容易轻视竞争对手，过高地估计自己的能力，盲目乐观，自我满足，招致失败。

4）嫉妒

嫉妒是指与他人比较时发现自己在才能、名誉、地位或境遇等方面不如别人而产生的一种复杂情绪，它由焦虑、恐惧、悲哀、猜疑、羞耻、消沉、憎恶、怨恨、报复等情绪组成。有嫉妒心的人为了获得心理平衡和满足常常会对被嫉妒的人做一些破坏性事情，如散布对其不利的言论，甚至进行人身攻击。嫉妒往往发生在相同职业或者年龄相近、身份相似的人身上，通常是由于两者在利害关系上有某种联系或者是竞争关系。在演讲比赛中，竞争对手的优势常会招致嫉妒，从而引发不正当的竞争方式或者影响自己的发挥。

3. 克服演讲心理障碍的方法

1）克服自卑心理

（1）摆正心态。要克服自卑感，最重要的是摆正心态。要正确认识自我，客观看待他人，保持一颗平常心，冷静对待评价。

（2）自我强化。人的能力是可以通过训练和强化得到提高的，演讲能力同样如此。在进行训练和强化时，要制订合理的计划，注意循序渐进、持之以恒，不可操之过急，也不能自暴自弃。可以先从简单的做起，将目标定小，这样可以使自己比较容易地获得成功，从而在内心累积愉悦感，逐渐增强自信心。在取得一定的进步和成绩之后，适当提高难度，要保证自己在能够克服的情况下又可以挑战和提高自己的能力。

(3)自我暗示。自我暗示可以是在内心默默自语，也可以找一个无人的地方大声说出来，或者是对着镜子，凝视自己，然后用微笑的表情、自信的口吻大声说几遍。这些做法，尤其是后者看来十分可笑，但其实是一种积极的自我肯定，会在潜意识里帮助人克服自卑和胆怯心理，增强自信。

2）克服怯场心理

怯场心理通过调节是可以缓解，甚至消除的。充分的准备和大量的演讲实践是消除怯场心理的唯一途径。演讲前做好充分的准备工作，能有效提高自信心，缓解怯场心理；反复试讲演练；临场前积极进行自我暗示，用深呼吸排解压力；平时要积极锻炼胆量，加强实践练习，培养当众说话的勇气。

3）克服自大心理

自大者容易陷在自我狭小的空间里不能自拔，将演讲变成纯粹的自我表现，陶醉在自己的世界里，以我为尊，目空一切。调节方法：客观准确地评价自己和他人；接受批评，并能够自我批评；学会尊重他人、关爱他人；正确看待荣誉，端正演讲动机。

4）克服嫉妒心理

善妒者往往是心胸狭窄之人，心里容不下别人，整日多疑多虑、忧心忡忡，自然也无暇提高自己。因而首先要认清嫉妒的危害，积极拓宽胸怀、完善自己的个性，正确看待他人的成功，努力提高自己。

情景案例：演讲者登台时应注意哪些细节？

8.2 演讲稿的撰写训练

演讲稿的准备是演讲准备中一个很重要的方面，演讲稿设计得是否科学恰当直接影响演讲的成败。

1. 确定主题

主题是演讲的灵魂，它决定演讲思想性的强弱，制约材料的取舍和组织，影响到论证方式和主题调度。没有明确的主题，演讲就如同一盘散沙，即使讲得天花乱坠，也会让人不知所云，不解其意。确定主题时要注意以下几点：

(1)演讲主题应集中。分散会导致失败。很多演讲失败者都因为没有在主题限定的范围内演讲，而是跑偏了或者跑远了，要讲的东西太多太杂，听众无法将注意力集中到重点内容上去。一般来说，一篇演讲只能有一个主题，演讲者必须围绕这个主题展开论述。

(2)主题要求鲜明、正确、新颖、深刻。鲜明，是指演讲主题要贯穿于全篇，能够给听众留下深刻的印象，并引起强烈的反响；正确，是指其观点见解具有积极意义，使听众受到教益，取得良好的社会效应；新颖，是指见解独特，给人以清新之感，对听众具有诱惑力和吸引力，能引起听众的兴趣和注意；深刻，是指提出的主张和见解能揭示事物的本质，能使听众受到启迪，从感性认识上升为理性认识。

2. 搭建架构

确定了演讲主题，接下来就需要搭建一个良好的架构，才能把自己想要传达的信息成功地传递给对方。演讲的架构就像一个建筑物的框架一样，有了筋骨，往里填材料就容易多了。马克·威斯卡普有一个很好的搭建架构的方法，他是用幻灯片的形式进行的，但是我们可以用卡片，或者是纸都行。

第 1 页：写入"具有行动指向性的演讲标题"。
第 2 页：写入"我的主题句"。
第 3 页：写入"支持性论述 1"。
第 4 页：写入"支持性论述 1：数据/信息"。
第 5 页：写入"支持性论述 1：数据/信息"。
第 6 页：写入"支持性论述 1：故事"。
第 7 页：写入"支持性论述 2"。
第 8 页：写入"支持性论述 2：数据/信息"。
第 9 页：写入"支持性论述 2：数据/信息"。
第 10 页：写入"支持性论述 2：故事"。
第 11 页：写入"支持性论述 3"。
第 12 页：写入"支持性论述 3：数据/信息"。
第 13 页：写入"支持性论述 3：数据/信息"。
第 14 页：写入"支持性论述 3：故事"。
第 15 页：写入"我的主题句：重复"。
第 16 页：写入"具有行动指向性的演讲标题"（还可以更多）。

3. 准备方法

很多人认为演讲准备就是写完演讲稿，然后背得滚瓜烂熟就可以了。有很多人逐字逐句准备演讲稿，甚至是每句话的表情、手势都演练得非常到位，但是真的走上讲台，除了第一句就再也想不起其他的了。所以千万不要逐字逐句地背诵演讲稿。

演讲大纲确定以后可要进行预讲，演讲就像学游泳，如果不下水是永远不会游泳的。"台上一分钟台下十年功"，用在演讲上也不为过。要想在台上有一个好的表现，预讲是必不可少的。

预讲可以自己面对镜子练习，或者将演讲内容录入磁带，最好的办法是在家人或朋友面前预讲，倾听他们的意见。预讲一方面可以发现自己不足的地方及早改进，比如一些自己下意识里常出现的口头禅、重复率过频的语气词等，还有一些内容上、顺序上需要调整的地方都能从预讲当中发现；另一方面可以缓解紧张的情绪，提高演讲效果；同时还可以帮助我们预控演讲时间。如果预讲的效果满意，可帮助演讲者提升自信心，为正式演讲取得成功奠定基础。

4. 演讲的开头、结尾

演讲稿的设计主要注意 3 个方面：一是开场白要有吸引力；二是结尾要耐人寻味；三是内容要丰富饱满，有趣味。下面我们着重讲一讲开头和结尾。

1）匠心独运的开场白

"良好的开端,成功的一半",演讲也是如此。一个好的开场白,可以吸引听众的注意力,给听众留下深刻印象,可以立即控制现场气氛,从而为接下来的演讲搭梯架桥。演讲的开场尽管没有绝对固定的模式,但我们也可以借鉴一些好的方式。

第一,以故事开头。这种开头方法是通过一个与演讲主题有密切关系的故事或事件开头,以生动有趣的故事或事件打动听众,增强吸引力。

第二,以开门见山开场。演讲者需要在最短的时间里与听众建立联系,结束了这场演讲或许就再也没有机会跟这些听众再次见面。因此,我们要在最短的时间里跟听众去建立一种亲密关系。听众不会给你许多时间和耐心以便他们了解你,他们想要的是兴奋、智慧、机智和成就感。

第三,以自嘲、幽默开场。幽默是人类智慧火花的闪现。诙谐幽默的开头往往亦庄亦谐,轻松自然,活泼灵动,既语带双关,又不失机智。这种开头不仅能较好地彰显出演讲者的智慧和才华,增强语言的美感,而且能使听众在轻松愉快的气氛中不知不觉地进入角色,接受演讲内容。

第四,以制造悬念开场。人都有好奇之心,一旦激发了听众的好奇心,就能吸引听众的注意,促使听众尽快进入演讲者的主题框架。

第五,以道具展示开场。道具展示开头就是演讲者在开始演讲前展示一种实物,给听众一个新鲜、感性的直观印象,从而引起听众注意。在一个古钱币展览会上,有一个人的演讲开场白是这样的:"在场的诸位,有没有人在街上捡到过这样一枚钱币?"随后向听众展示那枚钱币,大家立刻就注意他手上高举的钱币,看自己到底有没有拾到。

第六,以名言经典开场。名人名言、格言、警句、歌词、谚语、诗词等语言简洁优美,文化积淀深厚、极富哲理,启迪性强,具有引人注目的作用。恰当地引用名言警句,实为演讲开头的好方法。

2）耐人寻味的结尾

结尾没有定式,却有可以参照的模式。以下几种方式可以灵活变通使用,也可以组合使用。

第一,以总结演讲要点结尾。在演讲结束时对整个演讲内容做出提纲挈领式的归纳和概括,再次敲击听众的心扉,可以帮助听众填补一些前面他们没有完全领会的信息空白,从而对演讲印象深刻。

第二,以故事结尾。结束的时候讲一个意味深长的故事,会让听众觉得你的演讲意犹未尽,回味无穷。同时,还可以利用故事的含义提升演讲的全部内容,让听众深刻体会演讲的内涵。

第三,以名言结尾。名人警句常常寓意深刻,发人深省。用铿锵有力的名言结尾,把演讲者对演讲主题的思索或结论浓缩在一两句格言中,使听众受到深刻的启迪和教育。

第四,以诗词、对联结尾。对联是一种对仗、押韵对偶句,朗朗上口,它是我国传统文化的结晶,将其用在演讲的结尾可以使演讲锦上添花,令人回味无穷。诗词含义深远、韵味无穷,有些诗词还气势磅礴、气吞山河,在演讲的结尾用诗词也会增强演讲的感染力。

第五,以幽默的方式结尾。在演讲结尾时以幽默的方式让听众轻松愉快,同样会给他们留下很深的印象。幽默是人际交往的润滑剂,用在演讲的开头能迅速拉近与听众的距离，用在演讲结尾则风味独特。

演讲的结尾既可以充实、丰富演讲内容，又可造成形式的灵活多样。总之，根据演讲内容的需要，自然而恰当地设计好的结尾，会给演讲锦上添花，给听众留下深刻的印象。

8.3 演讲训练

演讲程序：了解听众→确定话题→收集材料→确定演讲目的→设计演讲稿→试讲→熟悉会场→正式演讲。设计演讲稿、试讲、正式演讲前文已有，此处不再赘述。

1. 了解听众

演讲是针对特定听众展开的，对演讲效果的评判标准只能是听众对演讲的接受程度。因此，演讲者要对听众心理特征和听众构成成分进行了解，针对不同类型听众有选择地准备话题，使所讲话题能与听众产生共鸣。

1）了解听众心理

成功的演讲者既要使他的演讲成为听众的一部分，也要使听众成为他的演讲的一部分，而其中首要的，便是要了解和掌握听众的心理特点。总的说来，听众的心理主要有以下四个特点：

第一，听众对信息的接收具有选择性。听众听演讲是用听觉、视觉器官及大脑进行认识的一种综合心理活动，它是在已有经验、知识和心理期待的基础上进行的，因而具有极强的选择性。首先是选择性注意，即只注意那些他们已知、有兴趣、有关系或渴望了解的部分；其次是选择性记忆，即容易记住那些自己愿意记住的信息，忘记那些自己不喜欢的信息；再次是选择性接收，即愿意接收那些与自己一致的观点。

第二，自我中心的功利目的。某些演讲失败，并不是演讲者缺乏足够的准备，而是听众对与己无关的演讲缺乏兴趣。这在某些形式主义的讲话场合中更为常见。听众往往考虑那些与他们切身利益密切相关的事情，如晋升职务、调整工资、购买住房等话题总是比人口普查、理论学习等话题更引人关注。因此，演讲者应充分注意听众的兴趣和利益，不论何种类型的演讲，都应从听众角度精心选择和设计演讲的主题、事例和表达方式。功利并不意味着一定要是金钱、物质等经济利益，有关思想上的启迪、知识的补充、疑难问题的解答、精神上的娱乐等内容，对听众而言都是一种功利性的收获，都能满足听众自我中心的需求。

第三，持续时间有限的注意力。实验报告显示，人类注意力的持续时间非常有限。以一个单位对象为标准，一般人注意力的持续时间大约只有 3 秒到 24 秒。人的大脑随时准备接受新的刺激。演讲实践也表明，听众很难聚精会神地倾听关于一个问题的长时间的演讲。因此，演讲者应该有意识地制造演讲内容的起伏跌宕，适时变换语调和节奏，甚至插入一些与主题关系并不密切的幽默话题或故事，以维系听众的注意力。

第四，听众心理是独立意识与从众心理的矛盾统一。听众心理既有独立思考、不唯上、不唯书的独立意识的一面，又有受其他听众影响而改变自己看法的一面。演讲中，往往出现数人笑、众人皆笑，数人鼓掌、众人皆鼓掌，数人打哈欠、众人皆有睡意的现象。高明的演讲者善于控制、调节听众的情绪，能适时激发听众的热情，把演讲推向高潮，也能及时发现听众的不耐烦情绪，以主动出击的方式控制消极情绪的蔓延。

2）了解听众构成

一场具体的演讲，必须事先了解听众的具体构成成分，以便有针对性地做好演讲材料、演讲风格和演讲技巧的准备。从参加演讲会的目的来看，听众大致可分为以下几种类型：

第一，慕名而来。一般群众对各类名人都怀有敬仰、钦慕之心。因此，当著名政治家、科学家、演讲家、体育明星、影视明星等发表演讲时，往往有大批听众慕名前往。此类听众的主要目的大多是一睹名人风采，他们一般不太计较名人的演讲水平。同时，潜在的崇拜心理，往往能使名人的演讲激起异乎寻常的热烈反响。

第二，求知而来。为了获取新的知识和能力，听众会主动选择那些能满足自己求知欲的演讲。学术讲座、技术辅导、国外见闻等演讲能够吸引大批听众的原因正是这些演讲满足了听众的求知欲望。此类演讲只要内容充实，条理清晰，听众一般不会过于挑剔演讲技巧。

第三，存疑而来。听众对自己渴望了解的演讲话题总是抱有极大的兴趣。例如，调整工资、保健问答、产品介绍等，如果关系听众的切身利益，听众会十分主动地参与演讲交流过程。此类听众只要求演讲者把演讲内容交代清楚，对演讲者的身份、地位和演讲水平不会有太苛刻的要求。

第四，捧场而来。在某些演讲，特别是命题演讲比赛中，往往有一些演讲者的同学、同事和朋友前来助威和捧场。这类听众的人数虽少，但在渲染演讲会场气氛、调动其他听众情绪方面却能起到极其重要的作用。演讲比赛和体育比赛一样，东道主往往因地利、人和而占据优势地位，其主要原因是拥有自己的捧场者。

第五，娱乐而来。青年人喜欢演讲比赛，是因为演讲场上充满了激烈的竞争和热烈的气氛，具有一定的娱乐性。仅仅"看热闹"这一条理由，就已经能够吸引许多听众。不过，在为娱乐而来的听众的潜意识中，隐藏着他们对高水平演讲者的崇拜和学习演讲的欲望。

第六，不得不来。工作报告、经验交流、各类庆典的会场上，有一部分是由于纪律约束或出于礼貌而不得不来的听众。这类听众对演讲内容不甚关心，在演讲过程中往往心不在焉，反响冷漠。要征服这类听众，演讲者需要有较高超的演讲技巧。

以上仅仅分析了听众参加演讲会的目的。在演讲实践中，演讲者还可以从其他途径了解听众的构成并采取不同的演讲方案。如人数的多寡、男女性的比例、文化水平的高低、职业的差别等，都会影响演讲方案的制定。

3）收集听众资料的方法

听众的心理和构成很重要，如何才能收集到有关听众的信息呢？下面介绍几种方法。

第一，收集你所观察到或征求到的信息资料。如果你与听众有某些联系（比如你和听众是班级同学），那么你可以从个人观察和简单的调查中取得许多重要信息。比如，到班上听一两节课，你就会对班级成员的大致年龄、男女比例有了解。当你听他们讲话时，你将更多地了解到他们的兴趣、知识领域及对许多问题的态度。

第二，询问安排你演讲的人。当你应邀去演讲时，可要求你的联系人尽可能多地提供上面所列的各类信息。即使信息不如你想要的那么具体，它们也仍然有用。

第三，对听众人口统计资料做出明智的推测。如果你不能通过任何其他方法取得信息，那么你必须依据间接信息做出推测。比如，某个社区的一般人口构成是什么？哪种人可能来听你有关某话题的演讲？

2. 选择话题

了解听众的情况后就需要选择一个合适的话题进行演讲。一般可选择如下几种话题：

1）听众喜欢的话题

第一，满足求知欲的话题。人们对于无限的宇宙、遥远的过去、神秘的未来以及各种陌生的知识领域，总是感到迷茫和困惑，总希望掌握各类知识，充实和发展自己。这是人类生存的本能需要。

第二，刺激好奇心的话题。人人都有好奇心，世界趣闻、名人轶事、突发事件、科学幻想、个人经历等，都能激发听众的好奇心。

第三，事关听众利益的话题。群众最关心涉及切身利益的事情，关系听众衣、食、住、行的演讲当然会受到欢迎。高明的演讲者具备把间接涉及听众利益的话题转化为与听众直接相关的话题的能力。

第四，有关信仰和理想的话题。听众，特别是青年听众，无论古今中外，都不会讨厌对人生的探索、对理想的追求、对事业的开拓等话题。某些有关信仰和理想的演讲不受欢迎，主要是因为缺乏针对性和生动性。

第五，娱乐性话题。幽默、笑话、故事穿插于演讲之中或构成一段完整的演讲，在博得听众一笑的同时也征服了听众。娱乐性演讲一般时间较短，或用于娱乐、礼仪场合，或用于调节长时间演讲的会场气氛。

第六，满足听众优越感的话题。世界上很少有人讨厌"奉承"。演讲者要尽量掌握听众的基本情况，以便在演讲中穿插一些能满足听众优越感的话题。

2）演讲者最熟悉、最热爱的话题

"感人心者，莫先乎情"，演讲者如果衷心地相信某件事，并热切地宣传它，便容易获得听众对这个话题的认同和热爱。演讲者自己充满了对演讲主题的"情"，才能激起听众强烈的"感"。

演讲者最好选择那些自己熟悉并坚定不移地信仰的话题，如果要就某个不熟悉的话题发表演讲，演讲者事前应该充分地收集资料，以便熟悉这个话题并全身心地热爱它。

3）从演讲现场发掘话题

演讲，特别是即兴演讲，在准备时间很短或几乎没有时间准备的情况下，如何迅速选择和确定话题呢？从演讲现场发掘话题是一个切实可行的办法。

3. 收集材料

在演讲中，材料是观点形成的基础，观点从材料中来。这种从材料中抽象出来的观点一旦形成，就成了进一步收集材料的依据。同时，思想观点的阐述，也以材料为支柱，离开了真实、具体、生动、新颖、典型、充分的材料来阐明思想观点，演讲就会显得空洞。只有大量地广泛地收集材料，才能使演讲获得成功。下面简单介绍几种收集材料的途径和方法。

1）利用网络收集资料

互联网的信息是最为丰富的，收集起来非常快捷。我们平时上网的时候，可以在电脑里建立几个存储的文件夹，看到相关的信息就把它们存储在对应的文件夹里。如果有非常重要的内容可以把它们打印出来，然后放在对应的主题文件夹中。这样资料就会越来越丰富，在演讲的时候可用的素材也就越来越多，就不怕没有东西可讲了。

2）利用报纸、书籍收集材料

平时在看报、看书的时候遇到有用的信息就摘录下来，然后按照类别放到你的文件夹里。

3）利用电视、广播、视频平台收集材料

看电视、听广播、刷视频不仅是单纯的消遣，可以准备便笺本，看到有用的信息或数字就写下来，看到有价值的广告也可以记下来，然后进行整理。

4. 确定演讲目的

在准备演讲之前，首先必须明确此次演讲的目的。演讲的目的是指演讲者希望通过演讲在听众的脑海里留下哪些演讲的内容并使听众产生一些积极行动。演讲一般有如下几个目的：

1）激励听众的行动

很多演讲要激励听众，并使他们改变行动。如，以保护环境为主题的演讲，演讲者就是通过运用逻辑、证据和情感来说服听众，使其愿意接受演讲者的建议。关于这个目的的演讲，卡耐基口才训练班的教师们曾总结出一个演讲的魔术公式。

第一，尚未涉及演说核心内容前，先举一个具体的实例，通过这个实例，把你想让听众知道的事透露出来。

第二，用明确的语言叙述你的主旨、要点，将你想让听众去做的事，明白地表达出来。这里的主旨、要点，要采用听众最容易了解的方式来表达，一定是具体的、听众能办到的。

第三，叙述理由，即简要归纳听众按你的要求去做了以后会得到的收益或进步。叙述理由时，可用一段话或两段话来阐明因采取行动会获得的利益，这个利益应当是实际的，跟实例能对应的，而不应牵强附会。

2）传播知识或信息

许多演讲是围绕将要发布的某项信息展开的，听众可以从了解这些消息中受益。在日常生活中我们经常会有一些传达知识或信息的话，如指示、说明、报告等。而想有效传播知识或信息有赖于明确的表达能力，它是现代人的必备条件之一。你的表达越明确就越容易与人沟通，越具备更多让别人了解你的机会，你就越能获得开拓自己的机会。

3）引起情感的共鸣与理解

这类演讲以情动人，亲情、友情、爱情都可以。感情必须真挚，要以事实说话，用真情、以实例来感动听众，引起听众正向的反应。

4）娱乐

这类演讲以轻松幽默的方式来传达主题和信息，可以单纯为了取悦听众，也可以是借助这样的方式达到引起听众注意的目的。

5. 熟悉会场

除了了解听众，演讲前还要熟悉会场情况，以便与听众取得良好的沟通效果。一般应做好以下几方面的准备：

1）提前报到

提前到达要演讲的地方，巡视整个会场，了解周围环境有没有其他因素影响演讲效果，如噪声等；确定讲台的位置；辅助工具如何放，放在哪里合适；听众的位置是如何安排的，是否有利于交流；灯光够不够亮、场地有多大、你说话的声音应该多大等。

2）熟悉你要使用的麦克风

了解麦克风怎样开关，练习用它说话，在走路时不要让话筒电线绊倒你。

3）准备好需要写的东西

如果你需要借助板书的话，就要弄清楚有没有白板，如果有，写出来的字是否清晰，白板笔墨水是否充足等。

4）与组织者和主持人沟通

明确谁将介绍你，你将站在哪里。把你写好的自我介绍交给主持人，确定它是否对你的名字发音正确。最好把它写成包括 3~5 个关键信息的介绍，以便听众有一个大体的了解。

8.4　面试口才训练

求职应聘实际上是一种自我推销的过程。求职者想要成功地把自己推销出去，除了具备相应的学历、工作经历等之外，关键的一点就是能否和招聘方进行有效的沟通。从某种程度上来说，交际能力强弱和口才的高低决定着求职面试的成败。

8.4.1　面试的准备

常言道："不打无准备之仗。"求职面试犹如领兵上阵，盲目出击、麻痹大意必然招致失败，只有精心准备、知己知彼方能取得胜利。因此，对求职者来说，准备工作就显得尤为重要。

1. 心理准备

1）知己

在求职之前，对自己有客观正确的认识，知道自己的兴趣、个性、能力、追求等，就能对自己的未来做出更好的设计。

第一，了解自己。了解自己，可以通过自省，也可以通过家人、师长、朋友、同学的描述，将这些内容罗列出来，主要包括：个人的兴趣、爱好、特长；个人的优点和缺点；个人最喜欢做的事和最不喜欢做的事；专业成绩如何；历年来获奖或取得成就的情况，应用了什么技能才获得这些成绩；参加过哪些社会活动并取得什么样的成绩；最喜欢的社会活动；人际交往的情况；没做成的事情以及原因。

第二，重塑自己。在了解自己的基础上，应扬长避短、重塑自我，使自己在竞争中处于更有利的位置。这就要求求职者在求职面试之前，对招聘单位需要什么样的人有一个初步的了解。

2）知彼

如果一名求职者没有花足够的时间进行准备，对他所求的那份工作及用人单位缺乏必要的了解，那么，无论他掌握多少面试技巧，成功的可能性都不会太高。因此，在求职前，我们还需对就业形势、相关的用人单位、所求工作的性质和内容以及求职面试的程序进行充分的了解，这样才能做到化被动为主动，有的放矢，避免盲目性。

第一，了解就业形势。求职者在求职前有必要了解本地区就业的情况以及职业市场的发展趋势，通过报纸、广播、电视等各类媒体提供的招聘启事，及时掌握哪些行业的发展面比较大、哪些职位的升迁机会比较多、哪些招聘对自己比较有利，等等，同时还要进一步对各个行业进行深入的了解和比较。

第二，了解用人单位。求职者有必要对用人单位有深入的了解和研究，不仅要掌握基本的资料，比如地理位置、成立时间和背景、行业地位、目前的规模和资产、未来的发展趋势、近几年的成长情况、文化特征（经营理念、企业精神、企业特色、形象识别）等。最好还能知道一些准确和深入的资料，如工作环境、单位负责人的情况、薪酬分配情况、员工的满意度、报酬福利等。因为在面试中，求职者经常会被问到"你为什么要到这里来"之类的问题。用人单位会通过这些问题来考察求职者的工作热情、工作态度和工作效率。

搜集这些资料的途径很多。求职者可以收集报纸、杂志中的招聘广告，也可留意各类媒体对各家单位的新闻报道，还可通过网络进行深度了解，更可以托亲朋好友侧面打听。总之，求职者要做一个有心人，力求多方位、全角度地去了解用人单位。

第三，了解工作性质和内容。并不是所有人都能求得一份称心如意的工作。许多人在辛苦求职之后会发现，所从事的工作同自己原先的设想之间存在较大的落差。于是大多数人会逐渐失去热情和兴趣，有的决定重新择业，有的则出于种种保守考虑将就了事。

第四，了解面试程序和可能的问题。求职者有必要事先了解面试程序，以及在面试中可能遇到的问题。可向已有过面试经验的同学、朋友进行咨询，必要的话还可进行模拟演练。

3）面试前应保持的心态

在面试前，求职者应保持冷静，有充分的自信心和强烈的竞争意识，同时还要保持一颗平常心，正确看待输赢。

第一，充分的自信心。自信是实力的表现。有信心才会有热情和勇气，才会拿出百倍的精神去面对困难、克服困难。每一个求职者都应该是自信的，因为无论他们是即将毕业的大学生，还是有过一定工作经历的人，都具备了相应的知识和能力，再加上充分的面试准备，完全有理由相信自己能在面试中有良好的表现。

第二，冷静的头脑。面试的时候，求职者会被要求回答各种各样的问题，因此，冷静的头脑、清晰的思路就显得尤为重要。

第三，有竞争意识。求职者要有主动竞争的意识，当然，前提是在良性竞争的基础上。这些年来，就业难的问题日益突出，我们要有竞争意识，主动出击，以积极的心态去争取机会。

第四，一颗平常心。一份工作，往往招聘的岗位有限，但来应聘面试的人却不少，被录取的可能性常常是几分之一，甚至是几十分之一、百分之一。在这种情况下，求职者一定要保持一颗平常心，正确对待得失。

2. 简历和资料的准备

1）制作简历

求职者往往是通过向用人单位投递简历来获得面试资格的。千万不能小看了简历的作用，因为用人单位通常能够透过简历初步了解到求职者的品质，比如是否细心，是否有清晰的思路，是否有一定的创新思维，是否有扎实的文字功底，等等。如何让自己的简历在成百上千份简历中脱颖而出，是每个求职者都应该思考的问题。制作简历，应该做到以下几点：

第一，实事求是，突出诚信品质。在制作简历时，有不少求职者为了获得用人单位的好感而过度"包装"，甚至弄虚作假。在面试中，一旦露了假，即便求职者其他方面很不错，面试官也多会因诚信问题而亮起红灯。

第二，细致周到，亮出个性特长。一是亮出优点。要亮出人无我有的优点，也要亮出众人虽有却熟视无睹的优点。二是不死守一份简历。不同的用人单位有不同的要求，因此求职者要花时间去了解各家用人单位，进行分析和比较，然后根据情况设计制作简历。如果你是一个多面手，可以尝试不同职业，更要多准备几份不同的简历，做到有的放矢。三是写全联系方式。总有人费尽心思做完简历之后却忘记写上或写错自己的联系方式，错失良机。

第三，定位准确，显示缜密思路。一份合格的求职简历应该目标明确，其所有内容必须有利于获得所求的职位。因此，求职者首先要有自己的求职方向，结合自己的专业、特长、兴趣等选择目标企业及职位，然后针对所求的职位需求进行简历设计，突出自己适合于这份职业的特长和优势。

第四，文从字顺，秀出基本功底。简历也能在一定程度上反映出求职者的文字功底。一份简历，如果错别字、病句比比皆是，不仅会让人认为该求职者文化素质低，还会给人以行事敷衍随便的印象，别说是录取了，恐怕连面试的机会都不会给。所以求职者在写简历的时候，要做到字斟句酌，反复推敲，避免出现错字、别字和病句等"硬伤"。

第五，新颖醒目，透出睿智慧心。要想简历在众多简历中脱颖而出，就要在设计上下功夫，力求新颖醒目。可以从两个方面入手：一是形式，要讲求美观醒目；二是内容，要突出重点、便于阅读。可适当运用各种字体进行编辑，避免密密麻麻的大段文字。如果钢笔字不错的话，也可考虑手写。另外，如果有必要，再备上一份英文简历，效果会更好。近几年，简历的设计越来越推陈出新，求职者在纸质简历的基础上配合录音、录像、动画等技术，不仅在形式上突破了以往白纸黑字的局限，让死板的简历变得活泼起来，在内容上也更丰满可感。

2）面试时应携带的相关资料和物件

面试时还需要带上一些资料和物件：简历的复印件；学历证书、学位证书、所获奖励文件的证件和复印件；推荐信；招聘广告、用人单位的相关资料；事先罗列出你的问题，以备有机会发问时提出；发表过的文章、写过的报告及计划书等，尤其是与申请的职位有直接关系的；一寸和两寸的照片若干张；身份证；一本小笔记本和两支钢笔（水笔）。

以上资料的携带视个人情况而定，但是不管带多少，都要注意：一是要尽可能地熟悉所有的资料，在被提问时最好能够脱稿发言。充分准备不仅能让面试官感受到你对这次面试的重视，还能让面试官认定你是一个做事周到有条理的人。二是要将资料做好标记，并按顺序整齐放置于公文包或纸袋内，以便寻找。三是所有的资料和物件要提前准备好，如果第二天要面试，前一天天晚上就要准备妥当。

3. 服饰和仪表准备

在求职面试时，给人留下第一印象的往往是求职者的仪表服饰。第一次见面要力争给人以整洁、美观、大方、明快之感。主考官能够通过应聘者的服饰和仪表联想到他将来工作时的精神状态。着装得体、仪容整洁会给人以大方、精干的好印象；反之，不修边幅、蓬头垢面则会给人以懒散、不上进的感觉。

由于招聘单位的不同，对仪表服饰的要求也有所不同。国家机关要整洁、端庄，工厂、民营企业要朴素大方。总结起来，服饰的基本要求是：整洁、大方、合身、得体，符合季节特点，符合年龄和个性气质，适合应聘职业的要求。

4. 面试前的心理调适

要获得良好稳定的心理素质，不仅要注重平时的锻炼，还要注意在重大的事情之前做好充分的准备和调适。

1）睡眠充足

良好的睡眠可以使人的记忆、思维、反应能力等保持在最佳状态。求职者首先要放松心态，要与平时休息时间基本一样，不要再"恶补"面试资料，不要进行消极暗示。

2）饮食合理

面试前不宜空腹，也不宜过饱，还要注意饮食卫生。饮食搭配上除了常见的鱼、肉等高蛋白食品，还要吃一些蔬菜、水果等。饮食专家认为，粗粮和水果有助于产生和保持乐观情绪。

3）积极暗示

面试前，要积极进行自我暗示："我的准备工作做得很充分，我一定行！""我很适合这份工作，我的优势很明显！"同时可以配合深呼吸来放松紧张情绪。

4）留出充裕的时间

面试前要留出充裕的时间，以用来赶路、熟悉环境、整理着装、调整心态等。面试时迟到或匆忙赶到，其后果是致命的，任何一家单位都不会喜欢迟到的员工。

情景案例：修养是第一课

8.4.2 面试的技巧

简历能够初步反映求职者的基本情况，而面试更能够直观、全面、深入地评判求职者的综合素质。面试官会关注求职者在发言过程中的态度、语言表现力、发言的内容，从中得到一个整体印象，然后进行综合判断。因此，求职者除了加强口语表达能力，还应该事先了解一些常见题型，掌握一些面试的技巧，并有意识地进行面试预演，以便在面试中顺利过关。

1. 面试应对的基本要领

1）正确运用语言

面试时要做到口齿清楚、语言流畅、语调恰当、音量适中。

谈话时，吐字不清，语言不畅，语调呆板，声音沙哑或尖亢，将削弱说服力、吸引力与魅力，有损于说话内容的传递，尤其是在自我介绍成绩和优点时，将不被人注意而影响个人的竞争力。为此，在交谈时，要注意吐字清晰，发音准确，说话干脆利落，喉部要放

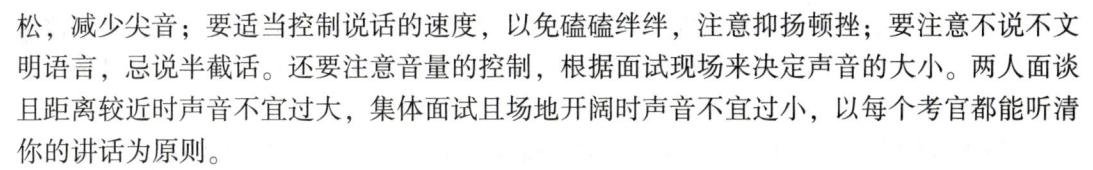

松，减少尖音；要适当控制说话的速度，以免磕磕绊绊，注意抑扬顿挫；要注意不说不文明语言，忌说半截话。还要注意音量的控制，根据面试现场来决定声音的大小。两人面谈且距离较近时声音不宜过大，集体面试且场地开阔时声音不宜过小，以每个考官都能听清你的讲话为原则。

2）沉着冷静、理性分析

面试中遇到不易回答的问题时，求职者极易出现诸如紧张、恐惧、急躁等消极心理。这种时候更需要沉着冷静，不能让这些消极心理情绪蔓延和扩散，这些情绪持续时间越长，危害越大，如果成为面试时的主导心理情绪，必然会导致求职的失败。事实上，面试关系重大，每个人或多或少都会有些消极心理。求职者要冷静地将消极情绪以减缓的方式控制下来，可凭借机械性的方法加以自控，如咬紧嘴唇、手捏身体的某个部位等，从而达到冷静自己情绪的目的。然后理性分析面试官提出的问题，做出尽可能全面的回答。

3）以诚为本，有自知之明

"知之为知之，不知为不知。"面试中，遇到自己不知、不懂、不会的问题时，闪烁其词、沉默不语、牵强附会、不懂装懂的做法均不足取。诚恳、坦率地承认自己的不足之处。"对不起，这个问题我不知道，我能向您请教吗？""谢谢您使我懂得了许多新知识。"不懂就是不懂，坦然面对，反而能给人留下诚实、坦率的好印象。

4）听清问题，有的放矢

面试中，如果没有听清面试官提出的问题，或者难以理解对方问题的含义，可请对方将问题重复一遍，并先谈自己对这一问题的理解，请教对方以确认内容。对不太明确的问题，一定要搞清楚。这样才会有的放矢，不至于文不对题，答非所问。

5）讲究技巧，简洁明了

（1）直接回答。运用直接回答这种技巧，我们必须记住：所要回答的问题是不可避免的，已经存在确凿的事实，只讲正面的事；采用证据来补充陈述，陈述的内容必须紧紧围绕面试官所提的问题，简明清晰。这类问题有"你多大年龄""受专业教育的情况""驾龄几年"，等等。

（2）智巧回答。所谓智巧回答，是对一些无明确答案，或言在此意在彼，或包含某种陷阱的问题，采用间接的方式进行回答，以避免使自己处于被动的状态。

（3）巧妙反对。有些时候你不得不表达你的反对意见，但切记一定要配合面试官的语气，一方面诚恳地说出自己真正的看法，另一方面又切实地尊重对方的思维方式，这才是最理想的相互交流的方式。

2. 常见问题

面试题型万变不离其宗，总是围绕求职者的工作能力及对这份工作的态度而展开。另外，通过回答，也能够在一定程度上反映出求职者的其他能力和素质，比如语言表达能力、沟通交际能力、思考判断力以及自信、诚信、细心等素质。下面归纳了一些面试中的常见问题，求职者有必要事先对这些问题做一番准备。

1）人际交往和沟通能力的考察

（1）自我介绍。这差不多是面试的必答题。很多人回答这个问题过于平常，只说明自己的姓名、年龄、爱好、工作经验，而这些在简历上都有。其实，用人单位最希望知道的是求职者能否胜任工作，包括专业知识水平、技能、个性气质、做过的成功事例、主要的成就等。因此，求职者在自我介绍的时候一定要"投其所好"，紧扣应聘的工作，时间控制在3分钟左右。要注意的是，自我介绍内容不能是对简历的复述，表述方式上要尽量口语化，不要像背诵。

(2)善于和哪些人相处？通过这个问题，面试官能够大概了解到你的沟通能力、交际能力，从而大致推断你是否适合所招聘的职位。

(3)你平时的约会多吗？这个问题是一个语言陷阱。直接回答"多"，会让面试官担心你会因此影响工作；如果回答"不多"，则会让面试官认为你的交际能力有问题。面试官通过这个问题想要了解的是求职者对于"公"和"私"的处理态度。所以在回答这个问题的时候，要让面试官既感受到你对工作的负责、热忱，也要让他们体会到你对生活的热爱。

(4)你有没有领导团队完成某项任务的经验？不要简单回答"有"或"没有"，如果有过这方面经验，要将其中运用的方法表述出来；如果没有这方面经验，则要委婉表达自己所具备的领导能力、团队精神。

2)潜力的考察

(1)就你申请的这个职位，你认为自己还缺乏什么能力？通过这个问题，面试官想听到的是求职者今后工作中应对困难的态度。所以求职者不要想当然地告诉面试官自己还缺乏什么能力、什么能力还不够，而是要让他们看到自己的优势，让他们知道你能够胜任所申请的职位，即使有什么不足，也可以在今后的工作中以最快的速度加以克服。

(2)你是否组织过富有创意的活动，该活动的创新点在哪里？这是考察你的创新创造能力。求职者事先对此类问题有所准备，才能在回答时从容不迫。回答的重点是创新，不管最终结果如何，预先的设想和实施的过程可以进行详细讲解。

(3)你有没有面临过一些左右为难的场面或问题，你是如何处置的？这是考查求职者的分析判断能力。求职者需要冷静思考，可举生活、学习、工作中遇到的矛盾事例来分析，事不在大小，只要将你的理性思路表达出来即可。

(4)你希望公司以后给你提供哪些方面的培训？这是考查求职者的学习能力和潜在的"势能"。你可结合专业特长、职业性质提更专、更深的培训要求，也可根据工作需要提出拓宽自己知识水平和工作技能的培训。要让面试官感受到，你有强烈的上进心和较强的学习能力。

(5)你适合干什么？这是对求职者自我认知能力的考查。回答"我不知道自己适合干什么，只要有份工作就行""我选择这个工作，是因为我原来做过""我干什么都行"等，都不合适作为该问题的答案。求职者要根据自己的兴趣爱好、性格特点、能力等，结合自己的职业规划来回答，要将工作的方向和类别体现出来。

(6)假如让你来当我们公司的经理(或其他职务)，首先你会做哪几件事？这类问题的目的是考查求职者的想象能力、解决或处理突发情况的能力。遇到这种问题，忌长时间沉默，但也不要急于回答。稍作思考，将思路理顺，在头脑中列出纲要，然后逐条答出。切莫长篇大论、滔滔不绝。

3)品格考察

(1)你有什么优、缺点？/你最大的缺点(优点)是什么？这类问题被问到的频率很高。一个能够客观正确地看待自己的人，在工作中也往往能够秉持公心，保持客观的立场，而不是以自我为中心，凡事推卸责任。有缺点并不可怕，可怕的是无视、回避自己的缺点。只要能提出改掉缺点的方法并付诸行动，就证明了自己是一个有能力战胜弱点的人。求职者在遇到此类问题时，态度要诚恳，回答要中肯。在说到优点时，要大方自信，不要故作谦虚，也不要夸夸其谈，最好能够结合你所求的职位强调你所具有的技能；在说到缺点时，可以说一些对于所应聘的工作无关紧要的缺点。

(2) 你有什么爱好？用人单位会通过这个问题来考查求职者的性格、人品、涵养等。最好不要说自己没有爱好，也不宜千篇一律地说自己只爱好看书、听音乐、上网等，哪怕实际情况的确如此，太单调、安静的爱好会让面试官怀疑你的性格孤僻、冷漠。最好能有一些户外的或能够体现你的毅力、竞争力的爱好，以给人一种积极向上、热爱生活的感觉。

(3) 说说你的家庭？家庭对一个人的成长起着关键作用，对个人的性格、能力、品格的塑造和影响至关重要。来自和睦家庭的人，往往自信开朗、性情温和、有责任感；而家庭不和睦的人，则往往很难和同事处理好关系。因此，求职者要传递给面试官积极的一面，要强调温馨、和睦的家庭氛围，强调家庭成员的良好品质并对你的积极影响，强调家庭成员对自己求职的支持，强调自己对家庭的热爱和责任感。

(4) 你和其他求职者有什么不同？这个问题从侧面考查了求职者的人格和品德。面试官通过求职者对他人的评价来判断其自身素质。所以一定要注意，不宜泄露自己所知道的他人的信息，也不宜评论他人的缺点，更不要趁此机会在背后非议他人或说人坏话，这样并不能为自己加分，反而会让面试官对你的品德产生怀疑。回答这类问题，要从侧面入手，可以先说自己对于所求职位的优势，然后再对其他求职者进行肯定。

(5) 你对工资待遇有什么要求？此问题在于评价应试者观察问题的角度及思想境界。如若你努力工作，干出成绩，一般公司的效益工资和个人业绩是直接相关的，是以制度的形式确定下来的，实际上用不着操太多的心。因此对于这类问题，求职者可以这么说："我不是只为薪金才到贵公司来工作的，我看重的是贵公司能尊重人才，能给人许多学习提高的机会以及对人的真才实干的肯定与激励。一个人的报酬，应该是同他的贡献成正比的。我之所以应聘，不在于暂时的收入高低。暂时的收入高低，不会左右我对事业的追求。像贵公司这样的企业，是决不会亏待每一位优秀的员工的。"

(6) 你的学历并不符合我们的要求，恐怕不适合来应聘这个职位吧？这类问题是通过指出求职者的弱势，使其陷入困境，考查在极端情况下，求职者的心理承受能力。求职者要抛开顾虑，相信自己的能力，将所具备的优势充分表现出来，化被动为主动，将劣势扭转过来。切忌大吵大闹、拂袖而去。

4) 积极性考察

(1) 为什么想来我们公司、你为什么辞职？通过此类问题，用人单位想了解的是求职者的求职动机及其对用人单位和所求工作的态度，看看求职者有没有安心在本单位工作的意愿和积极性。求职者遇到这类问题，要用诚恳的态度和坚决的语气表达对该单位的向往，最好能够罗列出相当详细的资料，以表示出对该单位的关注。

(2) 你对琐碎的工作是喜欢还是讨厌？这个问题同样是对求职者工作态度的考验。任何工作都避免不了琐碎之处，但人们对待琐碎工作却往往是缺乏耐心的。在回答这个问题的时候，不能直接说"喜欢"或"讨厌"，而是要向面试官表达：能够接受琐碎工作并且把它们认真、细致、耐心地做好。这样的回答既表现了大多数人不喜欢琐碎工作的普遍心理，又强调了自己对琐碎事情的敬业精神。

(3) 你怎样看待日常加班，如何看待超负荷运转的工作方式？这也是面试官在试探你的工作态度，考查你的积极性和驱动力。你要试图留给面试官一个能够吃苦耐劳、勤勉肯干的印象。

(4) 如果公司给你的工资没有达到你简历里的要求，你还来我们公司吗？这是一道典型的投石问路题，通过回答，可以看到求职者对工资和前途看中的比率，从而预判公司对求职者未来的培养价值。求职者在回答时应突出发展前景的重要性，以及能力与薪酬的正比性。

讨论题

1. 演讲的基本特征有哪些？
2. 演讲者克服心理障碍的方法有哪些？
3. 联系实际说明面试口才的技巧。
4. 试述设计演讲稿的技巧。

练 习

一、短句练习

1）山上五株树，架上五壶醋，林中五只鹿，箱里五条裤。伐了山上的树，搬下架上的醋，射死林中的鹿，取出箱中的裤。

2）一闪一闪亮晶晶，满天都是小星星。挂在天上放光明，好像许多小眼睛。

3）远上寒山石径斜，白云生处有人家。停车坐爱枫林晚，霜叶红于二月花。

二、绕口令练习

1）八百标兵奔北坡，炮兵并排北边跑。炮兵怕把标兵碰，标兵怕碰炮兵炮。

2）调到大岛打特盗，特盗太刁投短刀。推打顶打短刀掉，踏盗得刀盗打倒。

3）粉红墙上画凤凰，凤凰画在粉红墙；红凤凰，黄凤凰，红粉凤凰，花凤凰，好似天上飞来两对真凤凰。

三、停顿训练

下列各句停顿不当产生了误解，请指出怎样停顿才恰当。

1）海/内存知己，天涯若比/邻。

2）但使/龙城/飞/将在，不教/胡马/度/阴山。

四、重音训练

朗读下面的句子，试着变换重音的位置，并分析所表达的意思。

1）我妈请你和小李到我家吃饭。

2）这束花是我买的。

情景模拟

语速练习

请一口气念完以下语段。

在此新春到来之际，我祝在座的各位朋友："一帆风顺二龙图腾三阳开泰四季发财五福临门六六大顺七星高照八方来财九九同心十全十美!"

今天我们一班同学集体聚会,我最后接到请帖仍然非常高兴,二话没说就来参加,而且自始至终三句话不离本行,四海为家发扬母校的光荣传统,五分钟热情干工作那是大大的不幸,六亲不认坚持原则不算过分,七颠八倒不能干好财务金融,八仙过海各显神通世界是我们大家的,久炼成钢去探索去碰硬,十年寒窗一鸣惊人前途无量,百尺竿头更进一步争当行业标兵,千载难逢的晚会我们千古不忘,万事如意这是发自我肺腑的心声,亿年太久只争朝夕,愿各位同学马到成功!

案例分析

案例一

根据即兴演讲中对语言的要求,找出这段话中表述不当的部分,并遵循演讲的原则对其进行改正。力求做到文字生动、富有感染力并具有一定的个人风格。

"……我们已近而立之年,倘不好自为之,且不说能否找到人生幸福的支点,就说如此颓废懈怠,消磨时日,现代化能指日可待吗?放眼世界,时代的洪流滚滚向前,神州大地一派生机,多少个陈景润在夜以继日地攻克科学难关,多少个张瑞敏在费尽心机使企业摆脱困境,多少海外学子回到祖国怀抱为国效力,多少条铁路公路向远方延伸,又有多少个楼群建筑巍然崛起!啊!在这样一派大好形势下,我辈岂能无动于衷作壁上观?让我们都扬起那理想的风帆,让信念的旗帜迎风飘扬,向那光辉的彼岸前进吧!"

思考题:指出上面演讲中存在的问题,并加以改正。

案例二

一次某公司招聘文秘人员,由于待遇优厚,应聘者很多。中文系毕业的小张同学前往面试,她的背景是最棒的:大学四年,在各类刊物上发表了3万字的作品,内容有小说、诗歌、散文、评论、政论等,还为六家公司策划过周年庆典,英语也极为流利,书法也堪称佳作。小张五官端正,身材高挑、匀称。面试时,招聘者拿着她的材料等她进来。小张穿着迷你裙,露出藕段似的大腿,上身是露脐装,涂着鲜红的唇膏,走到一位考官面前,不请自坐,随后跷起二郎腿,笑眯眯地等着问话。孰料,三位招聘者互相交换了一下眼色,主考官说:"张小姐,请回去等通知吧。"她喜形于色:"好!"挎起小包飞跑出门。

思考题:小张能等到录用通知吗?为什么?假如你是小张,你打算怎样准备这次面试?

第9章 礼仪训练

学习目标

- 了解日常行为礼仪的内容；
- 了解形象礼仪的要求；
- 了解交往中的礼仪要点；
- 了解职场礼仪的重要性；
- 掌握塑造自我的礼仪技巧。

引导案例

业务员金先生的"不拘小节"

某照明器材厂的业务员金先生按原计划，手拿企业最新设计的照明器材样品，直接走进了某公司业务部张经理的办公室，正在处理业务的张经理被吓了一跳。"对不起，这是我们企业设计的新产品，请您过目。"金先生说。张经理停下手中的工作，接过金先生递过的照明器，随口赞道："好漂亮啊！"并请金先生坐下，倒上一杯茶递给他，然后拿起照明器仔细研究起来。金先生看到张经理对新产品如此感兴趣，如释重负，便往沙发上一靠，跷着腿，一边吸烟一边悠闲地环视着张经理的办公室。当张经理问他电源开关为什么装在这个位置时，金先生习惯性地用手搔了搔头皮才回答。所以虽然金先生进行了较详尽的解释，张经理还是有点半信半疑。谈到价格时，张经理强调："这个价格比我们预算高出较多，能否再降低一些？"金先生回答："我们经理说了，这是最低价格，一分也不能再降了。"张经理沉默了半天没有开口。金先生却有点沉不住气，不由自主地拉松领带，眼睛盯着张经理，张经理皱了皱眉。"这种照明器的性能先进在什么地方？"金先生又搔了搔头皮，反反复复地说："造型新、寿命长、节电。"张经理借故离开了办公室，只剩下金先生一个人。金先生等了一会，感到无聊，便非常随便地抄起办公桌上的电话，同一个朋友闲谈起来。这时，门被推开，进来的却不是张经理，而是办公室秘书……

（资料来源：根据网络资料整理）

9.1 形象礼仪训练

9.1.1 仪表礼仪

重视个人形象礼仪是尊重自己与他人的表现,一个人的仪容、仪态、服饰会给他人留下第一印象,影响着与他人沟通的效果。

1. 仪容礼仪

仪容的修饰能体现人们对生活的热爱,端庄、美好、整洁的仪容能使对方产生好感。仪容的内涵是要做到符合美的标准,具体要做到美观、得体、清洁、卫生等。

男士前部的头发不能遮住眉毛,两鬓的头发不要挡住耳朵,后面的头发不要碰到衬衫的领口;女士在重要的场合头发不应披散,以不过肩为宜,必要时应选择束发或盘发。对于头发的日常保养应该养成周期性洗发的习惯,一般每周洗 2~3 次。

清除耳垢不要当众进行,以免给他人留下不好的印象。在洗澡、洗脸、洗头时,不要忘了洗耳朵。

眼睛应时刻保持清澈,眼睛周围一定要清洁,不能有眼屎,眼中不能有红血丝。选择美瞳要注意场合,正式社交场合,不宜选择明显艳丽的颜色,会有不庄重、哗众取宠之嫌。

在与他人交往前,应检查自己的鼻毛是否过长,如过长应用小剪刀剪短,不要去拔。保持鼻腔的清洁,养成每天洗脸时清洁鼻腔的好习惯。

牙齿是口腔的门面,养成每天定时刷牙和饭后漱口的习惯,牙齿上不要留有牙垢,同时要保持口气清新。在与他人谈话前不要抽烟、饮酒,不要吃刺激性气味的食物,以免对方反感。秋冬季节要防止嘴唇干燥破裂,可用唇膏缓解不适。

青年男士如果胡须长得不很浓密,则不需要剃;如果胡须生长浓密,则需要每日把胡须剃干净,但不要当众剃须。有的男士为了让自己看起来有阳刚之气,故意把胡子留着,这在正规的场合对别人其实是不礼貌的。

饭前便后以及接触不干净物品后要马上洗手,方便的话还应涂些护手霜,以保持手部的光洁。要勤剪指甲,不留长指甲,避免在公共场合修剪指甲。女性工作之余可根据自己的着装、个性气质等选择适合自己颜色的指甲油。

体味如果过于明显,应该有所遮掩,尤其是参加一些正式活动之前一定要清洗干净。此外,有的人喜欢使用香水,过于浓烈气味的香水不宜在公共场合使用,社交活动中应选择清淡的香水,适量喷洒。

2. 化妆礼仪

俗话说:爱美之心,人皆有之。每个人都有追求美的心愿,尤其是年轻女性,都希望通过化妆使自己的面容锦上添花。在正式场合,女性化妆是尊重别人的一种表现,面容加上一些恰到好处的修饰,可以使人焕发光彩,增加自信。

挤取洁面用品,用无名指以向上向外绕圈的手法揉洗面部及颈部,清除尘垢、过剩油脂，祛除皮肤表面老化细胞。

粉底分粉底液和粉饼两种，可任选一种。如果是粉底液，就用手指蘸取少量，分别点在额头、鼻梁、脸颊、下巴等处，然后轻轻推匀。如果是粉饼，只要用粉扑均匀地扑于面部就可以。如果面部有斑点、小痘痘、黑眼圈，可以选择遮瑕霜或者遮瑕液进行修饰。

用蜜粉刷将散粉扑在面部，但不要反复摩擦，这样会破坏粉底。粉底防止脱妆的关键在于鼻部、唇部及眼部周围，这些部位要小心定妆。最后将多余的定妆粉掸掉，动作要轻，以免破坏妆面。

画眉的时候尽量淡，从眉头到眉梢依次画，眉头最好一笔一笔地画，从下到上，从内到外地画，眉梢要一笔带过，避免修改。总的原则是眉头淡，眉坡深，眉峰高，眉尾要清晰。

同一色彩眼影以不同深浅的着色，自眼睑下方至上方、由深至浅渐次画上，可以塑造目光深邃的效果，眼睛看起来会变大至少1/3。如果选用两种或两种以上的色彩，则可由内眼角向外眼角横向排列搭配晕染，充分发挥眼睛的动感。眉下方处可用亮色，使眼睛生动有神而具立体感。

闭上眼睛，用一只手在上眼睑处轻推，使上睫毛根充分暴露出来，用眼线笔（眼线液）进行描画；画下睫毛线时，向上看，由外眼角向内眼角进行描画。上方从眼睛的三分之二开始画，下方画二分之一，也可不画下眼线。

涂上睫毛时，眼睛向下看，睫毛刷由睫毛根部向上转动。涂下睫毛时，眼睛向上看，先用睫毛刷的刷头横向涂抹，再由睫毛根部向外转动睫毛刷。

选取适合色系的腮红，对着镜子微笑，从颧弓下陷处开始，由发迹向内轮廓进行晕染。使用时每次的腮红量要少、要淡，可多刷几次，直至效果完美。

口红一般要用口红刷刷上去，年轻女性应选用唇彩，唇彩的颜色最好与服装主题色一致。

9.1.2 仪态礼仪

仪态是一种无声"语言"，也称"体态语言"，泛指人们的身体所展现出来的各种姿势，即身体的具体造型。仪态反映了一个人的素养、受教育程度及能够被人信任的程度。人的风度是通过人的举止体现出来的，仪态礼仪是其本人气质内涵的外在表现。我们往往可以从一个人的仪态来判断他的品格、学识、能力和其他各方面的修养。

1. 站姿

1）基本原则

头正，颈直，下颌微收，双目平视，面容平和自然；肩平、自然放松，稍向下沉，躯干挺直；收腹，立腰，挺胸，提臀；双臂放松，自然垂于体侧，虎口向前，手指并拢自然弯曲，中指贴拢裤缝；双膝并拢，两腿直立。

2）女士站姿

女士的主要站姿为双手相握、叠放于腹前的前腹式站姿，但双腿要基本并拢，脚位应与服装相适应，穿紧身短裙，脚跟靠紧，脚掌分开呈"V"状或"Y"状（即丁字步）；穿礼服或旗袍时，双脚可略分开。

3）男士站姿

男士通常可采取前腹式站姿，或将双手背于身后并相握的后背式站姿。双脚可稍微叉开，以与肩部同宽为限。

2. 坐姿

上半身挺直，两肩放松，下巴向内微收，脖子挺直，挺胸收腹，并使背部和臀部成一直角，双手自然放在双膝上，两腿自然弯曲，小腿与地面基本垂直，两脚平落地面。两膝间的距离，男子以不超过肩宽为宜，女子则不开为好。坐在椅子上，至少应坐满椅子的2/3。

有扶手时，双手轻搭或一搭一放；无扶手时，两手相交或轻握或呈八字形置于腿上；或左手放在左腿上，右手搭在左手背上。

凳高适中时，腿相靠或稍分，但不能超过肩宽；凳面低时，两腿并拢，自然倾斜于一方；凳面高时，一腿略搁于另一腿上，脚尖向下。女士还可以采用"S"形坐姿，即上体与腿同时转向一侧，面向对方，形成一个优美的"S"形坐姿；叠膝式坐姿，即两腿膝部交叉，一腿内收并与前腿膝下交叉，两脚一前一后着地，双手稍微交叉于腿部。

脚跟、脚尖全靠或一靠一分，也可以一前一后（可靠拢也可稍分）或右脚放在左脚外侧。

3. 蹲姿

1）高低式蹲姿

下蹲时一般是左脚在前，右脚稍后。左脚应完全着地，小腿基本上垂直于地面；右脚则应脚掌着地，脚跟提起。右膝须低于左膝，右膝内侧可靠于左小腿的内侧，形成左膝高、右膝低的姿态。女性应靠紧两腿，男性则可以适度分开。这种蹲姿的特征就是双膝一高一低，服务人员选用这种蹲姿既方便又优雅。

2）交叉式蹲姿

下蹲时，右脚在前、左脚在后，右小腿垂直于地面，全脚着地。右腿在上，左腿在下，两者交叉重叠。左膝由后下方伸向右侧，左脚脚跟抬起，并且脚掌着地。两腿前后靠近，合力支撑身体。上身略向前倾，臀部朝下。通常适用于女性，尤其是身着裙装的女性。它的优点是造型优美典雅，基本特征是蹲下后双腿交叉在一起。

4. 走姿

正确的走姿基本要领是：步履自然、轻盈、稳健，抬头挺胸，双肩放松，提臀收腹，重心稍向前倾，两臂自然摆动，目光平视，面带微笑。

在行进的过程中，应保持明确的方向，尽可能走在一条直线上。要做到此点，具体的方法是，行走时应以脚尖正对前方，尽量走直线。

步位，即脚落在地面的位置。男性工作人员两脚跟可保持适当间隔，基本前进在一线上，脚尖稍微外展；女性两脚跟要前后踏在同一条直线上，脚尖略外展，也就是所称的"一字步"，也称"柳叶步"。

步度也叫步幅，是指在行走时两脚之间的距离。生活中步度的大小因人而异，但通常应与本人一只脚的长度相近，男性每步大约40厘米，女性每步大约30厘米。同时，服装和鞋子也会影响一个人的步度。如身穿旗袍，脚穿高跟鞋，步度必定比平时穿长裤和平底鞋要小些。

走路时膝盖和脚腕都要富于弹性，两臂自然轻松地前后摆动，男性应具有阳刚之美，展现其矫健、稳重、挺拔的特点；女性应显得温婉动人，体现其轻盈、妩媚、秀美的特质。

在一定的场合，一般应当保持相对稳定的速度。在正常情况下，服务人员每分钟走60～100步。

行进时，尤其在起步时，身体要向前微倾，身体的重量要落在前脚掌上。在行进过程中，应注意使身体的重心随着脚步的移动不断地向前过渡，切记不要停留在自己的后脚上。

走路时身体各部位应保持动作的和谐，走动时要以脚跟先着地，膝盖在脚部落地时一定要伸直，腰部要成为重心移动的轴线，双臂在身体两侧一前一后自然摆动。

5. 手势

一般来讲，递接物品用双手为最佳。用左手递接物品，通常被视为是失礼之举。递接物品时，如果双方相距过远，应主动走近对方，假如自己是坐着的话，还应该尽量在递接物品时起身站立，物品应直接交到对方手中为好，同时，在递物时应让对方便于接取。

手持物品时，可依据自己的能力与实际的需要、物体的重量、形状及易碎程度来采取相应的手势，要避免持物时手势夸张。切记确保物品的安全，尽量轻拿轻放，防止伤人或伤己。

展示物品时，一定要将被展示的物品正面朝向观众，举到一定的高度，并注意展示的时间，以便能让观众充分观看。当四周皆有观众时，展示时还需要变换不同角度。双臂横伸将物品向前伸出，活动范围自肩至肘之处，上不过眼部，下不过胸部。

在邀请时，应用右手，五指并拢伸直，掌心不可凹陷；女性为优雅起见，可微微压低食指。手心斜对上方，肘关节微屈，腕关节要高于肘关节。在请来宾入座时，手要以肘关节为轴由上而下摆动，指向斜下方。

举手致意时，应全身直立，面向对方，至少上身与头部要朝向对方，在目视对方的同时，应面带微笑；手臂自下而上向侧上方伸出，手臂既可略有弯曲，也可全部伸直；这时的掌心应向外，即面对对方，指尖朝向上方，同时应伸开手掌。

在欢迎客人到来，或是其他时刻，会用到鼓掌这一手势。使用时应用右手手掌拍左手手心，但要注意避免时间过长、用力过分。

6. 表情

1）注视时间

向对方表示友好时，应不时地注视对方，注视对方的时间约占全部相处时间的1/3。

向对方表示关注时，应常常把目光投向对方那里，注视对方的时间约占相处时间的2/3。

目光常游离对方，注视对方的时间不到全部相处时间的1/3，就意味着轻视。

目光始终盯在对方身上，注意对方的时间在全部相处的2/3以上，被视为有敌意，或有寻衅滋事的嫌疑。

目光始终盯在对方身上，偶尔离开一下，注视对方的时间在全部相处时间的人2/3以上，同样也可以表示对对方较感兴趣。

2）注视角度

（1）平视，也叫正视，即视线呈水平状态。常用在普通场合与身份、地位平等的人进行交往时。

(2)侧视，是平视的一种特殊情况，即位于交往对象的一侧，面向并平视对方。侧视的关键在于面向对方，若为斜视对方，即为失礼之举。

(3)仰视，即主动居于低处，抬眼向上注视他人，以表示尊重、敬畏对方。

(4)俯视，即向下注视他人，可表示对晚辈宽容、怜爱，也可表示对他人轻慢、歧视。

3)注视部位

(1)双眼。注视对方双眼，表示自己重视对方。但时间不要太久。

(2)额头。注视对方额头，表示严肃、认真、公事公办。

(3)眼部—唇部。注视这一区域，表示礼貌、尊重对方。

(4)眼部—胸部。注视这一区域，多用于关系密切的男女之间，表示亲近、友善。

(5)眼部—腰部。适用于注视相距较远的熟人，也表示亲近、友善，但不适用于关系一般的异性。

(6)任意部位。对他人身上的某一部位随意一瞥，多用于在公共场合注视陌生人。

4)笑容

(1)含笑。不出声，不露齿，只是面带笑意，表示接受对方，待人友善，适用范围较为广泛。

(2)微笑。唇部向上移动，略呈弧形，但牙齿不外露，表示自乐、会意、友好，适用范围最广。

(3)轻笑。嘴巴微微张开一些，上齿显露在外，不发出声响，表示欣喜、愉快，多用于会见客户、向熟人打招呼等情况。

(4)浅笑。笑时抿嘴，下唇大多被含于牙齿之中，多见于年轻女性表示害羞之时，通常又称为抿嘴而笑。

(5)大笑。表现太过张扬，一般不宜在商务场合中使用。

训练时，使双颊肌肉向上抬，嘴角两端微翘，其余面部肌肉放松，适当露出牙齿，不发声，口里可默发普通话的"一"字音。此外，还要训练眼睛的"笑容"，取厚纸一张，遮住眼睛下边部位，对着镜子，回忆过去的美好生活，使笑肌抬升收缩，嘴巴两端做出微笑的口型，随后放松面部肌肉，眼睛随之恢复原形。

9.1.3 服饰礼仪

著名的意大利影星索菲亚·罗兰曾深有感触地说："你的服装往往表明你是哪一类人物，它们代表着你的个性。一个和你会面的人往往自觉不自觉地根据你的衣着来判断你的为人。"服饰是一种无声的语言，显示着个人的社会地位、文化品位、艺术修养以及待人处世的态度。

1. 男士西装礼仪

在正式场合，如宴会、招待会、重大会议、婚丧事以及特定的晚间社交活动等，应穿西服套装，颜色以深色为宜，以示严肃、庄重。在半正式场合，如访问、较高级会议和白天举行的较隆重的活动等，通常也应穿西服套装，以浅色或明度较高的深色为好。在非正式场合，如外出旅游、上街购物、访亲问友等活动，可以穿上下不配套的西服，宜选择款式活泼、明朗、轻便的色调。

通常，系西装上衣纽扣的时候，单排两粒纽扣，只系上边那粒。单排三粒纽扣的可以只系中间的或是上面两粒扣子。但双排扣西装要求把所有能系的纽扣全部系上。西装马甲只能和单排扣西装上衣配套。

衬衫的领型、质地、款式都要与西装协调，色彩应与个人的气质相符。一般而言，衬衫以淡色为多，最佳选择是白色，可以配所有颜色的西装。穿衬衫时应注意领口和袖口要干净，纯白色和天蓝色衬衫一般是必备的。衬衫袖口一般应露出1~2厘米。软领衬衫不适宜配西装，西装穿好后，衬衫领沿儿应高出西装领口1~2厘米。

选择领带时，首先，领带长度要合适，打好的领带尖端应恰好触及皮带扣，领带的宽度应该与西装翻领的宽度和谐。其次，领带的图案、颜色要与西服相配。最后，领带质地要好。丝是领带质地的首选，虽然颜色鲜亮，但是不耀眼，使用这种领带几乎适合任何场合。

一般来说，穿单排扣西服套装时，应该扎窄一些的皮带；穿双排扣型西服套装时，则扎稍宽的皮带较好。深色西装应配深色腰带，浅色西装配腰带在色彩上没什么特别限制，但要避免佩戴休闲款式皮带。

男袜的颜色应该是基本的中性色，并且比长裤的颜色深。在西装革履的打扮中，袜子要薄型不透明的，颜色既可以配合皮鞋，黑皮鞋配深色袜，白皮鞋一定要配白色袜；又可以配合西裤色彩，西裤浅色，袜色也应浅。

在正式场合，男士多穿没有花纹的黑色平跟皮鞋。黑皮鞋可配任何色调的服装；浅褐色与褐色皮鞋可以配米色、咖啡色调的西服，但与黑色西服不般配。同时，皮鞋要保持光亮、干净。

2. 女士套装礼仪

职业女性日常必备的正式场合穿的衬衫首先要讲究面料，因为在正式社交场合，女士套装或外套的质地比较考究，以纯丝、纯毛为佳；其次，色彩宜淡雅，尤其要注意与套装和外套在色彩方面和谐一致，以达到最佳的搭配效果。

与套装搭配的鞋应选择牛皮质地，皮鞋的颜色以黑色最为正式；此外，也可选择与套装色系一致的颜色。与套装搭配最常选的是高跟鞋，但要注意不要选择鞋跟太高、太细的高跟鞋，否则走起路来会步履不稳。女士在办公室，只能穿着正式的制式皮鞋，并且避免选择颜色鲜艳或浅色的皮鞋。在正式社交场所，赤脚穿凉鞋和拖鞋都是不可取的。

在任何场合穿裙子都应当配长筒丝袜或连裤袜，颜色以肉色、黑色为宜。在任何场合都不能穿着挑丝、有洞或用线补过的袜子。一般情况下，皮鞋和裙子的颜色要略深于或略同于袜子的颜色，鞋和袜子的图案、装饰不宜过多，应以简单为好。

3. 配饰礼仪

戒指一般只戴在左手，而且最好只戴一枚，至多戴两枚。戴两枚戒指时，可戴在左手两个相邻的手指上，也可戴在两只手对应的手指上。戒指的佩戴可以说是一种沉默的语言，往往暗示佩戴者的婚姻和择偶状况。戴薄纱手套时戴戒指，应将戒指戴在手套内（新娘不受此限制）。有的人手上戴了好几个戒指，这是不可取的。

应根据脸型特点来选配耳环，如圆形脸不宜佩戴圆形耳环，因为耳环的小圆形与脸的大圆形组合在一起，会加强"圆"的信号。

项链也是受到女性青睐的首饰之一。它的种类很多，大致可分为金属项链和珠宝项链两大系列。佩戴项链应和自己的年龄及体型协调。如身着柔软、飘逸的丝绸衣衫裙时，宜佩戴精致、细巧的项链，显得妩媚动人；穿单色或素色服装时，宜佩戴色泽鲜明的项链。

围巾是指围在脖子上保暖、保护衣领或用作装饰的针织品或纺织品，其装饰作用越来越突出。从外观上看，有长巾、方巾、三角巾和领围之分。女性偏爱轻柔飘逸的丝质围巾，可以根据场合、服装和当天的化妆、发型来选配丝巾的色泽和款式。身高者，丝巾要宽大些，花型小一些，色彩柔和一些；体型纤弱者，丝巾应短一些，花色可繁杂艳丽些；新潮的服装可以素雅围巾陪衬。丝巾的扎法各种各样，如蝴蝶结，显得婉约典雅；披肩式，体现轻松自然。

职业女性应选择一款适合自己的皮包，除了有实用功能外，皮包也具有装饰作用。咖啡色、黑色、深咖啡色、驼色、米色等中性色皮包适合与大多数色系的套装搭配。在选择皮包时，除了考虑时尚潮流外，更应该考虑到用途。

手部会有较多的动作，如握手、递接名片、拿东西、挥手作别等。所以手表对于男士来说是非常重要的，发挥着特殊的装饰作用。选戴手表要与身份和场合相协调，男士参加各种正式活动，特别是参加公务活动、商务活动和涉外活动时，除了穿着一套得体的西装外，千万不要忘记戴上一块手表，它将证明你是一位务实的、有时间观念的人。

9.2　交往礼仪训练

9.2.1　见面礼仪

1. 称呼礼仪

称呼，是在人与人交往中使用的称谓，用以指代某人或引起某人的注意。它不仅反映着自身的教养、对对方尊重的程度，甚至还体现着双方关系熟悉的程度和社会风尚，因此不能随便乱用。正确、适当的称呼能给他人留下良好的印象，产生好的交往效果。

称呼可以分为职务性称呼、职称性称呼、行业性称呼、性别性称呼。

职务性称呼要与交往对象的职务相称，以示身份有别、表达敬意，这是一种最常见的称呼。有三种情况：称职务、在职务前加上姓氏、在职务前加上姓名（适用于极其正式的场合）。

对于具有职称者，尤其是具有高级、中级职称者，在工作中直接以其职称相称。称职称时可以只称职称、在职称前加上姓氏、在职称前加上姓名（适用于十分正式的场合）。

在工作中，有时可按行业进行称呼，对于从事某些特定行业的人，可直接称呼对方的职业，如老师、医生、会计、律师等，也可以在职业前加上姓氏、姓名。

对于从事商界、服务性行业的人，一般约定俗成地按性别的不同分别称呼"小姐""女士"或"先生"。

生活中的称呼应当亲切、自然、准确、合理；在工作岗位上，人们彼此之间的称呼是有特殊性的，要求庄重、正式、规范；在国际交往中，因为国情、民族、宗教、文化背景的不同，称呼就显得千差万别，一是要掌握一般性规律，二是要注意国别差异。

2. 介绍礼仪

介绍是在人际交往中与他人进行沟通、增进了解、建立联系的一种最基本、最常规的方式,它是经过自己主动沟通或者通过第三者从中沟通,从而使交往双方相互认识、建立联系的一种社交方法。根据介绍者的不同,介绍可以分为自我介绍、为他人介绍、为集体介绍等三大类型。

1)自我介绍

自我介绍也就是我们常说的介绍自己,通常用在想和某人结识,但又没有合适的介绍人,或者在某些场合他人需要了解自己的情况。在自我介绍时,可以先主动打招呼说声"您好"来引起对方的注意,然后说出自己的姓名、身份,也可以在与对方握手时做自我介绍。恰到好处的自我介绍,能给他人留下深刻的印象。

(1)应酬式,适用于某些公共场合和一般社交场合,如旅途中,宴会、舞会上,通电话时等。应酬式的自我介绍,对介绍者而言,对方是泛泛之交,所以介绍的内容要少而精,往往只包括姓名一项即可,例如:"您好,我叫王晓辉。"

(2)工作式,主要发生在工作场合或因工作需要的社交场合,因工作而交友。它是以工作为中心的自我介绍,介绍的内容应包括姓名、单位、部门、职务及从事的具体职位等,介绍时缺一不可。其中第一项的姓名,必须报全,有姓有名;第二项的供职单位及部门,也可仅报单位名称;第三项若担任职位较低,则应报出目前所从事的具体工作,例如:"您好,我叫王敏,是信远传媒公司的业务经理。"

(3)交流式,主要适用于社交活动中,是一种刻意寻求与对方进一步交流与沟通的自我介绍。内容一般包括介绍者的姓名、工作、籍贯、爱好、兴趣以及与交往对象有某些联系等。例如:"您好,我是李静,在东方传媒工作,你的同学赵东是我的同事,他常向我提起你。"

(4)礼仪式,适用于讲座、报告、演出、庆典、仪式等正规而隆重的场合,是一种对交往对象表示友好、敬意的自我介绍。它的内容包括姓名、单位、职务等个人信息,同时还包括一些表示欢迎、感谢交往对象的谦辞、敬辞等。例如:"各位先生、女士,大家晚上好,我叫李月,是同达公司的人事经理,欢迎大家参加今天的答谢会,愿各位在此度过一个愉快的周末。"

(5)问答式,一般适用于应试、应聘和公务交往,有时也用于普通的社交应酬场合,它通常的形式是有问有答。例如,应聘某工作,人事部门通常会问及求职者的姓名、年龄、技能、工作经验等,求职者要根据所问进行相应的回答。

2)为他人介绍

为他人做介绍即介绍他人,是指经第三者为彼此不相识的双方引荐、介绍的一种介绍方式。

为他人做介绍时,介绍者的确定是有一定规则的。通常,具有下列身份者应充当介绍者:社交活动中的东道主;社交场合的长者,地位、身份较高者,或主要负责人员;家庭性聚会中的女主人;公务交往中的专职人员,如公关人员、礼宾人员、文秘、接待人员;熟悉被介绍者身份,应被介绍者一方或双方要求者;在交际场合中,被指定的介绍者,决定为他人介绍时,要审时度势,熟悉双方情况。

3)为集体介绍

为集体介绍实际上是介绍他人的一种特殊情况,即被介绍的一方或者双方不止一个人，往往是要将集体和个人或者集体和集体分别而论。介绍集体的时候，可以分为单项式和双向式两种形式。

（1）单项式指当被介绍的双方中一方为一个人，另一方为多人的时候，往往可以只把个人介绍给集体，而不必再向个人介绍集体。

（2）双向式指被介绍的双方都是多人所组成的集体，在进行介绍的时候，双方的全体人员都要被正式介绍。通常要先把地位低的一方介绍给地位高的一方，所谓地位低的一方通常是指东道主，而地位高的一方则是指客人，这属于一种基本的礼仪规则。在公务交往中，这种情况比较多见，通常是应由主方负责人首先出面，依照主方在场者具体职务的高低，自高而低地依次对其进行介绍。接下来，再由客方负责人出面，依次介绍。

3. 名片礼仪

在现代社会人际交往中，一张做工考究的名片，不仅是一个人身份、地位的象征，而且也是一个人尊严和价值的体现，还是使用者要求社会认同、获得社会理解与尊重的一种方式。名片上一般印有公司名称、头衔、姓名、联络电话、地址等，有的还印有业务介绍及个人的照片。所以，有人把它称为另一种形式的身份证。

1）存放名片

在社交场合，要准备好名片以备不时之需。随身所带的名片，最好放在专用的名片包、名片夹里，如果穿着西装，名片夹只能放在左胸内侧的口袋里。同时，在携带的公文包及办公桌抽屉里，也要经常备有名片，以便随时使用。

接过别人的名片看过之后，要精心放进自己的名片包、名片夹或上衣口袋内。也可以看了之后先放在桌子上，但不要随手乱丢或在上面压上杯子、文件夹等东西，那是很失礼的表现。

2）递送名片

向对方递送名片时，需起身站立，走上前去，面带微笑，注视对方，问候之后，将名片正对着对方，用双手的拇指和食指分别持握名片上端的两角送给对方，并伴随简单的自我介绍。发送名片要掌握适宜时机，一般选择在刚认识或分别的时候，不要在用餐、跳舞之时发送名片。

交换名片时，一般是地位低的人先向地位高的人递送名片，男性先向女性递送名片。当对方不止一个人时，应先将名片递送给职位较高或年龄较大的人。如分不清职位高低和年龄大小，一般由近而远、按顺时针或逆时针方向依次发送。

3）接受名片

当别人表示要递送名片或交换名片时，不论有多忙，都要暂停手里的事情，并起身站立相迎，面带微笑，用双手的拇指和食指接住名片的下方两角。接过名片后，先向对方致谢，然后将名片默读一遍，对方的重要职务、头衔可轻读出声，如果对方的组织名气很大或个人的知名度高，也可只重读组织名称或对方姓名，以示尊重和敬佩，然后要谨慎地放在名片夹、公文包、办公桌或上衣口袋之内。若有疑问，可当场请教对方。应表现得十分珍惜，切不可在手中摆弄，不可随意放在桌上，或随便拎在手上或者放在手中搓来搓去。

4）索取名片

一般情况下，不应向对方强索名片，如果想主动结识对方，或者想索取对方名片，应采取恰当的方法。索要他人的名片的正确做法是"欲取之必予之",即把自己的名片先递给对方,以此求得对方的回应。如果担心对方不回送,可以在递上名片的同时说:"能否有幸和您交换一下名片?"对于长辈或地位、声望高于自己的人,可以说:"以后怎样才能向您请教?"对于平辈和身份、地位相仿的人,可以问:"今后怎么和你保持联系?"这两种说法都带有"请留下一张名片"之意。切忌逢人便索要名片,过分热衷于名片的交换,反而有失礼仪,使人敬而远之。

4. 握手礼仪

握手是社会交往中常用的礼节,也是适用范围最广的见面致意礼节。握手时的姿态、用力的轻重、时间的长短以及是否用目光接触等,都可以反映出一个人的修养和对他人尊重的程度。

单手式是最普通的握手方式,握手时,一般距对方约一步远,两脚立正或脚尖打开成八字步,上体稍前倾,肘关节微曲抬至腰部,伸出右手,四指并拢,拇指张开,手掌应与地面垂直,以手指稍用力握对方的手掌,上下摇动两三下,注视对方,并配以微笑和问候语。

双手式握手通常传递的是一种热情真挚、尊敬感激之情,例如在向他人表示深深的谢意或慰问时。握手时,主动握手者用右手握住对方的右手,左手握住对方右手的手背处。但这种握手方式不宜每次都用,它只在晚辈对长辈、身份低者对身份高者或同性朋友之间握手时使用。

与他人握手,一般应起身站立,除非是长辈或女士,否则坐着与人握手是失礼的。握手前,双方招呼或点头示意。握手时,应面带微笑,目视对方双眼,并且致意,表现出关注、热情和友好之意。握手一定要用右手,这是约定俗成的礼仪,如果伸出左手是十分失礼的。为对交往对象表示热情友好,握手时可以稍许用力,但切不可用力过大。

握手时间的长短可根据握手双方的亲密程度灵活掌握,与他人握手的时间不宜过长或过短。时间过短,会给人以应付、走过场的感觉;时间过长,尤其是握住异性和初相识者的手时间过长,是失礼的表现,一般应控制在三秒左右为宜。老朋友或关系亲近的人则可以边握手边问候,甚至双手长时间地握在一起。

5. 交谈礼仪

交谈礼仪是一个人的思想道德水平、文化修养、交际能力的外在表现,对于一个社会来说,交谈礼仪反映了一个国家的社会文明程度、道德风尚和生活习惯。交谈是建立良好人际关系的重要途径,是连接人与人之间思想感情的桥梁,是增进友谊、加强团结的一种动力。交谈礼仪在交往中的作用是举足轻重的。良好的交谈能广交朋友,给人带来友爱,为社会增添和谐,更能享受到社会特有的友情与温暖。

1)交谈时的态度

交谈时,应尊重与理解对方、谦虚礼让,然后因势利导地谈论话题;别人谈话时,应认真倾听、积极鼓励与引导对方阐明其思想。交谈中,对于对方正确的意见,应表示赞同;与对方有不同的看法,若无原则性问题,不必细究,但事关原则时,应婉转相告,表达自己的看法,但不可得理不让人,使别人难堪。同时,要避免一切直接触犯他人感情的话语和一切独断的言论。

2）交谈中的形体动作

交谈时，最好目光交流持同一水平，这既比较自然，又相互尊重；说话时，既不宜东张西望，也不应目不转睛地盯着对方或目光冷漠地看着对方，这会引起对方的不快；谈话中，可适当运用一些肢体语言来加强语气和强调内容，但手势不能太多和幅度过大，这会使人感到不舒服。

3）交谈方式的适当选择

与他人交谈，既要注意具体内容，又要注意表达方式。可根据不同的情况，采取以下几种不同的谈话方式：

（1）扩展式。交谈双方就某些共同关心的问题进行由此及彼、由表及里、由浅入深的讨论。

（2）评判式。在交谈过程中听取对方的观点以后，在适当的时刻，以适当的方法，恰如其分地进行插话，来发表自己就此问题的看法。

（3）倾泻式。在谈话时对对方毫无保留，将自己的想法全盘托出，也就是人们通常所说的"打开天窗说亮话"。

（4）静听式。与别人进行谈话时，自己主要是洗耳恭听。

（5）启发式。交谈中的一方主动帮助不善表达的另一方，在话题的选择或谈话的走向上给对方予以引导、支持、鼓励，以帮助对方在谈话中得以采用恰当的方法来阐述自己的见解和主张。

（6）跳跃式。在交谈过程中，如某一话题无人呼应，为避免谈话者感到尴尬，或者谈话出现冷场，可跳出原先谈论的范围，转而挑选大家都感兴趣的话题。

9.2.2　拜访和待客礼仪

拜访和待客两个环节是社会交往活动中必不可少的重要环节，能体现双方的修养和风度，不仅涉及个人的形象，而且还能体现出所在企业的形象。

1. 拜访礼仪

1）有约在先

当有必要去拜访他人时，首先要考虑主人是否方便，为此一定要提前口头告知对方或者打电话给对方，比如可以说："我想在您方便的时候去看看您，不知道是否合适？"须注意的是，如果是自己主动提出拜访他人，千万不要措辞强硬，逼着对方同意，语气要和缓，并有意识地把决定权让给被拜访者。这样有约在先之后，拜访才能在宾主双方都方便的情况下进行。当然，如果被拜访者真诚表达了欢迎你前去做客的愿望，通常不宜拒绝。万一需要拒绝，也要给出拒绝邀请的充分理由，使对方能够接受。

2）客随主便

拜访者应与被拜访者共同商定拜访做客的时间与地点，在这个问题上应该客随主便。一般来说，被拜访者乐于在家中接待关系较为密切的朋友，以示双方的友谊非同寻常，但如果居所过于窄小，恐怕就不方便了，一定要考虑到这些因素。

3）访前准备

一旦决定去拜访他人，必须做好充分准备。首先，为了向被拜访者表示敬重和对此次拜访的重视，服饰应根据被拜访者的身份、双方的关系及拜访的场所等进行选择。其次，要为被拜访者及其家人选择一份既有纪念意义又有实用价值的礼品。最后，要有时间观念，一旦与被拜访者约好了会面的具体时间，就应如期而至，不要随便变动双方约定的时间，打乱被拜访者的安排，按照双方约定的时间准时到达。

4）注意细节

按事先约定的时间来到被拜访者的居所后，如无人迎候，在进门之前应首先敲门或按门铃，以通报自己的到来。进入室内之前，应在门垫上擦干鞋底，或在主人同意后，换上指定的拖鞋。进门后，在进入客厅之前，应脱下外套、帽子，并将其与随身携带的皮包等一同交给主人代为存放。一般来说，去居所拜访他人时，活动范围仅限于其客厅内，且要落座于主人相让之处。拜访做客的时间，如果无事要相商，不宜停留过长，一般以半小时左右为宜。辞行前，应向主人的家人和其他客人道别，并感谢主人的盛情相待。出门之后，应请主人就此留步。如有意请主人回访，可在同主人握别时提出邀请。

2. 待客礼仪

1）礼貌迎客

如果客人是第一次来访，或者客人是长辈、师长，为表现对客人的尊重，应根据双方事先约好的时间去迎候客人。在迎候客人时，如果双方事先约好了见面地点，作为主人必须要早到几分钟。主人要先向客人握手，并致问候，然后将客人介绍给配偶或朋友，尤其是初次来访的客人。然后主人在前，客人在后，请客人进屋、落座。如果客人脱下外套、帽子等，或随身携带有包袋，主人一定要帮助代为存放。如果需要的话，还可请客人换上拖鞋之后再进入客厅，不过对此主人不必过分注重，以免使客人感到拘束。有时会遇到个别客人不期而至，出于礼貌，不管自己正在做什么，都应把事情停下来，起身去接待对方。

2）周到待客

客人进入客厅后，主人要让客人在适当的位置就座，如果遇到有家人或朋友也在，应请他们出来与客人见面，并逐一进行认真的介绍。如客人确有礼品相赠，只要没有贿赂之嫌，稍微谦让后就该收下，并当客人的面打开礼品包装，且表示对礼品的欣赏。对于熟识的朋友，交谈的内容虽可以随便些，但也不宜当着客人的面公开家庭内部的矛盾，更不能发生口角或因小孩子做了错事大发雷霆。

在接待客人时，最好不要去做与待客毫不相干的事。如果客人等待的时间久了，也不要因此而显出厌倦或不耐烦的样子，不要长时间冷场，不要频繁地看表，不要打哈欠，以免对方误以为逐客。在待客过程中，主人要请客人用糖果、饮料等。客人告辞时，主人应婉言相留。如客人执意要走，也要等客人起身告辞时，主人再站起来相送，不能客人刚说走，主人就先站起来相送，这是不太礼貌的。

3）礼貌送客

如果是非常熟识的好友，要把客人送到门外、楼下，亲切道别，并邀请客人有时间再来。一般道别时，要待客人伸出手来握别时，方可以手相握，切不可在送客时抢先"出手"，免得有厌客之嫌。如果给远道的朋友送行，要送到火车站、飞机场或轮船码头，并要为客人准备好一些旅行中吃的食品，如水果、糕点或其他方便食品。送人要等火车、飞机或轮船开动后再离开。如果有事不能等候很长时间，应向客人解释原因，以表示歉意。

总之，无论是招待客人还是送别好友，都要使客人感到主人的热情、诚恳、有礼貌、有修养，使客人感到温暖、融洽。

9.2.3 馈赠礼仪

1. 馈赠技巧

每个人送礼都有一定目的，朋友送礼是加深友谊，父母给孩子送礼是增进亲情，丈夫给妻子送礼是升华爱情。因此，不同的送礼目的决定购买不同的礼品。

针对不同性格、地位和品位的人，所送礼品也各不相同。一个事业心很强的人，在生日或喜庆之日，若能送些含有"大展宏图""马到成功"之意的礼品，他定会心满意足。晚辈给长辈送礼，选择保健、滋补类的礼品为宜。送礼对象是一个商人，则要送些含"财源广进""生意兴隆"之象征意义的礼品。"六一"儿童节，大人考虑给小孩送些玩具、学习文具之类的礼品，这也是增进亲情、鼓励上进的一种方法。因此，不同时间赠送礼品，将表达不同的感情。

2. 馈赠方式

当面赠送，可以充分表达赠送的用意，有时还可以介绍礼品的寓意，演示礼品的用法，令赠送的礼物得以淋漓尽致地发挥作用，也使受礼者感受到馈赠者的良苦用心。

由于身处异地，无法当面赠送，通过邮寄及时赠送，弥补无法面送的缺憾。这种方式克服了"过期失效"的不足，保证礼品及时送上，尽快发挥功能。

由于赠送人身在外地，或者不宜当面赠送，就可以选择委托赠送。采用这种方式，必须有充分的理由。

> **知识链接**
>
> **四大国礼**
>
> 四大国礼是指阿胶、瓷器、丝绸、茶叶。
>
> 阿胶：阿胶是一种道地名贵中药，产于山东东阿，故名阿胶。
>
> 瓷器：一种由瓷石、高岭土、石英石、莫来石等组成，外表施有玻璃质釉或彩绘的物器。瓷器要通过在窑内经过高温(1 280～1 400 ℃)烧制，瓷器表面的釉色会因为温度的不同而发生各种化学变化。烧结的瓷器胎一般仅含3%不到的铁元素，且不透水，是中华文明的瑰宝。
>
> 丝绸：在古代，丝绸就是蚕丝(以桑蚕丝为主，也包括少量的柞蚕丝和木薯蚕丝)织造的纺织品。现代由于纺织品原料的扩展，凡是经线采用了人造或天然长丝纤维织造的纺织品，都可以称为广义的丝绸。而纯桑蚕丝所织造的丝绸，又特别称为"真丝绸"，以区别其他纤维的广义丝绸。丝绸是中国古老文化的象征，中国古老的丝绸业为中华民族文化织绣了光辉的篇章。中国丝绸以其卓越的品质、精美的花色和丰富的文化内涵闻名于世。
>
> 茶叶：我们一般所说的茶叶就是指用茶树的叶子加工而成，可以用开水直接泡饮的一种饮品。中华茶文化源远流长，中国名茶传统制作工艺享誉全球。
>
> (资料来源：百度百科)

9.3 职场礼仪训练

求职礼仪是求职者在求职过程中与招聘者接触时应有的礼貌行为和仪表形态规范。它通过求职者的应聘资料、语言、仪态举止、仪表、着装打扮等体现其内在素质。它对于能否实现求职者的愿望、能否被理想单位录用起着重要的作用。

9.3.1 面试礼仪

1. 面试前的准备礼仪

(1) 充分了解自己的兴趣爱好、性格特点、专业特长，了解就业形势、相关的用人单位、所求工作的性质和内容以及求职面试的程序。

(2) 保持自信、冷静、积极的心态，经常用自我暗示的方法培养自信心。

(3) 规范制作简历；准备公文包、笔记本、身份证、各种证书、照片、笔、多份打印好的简历，并有次序地放置妥当。

(4) 妆容应以简洁大方、亲切自然为宜。

2. 面试礼仪

提前到达面试地点，一般来说提前 10~15 分钟为宜，去洗手间整理下自己的服饰仪表；等候期间保持安静和正确的坐姿，不要来回走动，也不要和其他求职者聊天，需要询问的时候用语要文明；进入面试房间要轻敲门慢关门，合上门后，向面试官点头示意，面带微笑称呼一声"老师好"，然后报上自己的名字，要传递给面试官自信、大方的感觉。

在面试官没有招呼你坐之前，绝对不可以擅自坐下，最佳的方式是坐满椅子的三分之二，上身自然挺直，略向前倾，双膝并拢，双手自然置于其上。在面试中，要重视眼神的运用。首先是视线的方向，要正视对方。应把目光集中在对方眼睛和鼻子之间的三角形位置上移动；要避免长时间凝视，可将坚定、自信的目光停留在面试官脸上 5~7 秒；整个过程要保持微笑。面试官说话的时候要认真聆听，并适时以"是""对""我想是的"等作为回应。应答时要表现得从容镇定，不慌不忙，温文尔雅，有问必答。

察言观色，掌握面试收尾时间的"火候"，面试官示意面试结束时，应微笑、起立、握手道别；走出面试房间后，仍要保持安静、礼貌；面试后用书信、邮件或电话方式表示感谢。

9.3.2 办公室礼仪

办公室虽然是一个小小的空间，但却有一个大的公众环境。这里的一言一行都体现了你的才华、自信和发展状况。良好的礼仪不仅能树立个人和公司的良好形象，也关系个人前程和事业发展。

1. 办公区域礼仪

保持个人空间的良好形象，办公桌面整洁，不放置多余的东西，办公室的装饰也要符合公司的文化。

办公室内用餐要注意卫生，不留剩菜剩饭在办公室，不吃有强烈味道的食物，吃完饭要把桌面清理干净，注意用餐形象。

办公室谈话应注意事项：第一，不要谈论薪水问题；第二，不要谈论私人生活问题；第三，不要讲野心勃勃的话；第四，不要谈涉及家庭财产之类的话题。

2. 其他区域礼仪

1）电梯间

有专人控制的电梯：上电梯时，如果等候的人中有客人或有残疾人时，应让他们先上，不要争抢。伴随客人或领导来到电梯门前时，先按电梯按钮；等梯门打开时，可先行进入电梯，一手按开门按钮，另一手按住电梯侧门，请客人们先进；进入电梯后，按下客人要去的楼层按钮。

无人控制电梯：应该为你后面的人按住开门按钮或扶着门。如果有人为你扶门，要说"谢谢"。上电梯后，如果你后下，则站在靠后一点，先上的人可靠边站在电梯门的两侧，最后上的人站在中间。

下电梯时，如带有客人，到达目的楼层，一手按住开门按钮，另一手做出"请出"的动作，可以说："到了，您先请。"待客人走出电梯后再出电梯，并热诚地引导行进的方向。

2）楼梯

使用楼梯，主人应走在前面，以便主人到达目的地后迎接引导客人。在拥挤的楼梯上，跟随着人流，不论上楼还是下楼一般都应靠右侧走。走楼梯时不便交谈，最好等到达目的地后再谈，这样可以避免因不便交谈而感到尴尬。

3）洗手间

在洗手间遇到同事时要主动与对方打招呼，千万不要假装没看见，给人不爱理人的印象。

要保持洗手间清洁。马桶或小便池用后要冲水，要将马桶垫圈放下来，并保持垫圈表面清洁；用过的卫生纸扔入垃圾桶里。从洗手间出来不要忘了洗手。

在洗手间还要注意言谈礼仪，洗手间是公共空间，在卫生间里不要议论公事或议论别人，防止"隔墙有耳"，若被当事人或有关人员听到就会增添麻烦，严重者还有泄密问题。

3. 内部交往礼仪

（1）与上级交往，服从上级安排，谦虚谨慎，尊重上级。

（2）与同事交往，注意称呼，尊重同事，与同事紧密合作、公平竞争。

（3）与下属交往，尊重下属的人格，善于听取下属的意见和建议，宽待下属；培养领导的人格魅力，尊崇有才干的下属。

4. 电话礼仪

所谓电话礼仪，就是指通话者在通话过程中为留给通话对象及其他在场者良好印象所应注意的礼仪。

1）通话准备

（1）内容准备。在拨打电话之前，首先必须明确自己所要找的通话人的一般情况，包括通话人姓名、性别、职务、年龄等，以免发生尴尬。同时须明确通话人的电话号码，仔细核实、谨慎拨打。更为重要的是，在通话前应当对自己所要传达的信息和阐述的要点有明确的把握。

（2）仪态准备。在一般情况下，不论是拨打电话还是接听电话，都必须全神贯注。

2）通话态度

（1）耐心拨打。拨打电话时，要沉住气，耐心等待对方接电话。

（2）解释差错。如果发现自己拨错了电话，应当诚恳地向对方致歉，不可一声不吭挂断电话。

（3）及时转接。如果接电话时发现对方找的是自己的同事或室友，应让对方稍候，然后迅速地帮对方找接话人；如果对方要找的人不在或不便接电话时，应向其致歉，让其稍后再拨；如对方愿意，可代为传达信息，并准确做好记录。

3）通话语言

（1）用语礼貌。用语是否礼貌，是对通话对象尊重与否的直接体现，也是个人修养高低的直观表露。要做到用语礼貌，就应当在通话过程中较多地使用敬语、谦辞。

（2）用语温婉。通话时语气的把握至关重要，因为它直接反映通话人的办事态度。为确保信息的准确传递，通话人在通话过程中应当力求发音清晰、咬字准确、音量适中、语速平缓。

（3）用语文雅。在通话过程中，为了不影响他人的正常工作，通话双方都应对自己的说话音量和方式加以控制，既不可大声嚷嚷、高声谈笑，或者一惊一诧、时高时低，从而打断他人工作思路，也不可窃窃私语，鬼鬼祟祟，吸引他人注意。

9.4 沟通礼仪训练

9.4.1 交谈礼仪

交谈是人们日常生活的一部分，也是人际交往的基本形式之一。从广义上来讲，交谈是人们交流思想、沟通感情、建立联系、消除隔阂、协调关系、促进合作的一个重要渠道。

1. 话题礼仪

话题是交谈的中心内容，交谈话题的选择不仅能反映出交谈者的品位，同时选择一个好的话题，往往能营造一个良好的交谈氛围，取得理想的沟通效果。因此，在交谈时，首先应选择恰当的话题，同时要注意应当回避的话题。

1）选择原则

（1）"TPO"原则，T即时间（Time），P即地点（Place），O即场合（Occasion）。"TPO"原则指的是话题的内容要符合说话的客观环境。

（2）因人而异原则，即指交谈时要根据交谈对象的不同而选择不同的交谈内容。根据对方的性别、年龄、性格、民族、阅历、职业、地位而选择适宜的话题。如果完全不考虑这些因素，交谈就难以引起对方的共鸣，难以达到沟通和交流的目的，甚至出现对立的情况。

（3）求同存异原则，由于交谈各方往往有着不同的性别、年龄、阅历和职业等主观条件，交谈中经常会发现彼此有不同的兴趣爱好、关注话题等。遇到此种情况，应本着求同存异的原则，选择大家都感兴趣的话题，使各方在交谈过程中有来有往、彼此呼应、热情

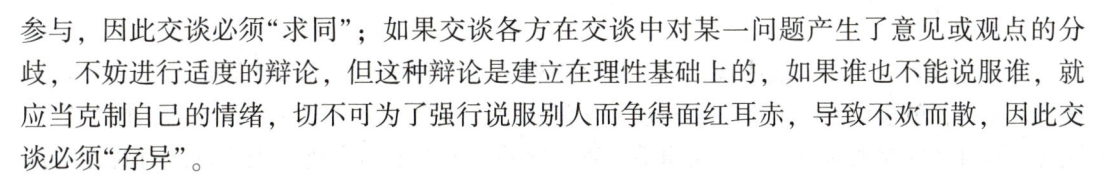

参与，因此交谈必须"求同"；如果交谈各方在交谈中对某一问题产生了意见或观点的分歧，不妨进行适度的辩论，但这种辩论是建立在理性基础上的，如果谁也不能说服谁，就应当克制自己的情绪，切不可为了强行说服别人而争得面红耳赤，导致不欢而散，因此交谈必须"存异"。

2）宜选话题

（1）选择高雅的内容。应当自觉地选择高尚、文明、优雅的内容，例如哲学、历史、文学、艺术、风土、人情、传统、典故，或选择一些时尚的热门话题，如国内外新闻、政治、经济、社会问题等。但切忌班门弄斧，不懂装懂。

（2）选择轻松的内容。在交谈时要有意识地选择那些能给交谈对象带去开心与轻松的话题，如文艺、体育、旅游等。除非必要，切勿选择那些让对方感到沉闷、压抑、悲哀、难过的内容。

（3）选择擅长的内容。交谈的内容应当是自己或者对方所熟知甚至擅长的内容。选择自己所擅长的内容，就会在交谈中驾轻就熟，得心应手，并令对方感到自己谈吐不俗，对自己刮目相看。选择对方所擅长的内容，则既可以给对方发挥长处的机会，调动其交谈的积极性，也可以借机向对方表达自己的谦恭之意，并可取人之长，补己之短。应当注意的是，无论是选择自己擅长的内容，还是选择对方擅长的内容，都不应当涉及另一方一无所知的内容。

2. 语言礼仪

语言是交谈的载体，交谈过程即语言的运用过程。语言运用是否准确恰当，直接影响交谈能否顺利进行。因此，大学生在交谈中要尤其要注意语言的使用问题。

1）通俗易懂

谈话中所使用的语言要让人能听便懂，如果所使用的语言过于雕琢，甚至咬文嚼字、矫揉造作，满嘴的专业术语和子曰诗云，堆砌辞藻、卖弄学识，则只会让人闻之生厌，不知所云。

2）文明礼貌

日常交谈虽不像正式发言那样严肃郑重，但也不能不讲究用语的文明礼貌。首先，在交谈中，要善于使用一些约定俗成的礼貌用语，如"您""谢谢""对不起"等。尤其应当注意的是，在交谈结束时，应当与对话方礼貌道别，如"有空再聊吧！""谢谢您，再见！"等。即使在交谈中有过争执，也应不失风度，切不可来上一句"说不到一块儿就算了""我就是认为我对"等；其次，交谈中应当尽量避免一些不文雅的语句和说法，不宜明言的一些事情可以用委婉的词句来表达。

3）简洁明确

在交谈时所使用的语言应当力求简单明了，言简意赅地表达自己的观点和看法，切忌喋喋不休。首先要发音标准，吐字清晰。交谈时起码的一点是要让对方听清自己的话，否则就根本谈不上交流。忌用方言、土语，要语义明确，不可模棱两可，以免产生误会。

3. 态度礼仪

在交谈时个人所表现的态度，往往是其内心世界的真实反映。若想使交谈顺利进行，就务必要对自己的谈话态度予以准确把握、适当控制。

1)表情

交谈时目光应专注，或注视对方，或凝神思考，从而和谐地与交谈进程相配合。如果是多人交谈，就应该不时地用目光与众人交流，以表示交谈是大家共同参与的，彼此是平等的。同时，在交谈时可适当运用眉毛、嘴、眼睛在形态上的变化，表达自己对对方所言的赞同、理解、惊讶、迷惑，从而表明自己的专注，并促使对方强调重点、解释疑惑，使交谈顺利进行。

2)举止

人们在交谈时往往会伴随着做出一些有意无意的动作举止。这些肢体语言通常是自身对谈话内容和谈话对象的真实态度的反应。例如，发言者可用适当的手势来补充说明其所阐述的具体事由，倾听者则可以点头、微笑来反馈"我正在注意听""我很感兴趣"等信息。同时，应避免过分、多余的动作。

3)倾听

倾听是与交谈过程相伴而行的一个重要环节，也是交谈顺利进行的必要条件。在交谈时务必要认真聆听对方的发言，用表情举止予以配合，从而表达自己的敬意，并积极融入交谈。切不可对他人发言不闻不问，甚至随意打断对方的发言。

4)交流

交谈是一个双向或多向交流过程，需要各方的积极参与。因此在交谈时切勿造成"一言堂"的局面。自己发言时要给其他人发表意见的机会，别人说话时自己要适时发表个人看法，互动式促进交谈进行。参加别人谈话之前应先打招呼，征得对方同意后方可加入。相应地，他人想加入己方交谈，则应以握手、点头或微笑表示欢迎。如果是个别谈话，不要凑上去旁听。若确实有事需与其中某人说话，也应等到别人说完后再提出要求。谈话中若遇有急事需要处理，应向对方打招呼并表示歉意。

9.4.2 通信礼仪

1. 电子邮件礼仪

1)编辑邮件的程序

一般编辑邮件包括如下程序：

(1)建新邮件。填写收件人信息，收件人信息直接关系到邮件能否顺利到达，所以，在添加收件人的过程中，通常按不同的性质分为收件人(指定邮件的主办人)、抄送人(将邮件的副本通知某人)、密件抄送人(隐藏邮件的收件人)。收件人收到邮件时，三者均显示收件人信息，收件人可以看到抄送人的信息，收件人和抄送人无法看到密件抄送人的信息。

(2)写邮件内容。邮件内容的输入，包括邮件抬头信息、正文和落款，另外还有附件或项目等。邮件内容的简单编辑和修饰，主要包括文字和段落的修饰、背景的修饰等。

(3)发送电子邮件并检查发送情况。选择邮件账户并发送邮件，检查邮件发送结果。

2)处理邮件的程序

一般处理邮件包括如下程序：

(1)接收邮件。一般用户设置为默认在线方式，即可收到新邮件，并将邮件存放在收件箱中，同时显示到达通知，以提醒查看。

（2）阅读邮件。收件人查看邮件时，可采用不同的方法，包括纵横阅读、浏览主题、自动阅览和分组查看等方法。

（3）答复、转发及标记邮件。收到的邮件，有的需要回答一些问题，或告知一些情况，那么就需要答复邮件。答复可从邮件视窗中选择某一邮件条目进行，如可以在打开的邮件窗口中处理。转发常用于将自己收到的邮件转给其他相关人员，所以处理转发邮件时，通常需要选择收件人的地址。

3）规范书写格式

电子邮件和平常的书信一样，称呼、敬语、签名均不可少。电子邮件内容要明确，语言要简洁、准确，邮件必须有明确的主题，以便让收信人明白来信的主旨。写完以后还要认真检查有无错误，因为发出去的电子邮件代表一个人的知识水平和文化修养，如果发出去的邮件不规范，就给人以粗心、不礼貌和没修养的印象。

4）正确及时收发邮件

电子邮件发送不要正文栏空白，这样不仅不礼貌，还容易被收件人当作垃圾邮件删除。重要的邮件可发送两次，以确保发送成功。发送完毕，可用电话或手机短信告知收件人，让其阅读。收件人收到电子邮件应尽快回复。如果暂时没有时间，先短信回复，告诉对方收到邮件，随后详细回复。

5）注意使用中的安全性

电子邮件是计算机病毒的重要传染源和感染病毒的主要渠道。收发电子邮件，要注意远离计算机病毒。最好在发送邮件前用杀毒软件杀毒，同时定期清理收件箱、发件箱、回收箱，空出有限的邮件空间，接收新的邮件。

电子邮件书写要规范，文法要符合逻辑，内容要符合法律、道德和企业文化。坚决不用电子邮件作为媒介传送任何不好的信息，也不要用来发布严肃的抱怨、批评等。

2. 电子商务礼仪

电子商务是一种新型的、发展迅速的商务活动方式，是随着电子计算机的普及和互联网的发展而发展起来的。很多生产、流通、消费等领域的企业，都已认识到电子商务的重要性，纷纷开展或准备开展电子商务。电子商务礼仪应做到：注重诚信，信誉第一；实事求是，规范交易；遵守法规，保证安全；讲究效率，及时回访。

9.4.3 倾听礼仪

当有人在进行语言表达时，必有人在倾听，这样才能完成一次交流与沟通。真诚得体的倾听，会让对方认为你是可以依靠信赖的人，获得对方的信任与好感，拉近交流双方的距离，使对方感到亲切温馨。

1. 倾听的内容礼仪

在人们的日常交往活动中，听的时间要比说的时间多很多。这说明：听在人们交往中居于非常重要的地位。学会倾听，可以让你获取必要的信息。倾听别人的讲话，从对方的动作、神态、眼神之中去感受对方的快乐与哀愁，喜悦与忧伤，失落与孤寂，激情与活力等，让自己与对方进行心灵上的交流。这样，你就会获得友谊，建立广泛的人际关系。

倾听之前，必先意诚，意不诚，交流也就没有进行下去的必要了。要么不听，要么就带着真诚的心去倾听，而不是强自己所难，带着不情愿的态度去倾听。一旦对方发现你不是真心地去倾听他的表达，一定会感到不愉快，谈话也就会变得尴尬，最终结果也会是不欢而散。

真正善于交谈，熟知礼仪的人，在倾听之前，必对人抱有尊重之心，用心去倾听对方谈话的内容。最好的倾听方式，就是站在对方的角度去考虑问题。使对方感受到尊敬和鼓舞，愿意说出自己内心的真实想法，并愿意加深、巩固双方之间的关系。

2. 倾听的方式礼仪

有一句名言说："善言能赢得听众，善听才会赢得朋友。"这句话充分地说明了，认真倾听是一种修养，它体现了对人的尊重，它能创造一种与说话的人心理交融的谈话氛围。

1）全神贯注

人们总是喜欢听自己说话，当他们希望别人能分享自己的思想、感情以及经验的时候，就需要听众，这个时候，有人愿意听，你就会觉得很高兴，有人赞同就会觉得感激。而你表示赞同的方法就是全神贯注，当别人在说话的时候，应该目视对方，不能出现轻敲手指、频频踏脚，或烦躁不安，打断别人说话的行为，这些是极不礼貌的，假如当时你没有时间，可以向对方提出另找一个适合时间倾谈。聆听时要及时用赞许的眼光、点头及其他体态语言表明你在认真聆听并且对他的话感兴趣，鼓励他继续说下去。

2）呼应配合

当对方讲到精彩的地方时，可以击掌响应，当对方讲到幽默的地方时，可以以笑回之，当对方讲到紧张的地方时，要避免弄出声响，为了鼓励对方说下去，可以适当提问，或对其所说的稍加评论，这表明你不仅在聆听对方说话，而且饶有兴趣，避免是对方因说话得不到反应而感到兴味索然，中断话语，大家都应该有过这样的经历，因为没有人响应，而感到尴尬，一个出色的聆听者，具有强大的感染力，能让对方感到自己的重要，这样可以极大地调动说话者的情绪。

3）察言观色

在与人交谈中，不仅要倾听他说话，还要会倾听他的身体语言，例如眼神、姿态、手势、语调等。这对弄清楚他的意图是十分重要的，很多人说的话并非肺腑之言，他们往往会把真实的想法隐藏起来，这就需要体味对方的言外之意，以便正确判断其真正意图。

4）不抱成见

人的沟通是不容易的事情。切不可根据自己的认识盲目判断，以结论来代替倾听，这样，势必会切断人与人交流的线索，妨碍进一步沟通。

讨论题

1. 一般来说，形象礼仪包括哪些方面？
2. 拜访礼仪有哪些要点？

3. 服饰礼仪包括哪些内容？
4. 联系实际说明馈赠礼仪的原则。
5. 试述交谈的礼仪规则。

练 习

1. 4～5人一组，以组为单位，进行化妆训练，教师现场指导。
2. 为自己画一个妆容，与同学进行经验交流。
3. 学生分组进行站姿、坐姿、蹲姿、走姿训练，并进行互评，教师点评。
4. 对学生加强日常站姿、坐姿、蹲姿、走姿考核，使学生重视仪态礼仪。
5. 学生相互演示递接物品、手持物品、展示物品、邀请、致意、鼓掌等礼仪，教师点评。
6. 模拟商场销售人员，向顾客展示、介绍、递送某商品，注意手势的运用。
7. 安排男同学课后收集有关西装穿着、男装便装、时尚趋势等的相关知识及图片，并制作成PPT，在课堂分享。
8. 小组同学扮演不同职业、职位的角色。
9. 模拟大学开学伊始，同学以新生的身份，在班级中进行自我介绍（注意要介绍自己的性格特点、爱好等）。

情景模拟

1. 请你以校报记者身份做一个采访，采访对象是刚刚取得省大学生足球比赛第一名的校足球队队长。注意在采访前的话题准备，可以找同组同学饰演足球队队长。
2. 小李得知办公室老赵的儿子今年考上北京某名牌大学，同时老赵的职位又高升了，作为同事，和妻子特意前去祝贺，恰好老赵和他的妻子都在家。请你根据此场景，进行四个人的对话设计，并分组进行表演。
3. 周末的一天，小孙到邻居小李家做客，一起看球赛直播，小李5岁的儿子淘淘恰巧在家，看家里来了客人，淘淘变得特别"活泼"，不停地在客厅跑来跑去，手里的玩具枪还不时地发出"嘟嘟嘟"的声音。小李非常生气，如果你是小李会怎么做？请模拟此场景，进行情景剧表演。
4. 王平、李力两人是大学同学，李力听说王平要到沈阳出差，便到机场接他。接王平的当天李力携妻子赵小梅一起来到了机场，毕业五年多，一直未能见面，彼此都已成家立业。经过简单的寒暄与介绍，他们来到了王平家。请每组找三名同学，分别扮演王平、李力、赵小梅，模拟迎接、做客、待客的场景。
5. 盛业集团招聘业务员，请以求职者的身份，打电话咨询有关情况，并定下面试时间和地点。结合情境，分组进行角色扮演，模拟训练如何拨打和接听电话。

案例分析

案例一

李艳艳大学毕业10周年，近日要聚会，已为人母的艳艳虽然身材还保持得不错，但由于照顾孩子、操劳家务，许久没有精心打扮自己了。为了这次聚会，艳艳做了充分准备，希望能使多年未见的同学能眼前一亮。聚会的日子到了，艳艳为了凸显身材，身着一件紧身衣，还特意配了一条超短裙。为了显得皮肤白皙，还涂了厚厚的粉底，化了重重的彩妆，打了浓浓的香水。当她高高兴兴出现在聚会现场时，同学们都露出了异样的眼光，她所希望的"眼前一亮"的情景并没有出现。

思考题

1. 结合案例谈谈艳艳所希望的大家"眼前一亮"情景为什么没有出现？
2. 请你以艳艳同学的身份，谈谈艳艳在同学聚会场合应如何打扮自己？

案例二

莉莉是个理财专家，她有很好的学历背景，常能为客户提供很好的建议，在公司里的表现一直很出色。但当她到客户的公司提供服务时，对方主管却不太注重她的建议，她能发挥才能的机会也就不大了。一位形象设计师发现莉莉在着装方面有明显的缺憾：她28岁，身高155厘米、体重43千克，看起来机敏可爱，喜欢穿着休闲装，像个小女孩。其外表与她所从事的工作相距甚远，客户对于她所提出的建议缺少安全感、信赖感，所以她难以实现她的创意。这位形象设计师建议她用服装来强调出学者专家的气势，着深色的职业套装，配米色的衬衫、丝巾、时尚公文包，戴上黑边的眼镜。莉莉照办了，结果，客户的态度有了较大的转变。很快，她成为公司的董事之一。

思考题

1. 结合案例，分析客户对莉莉的态度为什么会转变？
2. 结合实际谈谈工作中应注意哪些服饰礼仪？

案例三

一家公司准备聘用一名公关部部长。经过笔试后，只剩8位考生等待面试。面试限定每人在两分钟内，对主考官的提问作答。当每位考生进入考场时，主考官问的是同一句话："请把大衣放好，在我面前坐下。"然而，在考试的房间中，除了主考官使用的一张桌子和一把椅子外别无他物。有两位考生听到考官的话，不知所措，另有两位急得流泪，还有一位听到提问后脱下自己的大衣，搁在主考官的桌子上，然后说了句话："还有什么问题？"结果这5位考生全部被淘汰了。

在剩下的三位考生中，一位考生听到主考官发问后，先是一愣，随即脱下大衣，往右手上一搭，鞠躬致礼，并轻声询问："这里没有椅子，我可以站着回答您的问题吗？"公司对这位考生的评语是："有一定的应变能力，但创新、开拓不足。彬彬有礼，能适应严格的管理制度，可用于财务和秘书部门。"另一名考生听到问题后马上回答说："既然没有椅子，就不用坐了，谢谢您的关心，我愿听候下一个问题。"公司对此人的评语是："守中略有攻，可先培养用于对内，然后再对外。"最后一位考生听到主考官的发问后，眼睛一眨，随即出门去，把候考时坐过的椅子搬进来，放在离主考官侧面1米处，然后脱下自己的大衣，折好后放在椅子背后，然后自己在椅子上端坐着。当时间到的铃声一响，他马上站起

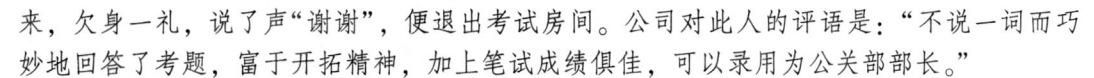

来，欠身一礼，说了声"谢谢"，便退出考试房间。公司对此人的评语是："不说一词而巧妙地回答了考题，富于开拓精神，加上笔试成绩俱佳，可以录用为公关部部长。"

思考题

1. 请问那 5 位考生为什么会直接被淘汰？他们的哪些行为是不合乎礼仪规范的？
2. 请结合案例讨论求职者在面试时应该如何赢得面试官的青睐？

第10章 书面沟通

学习目标

- 了解书面沟通的特点及原则；
- 了解书面沟通的基本形式；
- 掌握几种书面沟通的撰写要点；
- 掌握有效书面沟通的策略。

引导案例

一字之差，天壤之别

案例一：是欠条还是还款证明？——"还"字多音惹纷争

2000年4月，黄先生承建北京某农业发展有限公司养猪舍七栋，承包工程款总计8.4万元。双方约定工程开工时，农业公司应首付黄先生总工程款的70%，即58 800元，但农业公司却只给付黄先生3万元，余款一直未付。2002年4月7日，农业公司由其会计乔女士签名为黄先生出具一张写有"还欠黄某工程款28 800元"的证明，并盖有公司财务专用章。黄先生依此欠据将农业公司告上法庭，要求立即给付工程款28 800元。

然而在法庭上，被告农业公司在承认欠黄先生工程款28 800元的同时，提出此欠款已由当时经手人会计乔女士偿还了，并为黄先生出具了还款证明，"还欠黄某工程款28 800元"中的还字应读为huán，故不同意黄先生的诉讼请求。

顺义法院认为，原告为被告承建养猪舍工程，被告应按约定给付工程款，被告为原告出具的证明，应视为欠款证明，法院对原告的请求应予支持；被告辩称此证明为还款证明，未提供相关证据证实，法院不予采信。最终判决被告北京某农业公司给付原告黄先生工程款28 800元；案件受理费1 162元由被告负担。

案例二：一字之差错失百万

中国文字博大精深，因字面歧义所发生的合同纠纷也不少，近日，浙江义乌的鲍先生就陷入了"语言陷阱"中，不过他的代价有点大，就因为一字之差错失百万元。到底是什么

"字"产生了这么大的后果？因合同协议系鲍先生自己起草的，所以一切只是按文本执行。鲍先生表示有苦说不出，因自己的失误，近百万元的利息就这样化为泡影。

鲍先生陷入合同纠纷一事还得从十年前说起。当年，鲍先生承包了某公司的厂房建设工程，并于2005年11月16日向对方缴纳100万元保证金。

后来，诸多原因导致该工程没有能够真正开工建设，该公司同意于2013年8月15日退还鲍先生保证金100万元。

关于在这期间产生的利息怎么办问题，该公司答应按月利率0.7%计算，同时约定："如在2013年8月15日前无法归还，按2005年至2013年8月15日后银行同期贷款利率的四倍计算支付利息。"眼见到了约定还钱时间，该公司却迟迟未有迹象表明要还款。鲍先生很气愤，他将该公司诉至义乌市法院，要求对方返还保证金，并从2005年11月16日起按银行贷款利率的四倍计付利息。

庭审中，双方争执的焦点为"按2005年至2013年8月15日后"这句话，这个"后"产生了字面歧义。鲍先生认为，按合同本意应当是从2005年起就开始按四倍利率计算。某公司则认为，应当从2013年8月15日后按四倍利率计算，之前的利息应当还是按月利率0.7%计算。

法院审理后认为，"后"字应当按"之后"理解，应为在2005年至2013年8月15日这一时间以后的利息，按银行同期贷款利率的四倍计算。

因系鲍先生本人草拟的这份协议书，所以最终法院没有支持鲍先生要求，他只能由自己为这次失误"买单"，不过他的代价有点大。

(资料来源：根据网络资料整理)

10.1 书面沟通的特点及原则

很多管理工作是通过书面沟通进行的。美国管理学家克莱姆和史尼德指出，管理者将他们89%的时间花在与沟通有关活动的事物上，其中59%的时间花在听和说上，19%的时间花在读上，22%的时间花在写上。可见，管理者在沟通过程中，除了听和说外，书面沟通使用是较频繁的。

10.1.1 书面沟通的含义

书面沟通是以文字为媒体的信息传递，形式主要包括文件、报告、信件、书面合同等。书面沟通是一种比较经济的沟通方式，沟通的时间一般不长，沟通成本也比较低。这种沟通方式一般不受场地的限制，因此被广泛采用。

10.1.2 书面沟通的特点

书面沟通作为一种正式沟通的形式，主要有以下几个特点：书面沟通的信息可以长期保存；具有较强的唯一性和稳定性；可以促使信息发送者对自己要表达的东西进行更加认真的思考，使其更加条理化；书面沟通是一种多样性的有形展示，耗时较长，不能及时提供反馈信息。

1. 书面沟通的优点

书面沟通本质上讲是间接的沟通，能使沟通者在一个彼此都不太紧张的情况下进行沟通，可将沟通者不必要的情绪最小化。书面沟通可以是正式的或非正式的，可长可短，比较方便。词语可以经过仔细推敲，可以不断修改，可以更审慎地传递信息。书面材料是准确而可信的证据，所谓"白纸黑字"，有凭有据、可保存、可核对，并能随时查阅。书面文本可以复制，同时发送给许多人，能传递复杂的或大量的财务数据，还可以更详细地具体表达法律政策或程序。

2. 书面沟通的缺点

间接性也给书面沟通造成了一些缺点和不足：发文者的语气、强调重点、表达特色，以及发文的目的可能被忽略而使理解有误；要求沟通者具备很好的写作技能；耗费时间较多，不能即时反馈。在相同的时间内，口头要比书面所传达的信息多得多。口头沟通可以当场核实对方对信息的理解是否符合发信者的原意并获得有效反馈，但书面沟通做不到这一点。

信息及含意会随着信息内容所描述的情况，以及发文和收文时的部门而有所变更。这包括：个人观点——收文者很容易忽略与他自己的看法有冲突的信息；发文者的地位——发文者是上司、部属或同一阶层的同事，会影响信息的意义；外界的影响——收文者能否专心阅读收到的信息？收文者的心情如何？你写这封函或备忘录的时候心情如何？这封函送达的时间是早晨还是午餐的时候？等等。收文者很可能因为发文者一开始采用的格式不当，而不太注意沟通的信息内容。

10.1.3 书面沟通的原则

1. 完整

书面沟通应完整地表达想要表达的内容和意思，包括何人、何时、何地、何种原因、何种方式等。

2. 准确

文稿中的信息表达准确无误，从标点、语法、词序到句子结构均无错误。从撰写者的角度看，书面沟通的主要目的包括提出问题、分析问题、给出定义、提供解释、说明情况和说服他人，因而撰写者必须明确自己如何展开文件内容，需要传达什么信息，将信息传递给谁，以及希望获得怎样的结果。

3. 清晰

所有的语句都应非常清晰地表现真实的意图，读者不用猜测就领会作者的意图，避免双重意义的表示或者模棱两可。

4. 简洁

简洁即用最少的语言表达想法，去掉不必要的词，把重要的内容呈现给读者，节省读者时间。

5. 具体

内容当然要具体且明确，尤其是要求对方答复或者对之后的交往产生影响的文件。

6. 礼貌

文字表达的语气上应该表现出一个人的职业修养，客气且得体。要及时回复对方。

7. 体谅

为对方着想，是书面沟通时一直强调的原则——站在对方的立场，换位思考。书面沟通所传递的信息必须满足接收者的需要，而不仅仅是发送者的需要。撰写者始终应该站在读者的角度，重视读者想了解的内容，尊重读者的意愿。

10.1.4 书面沟通的技巧

1. 明确书面沟通的目的

书面沟通的目的是指沟通者期望通过书面沟通实现的目标。常见的沟通目的有提问、分析、解释、指示、说明、说服、批评等。例如，通知和邀请函，二者的沟通目的，一个是通知，一个是邀请，写作格式和风格差异很大，从语气上讲，后者比前者要委婉客气得多。

2. 分析读者需求信息

书面沟通时要明确读者需求，把读者最想知道、最能达到沟通目的的材料保留并凸显出来，然后把不相关的内容统统去掉。

3. 注意书写语气

书写时一定要斟酌文字是否准确无误地表达了你的意思，对方收到后会有何反应。另外，可以用"我""你""我们"等人称代词帮助读者把文章连接起来，使文章更直接、清晰、有说服力。避免一些理解上的偏差，例如，简短的句子会因缺乏客套而被认为无礼，无心的玩笑会让对方认为粗俗，简洁的信息可能因简单而被忽略等。

4. 使用主动语态

为了增强文章的说服力，要使用主动语态的动词，而避免用被动语态。对比如下：

被动语态：	主动语态：
那已经被董事会决定了的……	董事会决定……
……调查由我们来执行	我们调查……
……被征求	我们征求……
你的建议很让人欣赏。	我们非常欣赏你的建议。

5. 突出重要信息

突出重要信息有两种方法：第一种是使用短词、短句以及短的段落，一般而言，较短的段落是突出主要观点的位置；第二种方法是把重要的信息放在该段的重要位置，而且通常是要放在段落的开始句上，而不要跟在诸如"当、在……之后、而、因为、不论怎样、因此、如果"这类词后面。另外，也可以对重点句和重点段进行着重性标注，如加下划线、加粗、变色等。

6. 使用有力度的动词

使用有力度的动词可以增加文章的权威性和说服力，因为它们引领着读者的思路。有力度的动词具有明确的动作倾向，起到具体并强调的作用，而和缓的动词通常由系动词构成，抽象而不具体。对比如下：

和缓的动词：	有力度的动词：
我们想要开个会……	我们开会……
我是想支持……	我坚决支持……
我们能够劝说……	我们劝告……
我们将与你联系。	我们打电话给你。

7. 写好开头和结尾

在开头要说明你打算告诉对方什么，结尾时告诉对方你说了什么。开头的目的是提起读者的兴趣，帮助读者立即抓住要点，并在结论段中总结或者进一步确认这些内容，如果有必要，可以再进行深入的沟通。

8. 注意一些细节问题

书面沟通的细节性问题处理得当也会让沟通更顺畅。要仔细检查你已经写完的文件，读出声，确认语法运用得是否正确，并修正一些细节性的错误。可以参考以下做法：

（1）多选择短词、短句，尽量使你的文章段落短小。

（2）在段落与段落之间留有充分的空间。

（3）在纸张的上下左右留有充分的空白。

（4）使用数字序号把要点标注下来。

（5）使用主标题和副标题。

（6）用小标题把更长的信息区隔开。

（7）在纸的空白处标以题目，以警示读者文章从这里开始，并且帮助读者发现他们要寻找的内容。

（8）使用执行概要等。

10.2 书面沟通的基本形式

根据不同的形式，书面沟通可以分为备忘录、电子邮件、商务信函、建议书、报告和摘要等。根据不同的用途，书面沟通又可分为内部的和外部的。其中，备忘录、电子邮件、建议书、报告和摘要一般是内部的，商务信函一般是外部的。还有一种比较特殊，即求职信。这里着重介绍以下四种运用最广泛的书面沟通形式：

1. 备忘录

备忘录是组织内部信息传递的方式，它可以写在空白纸上，也可以写在印有组织抬头的信笺上。备忘录均比较简明扼要，较长的信息应采用附件的形式。备忘录包括日期、主题、送交和发送四个基本要素，有的还包括另外两个要素，即附件和复印件。这些要素可以按照各组织的习惯排列，也可以采用多种方法排列。备忘录不包括附加的问候、地址或签名等。

2. 电子邮件

电子邮件一般遵循备忘录的格式，它是通过软件或服务器程序来实现沟通的。电子邮件既可作为组织内部的书面沟通媒介，也可以作为组织外部的书面沟通渠道。由于电脑屏幕限制，一般来说电子邮件比备忘录短小。读者能够较快读取整篇文章，迅速对电子邮件内容做出反应。另外，电子邮件如果篇幅较长，就必须通过标题栏和首段来吸引读者。给下属发邮件比较容易，因为一般下属会通读主管发送的邮件。但给其他单位或组织以外的人发送电子邮件时，就应该注意篇幅。

> **知识链接**
>
> **电子邮件注意事项**
>
> （1）选择电子邮件沟通要慎重
>
> 要考虑沟通内容是不是适合用电子邮件。如果你的沟通事项具有时间限制，就不适合用电子邮件沟通。如果对方不习惯使用电子邮件，最好也不要用这种方式和他沟通。
>
> （2）邮件标题要明确且具描述性
>
> 电子邮件的标题要一目了然，以便对方快速了解与记忆。第一次与人接触，最好在标题中注明自己的姓名。
>
> （3）信件内容应简明扼要
>
> 尽量掌握"一个信息，一个主题"的原则。信件内容要简洁紧凑，尽量写短句，不要重复。语言不要求精彩，但一定要语句流畅通顺，尤其注意不要有错别字。
>
> （4）格式规范，内容严谨
>
> 公文性质的电子邮件一定要按照规范的信函格式来写。要多使用敬语，避免使用网络缩写文字。署名要真实，不可使用网名。
>
> （5）注意电子邮件的礼仪
>
> 与不认识或不熟悉的人通信时，一般要使用正式的语气，尽可能使用适当的称呼和敬语。在商务通信中，尽量避免矫饰华丽的风格，使用显示完整联系人信息的电子邮件签名或电子名片，包括电话号码和公司名称；在发送之前，通读邮件，检查是否有语法错误或其他问题。
>
> （6）避免使用太多的标点符号及网络时髦语言
>
> 若真要强调某事，应该在用词上多加斟酌，而不应使用太多不必要的标点符号。对于"抓狂""灌水""驴友"等网络语言，最好不要出现在公司邮件里。
>
> （7）谨慎使用幽默
>
> 特别注意幽默语言的被误解与扭曲。若想展现幽默或特定情绪，发信者必须写明或使用"情绪符号"。无论所开的玩笑是多么明显，最好加注，以免收信者误读真正的意思。
>
> （8）小心使用附件功能
>
> 有些电子邮件系统的附件功能缺乏或不成熟，会造成对方无法顺利阅读文件或使对方的电脑感染病毒。有些人经常会因不便或担忧而直接删除带附件的邮件。如果附件内容不长，请直接撰写于信件中，若一定要使用附件功能，请于标题处注明。
>
> （9）不过分依赖电子邮件
>
> 电子邮件是一种非常好的沟通和交流方式，但不可把它作为唯一的沟通方式，也不能借电子邮件逃避直接交流。管理沟通更多的是依赖直接沟通和交流来密切与上下级和客户的关系，倾听他们的需求和想法，尽可能地达成一致。

3. 商务信函

商务信函主要用于组织外部信息的传递。信函应该写在印有组织抬头的信笺上，通常使用质量较好的纸张，具有抬头的信笺上印有组织的标识、地址、邮编、电话号码，以便查看或进一步联系。信函包含接收者姓名、称谓及地址。信函的篇幅一般限制在 1~2 页，较长的信息宜采用附件的形式。信函以结束语、签名、职务头衔和日期作为结尾。信函需要签名，格式一般可以不拘一格。

4. 求职信

1）求职信的注意事项

求职信也是交际的一种形式，可以反映出一个人的专业水平。从用人单位的角度出发考虑问题是求职信产生积极效果的重要方法。求职者应该采取换位思考的方法，通过分析用人单位提出的要求，了解他们的需要，然后有针对性地向他们提供自己的背景资料，表现出自己独到的智慧与才干，使他们做出对你有利的决定。

根据求职的目的来布局谋篇，把重要的内容放在篇首，对相同或相似的内容进行归类组合，段与段之间按逻辑顺序衔接，从阅信人的角度出发组织内容。信件要具个人特色、亲切且能体现出专业水平，意思表达要直接、简洁，书写要清晰、简单明了，内容、语气、用词的选择和对希望的表达要积极，充分显示出你是一个乐观、有责任心和有创造力的人。

求职信不宜太长，一封求职信不能多于一页。不宜有文字上的错讹，切忌有错字、别字、病句及文理欠通顺的现象发生。不宜是履历的翻版，应与履历分开，自成一体。写求职信要坚持实事求是的原则，用成就和事实代替华而不实的修饰语，恰如其分地介绍自己。要突出重点，针对某一单位的某一职位而求职，效果会更好。文字要顺畅，字迹要工整。求职信是用人单位对求职人的一次非正式的考核，用人单位可以通过信件了解求职者的文字表达能力，可以说求职信是用人单位对求职者取得第一印象的凭证。

2）求职信正确的写法

第一部分，写明你要申请的职位和你是如何得知该职位的招聘信息的。

第二部分，说明你如何满足公司的要求，陈述个人技能和个性特征。

第三部分，表明你希望迅速得到回音，并标明与你联系的最佳方式。

第四部分，感谢对方阅读并考虑你的应聘。

每封求职信应针对雇主而精心设计，以此表明你明白该公司的需要。求职信还应包括你所取得的成果及解决的问题的事例，这些事例与你所申请的工作类型相关。

10.3 几种公文的撰写

10.3.1 商务信函的撰写

商务信函属于商务礼仪文书范畴，是指企业与企业之间在各种商务场合或商务往来过程中所使用的简便书信。其主要作用是在商务活动中用来建立经贸关系，传递商务信息，

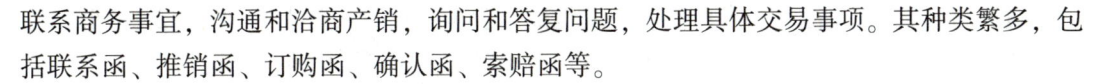

联系商务事宜，沟通和洽商产销，询问和答复问题，处理具体交易事项。其种类繁多，包括联系函、推销函、订购函、确认函、索赔函等。

1. 商务信函的特点

1）语气口语性

每一封商务信函的往来都是不同的企业之间或者企业领导者彼此之间的情感交流。人都是感性的，所以商务信函更多地体现了感性的一面，读起来使人感到热情、友好，就像朋友之间的谈话那样简单、自然、人性化。无论是歉意的道歉函，还是善意的劝说函，或者购买函，完全可以通过信函中的语气、语调来表现。

2）内容直接性

企业每天都要阅读大量信函文件，所以商务信函不需要用华丽的词句。商务信函要写得简明扼要、短小精悍、切中要点、容易理解。当涉及数据或者具体的信息时，如时间、地点、价格、货号等，要用语精确，使交流的内容更加清楚，以加快商务活动的进程。

3）态度真诚性

商务信函要能够充分体现真诚、礼貌。不管说什么，都要带着诚意去说。把写好的商务信函拿起来读一遍，确保如果此时对方正在电话中与你通话，他一定能够感受到你的自然、真诚和礼貌。这里所说的礼貌，并不是简单用一些礼貌用语，而是体现了一种为他人考虑、多体谅对方心情和处境的态度。

4）主旨单一性

商务信函具有纯粹的业务性，一般要求专文专事，内容集中单一，围绕公务突出主旨。

5）格式规范性

商务信函结构类似于一般的书信，有称呼，有正文，有署名。外贸商务信函的写作则必须依照国际惯例，用英语或对方国家所使用的语言书写，在文法和书写格式上也要符合对方的语言规范和习惯。

6）地位平等性

商务信函是两个平等法人之间的往来文书，反映双方平等、互惠互利的关系。商务信函的写作应相互尊重，以礼相待。

7）要求时限性

商务信函是在商务活动的具体环节中形成的，每封信函都是一定时限内的双方意愿的明确表达。因此，接收对方的信函后必须及时回复。目前，信函的传递越来越多地使用图文传真、电子邮件等快速传递形式。

2. 商务信函的结构

商务信函一般由三部分组成：信头、正文、信尾。

1）信头

信头即信函的开头，由发信人名称及地址、标题、函号、称谓、收信人地址和单位等组成。

（1）发信人名称及地址。发信人名称及地址一般写明发信人企业单位名称及详细地址，还包括电话号码、电报挂号、专用电码、电传、传真、网址等商务联系信息。

（2）标题。作为商务信函，它与一般的普通信件不同，只要不是企业单位个人与个人之间的交流，商务信函一般可以有标题。标题位置在信文首页下方，居中书写，其内容是标明事由。事由要求概括出函件的主旨、中心，使收信人通过标题就对信文的主要内容有大致的了解。常见的商务信函标题有以下两种形式：第一，由事由加文种名称"函"构成，如"关于要求承付打印机货款的函""推销函""订购函""索赔函"等。第二，先写"事由"二字，加冒号提示，然后直接标写该信函的内容，如"事由：机动车索赔"。

（3）函号。函号即编号，分为对方编号和己方编号。在外贸业务信函的信头上注明编号，便于信函管理和查阅。函号位置一般出现在标题右下方或文头的左上方。常见的有两种形式：一是仿效行政公文发文字号的格式，采用"×函〔××〕×号"或"（××）函第×号"的形式；二是采用直接编号的形式，如"第×号"。

（4）称谓。称谓是对收信人或收信单位的称呼，一般写受文者的尊称，其位置一般在标题或函号的左下方，单独占行，顶格书写，后面用冒号。书写时有以下两种称谓：①泛指尊称。"尊敬的"后加称谓并加冒号，如"尊敬的先生""尊敬的女士"等。尊称中可以使用职务，如"尊敬的办公室主任""尊敬的财务部部长""尊敬的销售部经理"等。②具体称谓，即具体指名道姓的尊称，在姓名后面加称谓语。这类称谓一般用于写信人与收信人彼此认识或者非常熟悉的情况，因为这种称谓能够体现写信人与收信人之间的情感与密切关系。称谓可用泛称中的"先生""女士"等，也可以使用职务，如"尊敬的办公室石主任""尊敬的财务部张部长""尊敬的销售部王经理"等。

（5）收信人地址、单位。收信人地址、单位要写明收信人企业单位名称及详细地址。

2）正文

正文是商务信函的主体，叙述商务往来联系的实质问题。正文写作要求内容单纯，一文一事，文字简明，事实有据，行文礼貌。

（1）问候语。问候语也即应酬语或客气语。开头的问候语是商务信函必不可少的，即发信人对收信人打招呼的礼貌问候语。一般用一两句尊敬的客气话表示，如"您好""近来生意可好"等。如果是初次联系，可使用"久仰大名，未亲雅教"等词语。如果是回函，可使用"惠书敬悉，不胜感激"等词语表示感谢来函。

（2）主体。主体是商务信函正文的核心内容，是发信人要说明的事项。不同的商务信函的内容是不同的。一般包括以下两个内容：第一，说明发函缘由。直截了当、简明扼要地说明发函的目的、根据、原因等内容。复函则要引叙对方来函要点，以示复函的针对性。第二，说明发函事项。主体表达信函的中心内容，一般是根据发函缘由详细地陈述具体事项，或针对所要商洽的问题或联系事项，阐明自己的意见。要求语气平和，问题明确，事实清楚，表达明白。如，商洽函的正文主体包括商洽缘由、商洽内容、意愿要求三部分；询问函的正文主体包括询问缘由、询问事项两部分；答复函的正文主体包括答复缘由、答复内容两部分；商品报价函的正文主体包括产品的价格、结算方式、发货期、产品规格、可供数量、产品包装、运输方式等。

如果正文主体内容简单，逻辑上可采用篇段合一式结构，如果正文主体内容较多，逻辑上可采用分段式结构。

(3)结尾语。正文结束以后，一般用精练的语言将主体所叙之事加以简单概括，并提出本函的有关要求，强调发函的目的。如请求函的结尾语是"拜托之事，诚望协助解决为盼"，希望回函的结尾语是"不吝赐函，静候佳音"等。结尾语视发信人与收信人的关系以及信函的内容而定，要求恰当得体。

3)信尾

信尾部分包括4部分内容：

(1)祝颂语。所有的商务信函都要写明祝颂语。祝颂语分为祝者自身的请候语和收信人的安好语两部分：第一，请候语，在正文结束后空两格书写。常用的有"敬祝""顺颂""恭祝"等。第二，安好语，一定另起一行顶格书写，以表示对对方的尊重。常用的安好语有"商祺""金安""生意兴隆"等。

(2)签署。签署即发信人的署名或签名、用印。商务信函的署名可根据企业的要求或发信人的意见而定。有的企业署名以单位名称加盖印章的方式；有的企业要求发信人直接签名，以示对信函的内容负责。个人签名一定要由发信人亲手所签。

(3)日期。日期一般是发信具体时间。商务信函因为涉及商务业务往来，务必写明发信日期。一般采用以下三种形式：第一，公文日期形式。即在信函签署下方用汉字小写写明发信日期，如二〇二一年八月三日。第二，阿拉伯数字形式。即在信函签署下方用阿拉伯数字写明发信日期，如2020年8月18日。第三，国际标准简写法形式。即在信函签署下方用阿拉伯数字标记年、月、日，在一位数的月、日前加"0"，如2020-08-18。

无论哪种写法，日期务必写全，以便存档备查。如，2020-08-08，不能写成"20-08-08"。

(4)附件。附件是随函附发的有关材料，如报价单、发票、确认书、单据等。如果需要标注附件，在信函签署的下方可以标注附件。如果附件是两个以上的，要分别标注附件一、附件二等。

商务信函范文

道歉函

××市兴达贸易有限公司：

贵公司20××年×月×日函收悉。函中所诉20××年×月×日的购买电脑桌合同中，所收的35套××牌电脑桌部分出现接口破裂一事，我方深表歉意，此事已引起我方高度重视，现已就此事进行调查。

经有关部门查实：我厂生产的××牌电脑桌，出厂时，经质检部门检验全部为优质产品。函中所提的部分电脑桌出现接口破裂，是由于我方工人在出仓时搬运不慎造成的。对贵公司的损失，我公司再次深表歉意，并请贵公司尽快提供电脑桌受损的详细数字及破损程度，以及公证人证明和检验证明书，我公司将以最快的速度按实际损失给予无条件赔偿。

> 对此，我们将引以为戒，查找工作中存在的问题和不足，制定改正措施，杜绝此类事件的再次发生。
> 希望能够得到贵公司谅解，继续保持良好的贸易往来关系。
> 候复
>
> ××市光明家具有限公司
20××年×月×日

10.3.2 报告的撰写

报告是行政机关和党的机关都广泛采用的重要上行文。《党政机关公文处理工作条例》对报告功能的表述大致相同：用于向上级机关汇报工作、反映情况，回复上级机关的询问。作为党政机关公文的报告，和一些专业部门从事业务工作时所使用的、标题中也带有"报告"二字的行业文书，如"审计报告""评估报告""立案报告""调查报告"等，不是相同的概念，注意不要混淆。

1. 报告的特点

1）单向性

报告是下级机关向上级机关汇报工作、反映情况等时使用的单方向上行文，不需要上级机关给予批复。在这方面，报告和请示有较大的不同，请示具有双向性特点，必须有批复与之相对应，报告则是单向性行文，不需要任何相对应的文件。为此要特别注意，类似"以上报告当否，请批示"的说法是不妥当的。

2）陈述性

报告在汇报工作、反映情况时，所表达的内容和使用的语言都是陈述性的。本单位遵照上级的指示，做了什么工作、这些工作怎样做的、取得了哪些成绩、还存在哪些不足，必然要一一向上级陈述。反映情况时，要把时间、地点、人物、事件、原因、结果叙述清楚，向上级机关提供准确的现实性信息。即便是提出建议的报告，也要在汇报情况的基础上，才能深入一步提出建议。

3）事后性

在机关工作中，有"事前请示，事后报告"的说法。多数报告是在开展了一段时间的工作之后，或在某种情况发生之后向上级做出的。

2. 报告的类型

1）工作报告

凡是用来向上级汇报工作的报告，都是工作报告。工作报告又可分为综合工作报告和专题工作报告两种。综合报告涉及面广，涉及主要工作范围之内的方方面面，可以有主次的区分，但不能有大的遗漏。大到国务院提供给人民代表大会的政府工作报告，小到某单位向上级提供的年度、季度、月份工作报告，都属于这种类型。专题报告的涉及面窄，只针对某一方面的工作或者某一项具体工作进行汇报，如党的机关关于"三讲"工作的报告，行政机关关于技术革新工作的报告，等等。

2）情况报告

如果本单位出现了正常工作秩序之外的情况，譬如说发生了事故，出现了意想不到的问题等，对工作产生了一定程度的影响，应该及时向上级原原本本地汇报相关情况。即使对工作没有太大影响，一些有倾向性的新动态、新风气，以及最近出现的新事物等，必要时也要向上级报告。凡此种种，都属于"情况报告"。作为下级机关，有责任做到"下情上达"，保证上级机关耳聪目明，对下面的情况始终了如指掌，就是情况报告的意义。如果隐情不报，就是一种失职的表现。

3）答复报告

答复上级机关询问的报告，称为答复报告。这种报告内容针对性最强，上级询问什么，就答复什么，不能答非所问。对待上级机关的询问，一定要慎重，如果不了解真情，要经过深入的调查研究后进行答复。

4）报送报告

这是向上级报送文件、物件时使用的报告，正文通常非常简略，只需写明"现将××报上，请指正（请查收）"即可。真正有意义的内容都在所报送的文件里。

3. 报告的结构

1）报告的标题和主送机关

（1）报告的标题。报告的标题有两种写法，一是发文机关+主要内容+文种的写法，如《中共中央纪律检查委员会关于清理党政干部违纪违法建私房和用公款超标准装修住房的报告》；二是主要内容+文种的写法，如《关于进一步加强我市公共场所防火工作的报告》。

（2）报告的主送机关。行政机关的报告，主送机关尽量要少，一般只送一个上级机关即可。但行政机关受双重领导的情况比较多见，只报送其中一个上级机关显然不妥，因此，有时主送机关可以不止一个。报告应报送自己的直接上级机关，一般情况下不要越级行文。作为党的机关公文的报告，要按《党政机关公文处理工作条例》第十五条的规定执行。

2）报告的正文

（1）报告导语。导语指报告的开头部分，它起着引导全文的作用，所以称为导语。不同类型的报告，其导语的写法也有较大不同。概括起来，报告的导语有以下几种类型：

①背景式导语，就是交代报告产生的现实背景，例如：

前不久，中央纪委召开了部分省市清理党员干部违纪建私房座谈会，总结交流了各地清房工作的情况和经验，并就清房中遇到的一些政策性问题，进行了讨论，根据各地的做法和座谈会中提出的问题，中央纪委常委研究提出以下建议：………

②根据式导语，就是交代报告产生的根据，例如：

根据省委、省政府领导同志的指示，我厅于去冬派人到××市和×县，与市、县的同志一道，对城镇贫困户的情况做了一些调查。×县县委、县政府对此十分重视，在调查研究的基础上，立即采取措施，着手解决这一问题。现将两地城镇贫困户的情况及采取的措施报告如下：………

③叙事式导语。在开头简略叙述一个事件的概况，一般用于反映情况的报告。例如：

20××年×月×日上午×时×分，我省××百货大楼发生重大火灾事故，市消防队出动15辆消防车，经4个小时的扑救，大火才被扑灭。这次火灾除消防队员和群众奋力抢救出部分商品外，百货大楼三层楼房一幢及余下商品全部烧毁。时值开门营业不久，顾客不多，加之疏散及时，幸未造成人员伤亡。但此次火灾已造成直接经济损失792万余元。

④目的式导语。将发文目的明确阐述出来作为导语。例如：

为认真贯彻落实《国务院批转林业部关于进一步加强森林防火工作报告的通知》（国发〔19××〕42号），切实做好我市防火工作，保护和发展森林资源，更好地为改革开放和经济建设服务，结合我市实际情况，就进一步加强森林防火工作提出以几点意见……

报告导语的写法不止以上四种，运用时可以举一反三，融会贯通，灵活处理。

（2）报告主体。报告的主体也有多种写法，下面择要介绍几种常见形态。

①总结式写法。这种写法主要用于工作报告。主体部分的内容，以成绩、做法、经验、体会、打算、安排为主，在叙述基本情况的同时，有所分析、归纳，找出规律性认识，类似于工作总结。总结式写法最需要注意的是结构的设计安排，按照总结出来的几条规律性认识来组织材料、安排层次，是最常用的结构方式。

②"情况—原因—教训—措施"四步写法。这种结构多用于情况报告。先将情况叙述清楚，然后分析情况产生的原因，接着总结经验教训，最后提出下一步的行动措施。

（3）报告结语。报告的结语比较简单，可以重申意义、展望未来，也可以采用模式化的套语收结全文。模式化的写法大致是"特此报告""以上报告，请审阅""以上报告如无不妥，请批转执行"等。

10.3.3 通知的撰写

1. 通知的写作格式

通知适用于批转下级机关公文，转发上级机关和不相隶属机关的公文；发布规章；传达要求下级机关办理及有关单位需要周知或者共同执行的事项；任免或聘用干部。通知大多属下行公文。

1）印发、批转、转发性通知

印发、批转、转发性通知的标题由发文机关、被印发、批转、转发的公文标题和文种组成，也可省去发文机关名称。正文须把握三点：对印发、批转、转发的文件提出意见，表明态度，如"同意""原则同意""要认真贯彻执行""望遵照执行""参照执行"等；写明所印发、批转、转发文件的目的和意义；提出希望和要求；最后写明发文日期。

2）批示性通知

批示性通知的标题由发文机关、事由和文种组成，也可省去发文机关名称。正文由缘由、内容包括要求等部分组成。缘由要简洁明了，说理充分。内容要具体明确、条理清楚、详略得当，充分体现指示性通知的政策性、权威性、原则性。要求要切实可行，便于受文单位具体操作。

3）知照性通知

知照性通知使用广泛，体式多样，主要是根据通知的内容，交代清楚知照事项。

4）事务性通知

事务性通知通常由发文缘由、具体任务、执行要求等组成。会议通知也属事务性通知的一种，但写法又与一般事务性通知有所不同。会议通知的内容一般应写明召开会议的原因、目的、名称，通知对象，会议的时间、地点，需准备的材料等。

5）任免、聘用通知的写法

一般只写决定任免、聘用的机关、依据，以及任免、聘用人员的具体职务即可。

2. 通知的写作范例

通知范文

篇一

尊敬的各位家长、学员：

您好！

根据国务院办公厅通知，南京××学校春节期间放假7天，南京××学校安排工作人员值班。现将具体事宜通知如下：

一、放假期间的各校区工作安排

1. 我校各部门放假时间为×月9日（农历除夕）至×月15日（农历初六）。

2. ×月9日（农历除夕）至×月12日（农历初三）我校所有部门放假，无任何课程安排。

3. ×月13日（农历初四）起开放的咨询报名点有A、B、C校区；

×月14日（农历初五）起开放的咨询报名点有D、E校区；

×月16日（农历初七）学校各部门全面恢复正常工作。

二、咨询电话工作时间

假期期间，您可以咨询电话：××××××××××。

由此给您造成的不便，敬请谅解！

三、关于网报配送公告

由于春节临近，快递公司将会在×月7号停止收件，直到×月17日号恢复收件，故在此期间无法对网络报名学员进行听课证配送，如果学员所报课程在×月7日至×月17日之间，建议学员开课前至就近的五大报名大厅自取听课证，对各位学员造成的不便敬请谅解。

南京××学校全体教职员工祝您新年大吉、阖家欢乐！

20××年×月×日

篇二

兹有我公司生产部员工××，该同志自20××年2月21日上午8:30到12:00未到公司上班，也未请假，并且该员工近期多次迟到，其行为违反了我公司相关规定，属于严重的违纪行为，依照公司规章制度视为旷工半天，按公司考勤制度进行处罚。为严肃纪律，从即日起给予××同志严重警告处分，以上处分将计入年终考评。

再者从近期月考勤查看，迟到人员数量、次数增多。望大家引起注意，端正工作态度，以饱满的精神状态投入工作当中。

特此通知。

北京××××有限公司
20××年3月7日

篇三

各部门：

  经领导班子研究决定，于20××年××月××日（星期×）下午14:00时，在中心二楼会议室召开20××年度工作总结大会，部署下一年度相关工作。为确保本次会议的成功召开，现就有关事项通知如下：

  一、本次会议届时有××领导参加。

  二、中心领导班子成员在会议上分别汇报各自的分管工作，要求结合实际重点汇报20××年度相关工作。

  三、部门负责人在会议上要结合实际情况汇报20××年度的重点工作。

  四、所有参会人员必须提前10分钟到达会场进行签到，14:00时将准时召开会议。

  五、要求参会人员必须做好本次会议记录，会后部门负责同志要及时将会议内容传达给部门人员。

  六、中心部门负责人（含）以上领导不得缺席本次会议，汇报工作时要求必须有书面汇报材料。各自书面汇报材料于1月25日上午9时前送交办公室进行复印。

  七、由于会议场所较小，本次会议共计划25人参加，其中中心领导班子5人，部门负责人4人，办公室2人，党员2人，维修部2人，客服部3人，保安部2人，财务部1人，绿化保洁部1人，锅炉班1人，××管委会领导2人。部门负责同志按照计划人数各自安排本部门人员参加会议。

  八、部门负责人在××月××日上午10:30协助办公室一起布置会场。

  特此通知！

××公司
20××年××月××日

10.3.4 会议纪要的撰写

1. 会议纪要的写作格式

  会议纪要是在会议记录的基础上，对会议的主要内容及议定的事项，经过摘要整理的、需要贯彻执行或公布于报刊的具有纪实性和指导性的文件。会议纪要根据适用范围、内容和作用，分为工作会议纪要和协商交流性会议纪要两种类型。

  会议纪要由标题、日期、正文三部分组成。

1）标题

标题由会议名称和文种组成，如《全国高校大学语文教学研讨会纪要》。

2）文件日期

成文日期通常写在标题之下，位置居中，并用括号括起；也可在文末右下角标明日期。

3）正文

正文可写3部分，也可只写前两部分。

  （1）在开头部分应扼要地叙述会议概况，如会议的名称、目的、时间、地点、人员、议程及主要收获等。

（2）主体部分主要写会议研究的问题、讨论中的意见、做出的决定、提出的任务要求等。一般有以下3种写法：

一是概述法，即把会议上的发言内容、讨论情况总结到一起，概述出来。这种写法适用于小型会议。

二是发言记录式写法，即按照会上发言顺序，摘录每个人发言的主要内容。此写法主要用于座谈会纪要。

三是归纳法，就是把会议中研究、讨论的内容归纳成几个问题来写。这种写法适用于规模较大、内容复杂的会议。写作时，可根据表达内容的需要分条列项写，或拟小标题分部分、分层次写。

总之，无论是哪种写法，都要围绕会议中心和目的选材、剪裁，突出重点。

（3）结尾的内容通常是提出希望、号召，要求有关单位认真贯彻会议精神。

2. 会议纪要写作范例

会议纪要范文

产学研讨论会议纪要

时间：20××年2月16日上午

主持人：毛××

出席人：黄××、王××、陈××、陈××、张××、黄××

列席人：林××、徐××、李××、梁××、朱××、吕××、郑××、李××、张××、董××、夏××、陆××、刘××、任××、冯××、范××

一、毛××同志传达了全国第七次产学研工作会议精神和20××年全省教育工作要点。要求要结合上级指示精神，创造性地开展工作。

二、会议决定，王××同志协助毛××同志主持学院行政日常工作。各单位、部门要及时向分管领导请示、汇报工作，分管领导要在职权范围内大胆工作，及时拍板。如有重要问题需要学院解决，则提交办公会议研究。

三、毛××同志再次重申了会议制度改革和加强管理问题。毛××强调，院长办公会议是决策会议，研究、解决学院办学过程中的重大问题。要形成例会制度，如无特殊情况，每周一上午召开，以确保及时研究问题、解决问题，提高工作效率。具体程序是，每周四前，在取得分管领导同意后，将需要解决的议题提交办公室。会议研究决定的问题，即为学院决策，各单位、部门要认真执行，办公室负责督促检查。

毛××就有关部门反映的教学管理中的若干具体问题，再次重申，一定要理顺工作关系，部门与部门之间、机关与分院之间、分院与分院之间一定要做好沟通、衔接工作，互相理解，互相支持。机关职能部门要注意通过努力工作来树立自己的形象。基层分院要提高工作效率，对没有按时间控制点完成任务的要提出批评。要切实加强基础管理工作，查漏补缺，努力杜绝教学事故的发生。

四、会议决定，要进一步关心学生的生活问题。责成学生处结合教室管理等工作，落实好学生的勤工俭学任务。将教工餐厅移到二楼，一楼餐厅全部供学生使用，以解决学生就餐拥挤问题。针对校外施工单位晚上违规施工、影响学生休息问题，会议责成计划财务处立即与高教园区管委会反映，尽快妥善解决。

五、会议决定，要规范学生的技能鉴定工作。重申，学生毕业之前须取得中级以上技能证书，才能发给毕业证书。由产业园设计中心(考工站)具体组织学生的报名、培训和考核工作。

六、会议决定，要加强对外交流和学习。争取利用暑假期间，组织教工到境外考察学习。

七、针对今年的招生工作，会议决定，召开一次专题会议，统筹解决今年招生中的重大问题。

10.4　有效书面沟通的策略

1. 策略之一：正确运用语气

语气可以揭示撰写者对待读者的态度，它对书面沟通的有效性起到制约的作用。语气不仅受文化和习俗的影响(如某个群体中能够接受的语气，换到另一个群体往往会变得无法接受)，而且受权力的影响(如上级对下级友善的表达，反过来用于下级对上级，会显得傲慢无礼)。

正确的语气不仅有助于读者正确理解，而且有利于展示撰写者及其组织的良好形象，保持良好信誉，建立与读者的良好关系。现实中语气有拙劣形象型和良好形象型两种语气的比较，如表 10-1 所示。

表 10-1　两种语气的比较

拙劣形象型	良好形象型
我不懂你是什么意思	请把你的要求重复一遍
我们无法保证货物马上送到	我们会尽快送货
所附账单有误	请再核实一下您的账单
该商品的缺损不是我们的错	该商品是在装运过程中损坏的

要保证语气正确，应该遵循以下原则：专业但不要生硬，友善但不虚伪，自信但不骄傲，礼貌但不卑微。

2. 策略之二：克服书面沟通的心理障碍

一项对组织中管理者的调查显示，当被问及他们写什么时，多数的回答是"写那些不得不写的文件"。很少有人说他们喜欢埋头写公文，对多数人而言，"写"是一件令人不快的工作，因此草草了事。殊不知他们的草率或疏忽有可能会酿成大错，给企业带来损失。

之所以强调书面沟通的重要性，是因为书面沟通信息具有永久性，而且会展示给他人看，可作为凭证或法律依据。如果内容或形式有任何不妥，后果将是不可挽回的。有些人对写作比较头疼，其中一个重要原因是他们误以为写作是一种需要灵感的艺术。写作的确是一门艺术，但是它并不一定需要灵感，只要愿意学习，不断实践，就能提高写作的技能。心理学家罗伯特·博爱斯指出，要克服写作的心理障碍，撰写者必须做到以下几个方面：

（1）积极参与公司的活动。与公司成员交流得越多，沟通得越充分，对公司及其文化和背景的认识就越深刻，写作起来就越得心应手。

（2）掌握各种写作技巧。优秀的撰写者往往通晓各种写作技巧，下笔如有神。

（3）树立写作的自信心。坚信只要自己不断勤学苦练，定能越写越好。

（4）就写作问题多与他人交流。要重视同事的反馈，并就写作方面的问题和技巧经常与他们交流，从而提高自己的写作水平。

3. 策略之三：对不同的个体进行分析

在决定进行书面沟通前，有必要根据以往与读者的交流经历对其进行个体分析，以便增强针对性，实现有效沟通。迈尔斯·布里格斯的四维性格测试法揭示了读者在书面沟通过程中的偏好。图10-1揭示了性格与书面沟通方式偏好的关系。

内向型（先阅读后表态）	外向型（边听汇报边思考）
知觉型（关注细节描述）	直觉型（先轮廓后细节）
理智型（重逻辑性描述）	情感型（重情感性内容）
谨慎型（注重观点周密性）	果断型（注重主题明确性）

图10-1　性格与书面沟通方式偏好的关系

（1）内向型与外向型。内向型读者喜欢先思考后发言，备忘录的形式可以给读者以充分考虑的时间，然后再表态。外向型读者喜欢边干边思考，他们一般偏好口头说，不爱动笔写。

（2）知觉型与直觉型。知觉型读者做出决定的过程比较缓慢，他们注重实事求是，喜欢追根究底。因此，这类人偏好阅读推理清晰、准确的文章。直觉型读者善于解决问题，勇于创新。因此，这类人首先会关注文章的轮廓，其次才关注细节部分。

（3）理智型与情感型。理智型读者依据逻辑和抽象规律做决定。因此，这类人会注重文章中的逻辑方面而非情感方面。情感型读者关注自身和他人的感觉，极富同情心。因此，这类人注重文章中是否满足了人们的情感需求，同时让组织受益。

（4）谨慎型与果断型。谨慎型读者喜欢确定事物的可能性或可行性，决策迟缓。因此，这类人关注的是文章中的观点是否经过深思熟虑。果断型读者喜欢快速决策，做出一项决策后又快速转入另一个主题。因此，这类人关注文章中的表述是否简洁明了。

讨论题

1. 书面沟通的特点及原则是什么？
2. 书面沟通有哪些基本形式？
3. 举例说明有效书面沟通的策略。

练 习

每个学生写一封回复函，然后2~3人为一组，互相传阅你们所写的函，并根据各自对回复函的不同见解进行讨论。

背景说明：1. 这是一封回复函，函中你要拒绝来信者的请求；2. 来信者是一位骨干员工，他提出脱产进修的要求；3. 在写前，先熟悉一下信函的写作要求，然后独立完成。

分组相互传阅信函后，就下面几个项目完成对信函的评价。

1. 信函是否清楚地表达了自己的目的？
2. 信函的结构是否符合前面所讲的要求？
3. 换种方式表达是否效果更好？

对文字进行评价，评价的内容如下：

1. 信函中有否使用不常用的词句？如有，请把它们记下来，考虑用什么词句来替代。
2. 信函中有没有容易引起收信人误解的地方，如果有，是哪些？应如何修正这些表达？
3. 讨论信件能否更简洁？
4. 重写这封信函，并谈谈有什么感受。

案例分析

合同条款引发的混乱

A轮胎公司向中国供应的航空轮胎，是由泰国工厂制造和翻修的，之后经由海运，运抵中国的港口，再经由陆路运输运送至航空公司指定的仓库。

A轮胎公司向B航空公司供应某一机型的航空轮胎，并与之签订了合同，合同上表明，轮胎到达上海港后，由陆路运送至B航空进出口公司寄售仓库，合同上同时标明了仓库地址。A轮胎公司供应部门根据合同上标明的地址，要求运输公司RCL将轮胎运送至合同上标明的地址：B航空进出口公司寄售仓库。轮胎运送至B航空进出口公司寄售仓库后，按照合同，A轮胎公司已完成合同内容。

因B航空公司须将轮胎装配至飞机轮毂上，所以需要将轮胎运送至HONEYWELL航空机轮刹车厂进行装配，所以，实际情况是在轮胎运送至B航空进出口公司寄售仓库后，轮胎还将转送至HONEYWELL航空机轮刹车厂的仓库。

据了解，A轮胎公司的销售在和B航空公司进行合同谈判时，曾经答应将轮胎直接运送至HONEYWELL航空机轮刹车厂仓库，但没有将此要件写入合同中，此销售已离职。B航空公司认为，A轮胎公司应将轮胎运送至HONEYWELL航空机轮刹车厂仓库，因为当时已和A轮胎公司销售达成共识。同时认为，合同上标明的地址只是作为海关报关时使用，此地址并不能限定B航空公司要求：A轮胎公司将轮胎运送至其指定仓库——HONEYWELL航空机轮刹车厂仓库。

但实际情况是轮胎先运送至B航空进出口公司寄售仓库后，再由RCL转运至HONEYWELL航空机轮刹车厂的仓库，B航空公司认为两个仓库之间发生的运输费用是由A轮胎公司运输方式造成的，仍应由 A 轮胎公司承担，因此，此段费用双方均不愿承担。运输公司 RCL 无法收款。

最终，A 轮胎公司销售经理与 B 航空公司经过协商后达成协议，B 航空进出口公司寄售仓库与 HONEYWELL 航空机轮刹车厂仓库之间的运输费用由双方各承担一半，并从即日起，之后的运输费用全部由 A 轮胎公司承担。

思考题：

1. 出现合同纠纷是因为买卖双方的沟通存在问题，同时企业的内部沟通也存在问题。就以上案例，分析如何在合同确认、工作交接和部门交流等方面进行正确的口头沟通和书面沟通。

2. 沟通障碍有可能给企业造成什么影响？

3. 口头沟通和书面沟通各有何优缺点？各适用于什么样的沟通场合？

第 11 章 倾听与非语言沟通

学习目标

- 了解倾听的特征与倾听的障碍；
- 掌握有效倾听策略和技能；
- 了解非语言沟通的含义及特点；
- 了解非语言沟通与语言沟通的关系；
- 掌握常见肢体语言沟通、形体语言沟通与环境语言沟通。

引导案例

"销售大王"乔·吉拉德的教训

"世界上最伟大的推销员"乔·吉拉德曾说："世界上有两种力量非常伟大，其一是倾听，其二是微笑。倾听，你倾听对方越久，对方就越愿意接近你。据我观察，有些推销员喋喋不休，因此，他们的业绩总是平平。上帝为什么给了我们两个耳朵一张嘴呢？我想，就是要让我们多听少说吧！"乔·吉拉德对这一点感触颇深，因为他从自己的顾客那里学到了这个道理，而且是从教训中得来的。

乔·吉拉德花了近一小时才让他的顾客下决心买车，然后，他所要做的仅仅是让顾客走进自己的办公室把合约签好。当他们向办公室走去时，那位顾客开始向乔提起了他的儿子。

"乔，"顾客十分自豪地说，"我儿子考进了普林斯顿大学，我儿子要当医生了。"

"那真是太棒了。"乔回答，一边往前走，一边看着周围的顾客。

"乔，我的孩子很聪明吧，当他还是婴儿的时候，我就发现他非常聪明了。"

"成绩肯定很不错吧？"乔一边应付着，眼睛同时往四处看着。

"是的，在他们班，他是最棒的。"

"那他高中毕业后打算做什么呢？"乔心不在焉。

"乔，我刚才告诉过你的呀，他要到大学去学医，将来做一名医生。"

"噢，那太好了。"乔说。

那位顾客看了看乔，感觉到乔太不重视自己所说的话，说了一句"我该走了"，便走出了车行。乔·吉拉德呆呆地站在那里。

下班后，乔回到家回想今天一整天的工作，总结自己做成的交易和失去的交易，并分析失去客户的原因。次日上午，乔刚到办公室，就给那位顾客打了一个电话，诚恳地询问道："我是乔·吉拉德，我希望您能来一趟，我想我有一辆好车可以推荐给您。"

"哦，世界上最伟大的推销员先生，"顾客说，"我想让你知道的是，我已经从别人那里买到了车啦……我从那个欣赏我的推销员那里买到的。乔，当我提到我对我儿子是多么骄傲时，他是多么认真地听。"顾客沉默了一会儿，接着说，"你知道吗？乔，你并没有听我说话，对你来说我儿子当不当得成医生并不重要。你真是个笨蛋！当别人跟你讲他的喜恶时，你应该听着，而且必须聚精会神地听。"

（资料来源：根据网络资料整理）

11.1　倾听与倾听障碍

倾听是一种特殊的非语言沟通形式。在沟通过程中，它和语言沟通一样具有说服力。在很多人看来，语言沟通（讲）是一种主动施加影响的行为，可以加大自己对场面的控制力度，可以凸显自己的睿智和权力，而听则相对消极，意味着失去主导权。但事实上，真正成功的管理者是非常专注的倾听者。当被称为"经营之神"的松下幸之助被问到经营哲学时，他有简单的一句话："首先要细心倾听他人的意见。"沃尔玛的创始人山姆·沃尔顿在他60多岁的时候，经常自己开着飞机，从一家分店跑到另一家分店，和员工一起吃早点，或跑到自己的超市里，专门去听购物老太太们的抱怨，以此了解沃尔玛的运营情况和顾客的需求。

由此可见，倾听是成功管理者的不二法宝，管理者要想提高管理及沟通的效率，必须正确认识倾听的含义及意义。

11.1.1　倾听的含义

听是指耳朵接受响声的行为，是被动的、自动的、自然的。倾听不是简单地用耳朵来听，它也是一门艺术。倾听不仅仅是要用耳朵来听说话者的言辞，还需要全身心地去感受对方在谈话过程中所表达的言语信息和非言语信息。狭义的倾听是指凭助听觉器官接收言语信息，进而通过思维活动达到认知、理解的全过程；广义的倾听包括文字交流等方式。其主体者是听者，而倾诉的主体者是诉说者，两者一唱一和，有排解矛盾或者宣泄感情等优点。国际倾听协会对倾听的定义是：倾听（Listening）是接收口头与非语言信息、确定其含义和对此做出反应的过程。

中文更能让人从字面上领悟听和倾听的不同。倾听的"倾"字，在中文中表示一种倾斜的姿势，寓意交流时用身体的前倾表示关注和尊重，同时，"倾"也代表完全的、毫无保留的意思，倾听也暗含着付出自己全部精力和心智去听的意思。

听是倾听的基础，因为只有听到了对方所说的话，才能正确全面理解对方想要表达的意思；听也是倾听的一部分，因为倾听包括耳朵听、眼睛看、头脑想、身体语言传递反馈等。倾听则是听的延伸，因为倾听是通过捕捉对方的语言沟通信息、识别对方的非语言沟通信号、分析和判断自己的意图、制定自己的应对策略、做出相应语言或非语言反馈的过程。

精神生理学的研究表明，一个人的说话方式、习惯对健康有很大影响。人在说话的时候，血压会适度升高，脉搏会适度加快，神经质的人尤甚。可是在听人说话的时候，血压脉搏就会逐渐降下来，形成一种有规律的节奏，这种节奏能保护心脏，使人平衡。要做到既享受与人谈话的乐趣，又保持身心的健康，就要多听，并且在说话时保持平衡和均匀的呼吸。所以，培养良好的讲话习惯和吃健康食品、锻炼身体是一样重要的。

很多人把听和倾听混为一谈，其实，听主要是对声波振动的获得，倾听则是弄懂所听到的内容的意义，它要求对声音刺激给予注意解释和记忆。所以，倾听不是单纯的身体反应过程，同时需要做智力和情感上的努力。要真正欣赏别人的人和别人的话，就需要提问，需要反馈，需要保持话题，需要分清已说的和未说的，甚至对他人的体态语言也需要加以观察和读解。马休·麦凯和马莎·戴维斯在他们合著的《如何交流》中说："倾听是一种确认和一种赞美。它确认了你对他人的理解，对他人如何感受、如何看待世界的一种理解。它也是一种赞美，因为它对别人'说'：'我对发生在你身上的一切表示关心，你的生活和你的经历是重要的。'"

情景案例：听比说重要

11.1.2 倾听的意义

管理者每天花费大量时间用于宣讲自己的观点和决策，同时，投入更多时间用于倾听其他人的看法和意见。据调查，领导者最易犯的毛病就是"一言堂"，领导工作中的误听误信、决策、指挥的失误等，很多都与不善倾听有关。一项统计表明，商界60%左右的误会可以在不善倾听方面找到根源，而来自笔误的误会仅占1%。倾听在沟通中重要性不容置疑，其意义主要体现在以下方面。

1. 倾听是获得信息的主要方式

管理者无时无刻不需要从其他人那里获取信息，而与他人沟通则是其中最直接的一种。在交谈中，聆听对方的语言信息、识别对方的非语言信息，并不时通过积极的身体语言，表明自己的重视与赞赏，鼓励对方更为充分、完整地提供其所知道的信息、表达其想法，可以让管理者最大限度地从沟通对象那里获得信息。

2. 倾听是给人留下良好印象的有效方式

心理观察显示，人们喜欢善听者甚于善说者。真诚的聆听态度，最能够使别人觉得受到重视，也最能让人感受到倾听者的心理素质和风度，从而增进了解、达成信任。许多人不能给人留下良好的印象，不是因为他们表达得不够，而是由于他们不注意听别人讲话。别人讲话的时候，他们可能四处环顾、心不在焉，或是急于发表自己的见解，这样的人不受欢迎。

3. 倾听能够防止主观偏见对沟通造成负面影响

管理者可能根据对方以往留给自己的印象，或者面谈中对方的一些表现，在潜意识中给对方贴上某种标签，如"老是说大话、不可靠"或者"太漂亮的女性，能力通常不会太强"等，从而影响对于对方所传达信息的关注与信任程度。及时调整自己的心态，积极倾听对方的观点，可以消除这种由于主观成见或偏见造成的负面影响。

4. 倾听是表达管理者地位与影响力的方式

很多证据表明，沉着安静地听，是领导者的大境界，见面伊始就不停地说的管理者，显得有些轻率。在很多场合，有影响力的领导不是通过无休止的说教来表现自己的地位，而是通过倾听下属汇报、适当提出问题、让别人说得更多的方式，来展示自己对事情的驾驭与对下属的指导。

11.1.3 倾听常见的障碍

1. 环境障碍

环境从客观上和主观上都影响倾听的效果：一是信息的传递过程受到干扰，信息被消减或歪曲；二是沟通者的心境受到影响。环境障碍主要包括以下四方面：

（1）空间环境。环境中的声音、气味、光线、色彩、布局、沟通双方座位的设置、朝向，以及空间是否具备封闭性、有无其他人的打扰等因素，都会影响人的注意力与感知。布局杂乱、声音嘈杂的环境将会导致信息接收的缺损。

（2）时间环境。时间安排会影响沟通双方的态度和投入程度，如上班时间的谈话往往偏正式、严肃，而在咖啡厅的谈话则显得更加轻松；又如，仓促的会面往往导致谈话者不能充分表达、倾听者不够专注，倾听的效果也由此大打折扣。

（3）氛围环境。氛围也即沟通双方对沟通所持的态度和期望，它将影响沟通双方的心境，如沟通双方对于沟通主题是否有所准备，双方的心态是开放的还是排斥的，双方的态度是友善的还是敌对的，沟通的主题是沉重的还是轻松的，这些都会影响信息的传达和接收，从而对倾听效果造成影响。

（4）对应关系。说话者与倾听者在人数对应关系的差异，会导致不同的心理角色定位、心理压力和注意力集中程度。其中，一对一的情况下，双方感到自己角色的重要性，最不容易走神；相反，如果自己是众多听众的一员，则容易开小差；如果在多对一的情况下，例如，经理听几个下级关于下期销售策略的辩论，则需要注意力集中。

2. 信息质量障碍

双方在试图说服、影响对方时，并不一定总能发出有效信息，有时会有一些过激的言辞、过度的抱怨，甚至出现对抗性的态度。现实中我们经常遇到满怀抱怨的顾客、心怀不满的员工、剑拔弩张的争论者。在这种场合中，信息发出者受自身情绪的影响，很难发出有效的信息，导致信息准确性下降，从而影响了倾诉者的效率。

信息质量低下的另一个原因是，信息发出者不善于表达或缺乏表达的愿望。例如，当人们面对比自己优越或地位高的人的时候，害怕"言多必失"，以致留下坏印象，因而不愿意发表自己的意见，或尽量少说，从而导致信息不够完整或深入。

3. 倾听者的自身障碍

倾听的效果归根到底在于倾听者的主观障碍。曾有一项调查要求下属评价老板的倾听能力,结果一半以上的人选择了"差",而他们的老板对自己倾听能力的评价却是94%的人选择了"好"或者"很好"。倾听者的观念或文化差异、预期、兴趣、说话速度与思维速度的差异等,都会造成倾听障碍,下面将具体探讨倾听者自身障碍的主要表现。

(1)急于表现。人们都有表达自己的欲望,尤其在正式的场合,发言尤其被视为主动的行为,而倾听是被动的。人们容易在他人还未讲完话的时候就迫不及待地打断对方,或者心里早已不耐烦,这样往往不可能把对方的意思听懂、听全。

(2)自我中心。人们习惯于关注自我,总认为自己才是对的。在倾听过程中注意和重视自己爱听、熟悉、感兴趣、喜欢听的部分,通常表现为:当出现符合自己观点的信息时,会集中精力;当信息与支持自己的观点无关的时候会转移注意力;当发言者的观点与自己的有分歧或者没有太多直接关系时,则置若罔闻。

(3)个人偏见。个人偏见又可以理解为心理定式。我们从经历中建立了牢固的条件联系和联想,可能造成根深蒂固的心理定式和成见,很难以冷静、客观的态度接收说话者的信息。如果一个人思维封闭,常常不乐于营造轻松和赞赏的谈话氛围,那么个人偏见可能对他造成的倾听障碍最大。

情景案例

让他把话说完

有一次美国知名主持人林克莱特访问一名小朋友,问他说:"你长大后想要当什么呀?"小朋友天真地回答:"嗯,我要当飞机驾驶员!"林克莱特接着问:"如果有一天,你的飞机飞到太平洋上空,所有引擎都熄火了,你会怎么办?"小朋友想了想:"我会先告诉坐在飞机上的人绑好安全带,然后我挂上我的降落伞先跳出去。"

现场的观众立刻笑得东倒西歪。而此时,林克莱特继续注视着这个孩子,鼓励他继续把话说下去。

林克莱特问他:"为什么要这么做?"小孩的回答透露出一个孩子真挚的想法:"我要去拿燃料,我还要回来!我还要回来!"

这使得林克莱特发觉孩子的悲悯之情远非笔墨所能形容。

如果林克莱特没有听下去的耐心,如果他粗暴地把孩子未表达完的意思给堵塞住,并且在"现场的观众笑得东倒西歪时"也跟着傻笑,那会出现一个怎样的结局呢?

(资料来源:根据网络资料整理)

11.2 有效倾听策略与技能

11.2.1 倾听过程

倾听不单纯是运用耳朵这一器官接收对方的信息,而是通过全身所有器官的系统运用、使自己通过倾听获得最完整最全面信息的过程。有人总结了倾听的五位一体法则,即用耳听、用眼看、用嘴问、用脑想、用心灵感受。同样我们将倾听过程总结为六个环节,而根据倾听的态度和技巧,又分为七个层次。理解倾听的过程与倾听的层次,对于管理者排除沟通障碍、了解倾听过程与提升倾听技巧有着非常重要的作用。

理想的倾听过程必须包括六个环节：预想(Prediction)、感知(Perceiving)、注意(Attention)、解码(Decoding)、评价(Evaluation)、反应(Reaction)，如图 11-1 所示。在实际沟通情景中，这个过程如果在任何一个环节上中断，那么倾听就是无效的。下面我们将研究倾听的各个阶段，并分析各个阶段是如何影响倾听效果的。

图 11-1　理想的倾听过程

1. 预想

在沟通开始之前，人们一般会根据以往的经验，预测沟通对象将要传递的信息，即会对自己将会接收的信息做出预测，并做好沟通的准备。例如，向下属交代一项任务之前，根据以往对他的了解，你可能知道他习惯不动脑筋就满口应承，那么在他对你猛拍胸脯表示一定完成任务时，问问他执行的思路，可能会让该项任务的完成更可控。

准确的预想可以让管理者提前做好准备，引导沟通向自己期望的方向进展，但由于自身经验和能力的限制，可能导致预想出现偏差，造成管理者在沟通过程中需要及时调整心态或策略，从而影响自己的倾听效果。

2. 感知

当我们听到信息的时候，就是感知信息。但需要注意的是，感知并不一定只是听觉系统受到刺激的心理过程，也涉及对方身体语言、周围环境等因素更加复杂的直觉过程。很多时候，对非语言沟通信息的感知甚至比对讲话者话语的感知更重要，因为非语言沟通能够更真实、更直观地表达讲话者的态度和喜好，有助于加深对其真实意图的理解。

3. 注意

在管理者的每一天中，都要感知到远远超过其所需要或所能处理的数量的信息。倾听时，人们通常要过滤掉一些无关或者不感兴趣的信息，而把注意力集中在自身认为重要或者感兴趣的内容上。把感知集中在某些特定信息上的行为被称为选择性注意(Selective Attention)。例如，当你在机场候机时，为了打发时间，打开手提电脑看一部喜欢的电影，这时你只关注电影的内容，周围其他的声音，如广播声、脚步声、其他人谈话的声音则都被忽略。

虽然我们能按照某种特定的方式集中注意力，但是注意力集中的程度有限。据统计，大多数人平均每分钟可以说出 125 个单词，理解 400～600 个单词，思考速度与说话速度之间的巨大差异，会使倾听者在听和说之间的间隙，容易感到厌倦而分散注意力。而且，据研究，一般情况下人们每次只能对 20 秒以内的信息完全集中注意力。

4. 解码

当注意力集中到一个单词、一个手势或一则信息上时，人们就开始理解自己所感知到的信息的含义。人们会把接收到的信息与已有的知识、经验联系起来，并赋予其意义。因此，倾听者的相关背景、知识、经验。都会影响其对所感知的信息赋予的意义，这导致人们通过解码所获得的理解很可能与信息本身的含义不同。

5. 评价

人们在对自己所关注的信息内容进行理解并赋予含义之后，会对信息内容进行分析和评价。通常，评价是基于个人的信念对信息进行的衡量。一位研究人员在一份报告中指出，倾听者思想封闭僵化以及存在偏见会使其失去对信息进行理性客观评价的能力，由此造成倾听的障碍，影响有效倾听的达成。

6. 反应

在持续进行的谈话中，倾听者的反馈很重要，它不仅有助于倾听者更准确地理解和评价，还有助于讲话者确认信息是否得到了清晰、完整的传达。积极的反馈有利于保证双方注意力的集中，有利于达成有效的倾听和沟通。反馈的类型可以是评价以示鼓励、分析以明确观点、询问以获得更多的信息、重复以核实信息、忽略以避免冲突。

11.2.2 有效倾听策略

由于各种倾听障碍，人们的倾听经常处在低层次上，例如，讲话冗长烦琐，我们会明显地露出厌倦疲惫，甚至不予理睬；对于我们怀有成见的人，无论他说什么，我们都认为他在推卸责任，陷入第一印象的陷阱……因此，管理者有必要学习和掌握有效倾听的技巧，提升自己的倾听技能。

1. 认真准备，营造良好环境

根据沟通内容及沟通性质，合理确定沟通时间、选择沟通场所，调整好自己的身心状态，确保沟通能够在不受到外界非必要干扰的情况下进行，并使双方有一个好的沟通氛围。

2. 真诚理智，消除主观障碍

1）专注、认真对待

积极的倾听者集中精力关注讲话人所说的内容，去掉其他容易分散注意力的念头，并在大脑空闲的时候概括和综合所听到的信息，不断把每一个细微的新信息注入信息框架。具体步骤如下：首先，在心里回顾讲话人刚刚说过的话，给予总结概括；其次，揣摩讲话者的意图，思考对方的需求及自己的反应；最后，预测讲话人接下来要讲的话，然后和自己的预测进行对比。

2）设身处地、运用同理心

暂时抛开自己的想法与感觉，把自己置身于讲话者的位置上，设身处地站在讲话人的立场，努力去理解讲话者想要表达的含义，并从讲话者的角度调整自己的观感，进一步保证对所听到的信息的理解符合说话者的意思。

做到同理心需要结合讲话者的背景：一是对方为什么要这么说，亦即目的是什么；二是他的经历如何，他的这种观点和想法与他的经历有没有关系；三是他现在的身份是什么，他的话与其所处的地位是否密切相关；四是自己与他的熟悉程度、亲密程度如何等。

结合背景，一方面能帮助自己加深对话语的理解，有利于及时应对和交流；另一方面也能增强感情的交流。如果倾听者能将讲话者的背景紧密结合起来，点出其没有说出的意思，对方就会像遇到知音一样，沟通将会越来越深入和有效。

3）摒除偏见、对事不对人

倾听中注意时刻提醒自己摒除偏见，只关注信息本身，而不将自己以往成见掺杂进来，更不能因为自己和某人有过矛盾，就刻意在沟通中忽略其信息。如果确实认为自己无法抛弃以往的芥蒂，那么可以通过委托其他人与之进行沟通，或者邀请中立公正的第三人加入沟通缓解氛围，并起到提醒和监督作用。

例如：有一位单身女子刚搬了家，她发现隔壁住了一户穷人家，一个寡妇与两个小孩子。有天晚上，那一带忽然停了电，那位女子点起了蜡烛。没一会儿，忽然听到有人敲门。原来是隔壁邻居的小孩子，只见他紧张地问："阿姨，请问你家有蜡烛吗？"女子心想，他们家竟穷到连蜡烛都没有吗，千万别借他们，免得被他们依赖了！于是，对孩子吼了一声说："没有！"正当她准备关上门时，那穷小孩展开关爱的笑容说："我就知道你家一定没有！"说完，竟从怀里拿出两根蜡烛，说："妈妈和我怕你一个人住又没有蜡烛，所以让我带两根来送你。"这一刻，女子感动得热泪盈眶，将小孩紧紧地拥在怀里。

4）接受——先听完，最后才下判断

积极倾听首先表现为接收，即先接收说话者所说的内容，客观地倾听而不轻率过早做出主观臆断，把自己的结论推迟到讲话者说完以后，这样可以排除先见，有利于更全面地了解信息、客观地评价对方讲话内容，从而做出正确反馈。不同情绪下的主观臆断表明了不同的情绪可能导致的结果，证明倾听者先听完对方陈述、再发表自己观点的必要性，如表 11-1 所示。

表 11-1　不同情绪下的主观臆断

可能的情绪	例子
先入为主，对对方的话根本无法专心倾听	"这件事根本就行不通，怎么这家伙又……"
个人好恶	"他的这个话题我根本就不感兴趣，都什么年头了！"
由对对方的个人看法引起	"他这个人说什么都不值得信任！"
由利益冲突造成	"想和我争？别想！"

5）不多说，不打断

沟通中忌讳一方滔滔不绝、不给别人发言的余地，更忌在别人说话的时候总是打断别人，不让别人说下去。

大多数人乐于畅谈自己的想法而不聆听他人所说，很多人仅仅将倾听视为能让别人听自己讲话的必要付出。但是在同一时间内既想着讲话又认真倾听是不可能的事情，一旦迫不及待地想要讲话时，便不能聆听别人的良言。我们要学会顺利地转换讲话者和倾听者的角色，尽量把讲话时间缩到最短，以给对方讲话的机会。法国作家伏尔泰说："我不能同意你说的每一句话，但是我誓死捍卫你说话的权利。"这是尊重对方的表示。

3. **主动倾听，给予正面鼓励**

1）微笑

美国密歇根大学心理教授詹姆士对人的微笑进行了注解："面带微笑的人，通常对处理事务、教导学生或销售行为，都显得更有效率，也更能培育快乐的孩子。笑容比皱眉头所传达的信息要多得多。"

倾听者点头微笑，表示对对方的认可和鼓励，可以提升讲话者的自信心与思维活跃程度，并可以建立相互之间的信任与尊重，形成良好的合作关系。

2）目光

注视是表示重视的最好方式，每个人都需要被关注，你的目光让讲话者心理上得到慰藉和鼓励。使用目光接触，还可以让自己把注意力集中于讲话者，避免分心，在会议或聚会上同观众谈话时，目光接触不仅能够传达自信，还能保证听众不分心。

如果你还想和别人建立良好的默契，应用60%～70%的时间注视对方，注视的部位是两眼和嘴之间的三角区域，这将有助于在你们之间建立平等、尊重的沟通氛围，促进双方的目光交流。

在倾听过程中，特别在初次和陌生人进行沟通的倾听中，想要获取成功，最好以期待的目光注视讲话人，不卑不亢，有礼有节，表达出良好的沟通姿态。

3）身体前倾

当对讲话人所说的内容感兴趣时，倾听者的身体会很自然地前倾，以表示仔细聆听。因此，为了表示自己的兴趣和重视，倾听者应有意识地把身体前倾，头部稍斜向一边，并避免摆弄钢笔或任何其他可能与倾听无关的东西。而对倾听者自己来说，往前倾的姿势是保证精力充沛的良好方式，可以保证不走神。

同时，还要注意身体不要出现任何封闭、消极或对抗的信号，交叉双臂、跷起二郎腿也许会是很舒服的姿势，但往往会被解读成不耐烦、抗拒或高傲。

4）做笔记

有时，你可能要一边听一边做笔记。做笔记不但有助于聆听，而且有助于集中话题。俗话说，好记性不如烂笔头，记笔记可以让有意义的信息保留下来、以备重新温习和梳理，同时由于要记笔记，倾听者的思维不容易涣散或者疲惫，从而有助于倾听者用心聆听。而讲话者看到对方在笔记本上记下自己所说的要点，潜意识中的"虚荣心"得到满足，从而获得精神上的巨大愉悦，有助于双方形成更加良好的沟通氛围。

4. 及时响应，提供积极反馈

1）动作和表情的呼应

在听的过程中，倾听者如果能借助得体的肢体语言，主动而及时地做出反应，就能适时表达对讲话者的肯定和信任，这对讲话者是极大的鼓舞。如对他的话表示欣赏和赞同，就可不时点头微笑，表示很感兴趣；对方讲到激愤之处，应显示出凝重和理解的表情；如果想让对方继续说下去，进行更明确、更深层的交谈，可以把椅子移近些，再缩短一点空间距离；也可以给他倒茶水，鼓励对方继续说下去。当然，运用这些表情语言，一定要得体，不要夸张，否则，会让对方觉得你在矫揉造作。

2）插话、重复和询问

插话的频率要适度，内容要有所选择，同时，要特别注意三点：一是不要随便打断对方的话；二是要以商量的口气；三是句子形式要灵活。倾听者应该以认真地聆听为主，以适时插话为辅。插话的内容大致有这样几个方面：

（1）肯定和鼓励。像"嗯"和"真有意思"等中性评价性语言能表示对谈话感兴趣，促进对方意愿的表达，鼓励对方继续说下去。

（2）帮助续接。有时，对方说着说着，突然语言卡壳，或一下子找不到合适的词了，此时，你就可以帮他接下话。

(3)提问。提问是获得完整准确信息的一个有效保证。提问可以起对含糊话题进行辨析、适时转换话题、引导话题深入等作用，以探索方式获得更多的信息及数据。提问有如下几种形式：

第一，开放式(你认为……/如何……/哪个……/能举个例子吗/这有什么依据吗)。

第二，清单式(A 情况……/B 情况……/C 情况……)。

第三，假设式(若是你的话，你会怎么想/看/做)。

第四，重复式(你的意思是不是……/你是说……)。

第五，确定式(这很有趣，后来呢)。

第六，封闭式(你在那家公司工作了几年)。

(4)复述。复述可以采用"按我的理解，你的计划是……""你是说……""所以你认为……"等句式。这些说法表明你在倾听，并明白对方的意思。重复的重要性在于确定有无曲解对方，一般用于讨论结束时。

情景案例：用心倾听

11.2.3 倾听技能

1. 倾听要点

(1)要体察对方的感觉。一个人感觉到的往往比他的思想更能引导他的行为，越不注意人的感觉，就越不能沟通。体察感觉，意思就是指将对方的话背后的情感复述出来，表示接受并了解他的感觉，这会产生相当好的效果。

(2)要注意反馈。倾听别人的谈话要注意信息反馈，及时查证自己是否了解对方。你不妨这样说："不知我是否了解你的话，你的意思是……。"一旦确定了你对他的了解，就要提供积极实际的帮助和建议。

(3)要抓住主要意思，不要被个别枝节所吸引。善于倾听的人总是注意分析哪些内容是主要的，哪些是次要的，以便抓住事实背后的主要意思，避免造成误解。

(4)要关怀、了解、接受对方，鼓励他或帮助他寻求解决问题的途径。

2. 倾听技巧

(1)你必须充分认识到有提高这方面技巧的必要，并且很想改进它。如果没有这种强烈的愿望，再怎么努力也是枉然。

(2)当你很难弄懂对方的表达意图的时候，要问："你为什么要告诉我这些?"

(3)要对某些词语加以警惕。这些词语可能会引发过激反应，或造成偏见，比如"女性解放""大男子主义"等词。

(4)如果你发现你走神了，而回过神来的时候已无法接上对方的谈话，那么就注意一下关键词和使用最多的词。当说话的人谈吐不清、词不达意时，这种情况经常发生。

(5)要尽量找一个不受干扰的地方交谈，如果周围有太多容易令人分心的事，就很难集中精力沟通和倾听。

3. 成功聆听六步曲

如何提高聆听能力，提高倾听质量呢？我们可以通过一个英文单词（CARESS）来学习聆听技能。这个英文单词的真正意思是"爱抚"，其实，积极聆听在某种程度上，就是在"爱抚"他人的心灵。

CARESS 的每个字母代表积极聆听的一个步骤。

1）C 代表 Concentrate，即专注

聆听首先要专注，这样方能排除沟通过程中的障碍。这些障碍可能是外部噪声，更多的是因为文化背景差异继而影响正常沟通，如语言、价值观不同等。聆听过程中是否专注是一般的听和聆听的区别，没有用心的听是"右耳进左耳出"。只有用心地去听，方能清楚对方所说的信息，这样，才能正确解码对方要表达的意思。

2）A 代表 Acknowledge，即确认

在对话过程中，可通过一些象声词如"哦""啊"或者点头等举动让对方知道你在认真地听。这种沟通过程的不断确认会让对方感到轻松，觉得你能真正理解和尊重他/她，更容易使对方表达自己的思想，亦有助于与对方建立信赖关系。

3）R 代表 Respond，即反应

在沟通过程中，通过反馈信息、提问等方式，可保证沟通的通畅。一般可提以下三种问题：

（1）核实问题，目的是核实对方的信息，如"您的意思是……""您说的是不是这样……"。

（2）继续问题，目的是让对方继续讲下去，如"结果呢？""又怎么了？"等。

（3）方向问题，如"您对这个问题怎么看？"等。

尤其是在跨文化沟通中，需要不断地提问来保证你所听到的和理解的信息与对方想表达的信息一致。

4）E 表示 Exercise Emotional Control，即情感控制

这一点在聆听过程中比较难做到，因为在交谈中，我们时常会对对方的话产生偏见，有时会对沟通者也会产生偏见，从而导致一些具有自己价值观的判断。

我们每个人都有这样的思维倾向，喜欢听自己喜欢的东西，将不喜欢的东西拒于千里之外。我们还通常用第一印象来判断人，对于自己不喜欢的人，则很难集中精神交谈。在跨文化沟通中，由于文化背景的差异，我们更容易用自己的文化价值观、习惯、行为规范等来判断对方，可能因为对方的一句话或一个行动，失去了客观接收信息的态度。

遇到这样的时候，我们就应该极力控制自己的情绪，保持冷静的头脑，重新调整自己的心态和思维，客观地、积极地和主动地听取对方的信息。

5）S 代表 sense，即感觉

在交谈中，对方可能有些话没有通过语言表达出来，而是通过非语言的信号如面部表情、眼神、说话的语气等流露出来。我们可以通过这些非语言信号观察和感觉对方并没有说出的意思。听到别人没有说出来的声音，看到别人看不到的情景，想到别人想不到的角度。

6）S 代表 Structure，即结构

结构属于聆听过程技术的层面。在真正了解了对方的信息，清楚了对方的意图、目的

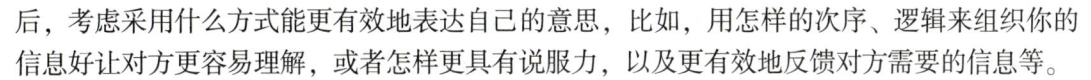

后，考虑采用什么方式能更有效地表达自己的意思，比如，用怎样的次序、逻辑来组织你的信息好让对方更容易理解，或者怎样更具有说服力，以及更有效地反馈对方需要的信息等。

聆听和任何一种技能一样，都需要不断练习，并在日常生活和工作中不断运用，才能有所提高。优秀的聆听技能是个人竞争力不可或缺的组成部分。

11.3　非语言沟通的设计

情景案例

> **藏不住心事的齐桓公**
>
> 　　春秋时期，齐桓公与管仲密谋伐卫，议罢来到宠爱的卫姬宫室。卫姬见之，立即下跪，请求齐桓公放过卫国，齐桓公大惊，说：“我没有对卫国怎么样啊！”卫姬答道：“大王平日下朝，见到我总是和颜悦色，今天见到我就低下头并且避开我的目光，可见今天朝中所说之事一定与我有关。我一个妇道人家，没什么值得大王和大臣们商议的，所以应该是和我的国家有关吧？”齐桓公听了，沉吟不语，心里决定放弃进攻卫国。
>
> 　　第二天，与管仲见面后，管仲第一句话就问：“大王为何将我们的密议泄露出去？”齐桓公又被吓了一大跳，问道：“你怎么知道？”管仲说：“您进门时，头是抬起的，走路步子很大，但一见我待驾，走路的步子立即变小了，头也低下了，您一定是因为宠爱卫姬，与她谈了伐卫之事。莫非您现在改变主意了？”
>
> （资料来源：田雨. 史记故事[M]. 郑州：大象出版社，2006.）

在原始社会，生存是人的最基本需要，作为个体生命的人，除要吃、穿、住之外，还要抵御自然灾害和猛兽的侵袭，而在这些侵害面前，个人显得非常势单力薄，需要和其他人协作，这个时候，人们就会通过表情、呼叫、手势或者全身的动作来进行交流。因此，在语言未正式诞生前，非语言沟通成为维系人们之间基本交流的主要手段，很多得到广泛认可的身体语言甚至延续至今，并得到了进一步的丰富和推广。

人们在沟通过程中，尤其是在面对面的沟通场合中，会伴随着大量的非语言信息。人们可以通过解析对方仪表、眼神、表情、姿态、动作等非语言信号获得许多语言之外的有价值的信息。可以说，单凭语言获得的信息是残缺的、片面的、抽象的，只有结合丰富多彩的表情、姿态、动作，才能够获得充分的、全面的、形象的感受。卓有成效的管理者除了需要熟练掌握语言沟通技巧之外，还需要正确运用非语言工具增强自己语言的表达能力和感染能力，敏锐捕捉、准确识别对方在沟通中通过各类非语言因素流露出来的信息，顺利达成沟通目的。

11.3.1　非语言沟通的含义及特点

1. 非语言沟通的含义

非语言沟通顾名思义是指利用语言以外的其他沟通元素传递信息的过程，包括沟通主体的副语言沟通、身体语言沟通以及环境语言沟通等。

非语言沟通在实际沟通活动中起着非常重要的作用,甚至比通过语言表达的信息更重要。在实际沟通过程中,非语言沟通所包含的信息远远超出语言所提供的信息。对于倾听者来说,非语言沟通可以帮助确定讲话者是否有诚意,因为一个人的话可以给自己戴上某种面具,但其肢体语言就不会被掩饰得毫无痕迹。正如人们常说的"不仅听你说什么,更重要的是看你怎么说"。当然,讲话者也可以从非语言沟通中受益,通过观察倾听者所发送的非语言信息来确定他对你的信息是否理解。

2. 非语言沟通的特点

非语言沟通包含着非常丰富的内容,一次眼神的交互、一个会心的微笑、一个不经意的手势、一秒钟语言的停顿,都可能蕴含着十分重要的含义,对沟通双方的交流有着非常关键的作用。由此可见,非语言沟通有着不同于语言沟通的突出特点,表现在如下几个方面:

1)独立性与伴随性

所谓独立性,是指非语言沟通能够脱离语言沟通,以独立的沟通形式表现出来。虽然人类自语言产生后不再单纯依赖非语言沟通方式,但非语言沟通依旧能够单独表示一些简单的意思,如喜怒哀乐、问候与敌对等。这也是手语能够以一种丰富和完整的语言形式,成为聋哑人群主要沟通方式的原因。

所谓伴随性,是指非语言沟通往往伴随着语言沟通,两者配合使用、相辅相成。很多时候仅仅通过语言沟通不能表达出完整的信息,或者无法让沟通对象全面接收并且直观理解该信息,而配合非语言使用则能更为准确地反映语言沟通所要表达的真正思想和感情,并易于被沟通对象准确接收和解析,从而达到更为显著的沟通效果。

2)普遍性与特殊性

普遍性是指非语言沟通作为社会历史文化积累的产物,具有普遍的适用性,许多身体语言、姿态语言为全世界大多数人所识别、接受,并被理解为基本一致的含义。例如,握手和微笑就是跨国界通行的语言,有赖于此,人类的跨文化沟通才能实现。

特殊性是指不同的民族有不同的文化背景和生活习惯,以及由此产生的不同非语言沟通符号和含义。例如,俄罗斯人表露自己感情的方式比较矜持,认为指手画脚是缺乏修养的表现,然而在西班牙和拉美,人们习惯于在说话时频繁加上手、头的动作及面部表情。同时,在日常沟通中,每个人有自己表露非语言沟通的方式,性格外向的人,非语言沟通方式会更丰富、使用也更频繁;而性格内向的人则较为含蓄内敛,没有太多明显的身体动作。非语言沟通的特殊性,要求在运用非语言沟通的时候综合考虑对方的民族及文化背景、习俗及惯例、个性及环境。

3)多样性与唯一性

多样性是指在沟通主体、沟通对象、信息通道和沟通环境等因素的影响下,同一非语言信号会具有多重含义。如大拇指竖起来,在美国代表赞扬的意思,但在拉美国家则意味着"一堆狗屎"。所以,非语言信号的使用,要结合时间、地点、人物和环境综合考虑。正是由于非语言沟通具有多样性,才使得非语言沟通显得更加丰富多彩并具备独特魅力。

唯一性是指非语言信号在特定的时间、地点、文化背景等环境条件下,所表示的意思是明确的、唯一的。不考虑非语言信号的环境因素,沟通就可能出现曲解、误会。如拥抱这一身体动作，在政治家会面的时候，表示友好和坦诚；在朋友相聚时，表示亲密和想念；而在恋人之间，则蕴含着无限的柔情蜜意。因此，在特定的环境中，非语言信息都代表唯一的意义，必须准确识别、正确理解。

4）外在性与内在性

外在性是指人们进行非语言沟通时，以个人或群体的形体动作、表情、空间距离等可视的、直观的外在形式，把所要表达出来的意思表现出来。例如，当你看到某个商场售货员精神饱满、态度热情的时候，你会觉得这个商场的管理非常科学规范；当你看到希望达成合作的沟通对象笑容爽朗、动作语言开放坦诚的时候，你会觉得合作成功在望。

内在性是指非语言沟通受人的个性、气质等内在心理因素的支配和影响。从心理学的角度，非语言信号大都发自内心深处，难以抑制和掩盖，并且具有强烈的心理刺激效应，比有声语言更能得到深刻明确的理解。例如，一对长期合作、默契颇深的职场搭档，在一些问题的观点上很容易形成一致意见，并能够通过心领神会的眼神、笑容、手势等，在会议交流、商务谈判等场合相互配合、相互呼应，最终掌握主动权。

11.3.2 非语言沟通与语言沟通的关系

英国学者阿盖尔提出，非语言沟通有 3 个基本用途：一是处理、操纵直接的社会情境；二是辅助语言沟通；三是代替语言沟通。语言沟通与非语言沟通既是相互独立的沟通方式，可以在相应场合单独使用，也可以配合使用，相辅相成、相得益彰。事实证明，语言沟通与非语言沟通配合使用，可以更加清晰、高效、真实地传递沟通信息。概括而言，非语言沟通与语言沟通的关系体现在以下几个方面：

1. 非语言沟通对语言沟通具有加强作用

语言是抽象的，不容易最直接地为人所接受和理解，而非语言信号具备形象、直观的优点，在很多场合能够对语言沟通起到加强作用。人们可以通过手势、头部动作等的应用，来强化自己口头表达的效果。例如，愤怒的顾客在服务台投诉时，可能会挥舞着双臂表示自己的不满；焦急的失主寻找丢失的箱子时，会用双手比画箱子的形状；当人们抒情的时候，总是习惯于首先把自己的右手放在左胸，然后缓缓向前挥出，尤其是在朗诵、演讲时。

2. 非语言沟通对语言沟通具有辅助作用

在信息传播中，语言信息的传递只经过一个通道，而非语言信息的传播则是多通道的。读文章或与人交谈，都只能单纯地用于人的视觉或听觉。而非语言沟通则不然，它可以在同一时间内充分调动传播双方的视觉、听觉、触觉和味觉，对语言信息进行全方位的补充。如年轻的妈妈抱着刚刚出生的婴儿，脸上露出温柔的微笑，对孩子说"宝宝真乖"，并用手轻轻地抚摸着孩子的脸，又俯下身去，亲亲孩子的额头，这一连串动作一气呵成，把母亲深深的爱意传递给了孩子。

3. 非语言沟通对语言沟通有替代作用

在沟通中，有许多无法通过声音语言进行传递的信息，却可以通过身体语言传达。所谓"只可意会，不可言传"。如人们通常用点头表示同意，用摇头表示反对等。在许多特定的场合，非语言沟通能够代替语言沟通，如在舞蹈表演中，演员在舞台上，完全凭借身体的姿态和手势、面部的表情和目光，向观众传达特定的剧情信息和人物感情。

4. 非语言沟通对语言沟通具有否定作用

非语言沟通信号在很多时候还会泄露出和说话者所说话语完全不同的信息，称为对语言沟通的否定。这种否定作用分为两种：一种是有意识否定，另一种是无意识否定。

有意识否定是指说话者基于某种原因不愿或者不能用语言表达自己的真实意图，而故意通过表情、动作来表示自己的想法，从而出现有意识的"口是心非"。如吵架后和解的恋人，女孩子嘴上说着"不理你"，但却默许男孩拉自己的手，表示已原谅男友。

无意识否定则是指非说话者本意，下意识通过非语言行为表示出来的否定，与其语言所传达的信息相反。话语一般是经过思考和选择才表达出来的，可能是带上某种面具后言不由衷的结果，但非语言信号大都是无意识的、自然而然的内心活动的流露，因而更能真实表明人的情感和态度。如一个人在面对危险的时候，可能嘴上说不害怕，但其"两股战战，几欲先走"之状却已经表露了内心的恐惧；又如在索然无味的会议中，与会者虽然做出认真倾听的样子，但其游离的眼神透露出他的注意力已经分散。由此可见，非语言信号在沟通中所表现的真实性和可靠性要比语言高得多，特别是在情感的表达、态度的显示、个性的表现等方面。

11.3.3 常见肢体语言沟通

1. 手势

除了演员、政治家和演说家会通过训练使自己有意识地利用一些手势来加强语气外，在一般的人际沟通过程中，许多手势是无意识的。比如，当说话者激动时，手臂的快速动作可以强调正在说的话，利用肩部、手臂、手、指、腿和脚表示的姿势也很丰富。尽管常常只起辅助作用，但手势也可被有意识地用来代替说话。例如，把手指放在嘴唇前表示要求安静。另外，当争论很激烈时，为了使大家情绪稳定下来，做出两手掌心向下按的动作，意思是"镇静下来，不要为这点小事争执了"。

2. 姿势

不同的坐姿和站姿传达不同的沟通信息。面试时，应聘者弓背坐着，两臂僵硬地紧夹着上身，两腿和两脚紧靠在一起，表明"我很紧张"；应聘者懒散地坐着，则表明他过分自信或随便。一般来讲，无论是站着还是坐着，当一个人放松或悠闲的时候，身体往往会处于比较舒展的状态；而当一个人感到不舒服、紧张、害怕时，通常整个身体都绷得紧紧的，手臂和两腿紧靠在一起。

3. 眼神

常言道，眼睛是心灵的窗户，显然，眼睛具有很强的交流功能和感染力。眼神暗示常见的表现形式有：目光注视、眼睛凝视、目光回避、扫视、斜视和眨眼等。

研究表明，眼睛具有许多特有的交流功能，透过眼神可以看到人的内心世界。眼神的沟通功能大致包括以下几点：

（1）专注作用。眼神能够反映出一个人的注意力集中度及感兴趣程度。一般来说，通过瞳孔的大小能精确地反映出一个人的兴趣水平和对他人的态度。例如，兴趣强烈时瞳孔会放大，而兴趣不大时瞳孔就会缩小。

（2）说服作用。眼睛在说服性沟通中能起到重要的作用。在沟通中，劝说者要使人感到真诚可信，必须与被劝说者保持目光的接触。为了避免可信度的明显下降，劝说者不能用欺骗的眼神经常向下看或将目光离开被劝说者。

（3）亲和作用。目光在建立、保持以及终止人际关系方面扮演着很重要的角色，仅仅盯着某个人看只是一种感兴趣的表示，而注视则表明你对对方很感兴趣并允许对方获得关于你的信息。这里需强调的是，在人际关系的发展方面，目光比其他任何一种语言交流都重要。

（4）调节作用。有足够的理由说明，眼睛配合手势可以更好地进行暗示。在谈话过程中，当双方关系紧张时，可以通过缓缓眨眼或者友善的眼神调节气氛。

（5）强力作用。一项研究证实，那些看上去总是小心翼翼、行动谨小慎微的警员大多数只获得了级别较低的职务。那些实权在握的人，其目光通常看上去很有力，这类人常以有力的目光注视着自己的下属，控制着他们的情绪；相反，那种回避和低头不敢对视的目光一般被看成软弱屈从的标志，通常，这类人或不具备领导才能，或领导能力不强。显然，对目光的观察，有助于管理人才的遴选和聘用。

（6）影响作用。通常，眼睛和脸部表情可以作为交流中有效的中介体。当一个人很想了解另一个人是在表达一种肯定的还是否定的情感时，可以通过观察对方眼睛的瞳孔来加以判断。当所表达的是肯定的情感，如高兴或幸福时，瞳孔会放大；反之，当所表达的是否定的情感，如悲伤或痛苦时，瞳孔则会缩小。

总之，眼睛可以反映一个人是在表达肯定的还是否定的情感，这与"喜形于色"的说法是一致的，即人们常把自己的情感表露在脸上，把情感的温度显现在目光中。因此，希望了解他人心情和情感的人，可以通过对方脸部和眼睛所提供的信息进行判断。

当然，在不同的文化中，眼神所表达的意思是不同的。在很多文化中，眼睑下垂表示对上级的尊重和服从，但在日本，却要求正视对方的颈部。在中国，过分地盯着对方看是很不礼貌的行为。相比较而言，阿拉伯人互相对视的频率要高一些，在他们的意识中，目光对视有助于拉近彼此的距离，是一种友好的表示。正是由于这个原因，他们不喜欢跟戴眼镜的人说话。显然，在多元文化的组织里，上述差异在沟通过程中常常会引起误解，因此，了解和熟悉不同的文化对于解读这类非语言信息是十分重要的。

11.3.4 形体语言沟通

形体语言在传递有关自信程度、个人偏好、独断性、权力大小的信息方面起着关键的作用。在这里，我们将列举一些在沟通过程中出现的受欢迎的暗示及不受欢迎的暗示。

在沟通时表现出开放和自信的形体暗示很受欢迎，这样会给其他人一个这样的信号：我真诚地努力表达出自己真实的想法。开放式的手势常引来对方同样开放式的姿态。

开放式形体暗示通常表现为：伸展一下双手，松一下衣服扣子或领带，放松一下四肢等；相反，紧缩双臂、夹紧双腿等相关的动作则表现出一种自我防御的封闭式形体暗示。

对于希望表现出镇定自若的人来说，自信的动作显得非常重要。典型的表示自信的动作有：手指尖塔（将手指指尖靠在一起形成塔尖状）；双手放在背后，下颌微抬；斜着身子，以手托头。而摸嘴、摸鼻子、抓头等手部小动作通常是一种不自信的信息流露。

开放式和自信的动作是受欢迎的，而防御性和紧张的动作则不受欢迎。防御性动作有很多，它们都带有制造不愉快气氛的意味，例如目光下垂、封闭式形体姿势是防御性动作。紧张的动作也有多种形式，例如捻弄手指、拉衣服和摸耳朵等。一般来说，任何毫无意义的动作都可能被解释为紧张的表现。

情景案例

布莱尔的肢体语言泄露天机

泄露布莱尔交权时间秘密的不是来自威斯敏斯特的闲言碎语，而是首相本人的肢体语言。正是这些无法言传的暗示使他的交权让所有人都察觉到了。像所有老练的扑克牌玩家一样，政治家试图通过控制他微妙的肢体语言来操纵其形象，但肢体语言专家彼得·科利特说，他们这样做并不总能成功。

布莱尔在焦虑不安时，总是无意识地晃动小手指，并抚摸自己的肚子。肢体语言专家彼得·科利特说："这使我们想到了我们的婴儿时期。婴儿啼哭时，母亲常常搓揉他们的肚子，抚慰他们，让他们安静下来。布莱尔的母亲不在身边，无法安慰他，因此他就自己这么做。"布莱尔这么做大概是无意的。另外科利特怀疑小布什总统大幅摆动双臂、手掌朝后、以缓慢的猿猴步态走路，则是有意要表明谁是老板。

这似乎有作用。当布莱尔与小布什总统在一起时，他总是把双手放进裤兜里——这是一种表示服从且紧张的姿势。科利特说："布莱尔只有在感到级别不如身旁的人高时，才会这样做。"

（资料来源：詹姆斯·兰德松. 布莱尔的肢体语言泄露天机[N]. 英国《卫报》，2006-09-06.）

11.3.5　环境语言沟通

环境是沟通必备的要素，所有的沟通必然都发生在特定的环境中。同时，环境又是沟通的工具，通过空间、时间环境也能进行信息和情感的交互。

1. 空间环境

在沟通中，不同的沟通方式表达了不同的含义。通过控制交流双方的空间距离进行沟通，称为空间沟通。人们在交谈中对距离的掌握表达了他们的信仰、价值观，以及他们的文化内涵。例如，德国文化崇尚秩序井然和等级森严，所以德国人倾向于划分出界线分明的私人领地，从而表露他们保留个人隐私的需要。

美国人要求拥有自己的办公室以保护自己的隐私，通过使用巨大且能够升降的办公桌与他人保持距离。相反，阿拉伯人在谈话时是亲密无间的，这种沟通的特点被描述为：目光的直接接触，手的互相触摸，沐浴在对方温暖、潮湿的呼吸中，这些都代表了深层次的有感觉器官参与的交谈，这种沟通方式对很多欧洲人来说是不可忍受的。

使用空间的方式以及对他人使用空间方式的反应，会给他人留下很深的印象。例如，就办公室的空间大小而言，有些组织根据职位高低来决定办公桌的大小，有些组织则根据权力的大小来决定。此外，家具的陈设也构成了空间暗示的一个因素。管理者在办公桌后面与人沟通时，两人之间的办公桌就不经意地构成了一道物理的甚至心理的屏障。如果管理者有意保持自己的权威，则应保持这道屏障；如果管理者希望取消沟通的屏障，则应离开办公桌，以开放的心态与人沟通。

另外，办公室设计如灯光、颜色和家具及其他物件的摆放等也会影响沟通的结果。比如，办公室按楼层设置，最高层管理者占据最高几层的办公空间，以此类推，传达出该组织看重地位的信息。

除了办公室的设计等物理环境，空间暗示还涉及人们在交流时的沟通距离。

1）沟通距离的划定

通常，根据人们不同的需要，沟通距离划分为以下四种：

(1) 亲密距离。一般在 0~0.5 米，交谈者有意识地与对方频繁地进行身体接触。适用对象为父母、夫妻、恋人或知心朋友等。

(2) 私人距离。一般在 0.5~1.2 米，往往是人们在酒会中与他人接触时的距离。在这种距离下，常常会发生进一步的人际交往。我们习惯性设定的私人距离会反映出我们的自信心强弱和保护个人隐私的心态。成功的沟通者在与他人接触时，会对他人设定的私人距离保持足够的敏感性。

(3) 社交距离。一般在 1.2~3.5 米，用于商业活动和咨询活动。这种距离的控制基于几个重要因素，比如你是站着还是坐着，或者你是与一个人交谈还是与一群人交谈。

(4) 公众距离。一般在 3.5 米以上。从社交距离到公众距离的变换对我们有很重要的暗示作用，在公众距离中的较近阶段(3.5~7.5 米)，对非语言因素的理解会千差万别。公共距离中的较远阶段(7.5 米以上)对人际交往的影响是破坏性的。在 7.5 米以外，声音中的潜在含义就会传递失真。

当然，这种沟通距离的划分也不是绝对的，它受到文化的制约，不同的文化背景对这种距离的敏感性是不一样的。

2）影响沟通距离的因素

影响沟通距离的因素有很多，归纳起来大致有以下三个方面：

(1) 地位的影响。当两人之间的地位差距拉大时，他们之间的沟通距离也会随之增大。

(2) 个性的因素。与性格内向的人相比，性格外向的人在与他人交流时能够保持较近的沟通距离。与缺乏自信心的人相比，自信心强的人在与他人交流时，沟通距离也较近。

(3) 人与人之间的熟知程度。通常，人们总希望与自己熟悉的同伴或好朋友保持较近距离，而尽量远离陌生人。

一般而言，人们会从这些空间暗示中获得自己的判断，如友好程度、亲密程度、诚实程度及同情程度。我们发现，面试、销售、跨文化沟通等的成功都与我们掌握空间行为的方式密切相关。简而言之，作为代表个人和企业形象的管理者必须知道：在不同场合中什么样的空间距离是合适的，什么样的空间距离是不合适的，这在形象管理中是十分重要的。

2. 时间环境

与空间环境一样，时间环境在沟通中也起着传递信息的作用。通过对把握时间的观察，可以了解到人们的职位高低及其对事件的重视程度。例如，从你是否坚持准时赴约的态度，就可以反映出你对这次约会的重视程度。至于谁等谁、等多久，都反映了两者间的从属关系。一般来讲，无论是组织还是个体，都对迟到或等待有一定程度的容忍范围。如果没有准时赴约，让他人等得太久，就会引起对方的不满，同时也会降低自己的信誉度。

对于是否准时赴约的心理准备取决于双方的价值估量。如果你是与自己的上级相约，一定不会让他等你，而会早以示恭敬；如果是与你的下属相约，你就显得轻松随意。

在对参加会议的到会时间控制方面，通常会议参与者会提前到会等待，而会议主持人或主席则准时到会，从中可以看出不同职位者对时间把握的差异。

时间暗示还表现在其他方面，例如，说话的语速或手臂挥动的频率会反映出人们内心情绪的紧张程度和感受，走路的快慢则反映了人的性格心理、年龄、健康情况。

11.3.6 音质语言沟通

1. 音质语言

声音在实际沟通过程中也占有很重要的位置，它具有表达情感、加深印象和调节的作用。音质语言沟通主要包括声调、音高和重音。

1) 声调

声调指的是一组词的升降调。声调能表示该句子是问句还是陈述句，说明讲话者是否具有自信心，表征一个声音是否很郑重或含有讽刺意味。

当声调与某个字词的含义相悖时，人们往往相信声调。例如，有人用"累得快死了，你呢"来回答朋友"你好吗"的问候，听到这种回答的朋友却回应"很好"。因为语速很快，所以他们不会理会字面的含义。

2) 音高

音高指的是声音的高低程度（就像钢琴上弹奏出的高低音符那样）。低音被认为不够自信，而较高音则更具权威性、更性感、更悦耳。当讲话者生气或激动时，音高往往会提升。有的人提升音高只是为了提高声音。音高原本就很高的女性应该努力降低声音，这样在向众人演讲时就不至于声嘶力竭，不会让人有刺耳的感觉。

3) 重音

重音指的是句子中要强调的一个词或一组词。以下例句显示，当强调句中的不同部分时，其含义可能大相径庭。

我会给你涨工资。（隐含义：别的主管是不会的，我才有权决定你的工资涨落。）

我**会**给你涨工资。（隐含义：它并不是你挣得；好吧，你赢了，我并不同意，只是答应你从而摆脱你罢了；我也是刚刚才决定给你涨工资的。）

我会给**你**涨工资。（隐含义：本部门没有其他任何人得到了这种待遇。）

我会给你**涨工资**。（隐含义：你就不再可能得到提职或其他想要的东西了。）

我会给你涨**工资**。（隐含义：这是你应该得到的。）

2. 音质语言沟通策略

讲话富于激情的人一般会经常变换声调、音高和重音，而且，他们的讲话听来更加有力和充满智慧。如果说话只有一个音调，则听起来显得缺乏智慧且冷漠。音质暗示的策略大致包括下列几种：

1) 声调的变化

不同的声调给人以不同的感受。鼻音重的人给人不坚决的印象，嗲声嗲气的声调则让人感觉娇气。不同的场合应该运用不同的音调。

2) 声音的印象

声音分为中、高、低音。声调高的人给人以紧张、缺乏自信与情绪化的负面印象，声调低的人则让人感觉稳重老练。

3）语速的选择

适时地放慢语速可以给人以认真、权威和思虑周密的良好印象，同时也为恰当措辞赢得了时间；适时加快语速则给人以充满热忱与活力的印象。说话把握一定的速度能够吸引听众的注意力。

4）音量需适中

声音太大通常给人以粗鲁或没有礼貌的感觉，令人有不适之感；声音太小则表明讲话者害羞、内向或缺乏自信。

讨论题

1. 如何界定倾听？用耳朵听就是倾听吗？为什么？
2. 倾听的障碍主要有哪些？
3. 如何进行有效倾听？举例说明如何提高倾听技能。
4. 非语言沟通的含义及特点有哪些？
5. 简述非语言沟通与语言沟通的关系。
6. 如何提升自身的非语言沟通能力？

情景模拟

倾听是一项非常重要的管理技能。为了提高管理者的倾听技能，这个练习采取角色扮演的方式，使受训者最大限度地参与。在进行这个练习之前，受训者应先阅读有关这方面的材料，并由指导教师做简单的讲述。

该练习共分四个阶段，前三阶段为角色扮演，最后一个阶段将给出一些问题，以深化对倾听的感受。

阶段一材料

观察者：

1. 请阅读下面你将要观察的事项，卢先生和张先生（倾听者）也阅读各自所扮演角色的材料。但是，不要在小组内讨论角色。
2. 当下列状况发生时，请予以注意：
a. 当倾听者（张先生）试图改变卢先生的观点时；
b. 当倾听者对卢先生的表述做正确或错误评价时；
c. 当倾听者表示出非语言的暗示时；
d. 当倾听者在对对方表现出兴趣时；
e. 当倾听者能够引导表达者时。

你将发表对倾听者张先生倾听状况的报告，并注意以下几点：

1. 倾听者张先生是否与卢先生发生争执？
2. 以张先生的倾听技能，他能否认识到：
a. 卢先生连续5年工作出色；

b. 卢先生应3：30下班，而且每周工作的时间比要求得多；

c. 卢先生的工作似乎较慢，那是因为他所承担的工作相当困难。

张先生：

你是新上任的人事经理，已经有三个星期了。你准备会见一个员工——卢先生，他已受过三次惩处。根据卢先生上司的建议，你打算解雇他。

卢先生的上司说，卢先生的工作效率低，在他的同事中，他的产量低。他的工作时间应该是从上午8：30到下午4：30，而且他也知道，但他公然违反公司的规定，一周内三次在3：30下班。如果允许他在公司继续工作下去，将会影响其他员工。他的第一次惩处是因为工作效率低并且早退。在受到第一次惩处后，他的上司就这个问题找他谈过话，但是他没有改正，因而受到第二次惩处。由于他的行为依然如故，所以他受到第三次惩处。卢先生的上司在给你的报告中说，他想立即解雇卢先生，但没有提出确切的解雇时间。

像卢先生这种专业化的冲模制造工实际上很短缺，在大企业内，许多部门需要这种工人。一般来说，你应该给他第二次机会，然而，公开违反公司的规定是不能容许的。因此你决定立即解雇他。

你刚刚学过倾听的理论和方法，现在给你一个练习倾听技能的机会。

卢先生：

你被叫到张先生的办公室进行一次面谈。你的上司刚刚对你进行第三次惩处，这将意味着你要被解雇。你感到很难理解惩处你的理由。作为你的上任上司，非常重视你的天资和能力，对你的工作绩效给予很高的评价。你是一个工具和模具工人，并且是车间的设备检修员，因为你的手工作业精度是其他工人所不能及的。你在你现在的工作岗位上已有5年，而且一直坚持在夜校学习机械工程学。由于你不断地自我培养，你有能力为一个项目设计出一套检测装置。为此，你收到来自设计部门的一封感谢信，感谢你帮助他们纠正了设计上的错误。这封感谢信的副本被送到你的前任上司手里。

你的家不在这个城市，每天早上你7：30就开始上班，因为每周有三天你必须早起，以便准时赶到夜校。你每周工作时间是46小时，你的前任上司准许你去学习，并说要通知人事部门。

当你接到关于惩处你的通知时，你曾试图向你的现任上司解释缘由，特别是关于上任上司允许你外出学习的事，同时说明你所从事工作的难度高。然而每次你的上司都说他太忙，没有时间同你交谈，只告诉你不许早退和工作快一点。你觉得你的新上司太难相处，而你又羞于向他诉说你的困难。现在你来到了人事经理张先生的办公室。

阶段一训练安排：

1. 受训者每3人分为一个小组。
2. 角色分配。学员甲扮演张先生，学员乙扮演卢先生，学员丙扮演观察者。
3. 阅读有关自己角色的那部分材料，不要看别人的，时间大约5分钟。
4. 张先生和卢先生进行面谈。
5. 观察者开始自己的角色活动，约10分钟。
6. 观察者发表自己的看法，约3分钟。

阶段二材料

观察者：

1. 请阅读下面为你准备的材料，马先生(倾听者)和何先生也阅读自己的材料。彼此不要讨论角色。

2. 注意是否有下列情形发生：

a. 当倾听者(马先生)试图改变何先生的观点时；

b. 当倾听者对何先生的表述进行正确或错误评价时；

c. 当倾听者表现出非语言的暗示时；

d. 当倾听者对何先生的表述表示出兴趣时；

e. 当倾听者有能力引导表述者时。

你要就倾听者马先生的倾听状况发表看法，并牢记以下几点：

1. 倾听者马先生是否与何先生发生争执？

2. 马先生的倾听技能使何先生安静下来吗？

3. 以他的倾听技能，他是否认识到：

a. 他对何先生的了解是不准确的，事实上何先生确实有一些特殊问题；

b. 何先生不知道增加20%税收的理由，实际上，5%属于正常的增加，而15%是因为新的设施而产生的；

c. 当账单和税收通知被送到的时候，何先生正好外出。

马先生：

你是马先生，这个乡镇的审计员。上个月已将税收通知寄出，分期付款通知是两周前寄出的。你现在准备去会见何先生，他目前是一个非常富有的肉牛饲养专业户。

每年，何先生就他的税款总制造一些特殊的理由，什么他附近的道路条件不好呀、市场需要不足或牛肉价格低呀、气候不好或者其他什么他能想得起来的原因。他所抱怨的许多事情，根本不属于乡政府的职责。

何先生近来得了一大笔钱，人们认为他是从一个死了的叔叔那里继承的。去年他还卖了自己的一栋建筑物给一家联合公司，价格超过50万元。他刚刚以25万元的价格转让了25亩土地，而且刚刚度假回来，去年他建造了一个规模两倍于旧设施的新设施，估计价值较旧的高。由于以上原因，他今年的税款较去年高15%，再加上正常增加的5%，应为20%。

何先生已准备偿还他的分期付款，税务秘书也已通知他必须付罚款。何先生对此很不高兴，他想同你就放弃罚款一事谈谈。你的秘书说，他打算谈一下关于乡里大部分农民在财产上的骗局，虽然他是一个富有的纳税人，但他不会采取那样一种欺骗方式。

在过去，你一直同情这里的农户，听他们诉说困难和问题(真实的或者虚构的)有许多年。然而你知道何先生是个有钱人，并决定对他罚款。你也知道，何先生和其他农户一样只愿付很少的税，税率那么低而他们却老是哭穷。既然何先生能付得起度假的费用，那么他也具有付一笔不多罚款的能力。

现在你要准备与何先生会谈了，在你们会谈的时候，你的税务秘书不在场。

你快速地回忆一下有关倾听技能方面的内容，在与何先生的谈话中训练你的倾听技能。

何先生：

你是何先生，当地的一个肉牛饲养专业户。在医生的建议下，你离开乡里去度假。乡里寄给你的税收通知和分期付款单，在你度假回来之前就到了。乡里的税务秘书坚持要你付罚款，否则拒绝收纳你缴纳的税款和分期付款。然而你不觉得有付罚款的必要性。此外,你今年的税款比去年增加了20%,你觉得不应该。

尽管罚款的钱数不多,但在目前的情况下可不少。你的一些牛最近得了病,必须处理掉;你的妻子正在与你打离婚,并要分掉你一部分养牛场;你正面对着非常高的诉讼费;去年的一场暴风雪毁掉了你的设施,使你不得不修建一个新的,虽然新设施两倍于旧设施的规模,但是价格也相当可观;上个月的坏天气毁坏了你的谷物,你不得不去购买饲料存储起来,以备冬天使用;你的邻居没有修他的围栏,他的羊老在你的场地里活动。此外,牛肉的价格也下跌了。

你认为乡里所提供的服务相当差,你养牛场四周的路在冬天很糟,卡车进出很困难。在一些时候,这种情况给你带来损失。为了妥善处理上述情况,你的叔叔最近借给了你一笔钱,你也不得不以50万元的价格卖掉你最好的农场,如果还不行的话,你将以25万元的价格转让25亩土地。

周围的农户们用哭穷的办法减免税收,但你不想学他们。你在过去10年总是及时付税,这次偶然因为回来晚了而被罚款。

你现在准备去见马先生,这个乡的审计员。你不打算付罚款。当你来到马先生的办公室时,税务秘书不在。

阶段二:同组内角色互换。

1. 每个人按下面的要求进行角色调整。
学员甲:由张先生变为何先生。
学员乙:由卢先生变为观察者。
学员丙:由观察者变为马先生。
2. 用5分钟的时间阅读自己的角色材料,不要看别人的。
3. 观察者开始自己的角色活动,约10分钟。
4. 观察者发表自己的看法,约3分钟。

阶段三材料

观察者:

1. 读阅读下面为你准备的材料,刘女士和贾先生(倾听者)分别阅读自己的材料,彼此不要讨论角色。
2. 注意是否有下列情况发生:
a. 倾听者是否对刘女士的表述进行正确或错误的评价;
b. 倾听者是否表现出非语言的暗示;
c. 倾听者是否对刘女士的表述表示感兴趣;
d. 倾听者是否有能力引导表述者。

你要对倾听者贾先生的倾听状况发表看法,并牢记以下几点:

1. 倾听者是否变得急躁不安?
2. 根据贾先生的倾听技能,他是否认识到:
a. 刘女士想在税务部门一直工作到退休;
b. 她认为电子计算机化的税务系统不是一个好主意;
c. 她对即将发生的工作变化难以适应;
d. 苏先生使刘女士紧张不安,并且在加重这个问题;
e. 她一直有胃病及其他健康问题。

贾先生：

你是贾先生，是镇的人事负责人。一套新的计算机化的税收系统就要安装在税收办公室。你觉得这个系统对于改善税单处理和记录个人收入的方法是必要的。然而这样一来，就不得不裁减一些人员。

你认为一个姓刘的首席税务秘书应在被裁减之列，她担任首席税务秘书已有25年之久。在过去的25年里，她一直工作很好，在税务部门中受人尊敬。

苏先生是刘的上司，他花了两个星期的时间向职员解释引入新系统的必要性。由于刘女士拒绝采用新系统，因此他要求将刘女士调到其他部门。苏先生在报告中说，在培训使用新设备的课程中，刘女士漫不经心，而且因胃病缺课。

你必须找到一种理由，将刘女士调往计划部门。虽然她难以胜任计划部门的新工作，但你觉得她会接受，你已决定调换刘女士的工作。

现在，你可以在与刘女士的谈话中练习刚刚学过的倾听技能。

刘女士：

你是刘女士，镇税务部门的首席税务秘书。你在这个镇已工作了35年，担任首席税务秘书也有25年了。你非常喜欢你目前的工作和与你相处的同事，想在这个部门一直工作到退休。多年来，你对这个镇的感觉一直很好，认识许多领导。你不认为计算机化的税务新系统百分之百地令人满意，觉得这只不过是许多好建议中的一个。你的上司贾先生到此工作不过3年，一直致力于将所有的工作计算机化。立即适应这种新变化使你感到困难。最近你的上司一直责备你的工作，搞得你精神紧张，出了许多的错误。他已经确定了一个最后期限，因为这个最后期限使得你要么能够准确无误地运用新系统工作，要么就另谋高就。他的这种高压专制的做法，导致你胃病发作，健康恶化，因而错过了一些培训课程。你觉得你在这样短的时间内适应新的工作方法确有困难，而且认为，你在这个部门勤勤恳恳工作了25年，至少应该给你一些保护才对。

贾先生，这个镇的人事负责人要你去他的办公室，你不知道他心里是怎么想的，但是你准备向他解释工作方面的问题。

阶段三：同组内角色再次互换。

1. 每个人按下面要求调整角色。

学员甲：由何先生变为观察者。

学员乙：由观察者变为贾先生。

学员丙：由马先生变为刘女士。

2. 用5分钟的时间阅读自己角色的材料，仍不要看别人的。

3. 观察者开始自己的角色活动，约10分钟。

4. 观察者发表自己的看法，约3分钟。

阶段四

在此阶段，学员们在班内交流各自的收获，并回答下述问题。时间控制在20分钟左右。

1. 作为倾听者，卢先生或张先生，能否从他们的倾听对象那儿了解新的信息？若倾听者发生争论，是什么造成的？

2. 进行倾听技能训练的难度有多大？

3. 你是否已感觉到，倾听技能是管理者非常有用的工具？

参考文献

[1] [美]汉密尔顿. 实效传播：组织、职业人士成功沟通指南[M]. 李斯平，裴霜霜，译. 广州：暨南大学出版社，2005.

[2] [美]赫布·科恩. 谈判天下——如何通过谈判获得你想要的一切[M]. 谷丹，译. 深圳：海天出版社，2006.

[3] [英]亚伦·皮斯，芭芭拉·皮斯. 身体语言密码[M]. 王甜甜，黄佼，译. 北京：中国城市出版社，2007.

[4] [美]罗杰·道森. 优势谈判[M]. 北京：联合出版社，2022.

[5] 萧野. 乔·吉拉德的推销思想[M]. 北京：中国纺织出版社，2010.

[6] [美]马歇尔·卢森堡. 非暴力沟通[M]. 刘轶，译. 北京：华夏出版社，2021.

[7] 彭凯平. 吾心可鉴：跨文化沟通[M]. 北京：清华大学出版社，2020.

[8] [美]蒙特. 管理沟通指南——有效商务写作与交谈[M]. 钱小军，张洁，译. 8版. 北京：清华大学出版社，2010.

[9] [美]詹姆斯·S. 奥罗克. 管理沟通——以案例分析为视角[M]. 康青，译. 5版. 北京：中国人民大学出版社，2018.

[10] 康青. 管理沟通[M]. 5版. 北京：中国人民大学出版社，2018.

[11] 金正昆. 社交礼仪[M]. 北京：联合出版社，2019.

[12] 阮喜珍，张明勇，丛静. 商务礼仪与沟通技巧[M]. 武汉：华中科技大学出版社，2022.

[13] 胡伟、邹秋珍. 演讲与口才[M]. 北京：清华大学出版社，2021.

[14] 杜慕群，朱仁宏. 管理沟通[M]. 3版. 北京：清华大学出版社，2018.

[15] 任宪宝. 实用礼仪大全[M]. 北京：中国商业出版社，2020.

[16] [日]堀公俊，加藤彰. 向会议要效益：好会议是策划出来的[M]. 袁媛，译. 北京：东方出版社，2014.

[17] 刘民英. 商务礼仪[M]. 3版. 上海：复旦大学出版社，2020.

[18] 刘淑娥. 演讲与口才[M]. 北京：首都经济贸易大学出版社，2014.

[19] [美]艾里斯·瓦尔纳. 跨文化沟通[M]. 孙劲悦，译. 5版. 大连：东北财经大学出版社，2014.

[20] 吕艳芝，徐克茹. 商务礼仪标准培训[M]. 北京：中国纺织出版社，2019.

[21] 蒋红梅. 演讲与口才实用教程[M]. 4版. 北京：人民邮电出版社，2020.

[22] 吕明泽. 团队建设与管理沟通[M]. 北京：北京理工大学出版社，2015.

[23] [美]卡耐基. 演讲与口才[M]. 刘祜，译. 北京：中国城市出版社，2006.

[24] [美]苏珊娜·杰纳兹. 组织中的人际沟通[M]. 孙相云，时启亮，译. 5版. 北京：中国人民大学出版社，2016.